POUR UN NOUVEAU SOCIALISME

© L'Harmattan, 2010
5-7, rue de l'Ecole polytechnique ; 75005 Paris

http://www.librairieharmattan.com
diffusion.harmattan@wanadoo.fr
harmattan1@wanadoo.fr

ISBN : 978-2-296-13282-5
EAN : 9782296132825

Noël NEL

POUR UN NOUVEAU SOCIALISME

L'Harmattan

Questions Contemporaines
Collection dirigée par J.P. Chagnollaud,
B. Péquignot et D. Rolland

Chômage, exclusion, globalisation... Jamais les « questions contemporaines » n'ont été aussi nombreuses et aussi complexes à appréhender. Le pari de la collection « Questions Contemporaines » est d'offrir un espace de réflexion et de débat à tous ceux, chercheurs, militants ou praticiens, qui osent penser autrement, exprimer des idées neuves et ouvrir de nouvelles pistes à la réflexion collective.

Derniers ouvrages parus

Jean-Louis MATHARAN, *Histoire du sentiment d'appartenance en France. Du XIIe siècle à nos jours*, 2010.
Denis DESPREAUX, *Avez-vous dit performance des universités ?*, 2010.
Vincent TROVATO, *Marie Madeleine. Des écrits canoniques au Da Vinci Code*, 2010.
Ricciarda BELGIOJOSO, *Construire l'espace urbain avec les sons*, 2010.
Collectif des médecins du travail de Bourg-en-Bresse, *La santé au travail en France : un immense gâchis humain*, 2010.
Cyril LE TALLEC, *Petit dictionnaire des cultes politiques en France*, 2010.
Steven E. Stoft, *Dépasser Copenhague : Apprendre à coopérer. Proposition de politique mondiale post-Kyoto*, 2010.
Bernard OLLAGNIER, *Communiquer, un défi français. De l'illusion du tout com' à la communication réelle*, 2010.
Jean-Pierre CASTEL, *Le déni de la violence monothéiste*, 2010.
Sergiu MIŞCOIU, *Naissance de la nation en Europe*, 2010.
Joëlle MALLET, Sophie GEORGES, *Une action sur l'emploi qui change tout,* 2010.
Alem SURRE-GARCIA, *La théocratie républicaine, Les avatars du Sacré*, 2010.
Asmara KLEIN, *La coalition « Publiez ce que vous payez »'. Une campagne pour la gestion responsable des ressources naturelles,* 2010.
Olivier BATAILLE, *Les Apprentissages professionnels informels. Comment nous apprenons au travail pour se former toute sa vie*, 2010.

A toi qui milites !

« *Il est acquis désormais…. que la condamnation du capitalisme ne nous apprend strictement rien sur sa nature et ne fournit aucun moyen de le changer. Pire, il est clair que la protestation passionnelle contribue à l'obscurcissement du présent et nourrit l'impuissance collective …nous sommes tous en manque d'intelligence vis-à-vis de ce qui nous environne….nos sociétés sont travaillées par un refus viscéral de regarder en face la réalité de leur fonctionnement…Dans cette situation, tout ce qui donne à voir les choses telles qu'elles sont compte* ».

Marcel Gauchet (*La condition historique*).

INTRODUCTION

Ce livre tente de proposer un certain nombre d'idées – utiles, on l'espère – à l'indispensable refondation que le Parti socialiste français se doit d'entreprendre sans faiblesse, en cherchant à bâtir un projet d'envergure qui puisse regrouper d'abord la gauche tout entière. Le travail se veut porteur d'une conviction forte : il faut privilégier la rénovation du contenu idéologique du socialisme démocratique. Après l'effondrement du communisme et la crise grave du capitalisme en 2008, redéfinir le socialisme démocratique est une nécessité absolue.

Le fil directeur du propos présente deux caractéristiques majeures : conserver du passé ce qui est l'honneur de la gauche française et d'abord du socialisme français, cet héritage magnifique qu'il faut approfondir encore ; et prendre en compte les évolutions importantes du monde contemporain pour construire de nouvelles valeurs, complémentaires des premières, et en adéquation avec le nouvel environnement du 21ème siècle.

Ainsi, approfondir le socialisme passé, c'est admettre qu'il n'a pas pu tout penser et qu'il existe des domaines à défricher ou à revisiter. Tenir compte du monde contemporain, c'est partir de ses réalités : la montée irrésistible de l'individu, la question cruciale de l'environnement, la force terrible de la globalisation économique, les tragédies douloureuses de l'immigration, l'extension importante de la pauvreté, etc. Il faut adapter le « logiciel » socialiste à ces réalités nouvelles et admettre que cette adaptation puisse entraîner certaines révisions doctrinales indispensables.
Rester dans le socialisme du passé serait une nostalgie parfois sympathique mais archaïque, et même dogmatique. Penser le socialisme de l'avenir est un courage et un devoir comportant quelque risque.

Les sciences de l'homme progressent au fil du temps, elles nous construisent une vision de l'homme qui s'affine, qui se complexifie et dont la politique doit tenir compte. Elles établissent à présent que l'homme, dans son essence, est un être social dont l'équilibre consiste à conjuguer deux postulations : « être soi » et « être avec les autres ». En ce sens, dans la ligne de ces recherches comme dans le droit fil d'un Jaurès, le socialisme moderne doit s'écarter de toute philosophie et idéologie qui ne vise que l'une de ces postulations, celle de l'individu seul (c'est la valeur première du libéralisme) ou celle du collectif seul (c'était la valeur suprême du communisme). La grande question est alors de viser l'un sans détruire l'autre.

Ce socialisme moderne porte en lui une vision de la planète et de la société à construire. Celle-ci doit être pour la gauche une « société du bien-être et du bien vivre ensemble », économiquement viable, en harmonie avec l'environnement. Cette recherche du bien-vivre durable, pour l'individu et pour les autres membres de la société, peut continuer l'esprit des Lumières du 18ème siècle, berceau des droits de l'homme, mais elle doit rompre avec toutes les pensées de maîtrise de l'homme sur la nature qui caractérisent le passé, où les préoccupations environnementales n'étaient pas aussi graves qu'aujourd'hui. Les fondamentaux de cette pensée socialiste moderne sont donc tout ensemble écologiques, économiques, sociaux, culturels, éthiques.

La société que propose notre socialisme du 21ème siècle doit donc articuler bien-être social, croissance économique et qualité environnementale. Elle refuse la religion de la croissance économique trop indifférente au social et à l'écologique, elle exclut le laisser-faire économique et réoriente le développement, ses modalités et le partage de ses fruits. Elle s'appuie sur la révolution de l'écologie qui impose de réintégrer dans le champ de l'économie les processus sociaux et environnementaux. Elle conduit à raisonner sur les valeurs d'usage plus que sur les valeurs d'échange ; sur le qualitatif plus que sur le quantitatif ; et sur des échelles de temps et d'espaces qui échappent aux économistes. En effet, elle force à conjuguer les espaces de développement (local, régional, national, planétaire) et réclame de l'Etat une certaine gouvernance des politiques de progrès.

Dans la progression de ce travail placé sous la houlette de la complexité chère à Edgar Morin, il a semblé pertinent d'exposer d'abord une autre façon de penser le socialisme, un autre paradigme socialiste (chapitre 1). Ce sera notre boussole. Ce nouveau système de pensée s'applique alors à un objet dont l'envergure est à présent mondiale, dans une perspective qui cherche l'alliance des civilisations (chapitre 2). C'est notre territoire et notre projet. Focalisant sur notre pays, nous tentons de refonder les valeurs du modèle républicain (chapitre 3) appelé par la mondialisation en cours. L'objectif de ce socialisme est de déployer un nouveau progressisme (chapitre 4). Le territoire restreint qu'est la France doit y être placé à nos yeux dans la perspective unique du développement humain (chapitre 5). Telle est l'architecture que nous tentons de bâtir au fil des pages de notre démonstration.

Le présent travail s'appuie sur de nombreux auteurs, à qui il entend rendre hommage, au premier rang desquels Edgar Morin, Pierre Calame et Marcel Gauchet. Il assume l'entière responsabilité des rapports qu'il a cru apercevoir entre certaines de leurs propositions et leur utilisation possible dans le cadre d'une politique socialiste contemporaine. Bien que connaissant parfaitement les exigences de la recherche et de la citation en ce qui concerne l'exhibition des références, je n'ai pas voulu alourdir mon texte par un appareil de notes développées. Mais j'ai évidemment conservé la bibliographie finale et les nécessaires renvois à celle-ci au fil des pages. On voudra bien m'excuser d'avoir cherché une certaine fluidité sans négliger jamais ma dette à l'égard de tous ceux qui m'ont inspiré et sans lesquels ce livre n'aurait pas pu s'envisager.

Chapitre 1

Pour un nouveau paradigme socialiste

Changer le socialisme, opérer un retournement de la pensée, ne peut se faire en gardant les mêmes lunettes mentales.

Il y faut plusieurs démarches : revenir aux sources historiques du présent ; déconstruire les oppositions « évidentes » ; identifier les structures communes à des échelles ou domaines différents ; scruter les mutations et décalages. C'est le pari qui est tenté dans l'ensemble de ce livre et dont ce chapitre présente les bases.

11. Penser autrement le socialisme

Penser autrement une doctrine politique, c'est d'abord pour nous affecter à l'acte de penser un style qui cultive le sens de la complexité, vise la refondation doctrinale, cherche le dépassement des contradictions dans le saut qualitatif de la métamorphose politique.

Penser autrement une doctrine politique, évaluer les grands référents idéologiques (libéralisme, marxisme, socialisme démocratique) et leurs principales expérimentations politiques pour mieux comprendre ce que nous voulons abandonner et ce que nous pensons devoir perpétuer, le tout en fonction des changements profonds du réel contemporain.

Nous voulons repenser les fondements de la doctrine qui nous inspire, le socialisme démocratique. A nos yeux, cela exige d'ouvrir cinq perspectives, déclinables en cinq actes.

Assumer le noyau identitaire de ce socialisme, qu'il faut à tout prix conserver et faire vivre dans le siècle qui vient de s'ouvrir.

Respecter la double postulation de l'homme que l'anthropologie moderne nous présente comme vitale : pouvoir vivre comme un individu singulier (individuation) et s'insérer dans une société harmonieuse (socialisation).

Promouvoir la dimension planétaire de l'action politique, ce qui pour les gens de gauche revient à rechercher un internationalisme enfin possible.

Défendre un nouveau projet d'émancipation qui repose sur des conceptions plus complexes et plus adéquates du pouvoir, des luttes, des classes sociales, de l'activité politique.

Enfin, construire une société du bien-être et du bien vivre ensemble qui ne soit pas éphémère.

11.1 Assumer la complexité politique

L'objet de ce livre est de proposer un nouveau paradigme du socialisme démocratique. Il faut donc commencer par expliciter ce que l'on entend par paradigme. Suivons sur ce point les pas d'Edgar Morin : « on peut situer le concept de paradigme au gouvernail des principes de pensée et au cœur des systèmes d'idées » (1995, p. 216). En ce sens, le paradigme est un nœud ou un noyau autour duquel s'organisent toutes les pensées et actions.

Soyons encore plus précis : le paradigme est le « principe de distinctions/ liaisons/oppositions fondamentales entre quelques notions maîtresses, qui commandent et contrôlent la pensée, c'est-à-dire la constitution des théories et la production des discours » (Morin, 2004, p. 74).

Il existe un paradigme qui règne sur la pensée occidentale depuis *Le Discours de la méthode* de Descartes ; il privilégie l'élémentaire, l'ordre, la nécessité, l'atemporalité. Il est réducteur. Le socialisme espéré doit pour nous s'inscrire dans le paradigme de la complexité.C'est accepter que la pensée puisse tenir compte de la possibilité du désordre, du hasard, de l'événement.

Toute pensée complexe comporte donc un noyau dur et se méfie de certaines erreurs.
Le noyau dur d'une doctrine se présente comme une rationalisation : à partir de prémisses tenues pour évidentes, à partir de principes plus ou moins cachés, la construction se croit vérifiée et cohérente, donc rationnelle.
Par exemple : le marxisme-léninisme serait rationnel si le prolétariat devait réaliser la société sans classe ; si le parti communiste accomplissait sa mission historique en forgeant le socialisme ; si ce socialisme apportait la paix entre les nations délivrées du capitalisme ; si toutes ces évidences pour lui, tous ces concepts fondamentaux engagés dans une construction rationnelle étaient des vérités.
Mais s'il n'y avait pas de mission historique du prolétariat ? Si le parti communiste asservissait la classe ouvrière au lieu de la libérer? Si le socialisme portait aussi en son sein la guerre ? L'histoire du 20ème siècle nous a apporté toutes les réponses à ces questions et tué ces présupposés d'évidence !

Pour s'empêcher d'être réductrice, toute pensée complexe doit avoir une claire conscience des erreurs à éviter comme des comportements à privilégier : éviter le mensonge et le fanatisme ; privilégier la résistance aux croyances, systèmes d'idées, théories, idéologies ouvrant à l'aveuglement systématique ; se méfier des « maîtres-mots » ou « mots panzers » (Morin, 2004) qui envahissent le discours politique ; fuir la simplification qui abolit tout entre-deux.
De ce point de vue, le paradigme proposé dans ce livre sera, comme toute pensée, inachevé, comme la connaissance même.

Pour se garder de cette peste de la simplification caricaturale, rien de tel que le passage par l'histoire ! Notre paradigme prend donc en compte, presque systématiquement, l'histoire des grandes doctrines politiques concurrentes et du socialisme, il les critique sans faiblesse. Du socialisme démocratique, il conserve le noyau central ou invariant utile en l'ancrant dans « un monde délivré de la niaiserie des solutions finales, de l'avenir radieux, du progrès indéfini et infini » ; un monde « où nous pouvons investir nos forces d'amour, mais ailleurs que sur les faux messies » (Morin, 2004, p. 78).

Cette nouvelle conception ne peut comme par le passé promettre uniquement le progrès permanent et l'émancipation humaine. Il faut pratiquer la rationalité politique dans la conscience de l'histoire qui lui est associée.
Cette rationalité politique de gauche doit réinterroger les institutions politiques de la modernité :
- l'Etat, qui doit être profondément réformé, car il a été fragilisé par l'histoire ;
- la Nation, but ultime de la gauche, unification de la communauté humaine, trop oubliée en chemin ;
- les fondamentaux du pacte républicain ;
- le système démocratique ;
- la séparation des sphères du religieux et du profane dans la laïcité, sécularisation du politique ;
- l'espace politique comme collectivité souveraine, cadre démocratique, ensemble institutionnel.

La pensée de l'histoire sise au cœur de cette modernité est associée aux thèmes du progrès, de la liberté, de la justice, de l'allègement de la douleur d'autrui, de la continuité de la communauté humaine à tirer vers la paix et la prospérité. Cette histoire n'est plus envisagée en sa finalité, mais en sa continuité, sans souci de transcendance ni impérialisme de la peur qui brandirait la menace de l'apocalypse environnementale.

On voudrait donc montrer comment changer de manière significative la vie sans brandir une utopie inaccessible. On voudrait pousser à densifier le sens de l'action politique en ayant la préoccupation de la continuité historique, de la protection de l'espèce et des droits de l'humanité.

11.2 Conduire la refondation doctrinale

On ne compte plus le nombre d'observateurs ayant affirmé la nécessité d'une refondation de la doctrine socialiste et de ses pratiques politiques. Et le besoin est incontestable. A-t-on seulement bien compris et admis qu'il faut assumer par le fait même le geste de la distanciation, voire de la déviance et de la rupture, et refuser de se laisser enfermer dans ces cloisonnements hâtifs que sont les rituels des « sacro-saints courants » du parti socialiste ?

Il faut d'abord savoir abandonner certains composants de la doctrine socialiste de tendance marxiste. Il s'agit du mythe du salut historique, d'une société réconciliée, harmonieuse, sans conflits qui résulterait d'une lutte finale avec solution finale. L'utopie fut belle, le réel l'a fracassée, les aspirations généreuses qui l'ont portée méritent d'être réorientées.

Il faut aussi rejeter le mythe du progrès continu, cette affirmation selon laquelle la croissance économique déterminerait le développement économique, lequel déterminerait le développement social et individuel. Il s'agit en l'occurrence d'une métaphysique du progrès qui néglige le principe de dispersion, désordre, déperdition, dégradation. On sait parfaitement que le développement technique n'est pas que progression, qu'il est aussi régression ; que la science n'est pas qu'élucidation, qu'elle est aussi aveuglement ; que la civilisation n'est pas que progrès, qu'elle est aussi barbarie. Marx avait imaginé la lutte entre socialisme et barbarie et n'avait pas imaginé que socialisme et barbarie pouvaient être aussi des alliés, alors que Marcuse et Walter Benjamin l'ont vu, après lui, il est vrai. Et la barbarie de nos jours consiste à pouvoir anéantir la planète, vouloir manipuler la vie, ne pas cesser de détériorer la nature, assujettir l'être humain.

S'il faut sans aucun doute se méfier de certains mythes qui ont la vie dure, il serait dangereux de renoncer aux aspirations à l'émancipation et à la liberté comme aux désirs de transformations fondamentales de nos sociétés. Les utopies sont utiles quand elles nous font dépasser le réel sans le nier ; elles sont illusoires quand elles s'érigent en vérité scientifique ; elles sont criminelles quand elles débouchent sur une société concentrationnaire.

Sur ces questions essentielles des finalités de l'action politique, la pensée complexe autorise la pluralité, la contradiction, l'incertitude. Elle nous pousse à bien voir que le capitalisme a survécu à bien des crises annoncées comme mortelles. Que le socialisme marxiste qui a gouverné certains pays a contredit son idéologie de façon radicale et tragique. Rien ne garantit donc jamais la liberté, l'égalité, la fraternité de notre devise républicaine. On ne liquide jamais totalement les contraintes, hiérarchies, compétitions, conflits.

Le socialisme à venir doit d'abord comprendre ce réel qui change avec le temps, le saisir moyennant une pensée complexe qui lui permette de voir cette dimension radicalement nouvelle dans l'histoire : l'émergence de l'humanité planétaire, qui a commencé au $19^{\text{ème}}$ siècle et s'est développée au $20^{\text{ème}}$ siècle, alors même que les Internationales socialistes ont échoué. Il doit en même temps comprendre la science écologique qui nous a fait prendre conscience de la biosphère, des écosystèmes, des risques de bouleversement du climat, des espèces et des environnements. Il lui faut encore aller vers une confédération d'humanité englobant les Etats-nations et vers une alliance des civilisations. Ces défis difficiles réclament sans conteste un logiciel nouveau.

11.3 Viser la métamorphose politique

Le socialisme veut la transformation de la société. Réforme, révolution : les termes de l'alternative n'ont cessé d'être mobilisés, comme s'ils étaient parfaitement antinomiques, comme s'il s'agissait d'une opposition irréductible de concepts ?

De quoi parle-t-on au juste quand on brandit la bannière de la révolution (Tazdaï et Nessah, 2008) ? Mouvements publics, manifestations, contestations, rebellions, conflits, guerres civiles, insurrections, révolutions : les termes sont nombreux, et les difficultés de différencier les phénomènes sont très grandes. Très grandes aussi les difficultés d'en saisir les motivations. La révolution est quasiment impossible à définir et à modéliser : le mode d'emploi en reste mystérieux. De même pour le pilotage stratégique du mouvement révolutionnaire. L'histoire nous a légué un nombre impressionnant d'exemples pour tous les pays. Les causes économiques y sont aussi relatives que les causes non économiques. La violence y est souvent omniprésente, même si l'espoir demeure d'une transition pacifique, tardivement actualisée dans l'effondrement des pays de l'Est, précisément ceux où l'on glorifiait la révolution violente.

Rien ne vaut l'observation historique des faits révolutionnaires passés. Elle met à bas bon nombre de stéréotypes concernant les conditions de possibilité et de succès d'une révolution. Aucun modèle parfait ne peut en être proposé, et les modèles existants éludent la question essentielle des masses, de leur engagement dans le conflit. Les structures sociales jouent un rôle, l'idéologie aussi. Mais il y a aussi l'identité de chacun, la conscience politique, les mécanismes de généralisation de la révolution au sein de la population. Toute révolution, qui reste un pari risqué, intervient dans un contexte marqué par différents paramètres, chacun pouvant jouer un rôle important. Le temps n'est plus de croire naïvement au processus unique : un leader charismatique, des conditions économiques favorables, des élites urbaines prêtes à s'engager, des masses rurales qui suivront, et la réussite programmée !

L'histoire nous enseigne qu'il faut abandonner une certaine idée de la révolution comme solution finale, fin de l'histoire : « le parti révolutionnaire, la classe révolutionnaire, la conquête du pouvoir, l'appropriation des moyens de production, la connaissance des lois de la société, c'est cela qui fait tragiquement problème. Il n'y a plus de parti-messie, de classe-messie, de peuple-messie, d'idée-messie » (Morin, 2004, p.354). La conception marxiste de la « révolution » doit donc être repensée.

Le terrain des revendications en régime démocratique peut sembler plus assuré. Cela ne signifie en rien qu'il faille oublier les aspirations révolutionnaires qui ont nourri utilement le 20ème siècle. Il existe toujours cet impérieux besoin de transformations profondes dans la relation de l'individu avec lui-même, de l'individu avec la société, de toute société avec l'humanité. Il s'agit toujours d'éliminer la domination au plan des structures mentales et organisationnelles, mais il ne s'agit plus d'approprier collectivement les moyens de production comme si l'on tenait ainsi la solution miracle. « La révolution ne dépend plus d'un opérateur principal (le parti, le prolétariat), d'une action principale (la prise de pouvoir), d'un noyau principal (les moyens de production) ; elle nécessite une multiplicité de changements/transformations/révolutions à la fois autonomes et interdépendantes dans tous domaines (y compris nécessairement celui de la pensée) » (Morin, 2004, p. 356).

Il ne faut donc plus se demander essentiellement : par où commencer ? Le changement doit être multidimensionnel. On peut nommer « métamorphose » les changements de structure sociale, économique, culturelle, mentale : « il faut qu'il y ait des boucles actives et rétroactives entre les microtransformations …les métatransformations (nouvelles formes d'organisation sociale) les mégatransformations (planétaires) ». (Morin, 2004). Comme le dit aussi J. Généreux, « la question de savoir si, pour agir sur la société, il faut réformer les règles du jeu politique, ou transformer le système économique et social, ou encore mener la bataille des idées n'a pas de sens. La réalité est qu'il faut agir sur tout cela à la fois en visant le maximum de cohérence entre *la culture* (conception commune de la société, de la justice, du progrès, de la liberté, etc.), *les règles du jeu économique et les règles du jeu politique* » (2009, p. 248). Et il se pourrait même que nos esprits conditionnés par la vulgate dominante n'attendent que la révolution sociale et économique et ne voient pas clairement les prémisses de la révolution écologique en marche, laquelle bousculera les réalités économiques, sociales et culturelles du monde.

Métamorphoser un pays relève donc de la plus grande difficulté. Mais il va falloir s'y engager résolument : « L'inséparabilité de l'idée de cheminement réformateur et d'une métamorphose permettrait de concilier l'aspiration réformatrice et l'aspiration révolutionnaire. Elle permettrait la résurrection de l'espérance sans laquelle aucune politique de salut n'est possible » (E. Morin, *Le Monde*, 13 juin 2009).

Visons alors cette métamorphose, en évitant pour l'action politique tout embrigadement sous la bannière d'une vérité définitive !

12. Critiquer les doctrines du passé

Une certaine pensée politique, « moderne » au sens large, a émergé dès le 17ème siècle, fondée surtout sur la raison. Au 18ème siècle, cette pensée a apporté le libéralisme classique des Lumières, lointain ancêtre de certains aspects du néolibéralisme de la fin du 20ème siècle. Le 19ème siècle nous a offert ensuite le marxisme, le socialisme et l'anarchisme. A priori, ces courants semblent s'opposer. Mais en réalité, tous sont tributaires des façons de penser et des impensés de leur temps. Il en va d'ailleurs ainsi de toute doctrine ou philosophie : elle ne peut échapper à la « niche » idéologique de son temps pour se prétendre gravée dans le marbre, elle serait alors dans la religion et les « vérités » éternelles !

Le socialisme du 21ème siècle esquissé en ce livre doit donc absolument se pencher sur ces doctrines passées, qui continuent à alimenter les doctrines actuelles, et se demander ce qu'il convient d'en faire. Ainsi, on affirme traditionnellement que marxisme, socialisme et anarchie s'opposent au courant libéral. Mais tout trois trouvent leur source première dans la philosophie libérale classique du 18ème siècle, qui leur est antérieure et donne une vision de l'homme comme individu rationnel, libre, autonome et maître de la nature. Or, aujourd'hui, de multiples avancées scientifiques ont relativisé le rôle de la raison chez l'individu pour donner leur juste place à la part irrationnelle de l'homme et aux contraintes qu'il subit pour se construire. Et, concernant la nature, l'écologie scientifique a remis la volonté de maîtrise de l'homme sur elle à sa juste place, plus modeste assurément. Donc, si le socialisme veut accueillir absolument la notion d'individu, il doit tenir compte de sa complexité (l'individu est rationnel et irrationnel), il doit l'articuler à une autre nécessité (l'individu n'est plus le point focal, il doit s'épanouir dans le social) et il doit la penser dans son contexte environnemental. Elargissement salutaire de la pensée!

Plus généralement, le socialisme démocratique à venir a maille à partir avec les grandes doctrines passées que sont le capitalisme, le marxisme et certaines variantes de lui-même comme la social-démocratie et le socialisme libéral.

12.1 Critiquer le capitalisme

Il nous faut conduire la critique des fondements de la culture néolibérale et du capitalisme actuels, en ne perdant jamais de vue qu'ils découlent notamment du libéralisme du 18ème siècle, que les courants antilibéraux du 19ème (marxisme, socialisme démocratique) ont cependant repris sur certains points.

Critiquer le capitalisme en général

Il existe différentes variétés de capitalismes, dépendantes des différentes formes d'Etats qui les structurent, selon des rapports variables entre droit, richesse et souveraineté. Cependant, l'émergence du capitalisme présuppose toujours la séparation institutionnelle entre l'économique et le politique.

Le capitalisme générique est un système économique de production, d'échange et de consommation fondé sur l'inégalité et l'exploitation. Valorisation des richesses, illimitation des besoins, et donc risque de dérèglement de

l'existence ! Le néolibéralisme actuel est une marchandisation généralisée de la société, une extension de la logique de marché aux biens et services qui finit par contaminer tout le social et à mettre en concurrence les travailleurs entre eux.
Une économie monétaire est la condition du capitalisme, la monnaie étant la forme générale de la richesse. Si le capitalisme est par essence financier, de nos jours, le capitalisme financier domine, porté par l'illusion qu'il pourrait supprimer le risque et maîtriser l'incertitude dans ses prévisions de profit. L'instabilité est en lui chronique, il marche par crises à répétition, la concurrence par les prix étant exacerbée par la concurrence par l'innovation. Enfin, l'opacité organisée et la cupidité déchaînée le mènent à la criminalisation.

Le capitalisme est aussi une structure de domination de classe, un rapport social de séparation, d'aliénation, de dépossession. De nos jours, cette domination devient impersonnelle, le maître devenant anonyme.

Le capitalisme est enfin un régime symbolique de codes et de conduites. Il repose sur l'initiative individuelle, le goût du risque et de la réussite, l'esprit d'entreprise. Il nourrit donc les dimensions constitutives de l'être humain que sont le désir et la liberté. C'est pourquoi il ne peut se maintenir que s'il est fondé sur la croissance et le renouvellement. La transposition de la norme de concurrence à la conduite des sujets débouche sur la flexibilité, l'évaluation de tous les instants, le culte de l'autonomie sans limite.

Dans sa vision de l'être humain, le libéralisme passé ne voit qu'un individu autonome. Le néolibéralisme actuel en a fait un automate égoïste et prédateur, en compétition permanente pour consommer et accumuler.

Dans le libéralisme, sur le plan philosophique et doctrinal, la société est un contrat d'association volontaire et utilitaire aux autres, pour la satisfaction de besoins individuels, et l'Etat comme le domaine d'intervention de l'action publique sont réduits à la portion congrue. Droits et obligations des personnes sont réglés par ce contrat, et personne n'a de droit s'il ne donne rien en échange. Cette vision, qui a inspiré M. Thatcher et Tony Blair, a même été reprise par la gauche européenne des années 1990-2000 et parfois par les socialistes français, pour qui les droits garantis à l'individu lui créent toujours des devoirs. Mais personne ne choisit de naître et de grandir dans une société selon ses vœux. L'individu qui naît dans une société n'en a-t-il pas au départ tous les droits sans contrepartie, c'est le fondement de la déclaration des Droits de l'homme ? Ce n'est que quand l'individu est constitué en citoyen qu'il devient en quelque sorte débiteur de la société et qu'il peut alors avoir des obligations envers elle. Il nous faut donc admettre que la société doit demeurer aussi responsable des individus provisoirement ou à jamais incapables d'honorer leur dette sociale : enfants, handicapés, malades, chômeurs, personnes âgées délaissées, prisonniers. Ce point est central : il permet de rejeter la priorité donnée par une certaine droite à la biologie et à la génétique, ce qui la dédouane d'une certaine solidarité collective. Car si les gênes de l'individu expliquent seuls son comportement, toute solidarité collective est vaine dans certains cas !

D'autre part, sur le plan économique et politique, le néolibéralisme actuel a une conception marchande de la société. Il privilégie la dimension économique. Il organise toutes les activités sociales sur le principe de la libre concurrence, des intérêts privés à l'intérêt général. Dans sa version extrême, compétition permanente et libre concurrence conduiront au bien-être selon la loi de l'harmonie naturelle.

Le culte de la responsabilité individuelle sert alors à minimiser les prestations sociales, à culpabiliser les individus en difficulté ou en échec (chômage, pauvreté, échec scolaire). Cette conception ne parle guère des droits, elle met en avant surtout les devoirs et les interdits.

Or, la théologie du marché au sortir de la période des Trente Glorieuses (1945-75) nous a légué une très forte dégradation de l'environnement. Ce que l'on a appelé le « miracle brésilien » est l'exemple même d'une longue et forte croissance économique accompagnée de modernisation mais socialement dangereuse et dégradante pour l'environnement. Et, le néolibéralisme est peut-être moribond depuis l'échec de l'Argentine.

En ce début de 21ème siècle, nous sommes passés d'un capitalisme managérial à un capitalisme patrimonial porté par la globalisation et la dérégulation. La nouvelle religion de l'entreprise est la création de valeur par l'actionnaire, l'optimisation de la rentabilité du capital. La stratégie de très nombreuses entreprises consiste à devenir encore plus rentables, faisant du chômage une solution pour créer encore plus de valeur pour l'actionnaire, lequel cherche toujours à anticiper la meilleure rentabilité, quitte à engendrer lui-même la hausse espérée pour bénéficier d'un taux de rendement annuel du capital jugé acceptable quand il est de 15% à 20%, soit trois à quatre fois plus que lors des Trente Glorieuses. Ce culte du profit et de l'obligation de résultats financiers a atteint le secteur des biens publics, il démantèle le droit du travail, il intensifie l'émiettement du travail tout en en augmentant la durée, il multiplie les restructurations et délocalisations. Or, aucun pays en développement n'est encore sorti de la pauvreté grâce au néolibéralisme ! Dans ce culte du profit et de l'excellence, la pauvreté gagne en réalité du terrain et l'impasse écologique menace !

Le recul historique et le désir de distanciation nous permettent d'apercevoir plusieurs contradictions à l'œuvre dans le capitalisme ou néolibéralisme actuels. Il y a la contradiction capital/travail, sur laquelle les marxistes classiques se centrent dans leur structuration de la question sociale. Le capital s'oppose certes au travail dans un rapport d'exploitation. Mais il développe aussi le travail pour alimenter son processus d'accumulation et ainsi procéder à une action de transformation du monde.

Puis vient la contradiction capital/nature, que Marx a à peine entrevue dans le Livre 1 du *Capital* : « Chaque progrès de l'agriculture capitaliste est un progrès non seulement dans l'art d'exploiter le travailleur, mais encore dans l'art de dépouiller le sol....un progrès dans la ruine de ses sources durables de fertilité ». En fait, en épuisant de nos jours le sol, le capitalisme met en danger ses propres bases naturelles et humaines d'existence.

Concernant la contradiction capital/individualité, Marx n'a posé que les prémisses dans le texte de jeunesse des *Manuscrits* (1844) où le capitalisme met en cause l'individu sur « chacun de ses rapports humains avec le monde, voir, entendre, sentir, goûter, toucher, penser, contempler, vouloir, agir, aimer, bref tous les actes de son individualité ». Pour Marx, le capitalisme mène à l'aliénation pure et simple des sens dans le seul sens de l'avoir. Plus largement, il contribue à nourrir l'individualisme en le limitant à la marchandisation. Il accentue ainsi « une multitude de souffrances sociales, tant matérielles que psychiques ».

Reste la contradiction capital/démocratie, sur laquelle la galaxie altermondialiste insiste avec raison. Il est certain que les attentes démocratiques des salariés de nos sociétés de « culture démocratique avancée » entrent en tension avec les formes capitalistiques de pouvoir dans l'entreprise et que « le développement de la démocratie participative » ainsi que les formes alternatives d'économie que sont les mutuelles, coopératives, économie sociale et solidaire se heurtent « aux fondements mêmes du capitalisme néolibéral » (Coutrot, 2005).

Est-il possible de nier le capitalisme ? Cela semble difficile en raison du développement considérable du marché, extension qui représente la radicalisation de ce que Marx avait décrit. Mais chez Marx, une contradiction interne menait le système à sa catastrophe. Or, cela ne s'est jamais vérifié jusqu'à présent, malgré de multiples crises.

On sait qu'au sein du parti socialiste, certains ont pratiqué une double pensée : d'un côté, on ne voulait pas sortir de l'économie de marché car on n'était pas certain que quelque chose d'autre fonctionnerait; mais de l'autre côté, on brandissait la critique marxienne de l'économie de marché comme économie capitaliste, forme d'oppression et d'aliénation. La social-démocratie au pouvoir a donc géré le capitalisme en le stigmatisant comme mauvais, tout en veillant à ne jamais l'abattre.

L'analyse critique du capitalisme chez Marx est en partie opératoire. Mais, pour mieux combattre le capitalisme de ce début de siècle, il faut sûrement en construire une théorie ou compréhension plus complexe dont Bourdieu a posé quelques bases, en parlant d'une pluralité de dominations autonomes (économique, politique, culturelle, masculine…) imbriquées de manière multiforme. Il faut se demander si toute économie de marché est synonyme de capitalisme. Il faut enfin relativiser la dimension économique d'une société pour la mettre au service du social et de l'environnemental. Nos chapitres 4 et 5 tenteront de montrer une voie.

Dépasser les spécificités du capitalisme français

Le capitalisme français, qui a ses spécificités, repose d'abord sur une tradition de relations conflictuelles. Tout au long de l'histoire de l'entreprise française, deux forces antagonistes se sont en effet affrontées : des pratiques managériales conservatrices, un syndicalisme majoritairement contestataire. Le jeu de ce duo a rendu difficile au fil de l'histoire l'émergence d'organisations syndicales puissantes et de relations sociales plus apaisées. L'histoire syndicale française est marquée par le goût constant de la contestation. L'histoire patronale, à travers les variantes du paternalisme, de la bureaucratie et de l'héritage familial, est marquée par le goût constant de la hiérarchisation des rapports sociaux. Ce capitalisme a pu être nommé « capitalisme d'héritiers » (Philippon, 2007). Le fonctionnement de ces deux forces contraires fait système. Il est le frein permanent et puissant à la confiance, à l'innovation, au dynamisme de l'économie. Selon une étude de Crouch (1993), étude qui compare le rôle des Etats dans le développement syndical, les pays où le développement syndical a été entravé au 19ème siècle sont ceux où de nos jours, les relations sociales dans l'entreprise sont plus difficiles. C'est le cas de la France : les conditions initiales de 1791 se retrouvent encore plus d'un siècle après, si ce n'est jusqu'à aujourd'hui, à travers les variations du capitalisme national.

Le premier capitalisme français a été paternaliste, terme qui n'apparaît qu'à la fin des années 1880. Selon Gérard Noiriel (1988), le paternalisme est une étape entre le patronage des maîtres de forge, calqué sur le modèle rural traditionnel, et le management. Quand les usines deviennent plus grandes, le travail ouvrier s'éloigne alors du travail agricole. Le patron cherche toujours à renforcer sa légitimité et la fidélité de sa main-d'œuvre. Selon les pays, il propose en plus aux ouvriers, maison de commerce, école, centre médical, hôpital, maison de retraite. C'est bien sûr une façon d'acheter la paix sociale au travail. Les modèles idéologiques sont ici la famille et l'autorité patriarcale pour décourager le militantisme. La stratégie paternaliste semble avoir prévalu partout vers la fin du 19ème siècle et jusqu'à la Première guerre mondiale. En France, elle a produit un capitalisme peu dynamique, marqué par les valeurs conservatrices et les mauvaises relations sociales.

Ce qui marque en France les relations de travail après la Seconde guerre mondiale dans les grandes entreprises est ce que Michel Crozier (1963) a appelé le phénomène bureaucratique. Si ce style de management cherche à s'éloigner du paternalisme, il lui ressemble tout de même sur la continuation des mauvaises relations de travail. Le sociologue Luc Boltanski (1982) a décrit l'attitude des chefs d'entreprise français adeptes de cette gestion : « s'opposer à tout changement constructif…ne pas laisser une responsabilité et une autorité suffisantes à leurs subordonnés ». Le capitalisme bureaucratique d'après 1945 a donc la même conception de l'autorité que le capitalisme paternaliste : « l'autorité est convertie le plus possible en règles impersonnelles et les structures mêmes de l'organisation semblent agencées de telle sorte qu'une distance suffisante puisse s'établir entre les gens qui ont à prendre des décisions et ceux qui sont affectés par ces décisions » (Crozier). Tout y repose sur la centralisation, la conception rigide de l'autorité, l'élimination des relations directes.

Ce capitalisme a cherché la définition minutieuse des tâches et des statuts pour éliminer l'arbitraire. On ne peut le lui reprocher. Mais il a limité le rôle du dirigeant dans l'embauche et le renvoi du personnel et empêché le système de promotion interne, le renouvellement des élites managériales. Il a conduit à avoir des dirigeants français d'entreprises moins expérimentés que ceux des autres pays. Par ailleurs, il se caractérise par la circulation des élites de l'Etat vers les entreprises. L'absence de promotion interne, l'absence de renouvellement des élites, l'absence d'expérience de ce qui se passe dans les échelons inférieurs, l'absence de délégation, tout cela a renforcé la méfiance des salariés. Les nationalisations des années 1980 puis les privatisations n'ont en rien corrigé ce système et ont même aggravé la continuité dans le type de recrutement de dirigeants issus de l'Etat !

Le capitalisme français est au total un capitalisme d'héritiers. L'héritage dont nous parlons est d'abord celui d'un système managérial fondé sur le conflit. Il a créé un cercle vicieux : radicalisation des syndicats qui empêche la coopération et la délégation d'autorité, radicalisation des managers qui privilégient la rigidité hiérarchique, radicalisation de l'Etat qui accentue par autoritarisme ces travers historiques, quand il légifère sans concertation ! Trois acteurs sont donc aux prises : les dirigeants d'entreprises, les salariés et leurs syndicats, l'Etat et les hommes politiques. Les entreprises veulent minimiser les risques et les coûts. Si les salariés refusent de coopérer, elles optent selon les époques pour le paternalisme, la bureaucratie, la hiérarchie autoritaire. Et ainsi, le système français a jusqu'à présent échoué à créer des relations sociales contractuelles, productives et dynamiques.

L'héritage français est ensuite celui du capitalisme familial, le capitalisme bureaucratique, lui, ayant du plomb dans l'aile. On distingue deux réalités dans ce capitalisme familial : l'actionnariat familial, lorsqu'une famille ou un groupe de familles possède une part importante des actions et les droits de vote ; le management héréditaire d'une entreprise par un héritier du fondateur.

L'actionnaire dit « de référence » est celui qui détient une grande part des actions d'une entreprise. Il s'agit le plus souvent de groupes familiaux (Bouygues, Lagardère, LVMH). L'actionnaire de référence ultime est celui qui détient le contrôle : cela peut être l'Etat, une famille ou une multitude de petits actionnaires. Or, en France, parmi les entreprises cotées, la part d'entreprises à contrôle familial est de 64,8% (elle est de 24% au Royaume-Uni) : « la rareté de mutation d'entreprises familiales modestes en grands groupes à actionnariat dispersé manifeste un des traits fondamentaux du capitalisme national » (Bauer et Bertin-Mourot, 1997). La réalité est là : il y a en France un règne des entreprises familiales, que l'on peut interpréter comme subsistance du paternalisme et dont l'Etat protecteur – assurance maladie, retraites, écoles, hôpitaux – est comme un prolongement ; et ces entreprises peinent à croître. Si le capitalisme familial permet d'éviter un peu mieux les conflits, c'est en réduisant le rôle des syndicats et en limitant le renouvellement des élites dirigeantes.

Il faut encore se pencher sur la place et l'utilité des syndicats dans l'entreprise. On sait la faiblesse exceptionnelle du syndicalisme, donc du dialogue social en France. On avance en général trois séries de causes du phénomène : la cause culturelle et institutionnelle qui fait de la France un pays jacobin incapable d'accorder à la négociation collective la place qu'elle mérite ; la cause économique qui postule que les transformations du système productif ont rendu le travail syndical beaucoup plus complexe et difficile ; la cause sociologique qui met l'accent sur l'individualisation des attentes des salariés.
L'explication culturelle de la mauvaise qualité des relations dans l'entreprise par le goût paternaliste de la hiérarchie auquel s'oppose le radicalisme du conflit est recevable, ainsi que sa conséquence, le peu d'attrait pour le syndicalisme ; mais le recul du syndicalisme est présent partout en Europe, sauf en Belgique et dans les pays scandinaves, ce qui oblige à considérer aussi et surtout les transformations du système productif actuel qui entraînent la dispersion du salariat, donc l'évacuation du conflit.
Ce capitalisme séparateur ne repose plus uniquement sur l'économie industrielle, les grands collectifs de travail, les ateliers de production où se forgeaient les consciences communes. L'économie de services qui se développe partout en se dispersant est riche de qualités individuelles et de mobilité qui remplacent la force de travail. Les relations d'emploi s'individualisent comme les rémunérations, les contrats de travail sont surtout à durée déterminée, les carrières sont plus discontinues. S'il veut s'adapter, le syndicalisme doit substituer à un modèle corporatiste (par métier) un modèle du « sur mesure » correspondant à cette dissémination modulaire.
La fonction syndicale de régulateur interne de l'entreprise s'en trouve affaiblie. La fonction de régulateur externe dans les réformes sociales de l'Etat (retraites, assurance-maladie, assurance-chômage) devient un refuge et s'en trouve valorisée. Un nouvel équilibre est à trouver.

Dans les années 1980, les lois Auroux avaient tenté d'introduire dans l'entreprise l'expression des salariés. Cela ne fut qu'un feu de paille. Les années 1990 et 2000 ont modifié considérablement la gouvernance, en donnant aux actionnaires un rôle de plus en plus grand. Il conviendrait de s'orienter vite vers une entreprise française plus démocratique.

12.2 Critiquer le marxisme

La théorie de Marx est une théorie complexe, avec ses idées de dialectique, matérialisme, lutte des classes, mission historique du prolétariat. On peut y voir une construction à deux étages : le premier propose une vision déterministe qui prédit l'effondrement de la société bourgeoise au profit de la société socialiste ; le second avance une éthique de l'émancipation où la volonté, la décision, la stratégie sont centrales. Mais les deux étages ne coïncident pas facilement. Le père fondateur de cette théorie est hanté par le besoin messianique du salut, il désire une société sans classe dans une humanité réconciliée. La complexité de l'ensemble a refermé toutes les variantes de la théorie dans le monde en doctrines et dogmes.

Marx a pensé dans le cadre du 19ème siècle, avec les instruments conceptuels de son temps, en ignorant évidemment les découvertes postérieures : celle de l'individu dans sa complexité, notamment sa part irrationnelle, celle du rôle majeur de l'environnement dans le fonctionnement des sociétés humaines. Marx a ainsi privilégié le collectif et les seules forces de production. Il a pensé dans un monde du 19ème siècle nourri par un état des sciences de la nature, une conception mécanique du travail : il n'est pas surprenant que sa vision du monde soit quelque peu linéaire. Avec Edgar Morin (2007), on peut et on doit déclarer qu'il faut « abandonner le projet formulé par Descartes, puis par Marx, de conquête et de possession de la nature » parce que le cosmos est hors d'atteinte de l'homme et que le devenir de la technoscience peut conduire à la ruine de la biosphère, bref au suicide de l'humanité.

Si le marxisme comporte ces deux impensés – l'individu et l'environnement – il se révèle encore incomplet et dépassé sur certains autres points importants de sa doctrine. Ainsi, l'œuvre inachevée qu'est *Le Capital* (qui s'arrête au Livre III) ne définit pas les classes sociales, n'évoque pas la phase intermédiaire de dictature du prolétariat ou les interactions entre infrastructures et superstructures, présuppose que toute époque historique est un progrès par rapport à la précédente, ne laisse aucune méthode. Ainsi, Marx présente la fin du capitalisme comme une nécessité inscrite dans le développement même de ce capitalisme. Pour Marx, l'avènement du communisme serait en germe dans le capitalisme porté à son terme. Or, l'histoire du 20ème siècle nous a montré qu'aucune société communiste n'a connu ce destin glorieux. Les historiens contemporains nous parlent plutôt de l'indétermination radicale de l'histoire : personne ne prédira donc jamais sur quoi débouchera le capitalisme. Le progrès incontrôlé peut générer la fin d'une civilisation.

Par ailleurs, le marxisme repose sur un modèle de souveraineté classique avec la révolution comme prise de pouvoir d'Etat, et la dictature du prolétariat inaugurant la démocratie permanente. Or, les héritiers du marxisme ont eux-mêmes abandonné la dictature du prolétariat au profit de la démocratie, et abandonné (peut-être) ou adouci l'idée de révolution. D'autre part, peut-on croire que les classes sociales et les réalités du travail ne changent jamais au fil du temps et des évolutions ? Enfin, n'y aurait-il pas une forme de racisme dans l'idée de la purification du corps social, qui distinguerait d'abord ceux qui sont du bon côté de la force productive (les travailleurs) et ceux qui sont du mauvais côté (les patrons et dominants), pour verser ensuite, après le triomphe de la révolution, dans l'œcuménisme ?

Le marxisme ou socialisme « réel » est mort avec l'invasion de la Tchécoslovaquie en 1968 qui signifia la mort du « socialisme à visage humain », et avec la chute du mur de Berlin en 1989, qui signa la mort de l'impérialisme socialiste. Le bilan que l'on doit faire du socialisme « réel » n'invite donc pas à la joie. C'est tout de même au nom du socialisme que certains ont déchaîné l'hitlérisme et d'autres, le stalinisme, tous deux flanqués de leurs camps de concentration respectifs. Il faut donc bien admettre qu'une idéologie peut comporter une double potentialité, vers l'émancipation et vers l'asservissement. Sous la bannière du marxisme-léninisme, le socialisme « réel » a promu un nouveau genre de classe dominante, déchaîné l'esclavage concentrationnaire, privé le prolétariat de droit syndical et droit de grève et menti sur la réalité en place.

Le modèle de souveraineté du marxisme est aujourd'hui trop simpliste et réducteur. Les faits n'ont pas évolué comme Marx l'avait cru : le capitalisme paraît plus souple qu'on ne l'affirme et le système des crises économiques joue différemment de ce que Marx pensait ; le capital se dilue aussi dans des milliers d'actions et Marx n'avait pas pensé la société par actions, dans laquelle Jaurès voyait le passage du capitalisme au socialisme ; Marx n'avait pas imaginé le tiers-monde, la croissance générale du niveau de vie dans les sociétés industrielles, la tendance à l'indifférenciation entre classes sociales avec apparition de la classe des cadres (Chauvel, 2006), l'expansion de la Nation (bourgeoise pour lui), le passage de la société industrielle à la société technicienne avec l'automatisation qui délie production et travail. Force est donc maintenant de reformuler les concepts de classe sociale et de travail pour les adapter à notre époque, et de construire les notions – oubliées par le marxisme et à présent centrales – d'individu et d'environnement.

12.3 Dénoncer les erreurs du socialisme démocratique

On peut faire à la gauche social-démocrate de la fin du 20ème siècle deux grandes critiques : une critique sur les fondements doctrinaux et une critique sur la pratique « néolibérale » dans la manière de gouverner.

La critique sur le « noyau dur » des croyances socialistes doit d'abord étudier les conditions d'apparition des idées. Socialisme, marxisme et libéralisme ont en commun depuis les origines (19ème siècle) un économisme ou productivisme. Ils nourrissent de fait encore aujourd'hui un consensus hérité du 19ème sur une vision du fonctionnement des sociétés humaines où le primat est accordé aux forces productives qui détermineraient le progrès, la croissance et la quête du bien - être. Ainsi, « toujours plus de croissance » voudrait dire « toujours plus de bien vivre » ! Cela se comprend pour la naissance de la société industrielle du 19ème siècle. Mais la gauche française du 21ème siècle doit relativiser l'économisme et le productivisme. L'économie existe, mais elle ne doit pas être la préoccupation exclusive. Une autre vision de la société, de l'histoire, de l'être humain doit être édifiée, mieux adaptée aux temps actuels où les dangers de l'économisme sautent aux yeux.

La critique sur la pratique politique concerne la « dérive néolibérale » de gauche des années 1980 et après. Il appartient aux historiens de la politique de décrire la convergence – effective, à n'en pas douter – qui a marqué sur certains points les politiques de gauche et de droite depuis le milieu des années 1980. Il s'agit d'un socialisme libéral (Audier, 2006) : l'expression, devenue banale, et dont le sens n'est cependant pas bien défini, désigne pour certains la mutation en cours des social-démocraties depuis les années 1990. Le socialisme libéral serait alors une redéfinition du socialisme ayant renoncé à ses thèmes classiques : lutte des classes, défense du monde ouvrier, intervention de l'Etat dans l'économie et la protection sociale, politique de solidarité, large redistribution des richesses. La distinction gauche-droite ne serait plus alors que de degrés. Est-ce recevable ? Nous ne le pensons pas. Ces affirmations correspondent à une vulgate où le socialisme libéral serait irréductible au libéralisme classique et ouvrirait une voie réformiste originale en intégrant un triple héritage :
- le libéralisme politique (protection de la liberté individuelle, tolérance, distinction entre société civile et Etat, place du marché) ;
- le républicanisme (recherche du bien commun, rôle clé du civisme, complémentarité entre liberté et égalité) ;
- le socialisme (régulation du capitalisme selon un idéal de justice).

Nous ne suivrons pas cette voie. Certes, depuis presque trente ans, aux yeux de l'extrême-gauche, la « gauche classique » de gouvernement est incapable de résister au néolibéralisme (ou ultralibéralisme), à la globalisation, à la guerre économique planétaire ; elle conduit la même politique que la droite libérale ; et finalement, cette politique ne pourra pas changer la société. Une réponse claire et argumentée doit être apportée à ces accusations, car il ne suffit pas de rétorquer que l'extrême-gauche se complaît dans l'incantation et refuse les responsabilités de gouvernement. Il faut surtout répondre par un projet explicite qui marque bien les différences avec le libéralisme économique et le socialisme pratiqué au gouvernement depuis les années 1980.

Pour avoir des chances de se constituer sur des bases solides et crédibles, le socialisme français du 21ème siècle doit donc conduire du même geste les deux chantiers évoqués : critique sans concession des dérives néolibérales de la gauche depuis les années 1980 et redéfinition des fondements de sa doctrine en décrivant une société du bien-vivre dont les piliers sont l'épanouissement individuel dans la cohésion sociale, moyennant une remise à sa place de la dimension économique, et une prise en compte définitive du respect de l'environnement.

12.4 Tirer les enseignements du 20ème siècle

Le 20ème siècle mérite un examen critique particulièrement sévère, tant il a démontré au tribunal de l'histoire que la politique se nourrit abondamment de mythes et que ceux-ci finissent par signifier « la pensée close, la pensée dogmatique, la pensée fanatique, le tabou, le sacré » (Morin, 2004, p. 11). Même indispensable, une idéologie cache plus souvent le réel qu'elle ne l'exprime, elle asservit plus qu'elle ne libère.

Le 20ème siècle a donc vu s'effondrer plusieurs mythes, celui du socialisme soviétique et, à la charnière avec le 21ème siècle, le mythe antagoniste du néo-libéralisme ou ultralibéralisme. Or, ces deux idéologies ont un point commun évident, elles sont, chacune à sa manière, des idéologies de fin de l'histoire.
L'idéologie ultralibérale prône une société reposant sur les bases solides de l'industrie, se développant sans cesse, apportant toujours la croissance économique et le bien-être par la consommation et surconsommation, recourant à la science, à la technique et à la démocratie pour résoudre tous les problèmes (guerre, faim, maladie, inégalités), plaçant l'individu et le superprofit au-dessus de tout. Et l'idéologie marxiste prône l'égalité, le mieux-être, l'instruction pour liquider la faim, la maladie, la guerre, les classes sociales et l'histoire. En fait, ces deux idéologies aujourd'hui en déroute sont des idéologies de fin du monde.

Pour les gens de gauche qui veulent garder les yeux et l'esprit ouverts, il faut donc remettre en cause toutes les pseudo-certitudes des discours politiques dominants. Comprendre que tous les systèmes d'idées et d'action politique, socialisme y compris, sont soumis à des phénomènes fondamentaux de dégradation (désintégration, corruption, dispersion) et d'insertion aléatoire dans des contextes idéologiques, économiques et sociaux différents dont les acteurs n'ont guère le contrôle. De ce point de vue, rien n'est définitif ou intemporel. Il nous faut toujours revisiter tous les maîtres-mots.

Le socialisme du 21ème siècle ne peut donc mettre ses pas dans ceux des doctrines passées sans exiger l'introduction d'autres concepts cardinaux qui, associés aux fondamentaux, permettraient de proposer la pensée politique alternative qui fait actuellement défaut.

13. Repenser les fondements du socialisme démocratique

Le socialisme est une doctrine politique qui articule une vision de l'homme à une conception de la société. Généreux nous propose de le faire (2009) en répondant à quatre questions : qui sommes-nous ? Quels mobiles guident nos relations avec autrui ? Pourquoi et comment les sociétés humaines se constituent-elles ? Quelles finalités collectives peut-on et doit-on assigner à la politique ?
Les trois premières questions relèvent de l'anthropologie, la dernière relève de la politique et peut se définir comme une conception du progrès, avec ses idéaux de l'identité individuelle et collective, l'économie, la cohésion sociale, la justice, la démocratie, l'internationalisme, le respect de la nature. A ce niveau de généralité, dans la façon de structurer le problème, il est possible de le suivre.

Suivons-le encore un peu ! Les grandes doctrines politiques, qui ont été échafaudées entre le 17ème et le 19ème siècle, peuvent viser comme biens publics: le maximum d'utilité collective (utilitarisme) ; le maximum de justice naturelle (philosophie du droit naturel) ; le maximum de liberté individuelle (ultralibéralisme) ; le maximum de solidarité, fraternité, égalité (socialisme) ; le maximum de protection de l'écosystème (écologie). Comment penser les fondements du socialisme du 21ème siècle par rapport à ces grandes doctrines disponibles sur le marché de la pensée ?

Pour nous, ce socialisme n'a pas à tout rejeter du passé et donc pas à tout inventer ; il doit d'abord rester fidèle à ce qu'il y a d'incontestable et de meilleur dans l'identité socialiste. Ensuite, ce socialisme doit combler les lacunes que l'histoire a révélées ou fait émerger concernant les impensés de l'individu (la base anthropologique), de l'écologie et de la mondialisation. Par ailleurs, il doit modifier bon nombre de ses affirmations concernant la cohésion sociale dans le cadre d'une société moderne multiculturelle ouverte à la mobilité des populations du monde. Enfin, il doit construire un ambitieux projet d'émancipation adapté aux réalités contemporaines françaises et dont la mise en œuvre pourrait être suivie au moyen d'indicateurs pertinents. En effet, si la pensée politique de ce début de 21ème siècle admet à présent qu'il convient d'articuler économie /écologie/social, les différentes doctrines concernées sont loin d'en avoir proposé une formule explicite et cohérente.

Positionnée ainsi, cette nouvelle doctrine socialiste se déploierait dans toutes les grandes dimensions (économique, écologique, sociale, culturelle, politique) pour édifier le « bien-être et bien-vivre » en société. Essayons alors dans l'ensemble de ce livre d'en esquisser quelques bases!

13.1 Assumer le noyau identitaire du socialisme démocratique

Le parti socialiste français doit conduire de toute urgence l'examen critique du rapport du socialisme à l'histoire et au réel. Il lui faut une conception critique du réel en train de se faire, qui ne peut lui venir que d'une compréhension profonde de l'histoire. Pour incarner à nouveau une idée progressiste de la France, il doit en effet assumer l'histoire passée et en train de se faire. Or, dans les vingt dernières années, il a par trop rejeté la connaissance et les intellectuels, il a abandonné cette pensée critique de l'histoire, condition première de la refondation, attitude qui « peut porter une nouvelle conscience politique parce que c'est avec elle que s'élaborent les fondements de la compréhension du politique. Parce que c'est là qu'une unité de la gauche peut émerger, au-delà de ses partis ou de ses courants, puisqu'une expérience de l'unité émerge de l'histoire reconnue » (Duclert, 2009).

Au fil de l'histoire, la gauche a toujours situé son projet philosophique et politique dans la tradition de la modernité et des Lumières. Comme conception philosophique et politique, la modernité – la période historique ouverte par la Renaissance – renvoie à l'affirmation de l'universalité de la raison, à la mise en place d'institutions pour garantir les droits fondamentaux des individus associés à la défense de la liberté (droits de l'homme et responsabilité politique).
Assumer le rapport à l'histoire, c'est donc, pour le socialisme démocratique français, assumer la permanence de ces traits identitaires. Et cet héritage est double : il est celui d'une pratique politique permanente et celui d'une éthique forte.

La pratique politique du socialisme, ce sont les combats qui ont été ceux de la République confrontée à la question démocratique et sociale. Ces combats ont fini par façonner avec le temps une « gauche sentimentale », une gauche de l'indignation dont l'un des travers est de penser qu'avoir un projet de gestion possible du monde constitue vite une trahison, une gauche protestataire et militante qui adore la critique permanente de l'insupportable. Mais ces combats ont fait l'honneur du socialisme. Et quand on s'efforce de cerner l'essence de la gauche, on se doit de mentionner ces combats aux côtés des exploités, contre les pouvoirs injustes et contre l'aliénation.

Le combat par excellence est en effet celui par lequel la gauche défend les démunis, les déshérités, les petits, les faibles. On assimile parfois la gauche à ce mouvement même des faibles protestant contre l'ordre. Milan Kundera définit ainsi la gauche comme le parti de la « Grande Marche » (*L'insoutenable légèreté de l'être*) : la marche mythique des déshérités vers la récupération de leur dignité. De ce point de vue, la gauche est surtout mouvement et Marx disait déjà en ce sens que le communisme n'est ni un état, ni un idéal, mais « le mouvement réel qui abolit l'état actuel » (*L'idéologie allemande*).

On saisit aussi le cœur de la gauche dans sa critique du pouvoir et ses combats contre lui. La gauche est donc cet effort séculaire pour rendre le contrôle du pouvoir à ceux qui l'ont perdu et combattre ceux qui l'exercent de façon inique. Dans les sociétés démocratiques, il s'agit évidemment d'autre chose : ceux qui ont la propriété des moyens de production détiennent le pouvoir de décider dans la conduite de l'économie ; les députés, ministres, sénateurs, maires détiennent aussi un pouvoir constitutionnel qui risque d'un certain point de vue d'assujettir les autres. La gauche cherche toujours une construction sociale où il ne puisse pas y avoir de confiscation du pouvoir.

Le pouvoir n'est cependant pas le mal absolu, puisqu'il peut être réfréné et jugé. De quoi faut-il alors se méfier en lui ? De ce qu'il conduit à confisquer certaines libertés. Dans les rapports sociaux, le commandement n'est donc supportable que s'il autorise la correction de tous les excès d'autorité. Dans sa conception du pouvoir, la gauche cherche alors à présent à conjuguer commandement et liberté dans le cadre de normes acceptées démocratiquement.

Pour beaucoup enfin, le cœur de la gauche est dans la protestation contre un monde aliéné. Bien sûr, la condamnation de l'aliénation est un motif ancestral et pessimiste. On se rappelle aussi que pour Marx, dans le monde capitaliste marchand, l'aliénation est objective et subjective. Le problème historique est ici que les grands penseurs qui ont condamné l'aliénation n'ont pas produit une descendance recommandable : la condamnation marxiste de l'aliénation a dans sa filiation le stalinisme et la condamnation heideggérienne de l'aliénation a dans sa filiation le nazisme. Si on désigne le réel comme fautif parce qu'aliénant, il faut alors redresser le réel et l'homme, ce qui conforte aussitôt la dimension totalitaire de l'entreprise. On comprend alors qu'on ne peut en fait surmonter l'aliénation que dans la vigilance de la condamnation.

Sur le plan éthique, la gauche se réclame d'un idéal humaniste : la pensée de la liberté, de l'égalité, de la justice dans un monde livré à la violence idéologique et guerrière. La gauche est traditionnellement liée à « une ressaisie des conditions de la réalité par la raison, en vue du mieux collectif, de la justice, de l'intérêt général » (Salanskis, 2009). Et l'exigence que l'on peut identifier comme le cœur de la gauche est bien l'exigence d'égalité, qui est une facette de l'exigence éthique en général. Cela procure la définition la plus englobante du socialisme : viser l'égalité réelle entre les hommes et combattre l'inégalité programmée entre eux. Pour la gauche, l'inégalité des itinéraires corrompt l'égalité statutaire des humains.

La tradition de gauche, qui part de la Révolution française, commence avec ce combat pour l'égalisation du Tiers-état contre les privilèges. La droite, qui pense que l'inégalité est un fait naturel et par ailleurs un fait dominant, reproche à la gauche l'égalitarisme, nivellement par le bas. Les combats de gauche pour la justice ciblent toujours une injustice ayant l'inégalité comme contenu. Constatant une inégalité, dont la justification est dans la compétition et la sanction inégalitaire, la gauche y cherche l'injustice qui la fonde et engage le militantisme qui la combat.
L'égalité est donc pour la gauche un principe moral dont l'obligation s'apprend dans une expérience toujours sociale, celle de la compétition. La gauche morale s'insurge toujours contre l'insupportable souffrance des hommes induite par le processus social et historique. Il s'agit bien de refus, d'indignation, d'insurrection.

Le problème de cette attitude est de savoir si cette fondation éthique de la gauche en respecte la signification politique. Se contenter de refuser (en appeler à un référentiel éthique) n'est qu'une attitude morale et c'est bien pourquoi Marcel Gauchet reproche à l'extrême-gauche de se cantonner dans ce positionnement confortable. En fait, la gauche dénonce cette sorte de souffrance qui permet d'embrayer sur la mobilisation : c'est la souffrance socialement imputable, celle qui relève de bourreaux et de causes systémiques, qui entraîne la lutte politique et l'expérience de la révolte au nom de l'égalité. Le socialisme démocratique y ajoute l'exercice du pouvoir visant à en attaquer les causes.

13.2 Affirmer la dimension anthropologique du socialisme futur

La question anthropologique est d'une grande importance. En schématisant fortement, on pourrait dire que le socialisme du 21ème siècle, comme le socialisme classique avant lui, doit affronter la redoutable question : quel être humain, pris dans quelle réalité sociale, la doctrine politique qu'est le socialisme vise-t-elle ?

Construction de l'individu et socialisation sont étroitement liées : « Ma propre identité dépend vitalement de ma relation dialogique avec les autres » (Taylor, 1994). La façon dont un régime politique construit l'identité collective, en tolérant ou non l'expression des identités individuelles, est de la plus haute importance. Il peut favoriser une conscience collective qui, en en appelant aux groupes et aux foules, empêche de fait l'expression de la conscience individuelle (cas du communisme, du fascisme) ; il peut privilégier les consciences individuelles au point de déliter le lien social tissé par la conscience collective (libéralisme). Il peut enfin veiller à cultiver l'expression des deux, conscience collective et consciences individuelles : nous sommes alors dans le socialisme que nous appelons de nos vœux pour qu'il privilégie cette logique de l'organisation sociale.

Repenser la question de l'individu

Si, aujourd'hui, la place de l'individu en société est reconnue et célébrée jusqu'à l'excès, il n'en a pas toujours été ainsi, ni en politique, ni dans les sciences humaines, comme en sociologie par exemple où l'on a longtemps préféré étudier les collectifs du genre foules, classes sociales, groupes sociaux.

En France, c'est le libéralisme, inventé au début du 19ème siècle, d'abord au plan philosophique puis au plan économique, qui a cherché à libérer l'individu. Le premier lui a apporté des droits imprescriptibles, le second lui a assigné les rôles de compétiteur égoïste puis de consommateur inassouvi. Si bien qu'à la fin du 20ème siècle, il n'était pas excessif de redouter le spectre d'une société d'individus en lieu et place d'une communauté nationale.

Peu à peu, grâce à Marx, Tocqueville, Durkheim, Weber, Elias et bien d'autres, sociologues et philosophes (Descartes, Leibniz, Locke..), on a mieux compris que l'individu n'est pas une donnée de la nature, mais une construction complexe de la société et que le processus d'individuation est plus engagé dans les pays modernes occidentaux.

Il s'est d'abord agi, à partir de la Renaissance, de penser les catégories types du salarié, de l'intellectuel, du capitaliste, du citoyen, de l'artiste, avec leurs conditions de possibilité inscrites dans le droit, le langage, le corps, les choses. On peut parler à ce propos d'individualisme abstrait ou générique, attentif au principe commun et aux catégories universelles, et sorti de 1789. L'individu est alors celui qui intériorise les normes d'un certain ordre social incarné par l'Etat. Puis, à partir des années 1960, un individualisme concret émerge et s'impose, plus attentif à la logique identitaire personnelle. L'individu y est pensé comme plus singulier, irréductible à autrui comme à un rôle social, davantage autocentré, capable de bousculer au besoin l'ordre social, comme Mai 1968 l'a montré. Précisons cependant que certaines approches spécifiques comme le marxisme ou le structuralisme ont éclipsé l'importance de l'individu.

La relation dialectique entre l'individu et la société s'est installée à présent au devant de la scène, tout spécialement en politique, avec un intérêt plus grand porté à l'individu : « le sujet creuse son trou, il abat les systèmes de mise en place élaborés par les pouvoirs » (Touraine, 1995).

Les sciences humaines contemporaines, notamment sociologie, ethnologie et anthropologie, insistent à présent sur le fait que l'être humain est indissolublement être individuel et être social et que son équilibre profond dépend du bon fonctionnement de cette double postulation.

Le socialisme est-il enfin prêt à promouvoir l'accomplissement et l'épanouissement personnels dans l'harmonie sociale, en gardant toujours le sens de la complexité des processus interactionnels ?

Dépasser l'individu produit par le capitalisme

Les sociologues contemporains nous proposent tous le même constat : l'individuation a gagné toutes les sphères et toutes les pratiques sociales, tous les collectifs sont traversés par le règne de l'individu : familles, groupes religieux, groupes professionnels, groupes politiques, associations, classes sociales, territoires.

Il peut paraître pertinent de faire des transformations du capitalisme au fil du temps l'une des causes profondes du passage généralisé à l'individu concret. Car le capitalisme a déstabilisé peu à peu toutes les catégories de la construction sociale : classes sociales, statuts professionnels, communautés de tous ordres, famille…A la fin du 20ème siècle, au moment où certaines réalités concernant la déstructuration du social, comme l'effritement des classes sociales ou l'éclatement de la structure familiale, se mettent à s'imposer, et au moment où la société de consommation et de communication triomphe, alors l'accent est à nouveau mis sur la question de l'individu, cet « être affectif, centré sur lui-même, soucieux de se réaliser lui-même » (Touraine, 1992). On peut à bon droit parler d'une « instrumentalisation par le capitalisme des exigences de réalisation de soi » (Honneth, 2006), car le capitalisme actuel a besoin d'individus autonomes, flexibles, mobiles, disponibles physiquement et mentalement, créatifs, nomades et jetables. Dans sa phase actuelle, le capitalisme a entraîné la primauté du « pour soi » sur le « pour autrui » et « avec autrui ». Il nous faut donc mesurer l'importance du phénomène et penser les moyens politiques adéquats pour pouvoir l'équilibrer par l'accent mis sur la dimension sociale de la vie et la solidarité nationale.

Le marxisme a négligé l'individu au profit de la seule collectivité et édifié un temps l'hypersociété (Généreux). Le totalitarisme anéantit les deux postulations, l'être humain et la société (Hannah Arendt). Le néolibéralisme privilégie le seul individu au détriment du collectif et installe la « dissociété » (Généreux). Les sciences contemporaines faisant de l'être humain un être également porté par le désir d'être soi et le désir d'être avec les autres, le socialisme se doit de ne pas mutiler cette double postulation. Heureusement, les effets de cette individuation sur les institutions, désormais en déclin relatif, sont ambivalents. En se positionnant hors de l'hypersociété, hors de la dissociété et hors de la société totalitaire, le socialisme peut donc encore viser une société du bien-vivre où chacun pourrait déployer sa personnalité sans trahir l'essence sociale de l'homme.

La réalisation politique de cette possibilité pour le citoyen de construire son équilibre personnel entre les deux aspirations évoquées – être soi et être avec les autres – n'est évidemment pas chose aisée. Le défi que le socialisme à venir doit affronter est dans la relation synergique à établir entre vivre pour soi et vivre avec les autres, dans une société du bien-vivre.

Conjuguer l'individuation et la socialisation

A trop prendre en compte les réalités de l'individuation dans la société française contemporaine, on en viendrait à affirmer que s'est imposée la « société du travail sur soi » (Vrancken et Marquet, 2006) et qu'il serait vain finalement de vouloir agir sur les structures sociales. La seule position utile serait alors d'adopter pour l'individu la thèse de la découverte de son identité profonde. Et c'est bien ce risque contenu dans l'institutionnalisation de l'individu que le capitalisme favorise : faire croire que l'identité serait déjà là, originelle, naturelle, et qu'elle ne serait jamais socialement construite. Chacun n'aurait alors qu'à chercher son moi authentique, hors des contextes sociaux !

Si le socialisme rejette cette croyance, doit-il pour autant négliger la quête de l'épanouissement individuel ? Sûrement pas ! A travers les rôles sociaux et les multiples expériences sociales, il doit autoriser les expériences identitaires et reconnaître le droit à l'expressivité personnelle. Le défi à relever est celui de la place du rôle par rapport à celle de la personne, de la place de l'agent social par rapport à l'individu. En somme, manifester, au nom de l'expressivité individuelle et de la quête de soi, de la distance au statut et à la position n'est plus forcément à considérer comme un défaut de socialisation. A bien y réfléchir, les expériences sociales de tout individu constituent une sorte de puzzle identitaire qu'il s'efforce de stabiliser : aux obligations professionnelles de raconter sa vie (curriculum vitae, entretien d'embauche, bilan de compétence…) peuvent parfaitement s'ajouter des expériences personnelles (récit de vie, journal intime, album photo…). Le socialisme ne peut qu'accueillir les stratégies et « bricolages » identitaires parce que toutes les pratiques sociales relèvent d'une inscription identitaire qui suppose le regard d'autrui et l'interaction avec lui. Mais il doit veiller à l'exploitation qui est faite de ces « constructions biographiques ».

Dans le contexte capitaliste des inégalités économiques, il faut bien constater que la question identitaire ne fait qu'aggraver la situation. Maints salariés ne peuvent plus imaginer leur avenir professionnel comme un parcours cohérent et garanti, la flexibilité et la précarité leur imposent d'endosser des identités non désirées, celles que Castel (1995) nomme des « identités par défaut », au premier rang desquelles celle du chômeur, qui ne sait plus contre quel adversaire il devrait se battre. Or, c'est dans l'action que l'individu se constitue en sujet !

La socialisation est donc à considérer comme la production sociale des identités, qui a été longtemps dispensée par les grandes institutions : Eglise, Etat, Ecole, partis politiques. Elle s'est maintenant déréglée, en quelque sorte, et l'on se trouve face à un éventail allant des individus capables d'afficher des identités stratégiques à des individus construisant leur identité de façon plus ou moins stable et à des individus à identité quasiment inconsistante. On peut plus généralement considérer que la construction identitaire passe par trois registres (Le Bart, 2008) de construction de soi : celui de l'être et de l'individualisme expressif (avec le corps, les interactions avec autrui, la création artistique) ; celui de l'avoir et de l'individualisme possessif (avec les objets) ; celui du faire et de l'individualisme transitif (avec la production de traces de soi). Et, alors que la pensée occidentale a très longtemps privilégié l'autoconstruction de soi, aucune construction de soi ne peut faire l'économie d'autrui (Flahaut, 2006).

Toute société se structure. Elle le fait en produisant, par le moyen d'institutions, des classes, des rôles et types sociaux, des habitus, des collectifs. Bien sûr, chacun de ces moyens s'incarne dans des individus. Mais les institutions font régner des principes unificateurs – intérêt général, intérêt économique, croyances religieuses – qui assignent des identités prescrites. L'individu peut échapper à la prison identitaire par les qualités qui le singularisent.

Pourquoi le socialisme du 21ème siècle pourrait-il alors favoriser l'identité individuelle sans risquer de déliter le lien social ?
D'abord, parce qu'il aurait tiré les leçons de l'histoire sur les méfaits du culte fusionnel de l'identité collective et du culte égoïste de l'identité singulière : dans les deux cas, on ne peut atteindre l'harmonie sociale par ces stratégies, doctrines, régimes politiques.
Ensuite, parce que la seule manière d'éviter une société où le moi de chacun se dissoudrait dans la libération de ses multiples identités singulières, flottantes et changeantes, toujours provisoires, est de construire une socialisation où les interactions sociales seraient stabilisées par la visée du bien-être collectif. Certes, le travail identitaire est toujours inabouti, mais l'être humain est orienté par le besoin de se construire, en interrelation avec les autres. La solidarité comme la fraternité ne peuvent être des obstacles, en ce sens qu'elles procurent le sentiment d'une visée commune. Il n'est pas obligatoire de faire de l'expression de l'individuation le privilège d'une classe sociale (moyenne ou bourgeoise) qui chercherait à imposer son style de vie. Il n'est pas plus obligatoire d'inscrire l'individuation dans la compétition pour prôner un type de régulation sociale, avec nantis d'un côté et faiseurs de troubles sociaux de l'autre. Il serait préférable d'en faire le support de la citoyenneté. Le socialisme doit prendre en charge la grande question du capital identitaire de chacun, proposer une logique de la construction identitaire à partir de toutes les ressources nécessaires (cognitives, culturelles, relationnelles, économiques),

alors que le libéralisme prône l'autonomie en laissant à chacun le soin de se débrouiller.

13.3 Promouvoir une conception planétaire de l'action politique

Le socialisme du 21ème siècle doit viser l'instauration du citoyen de la Terre (E. Morin), car c'est à cette exigence que conduit la mise en relation de la partie (la France) avec son environnement global (la Terre, la planète et le cosmos). En ce sens, cette doctrine socialiste est internationaliste et fondamentalement écologique, et c'est bien l'écologie qui oblige le socialisme à assumer à nouveau l'internationalisme, avec plus de chance de succès à présent.

Poursuivre l'aventure des mondialisations

On peut distinguer, pour simplifier, trois grandes périodes de mondialisations (Chervalier, 2008) que nous allons parcourir à grands traits :
- celle des origines, qui va de la constitution des grands empires aux grandes découvertes ;
- celle des années 1850-1950, où la mondialisation est portée par les avancées technologiques et scientifiques ;
- celle qui a commencé aux années 1970-1990, avec l'accélération considérable du processus et le triomphe de la globalisation économique.

Les origines de la mondialisation vont de l'Antiquité jusqu'au début du 19ème siècle. Cette mondialisation originelle a été portée par les voyageurs, découvreurs et conquérants : marins, marchands, soldats, prêtres. La conscience du monde n'y existait pas encore, on mettait en avant des notions comme l'échange et la découverte. Dans l'Antiquité, les premières manifestations de ce processus ont commencé 2000 ans av. J.-C : débuts des échanges commerciaux, enrayés par des envahisseurs indo-européens. Une seconde vague a eu lieu avec l'Empire perse, établissant des liens commerciaux entre colonies phéniciennes, grecques et cités indiennes. On commence alors à prendre conscience de l'étendue du monde sans pouvoir le cartographier. Des cités cosmopolites se fondent, et la bibliothèque d'Alexandrie contiendra des livres grecs, indiens et bouddhistes.
Les premières découvertes se multiplient surtout au 15ème siècle dans des expéditions mondiales : celle du Chinois Zheng He (1405-1415), celles de C. Colomb, Vasco de Gama, Magellan, J. Cartier. L'Europe explore le reste du monde, dans une mondialisation commerciale et religieuse. Les fléaux de ces expéditions sont la colonisation (commerce triangulaire, esclavage), la propagation des maladies, l'évangélisation forcée.
La période des 15-16èmes siècles a cependant apporté des découvertes plus positives comme l'invention de l'imprimerie et la prise de conscience de la rotondité de la Terre.

Dans la seconde période de la mondialisation (1850-1950), tout se développe : moyens de communication, transport et information, échanges commerciaux, mouvements migratoires, intégration de l'économie mondiale, développement de pays (Canada, Australie).

L'idéologie du libre-échange naît à la fin du 18ème et au début du 19ème siècle. Les théories ont en commun : le pays comme cadre macro-économique ; le commerce international justifié par l'existence de différences entre pays ; la préférence donnée à l'ouverture sur l'autarcie.

Différents modèles libéraux sont proposés. Le modèle d'Adam Smith (1723-1790) fait de l'échange international un jeu à somme positive ; les auteurs français (Jean Bodin, Antoine de Montchrétien) en font un jeu à somme nulle. David Ricardo (1772-1823) propose un modèle en termes d'avantages comparatifs, que John Stuart Mill (1806-1873) complète en introduisant le rôle de la demande mondiale et la recommandation d'un libre-échange bilatéral, étape par étape. A ces modèles libéraux se confrontent des modèles protectionnistes concernant notamment les prix (tarif douanier) et les quantités (quotas).

La période de la révolution industrielle (19ème siècle) apporte l'abaissement des coûts de transport (machine à vapeur) et des coûts de communication (télégraphe), ce qui met en relation les différentes parties du monde, fait circuler les hommes, les biens, les savoirs. Les Occidentaux migrent (Amériques, Australie, Algérie). Les phénomènes majeurs sur les plans économique et culturel sont l'industrialisation, la colonisation, les récits de voyage, les effets de mode (japonisme), le marxisme et les Internationales.

Au début du 20ème siècle, on entre dans la méfiance envers les échanges mondiaux. Des quotas d'immigration apparaissent aux Etats-Unis (1911, puis 1921). Les révolutions russes bloquent les flux.

La Première guerre mondiale entraîne la mondialisation du conflit, et la fin de la domination de l'Europe sur le monde. Puis surgissent les spéculations (crise financière de 1929), le retour au protectionnisme tarifaire et le repli des économies sur elles-mêmes.

La Seconde guerre mondiale a une ampleur territoriale plus grande, les opérations militaires concernent l'Atlantique et le Pacifique : 50 millions de morts et économies anéanties.

Dès 1919, la communauté internationale crée l'OIT (Organisation internationale du Travail) pour assurer la paix mondiale et manifester des préoccupations humanitaires, politiques et économiques. Après 1945 apparaissent les grandes organisations internationales : l'ONU en 1945, en remplacement de la SDN (coopération droit international, développement économique, progrès social, droits de l'Homme); le Fonds Monétaire International en 1944 (matière économique et financière) ; la Banque mondiale en 1945, sous la forme de deux institutions, la BIRD (Reconstruction et développement) et IDA (Lutte contre la pauvreté) ; le GATT en 1947, transformé en OMC en 1995.

De 1945 à 1975, le monde industrialisé connaît une croissance économique forte que l'économiste Jean Fourastié a baptisée les « Trente Glorieuses ». Cette période de prospérité exceptionnelle concerne aussi d'autres pays qui assurent la croissance du produit mondial (Etats-Unis, Japon, URSS, Royaume Uni). Cependant, le fossé se creuse entre le niveau de vie moyen dans les pays industrialisés et celui des habitants des pays du tiers-monde.

Les caractéristiques de cette période sont l'accélération des progrès des sciences et techniques ; l'importance grandissante des hydrocarbures (gaz naturel, pétrole) et le déclin du charbon ; le développement des centrales électriques à énergie nucléaire ; l'essor des industries de pointe (conquête spatiale, essor de l'électronique, révolution informatique, découvertes en biologie moléculaire) ; la révolution des transports (aéronautique, navires géants, TGV, automobile) ; le réveil démographique ; le goût du confort.

Réorienter la mondialisation contemporaine

La crise des années 1970 se traduit par le ralentissement du taux de croissance des échanges commerciaux ; une redistribution des rôles entre pays développés (recul de dynamisme des Etats-Unis, consolidation des économies de l'Allemagne et du Japon, stagnation de la France du Royaume Uni et de l'Italie) ; l'émergence de nouveaux acteurs (Hong Kong, Taïwan, Singapour, Corée du Sud).

A partir de 1990, le terme « mondialisation » qualifie le monde qui a succédé à la guerre froide et à la chute du communisme. Les échanges se font partout. La révolution Internet est là : maîtrise du temps (téléphone, Internet), de l'espace (moyens de communication, téléphonie, Internet). Les années 2000 sont celles du « village planétaire » de Mac Luhan.

La mondialisation actuelle est donc une réorganisation des activités aux multiples dimensions.

Elle est d'abord commerciale (nommons-la globalisation économique) avec accroissement des échanges internationaux de biens et de services, flux d'importations et d'exportations, développement d'accords internationaux de coopération.

Elle est ensuite financière, le capital circulant partout, ce qui génère de l'insécurité pour les économies et les entreprises et ce qui conduit à d'énormes profits au service du seul court terme, à la spéculation et aux crises bancaires.

Evidemment, elle affecte aussi le travail et la main d'œuvre, imposant la mobilité accrue et la mise en concurrence des travailleurs de la planète.

Elle passe encore par l'information et la culture : la révolution numérique rend possible la circulation instantanée de l'information sur la planète ; elle virtualise une partie de l'économie qui est portée par l'ordinateur ; elle engendre des progrès importants dans la circulation des sciences.

L'acteur principal de cette mondialisation est la firme transnationale.

De ce rapide survol, il ressort que la mondialisation est très largement une occidentalisation, car il est patent que l'Occident a colonisé, exploité, mais en même temps propagé ses savoirs, techniques, religions.
L'humanisme européen de la Renaissance a conduit aux droits de l'homme, à l'abolition de l'esclavage, aux Internationales socialistes, à l'expansion de la démocratie à travers le globe. L'Europe est bien l'origine de ce phénomène mondial, avec sa profonde ambivalence de barbarie et d'humanisme. Elle a maintenu vivants les doubles ferments de l'impérialisme et de l'humanisme. Elle a inventé l'Etat-nation, le rationalisme, la démocratie, la révolution industrielle, le capitalisme. Mais elle est à présent dépassée par l'accélération de l'histoire. Et des réactions à la mondialisation économique et technique apparaissent, comme l'écologie, la résistance à la consommation, la sauvegarde des diversités culturelles, le rejet de l'Occident chez les peuples du Sud.

Si l'on ne veut en souligner que les conséquences négatives actuelles, on dira que la mondialisation est une intensification de la vie internationale produisant la fragilisation du système international par redistribution des cartes. Car la mondialisation exacerbe la concurrence entre Etats et entreprises multinationales pour l'accès aux marchés émergents ; elle impose la délocalisation économique où la cartographie de la production et du capital ne coïncide plus avec la carte des pays ; elle conduit à une certaine déterritorialisation politique, certains individus, agents économiques notamment, s'autonomisant par rapport à leur pays d'appartenance. On pourrait même parler d'une triple dictature : dictature des coûts de production et de coordination ; dictature financière des sociétés de capitaux, souvent déséquilibrées entre actionnaires et dirigeants ; dictature des compétences, avec concentration plus forte des activités dans les pays développés. L'imbrication étroite des ces trois processus produit ce que l'on a appelé une « économie de petits mondes » et creuse les inégalités.

Relever le défi mondial actuel

Le grand défi pour le socialisme du 21ème siècle est de pouvoir intervenir dans ce processus de façon à en faire une internationalisation qui puisse ressembler à un internationalisme enfin réussi. Cela consisterait à développer une conscience planétaire humaniste, en œuvrant à différents niveaux, anthropologique, écologique, économique et culturel. Notre chapitre 2 en fournira une esquisse.

Le niveau écologique est trop oublié par le socialisme classique : l'écologie nous apprend qu'il n'existe que des écosystèmes, des interactions entre des êtres vivants au sein de sites géophysiques qui manifestent leurs organisations portées par des régulations particulières. La gauche ne peut donc négliger, ni l'écosystème global (la biosphère), ni les écosystèmes locaux (continents, pays), et elle ne peut qu'éviter au plan économique la croissance incontrôlée des écosystèmes locaux. En ce sens, il faut définitivement parler de déclinaisons du socialisme moderne au pluriel, adaptées et à la biosphère, et aux écosystèmes locaux ! Il faut repousser le « toujours plus de croissance » du néolibéralisme pour définir d'autres modes de fonctionnement, en s'interrogeant sur la sacro-sainte croissance. Certains écosystèmes nécessiteront de fortes croissances quand d'autres auront besoin de modération, voire de décroissance. Cela conduit à une économie plurielle (notre chapitre 5) et à des rythmes de développement matériel plus adaptés à leurs environnements.

Au plan économique, la globalisation produit une « économie de petits mondes », le développement d'îlots de croissance localisés principalement dans les pays développés. La réorganisation mondiale des activités se fait donc surtout au profit de territoires réduits. En ce sens, la globalisation appelle des politiques régionales et locales adaptées, par exemple celle des pôles de compétitivité. Le système capitaliste permet d'entretenir la croissance économique mondiale, mais avec production d'inégalités fortes. On ne peut le changer que si on l'analyse dans son ensemble et si on propose des solutions adaptées et des changements institutionnels profonds.

Au plan culturel, la mondialisation n'est plus une affaire de frontières et de commerce car, comme le dit Pierre Legendre, la culture touche à « la Terre intérieure de l'homme ». Elle est donc universelle et vitale.

Le socialisme du 21ème siècle doit donc affirmer qu'il ne saurait exister une seule formule de la « bonne » société socialiste et du « bon » développement humain (notre chapitre 5), car le déclarer, ce serait considérer que les sciences de l'homme et de la nature auraient à présent tout dit, tout révélé et que la politique aurait la clé de tous les problèmes. Les formules de l'Est (communisme) ont échoué. Les formules de l'Ouest (capitalisme, libéralisme) conduisent déjà à une grave impasse écologique et au triomphe du matériel aux dépens du mental et du moral. Les formules du « bon » développement imposées hier par le Nord aux pays du Sud n'ont rien amélioré. Il faut donc repenser le socialisme comme doctrine complexe, relative à chaque « niche civilisationnelle », privilégiant la vie, au-dessus de l'individu et de la collectivité, et aménageant, non pas le « produit intérieur brut », mais le « bonheur intérieur brut » (Amartya Sen) comme concept de base. Ce socialisme relève d'une alliance des civilisations (notre chapitre 2).

Valoriser la vie (notre chapitre 4), c'est ménager la dimension du « bonheur brut » dans le projet de solidarité planétaire : humanisme qui reconnaît la même qualité ou dignité à tous les hommes ; pacifisme (sans naïveté ou faiblesse) ; écologisme désormais inévitable ; protection du patrimoine de l'humanité (trésors culturels, biologiques, écologiques). Valoriser le « bonheur intérieur brut », c'est promouvoir l'épanouissement personnel dans une société du développement humain en ayant comme boussole certains indicateurs indispensables, esquissés d'ailleurs depuis plus de 20 ans.

13.4 Engager un nouveau projet d'émancipation digne du 21ème siècle

La gauche socialiste ne peut se définir que sur un projet d'émancipation, collective et individuelle, dont il faut décliner les principales composantes. Cela impose alors de répondre a minima à quelques questions majeures :
- contre quelles difficultés ou contraintes doit-on lutter pour émanciper l'individu et la société ? Il faut alors une nouvelle conception du pouvoir et des luttes à engager dans le contexte mondial du 21ème siècle pour se libérer de la domination libérale ;
- qui va entreprendre ces opérations d'émancipation ? Il faut sur ce point proposer une nouvelle conception du concept de classes sociales ;
- quelle est l'activité centrale du citoyen ? Il convient alors de reformuler la notion de travail ;
- enfin, vers quel horizon diriger cette émancipation ? C'est la question de la société à bâtir.

L'examen critique des doctrines politiques anciennes et la prise en compte des grandes avancées scientifiques du 20ème siècle nous éclairent sur ce qu'il ne faut pas faire et sur ce qu'il faut faire autrement.

Pratiquer une nouvelle conception du pouvoir et des luttes

Il ne serait guère pertinent de se réclamer du sens de la complexité et de conserver une conception du pouvoir fondée sur la simplification des relations. Il faut sans doute reconnaître au marxisme le mérite d'avoir su décrire l'expansion impérialiste, sur le plan de l'espace à conquérir comme sur le plan de la hiérarchie à imposer. Mais ce modèle puissant et clairvoyant, parfaitement adapté à la société industrielle du 19ème siècle, souffre aujourd'hui de son caractère daté, simplificateur et binaire. Il nous faut à présent un nouveau paradigme du pouvoir, dont les fondements principaux se trouvent notamment chez des penseurs français des années 1970 et après : Foucault, Deleuze, Guattari, par exemple.

Pour eux, le pouvoir moderne n'a ni centre permanent, ni limites fixées à jamais, il est décentralisé, polycentré et déterritorialisé. Pour eux, le pouvoir fonctionne en réseau et peut se déployer à l'échelle planétaire. Pour eux enfin, le pouvoir agit selon une mise en ordre ou régulation continue, à la faveur de maints ajustements. Ce pouvoir est partout et le citoyen est forcément dedans ; ce pouvoir est global et il peut entraîner l'affaiblissement des Etats-Nations. A maints égards, cette description du pouvoir moderne convient parfaitement à la globalisation actuelle.

Cette conception du pouvoir ne se limite plus aux seuls rapports internes au lieu de production et à l'affrontement capital/travail au sein d'entités stables, même si ce type de situation perdure encore. Elle élargit l'idée de luttes à l'ensemble des rapports sociaux et à l'ensemble de la durée de vie, identifie tous les lieux d'exercice du pouvoir, ne se borne pas au lieu du travail, mais prend en compte toutes les activités, salariées ou non, dans la production comme dans les services. Les rapports de force actuels se jouent en fait entre un pôle d'imposition – qui n'est pas le seul patron, il y a aussi les actionnaires – et un pôle de résistance, qui n'est pas forcément homogène ; ils sont des formes de construction et régulation des contraintes, dans leurs permanences et métamorphoses. Ce qui est en jeu ne concerne plus seulement le travail, mais ce qu'il faut nommer l'activité de chaque individu, salariée ou non. Et quand le pouvoir investit tout – le secteur public comme le secteur privé, la production comme la santé ou l'éducation – alors l'activité entière ou presque doit se révéler comme lieu de résistance aux effets de domination.

Il en découle un nouveau paradigme de la résistance au pouvoir. Dans les sociétés démocratiques occidentales, la voie de la révolution violente semble être fermée. Les délocalisations et la globalisation ont multiplié les dispersions d'usines, sociétés ou firmes, en Europe et dans le monde ; le règne de la circulation sur la production s'est généralisé ; et les réseaux de communication couvrent la Terre. Grâce à Internet, une forme d'emprise quasi directe sur tout est apparue. A l'intérieur d'un pays, les rapports d'exploitation passent de la petite entité qu'était l'ancienne usine à la totalité du champ social. Il faut donc mener à la fois de grandes luttes et des luttes plus sectorielles, le tout à des échelles variables.

Les luttes à grande échelle ont beaucoup concerné la liberté de l'information, les droits de propriété, la réglementation de la « toile » : ces luttes citoyennes investissent Internet et sont des luttes pour la réappropriation. Cela est particulièrement clair lors des élections, quand les internautes tentent de promouvoir débats, informations tues et contre-informations, à côté des organes médiatiques et parfois contre eux. Une autre société de l'information se met ainsi en place, en valorisant l'action citoyenne des sites personnels et des blogs. Il faut la comprendre, la connaître et y intervenir.

Les luttes à plus petite échelle tirent parti des ruptures qui s'opèrent, tant aux marges qu'au centre. Ainsi surgissent squats, coopératives, radios libres, collectifs, groupes d'intérêts, communautés de vie, associations de défense… autant d'espaces de liberté qui sont les prémices des formes d'autonomie à venir.

Le pouvoir moderne, essentiellement néolibéral, est partout, dans l'espace et le temps. Il pourrait en apparaître surpuissant et indélogeable. Les luttes et résistances doivent donc intervenir partout, aux marges comme aux centres, pour exprimer le droit à la réappropriation de la vie par chacun. Elles ne sont plus l'apanage de l'engagement politique classique, elles sont davantage portées par des engagements sociaux et civiques. On assiste en effet à une autonomisation de la société civile par rapport aux partis politiques. Cette autonomisation est parfaitement lisible dans l'action des ONG. Dans certains cas, elles pallient les carences de l'Etat ; dans d'autres, elles servent d'intermédiaires entre les citoyens et les institutions publiques ; enfin, elles tentent d'élaborer de nouveaux modèles de développement. Autre innovation de ces vingt dernières années : les forums internationaux comme le forum de Davos et le forum social mondial de Porto Alegre, aux orientations opposées. Ainsi se redéfinissent les articulations entre l'économique et le social.

La gauche du 21ème siècle ne peut qu'être toujours à l'écoute et en relais de ces luttes, qui désorientent les syndicats traditionnels, adaptés d'abord à la conception ancienne et hiérarchique du pouvoir, et dont le positionnement va sans doute devoir évoluer.

Reconsidérer le concept de classe sociale

Nous ne sommes plus dans la société industrielle des 19ème et 20ème siècles. La complexité a gagné la stratification sociale. La globalisation contemporaine a produit de grands changements dans les systèmes de production. Hier, tout était fondé sur les facteurs matériels de production, les matières premières et les machines. Les révolutions scientifiques et techniques du 20ème siècle – la révolution informatique notamment – ont imposé la dématérialisation de la technique, puis la délocalisation des activités de fabrication. Du coup, c'est le lien de l'économie à la matière et au territoire qui en a été bouleversé, réduisant la manifestation des rapports de force et d'intérêt. L'économie-monde est arrivée!

Cependant, les rapports de domination existent toujours entre dominants et dominés. Il y a toujours au 21ème siècle permanence des antagonismes entre catégories sociales. Mais des rapports d'exclusion se sont ajoutés aux premiers. Il nous faut donc revenir sur le concept de classe ouvrière. Fondé à l'origine sur la seule fonction de production, il est à présent trop restrictif. Dans son acception la plus large, il désigne tous les travailleurs salariés, et exclut donc les travailleurs non salariés. De plus, il existe de nos jours, à côté du travail matériel et productif, du travail non concentré sur le lieu de production, du travail immatériel, du travail « improductif ». Autant de raisons de revoir les notions de classe ouvrière et de travail !

Avec le référentiel marxiste, la lutte des classes caractérise les sociétés démocratiques. La société s'y réduit à une structure sociale, et la structure sociale à une opposition de classes ou à un rapport de classes plus déterminant que tous les autres rapports sociaux. La classe y est donc une position de dépendance qui est engendrée par les rapports de production et d'exploitation capitalistes, qui comporte le rapport salarial par lequel le prolétaire est obligé de louer sa force de travail et en reçoit un salaire. Et la classe manifeste une identité de classe. Telle est la vulgate marxiste.

Si Marx distinguait de nombreuses catégories, on peut cependant réduire ses analyses à deux classes : bourgeoisie et prolétariat. Ce dernier existe toujours de nos jours à l'échelle mondiale. Dans les sociétés occidentales, les deux fractions les plus importantes du salariat sont les ouvriers et les employés ; en France, elles représentent encore 60% de la population active. Mais, ce qui chez Marx apparaît figé une fois pour toutes ou presque, quasi immuable, doit être complexifié de nos jours. Les rapports de classes n'ont plus la clarté et la simplicité d'antan.

On a cherché à imposer l'existence d'une troisième classe appelée « classes moyennes », mais l'hypothèse n'a cessé d'être controversée (Combemale, 2009). Managers, cadres, employés chargés de gestion et d'administration, ingénieurs, techniciens, ouvriers très qualifiés, agents publics avec garanties statutaires… : la liste de cette « constellation centrale » est longue. Adopter cette hypothèse conduirait alors à un schéma tripolaire.

En fait, il existe à présent un nombre tellement grand de différences et inégalités internes au salariat, lequel représente 90% de la population employée, qu'on se demande comment penser le nombre de classes. La seule certitude qui tienne est qu'il y a toujours des exploiteurs et des exploités, à une échelle désormais mondiale. Même si le niveau de vie des exploités s'est élevé, il reste des inégalités, qui se sont accrues notamment aux deux extrémités de l'éventail des salaires. La paupérisation est toujours présente, mais ses traits ont changé.

On ne peut plus soutenir à présent certaines approximations dans la notion d'exploitation. Elle ne joue pas de la même façon à des niveaux différents de la position sociale. Quelqu'un qui produit une valeur de 20 000 euros par mois et n'en reçoit que 10 000 euros est « exploité » d'un taux de 100%, mais à ce niveau de rétribution, il n'en est pas malheureux (Combemale, 2009, p.78).
Par ailleurs, la notion d'exploitation est relative. Si un salarié voit son niveau de vie augmenter au même rythme que les gains de productivité, l'antagonisme de classe est atténué.
De plus, on peut être exploiteur sans en avoir bien conscience. Aujourd'hui, par l'intermédiaire des fonds de pension, assurances…, beaucoup de salariés sont devenus aussi des actionnaires et de ce fait, appartiennent pour une part aux dirigeants. D'autre part, certains salariés bénéficient de l'exploitation pratiquée ailleurs par d'autres salariés, en consommant par exemple des marchandises produites grâce au faible salaire de travailleurs asiatiques.

Enfin, la position d'exploiteur n'est pas immuable. Il faut donc surtout se demander qui décide du montant et de l'affectation du surplus et ainsi, oriente l'économie.

Dernier point : celui de la conscience de classe. Comme le dit Combemale (p. 83), « les nouvelles formes d'organisation du travail, en particulier la décomposition des collectifs, la mobilisation de la subjectivité, l'individualisation de la relation d'emploi, la mise en concurrence de tous avec tous, la précarité …toutes ces conditions matérielles d'existence ne favorisent pas l'accès à une conscience de classe ». Pour construire l'identité de classe, le travail politique et idéologique en est donc rendu plus difficile.

Il est certain que les classes sociales ont fonctionné comme le principe explicatif des relations sociales dans le cadre de la société industrielle. Elles rassemblaient des individus appartenant à une culture commune, partageant le même statut économique, vivant une même identité professionnelle et sociale, et portés par le sentiment d'un destin commun. Avec les années 1990, les repères de classe ont paru vaciller. La société de surconsommation a imposé l'individualisation, qui était le mode de vie dominant des classes moyennes supérieures. Mais la paupérisation a pénétré toutes les couches sociales.
Les mots traditionnellement utilisés – cadres, ouvriers, employés – n'ont donc plus de nos jours la même valeur référentielle. A l'exception de la grande bourgeoisie qui semble perdurer, il ne resterait plus que des agrégats statistiques pour référer à des catégories sociales désormais fluctuantes.
Il existe en effet une transformation importante des activités professionnelles et des relations d'emploi, dans un contexte marqué par ce que Castel nomme « la montée des incertitudes » (2009). Mais les inégalités – professionnelles, économiques, sociales – restent toujours présentes ; simplement, elles ne s'ancrent plus exclusivement ou principalement dans la division sociale du travail, où les notions de personne et de « lutte des places » remplacent plus aisément celles de catégorie et de « lutte des classes ».

Actuellement, les emplois ouvriers diminuent, le nombre de chômeurs explose, les embauches se font surtout en contrat à durée déterminée. L'instabilité professionnelle est générale. La précarité gagne partout du terrain, mais de façon inégale ; elle frappe d'abord les salariés les moins anciens et les plus anciens, les salariés les moins qualifiés, mais aussi les salariés diplômés. La fragilisation s'installe partout, produisant l'impression subjective de disparition des classes sociales. Et les nouvelles technologies font perdre à la notion d'ancienneté sa valeur traditionnelle.

Numériquement, les ouvriers restent cependant une catégorie importante, représentant sept millions de membres, soit 28% de la population active. Trois grandes familles composaient cette classe (Maurin, 2002) : les ouvriers de type industriel qui étaient sur les chaînes de montage des ateliers ; les ouvriers de type artisanal, qui occupaient surtout des entreprises plus petites ; les ouvriers de l'entretien, du transport, du magasinage et de la manutention dont le travail s'inscrivait dans les relations de service. Les premiers ont diminué et l'environnement de type artisanal concerne à présent un ouvrier sur deux. En vingt ans, la classe ouvrière a donc perdu ce qui constituait son socle et se trouve à présent dispersée dans des contextes professionnels proches des prestations de services.

Une catégorie a augmenté, celle des employés « payés au voisinage du salaire minimum pour des conditions de travail souvent difficiles et une exposition au chômage tout aussi forte que celle des ouvriers » (Maurin, 2002, p. 38). Les employés représentent actuellement la catégorie la plus importante, ce qui est une évolution significative : « en passant des ouvriers aux employés, on passe de contextes où les salariés représentent tous un même facteur de production, sont tous liés par les mêmes rapports sociaux et peuvent s'additionner comme une même main-d'œuvre à des univers où les salariés représentent chacun dans leur travail une personne spécifique, définie dans un rapport spécifique à une autre personne » (Maurin, p. 39). Il existe donc cette différence fondamentale entre les positions des ouvriers et celles des employés.
Evidemment, la catégorie des employés se transforme à son tour : les personnels de services aux particuliers (assistantes maternelles, employés de maison, femmes de ménage, employés de l'hôtellerie et de la restauration) surpasseront bientôt en nombre les personnels administratifs.

On observe les mêmes transformations chez les cadres. Ce mouvement révèle une inadéquation de plus en plus nette des catégories statistiques existantes aux réalités professionnelles en mouvement rapide. Mais, les inégalités de fait perdurent et s'aggravent même : « la montée de l'instabilité professionnelle au cours des décennies récentes ne s'est accompagnée d'aucune véritable augmentation de la mobilité sociale, d'aucune véritable diminution de la persistance des inégalités entre les individus, leur famille et leur descendance au fil des carrières et des générations » (Maurin, p. 45).

La lutte contre les inégalités de tous ordres reste donc un impératif pour la gauche ! Au lieu de continuer à penser les relations sociales dans le cadre du modèle statique articulant structure et histoire, avec des classes autonomes permanentes, il faut mobiliser un modèle plus dynamique, réticulaire, relationnel, ouvert aux transformations multiples qui ne cessent d'avoir cours. Les positions sociales bougent, les acteurs collectifs impulsent des changements. Si la classe est une position, elle doit idéalement regrouper, conjuguer et fondre « le partage de conditions de vie favorisant une socialisation homogénéisante, une culture (valeurs, représentations, normes, etc.) commune, un travail politique et idéologique d'organisation et de mobilisation, une identité forte et antagonique (« eux » et « nous »), une action collective pour orienter le changement social » (Combemale, p. 84).

A ce compte, si le socialisme futur parvenait à réaliser le « bien vivre ensemble », il n'y aurait alors plus qu'une seule classe sociale et il ne serait guère pertinent de lui donner un nom. Mais deux dangers au moins semblent nous garder de cette utopie : le risque de catastrophe écologique, qui imposera la lutte pour les ressources rares, et le risque d'individualisation forcenée, qui déboucherait sur la « multitude » d'individus.

Certains penseurs (Hardt et Negri ,2004) proposent en effet d'adopter la notion plus large de « multitude ». Même si elle peut paraître floue, même si elle est connotée « extrême-gauche italienne », elle ne présuppose pas la distinction travail salarié/non salarié, ni même travail/non travail, car le travail n'est qu'une des formes que prend la participation à la vie sociale. Comment la multitude se constitue-t-elle en sujet ? Quand est-elle exploitée et comment peut-elle se défendre ? Questions délicates ! Regroupant la totalité de ceux qui produisent ensemble des formes de travail et des formes de participation à la vie sociale, la notion de multitude ne signifie pas forcément incohérence et impuissance politique. Elle devient sujet social actif quand elle se met à agir en commun pour l'intérêt commun (du groupe), alors que l'Etat agit pour l'intérêt général. La multitude agit contre les aspects négatifs et dangereux du pouvoir. Elle doit agir pour la production de relations sociales plus harmonieuses.

On peut se demander si la société française contemporaine ne risque pas de se réduire à la stratification sociale en deux catégories antagonistes, pouvoir dominant d'un côté, multitude (salariés et non salariés, actifs non dirigeants en tous genres) de l'autre. La gauche moderne doit donc, sans manichéisme, œuvrer au bien-vivre de tous les exploités de cette multitude de gens, quel que soit le nombre de classes, groupes, collectifs, entités en présence.

Replacer le travail dans l'activité sociale

Il est à présent évident qu'à côté du travail matériel du 19ème siècle – celui de la grande industrie, seul lieu de production économique à l'époque – est apparu le travail immatériel poussé par les technologies informatiques, travail qui développe le savoir, l'information, la communication dans les services appropriés. Or, ce travail, qui s'étend petit à petit à l'ensemble des activités sociales, apporte aussi avec lui la mobilité, la flexibilité, la précarité. Il brouille les frontières entre économie et politique, privé et public, intellectuel et matériel, cognitif et affectif. Il déclasse donc les anciennes catégories dans lesquelles on le pensait, il modifie les perspectives de projet social et les modalités de luttes. Les nombreux individus singuliers exerçant ce travail immatériel entrent en relation communicationnelle, et ils prennent une relative autonomie par rapport au pouvoir dont ils dépendent.

Bien sûr, une certaine dose de travail matériel classique subsiste et se développe souvent dans des conditions plus difficiles : nombre plus restreint de travailleurs, activité à flux tendu, précarité croissante, risque accru de sociopathologies (stress, etc..). Enfin, à côté du travail se développent des activités sociales exercées par des non salariés, ces anciens « non actifs » aux multiples visages (retraités, femmes au foyer, militants associatifs…).

Le socialisme du 21ème privilégie le bien-vivre à travers toutes les activités sociales exercées par tous les actifs. Il doit s'adresser à eux, partager leurs luttes et leur proposer son projet.

13.5 Construire des sociétés du bien-vivre ensemble

Le néolibéralisme est le règne d'un système économique qui met la politique au service du matériel et de l'individu, selon la logique marchande généralisée. Le socialisme du 21ème siècle doit remettre la politique au service du bien commun et du bien individuel, tout en installant les citoyens dans le circuit des processus démocratiques. Il doit aider à surmonter deux problèmes mondiaux majeurs : le fossé croissant entre riches et pauvres et l'incapacité de nos systèmes actuels de régulation à maîtriser le développement humain.

Le néolibéralisme n'a qu'une boussole comme cadre cognitif de représentation du bien-vivre : le PIB (le produit intérieur brut). Cet instrument trahit les finalités profondes du néolibéralisme : priorité à l'économie, à la croissance et à la compétitivité. Ce concept de PIB, qui s'est imposé au tournant des années 1980, dans un contexte de crise, d'inflation et de chômage, qui a été porté par la « révolution conservatrice » de Reagan et de Thatcher, est à présent le sésame de la pensée néolibérale, du capitalisme financier, boursier, patrimonial.

Or, en ce début de 21ème siècle, il semble admis que le concept unique de PIB est trompeur. Il ne concerne que la valeur marchande de tous les biens et services, à laquelle on ajoute le coût de production des services non marchands des administrations publiques. Il évalue un flux de richesse marchande et monétaire. Il ne compte pas les activités et ressources qui contribuent au bien-vivre. Pour lui, la santé d'un pays n'est qu'économique et peu importent les dégâts écologiques et humains du modèle de croissance en cours ! Or, la question centrale de la gauche doit toujours être : la croissance pour qui ? et jusqu'où, dans quel écosystème ?

Un autre indicateur au moins est indispensable, non pas de la seule richesse matérielle, mais du bien-vivre et du développement humain. De nombreuses causes sont à l'origine de cette prise de conscience : actions des ONG, associations, fondations, réseaux ; participation grandissante des femmes à l'action politique ; progression de la pensée écologique ; influence de plus en plus grande des pays du Sud. Un concept du type BIB (Bonheur intérieur brut) nous aiderait à imposer la nécessité d'un autre développement : progrès social, qualité de vie, développement humain soutenable, qualité environnementale. Il y a en effet très grande nécessité à réintroduire, à côté de l'économique, l'humain, le social, l'environnemental.

Il est vital de réduire les activités qui sont des armes de destruction massive de l'environnement ; de développer les activités qui conjuguent faible pression environnementale et forte contribution au bien-vivre individuel et collectif, et qui, de plus, sont des gisements d'emplois dans le secteur tertiaire. Ce dernier en France ne consomme que 16% de l'énergie utilisée, n'émet que 11% du gaz carbonique et représente 70% de l'emploi (Radanne, 2004. Rapport Ministère de l'écologie et du développement durable). Il faut donc convertir bon nombre d'activités pour les rendre « propres », et créer des services relationnels de proximité pour viser le bien-vivre.

Depuis les années 1990, les propositions d'indicateurs synthétiques sur la question du bien-être social ont proliféré, pour nous aider à lutter contre la religion de la seule richesse économique.

Chaque pays, socialiste ou non, devrait construire ses propres indicateurs de BIB, adaptés à sa situation spécifique et à sa doctrine particulière. On ne peut prétendre construire une société du bien-vivre pour tous en restant dans les cadres de pensée d'une société de privilégiés matériels.

Les chapitres qui suivent tentent de préciser les grandes tâches à entreprendre pour édifier la société socialiste propre à notre pays.

Chapitre 2

Pour une alliance des civilisations

La France est confrontée à plusieurs mondialisations en même temps : la globalisation économique, qui a débouché sur la crise majeure de 2008 ; la mondialisation écologique, qui pose à présent la question de l'avenir de la planète ; la mondialisation sociale, culturelle et politique, qui est grosse de dangers.
Ces divers phénomènes sont reliés. Ils produisent au plan économique l'augmentation de l'écart entre pauvres et riches ; au plan écologique, un risque majeur pour tous et l'existence de « réfugiés écologiques » qui tentent d'échapper à l'épuisement des ressources, à la destruction de leur environnement et à la croissance démographique, au rythme de 77 millions d'individus en plus par an ; au plan social, l'aggravation des inégalités dans le monde, la fuite des démunis et indigents.

Pour espérer régler un jour si peu que ce soit ces problèmes, il nous faut aller vers une citoyenneté mondiale qui chercherait à édifier un humanisme universaliste. Or, la communauté mondiale reste à construire, la gouvernance mondiale étant encore quasi inexistante. Et, comme le socialisme s'affirme internationaliste, il lui faut tenter de dessiner une gouvernance mondiale crédible, dans le cadre de laquelle on peut penser une gouvernance européenne et une gouvernance nationale.

21. Construire la Société-Monde du 21ème siècle

Pour penser le 21ème siècle, nous suivrons sur certains points majeurs Edgar Morin (2001) et Pierre Calame, pour avancer quelques propositions concernant l'alliance des civilisations au plan mondial.

21.1 Maîtriser la machine mondiale

La Société-Monde se complexifie, les nations s'interrogent, le besoin de gouvernance s'impose, les territoires doivent se refonder. Tels sont quelques impératifs du nouveau siècle !

Distinguer mondialisation et globalisation

La mondialisation est le processus historique qui concerne « tout ce qui décrit les interdépendances entre les sociétés et entre l'humanité et la biosphère » (Calame, 2009). Il s'agit donc d'interrelations. On peut voir des étapes ou phases dans ce qui est « l'entrée symbolique du monde dans l'intimité sociale et culturelle de chaque société, avec les effets en chaîne que cette proximité entraîne » (Laïdi, 2000).

Economique et financière, la globalisation est une idéologie libérale qui prétend réduire le développement humain à l'économie marchande, fondée sur la libre circulation des marchandises, services, capitaux, dépendant des acteurs les plus puissants et de la technologie informatique. Elle n'est pas irréversible. L'enrayer suppose de repenser nos modes de production, consommation et échange.

Envisager les deux modalités constitutives de la mondialisation

Méditant sur l'aventure humaine, Morin distingue deux mondialisations.
La première est technico-économique, portée par l'Occident et fondée sur le profit. Nous l'appelons globalisation.
La seconde est plus philosophique, culturelle, emportée par l'humanisme européen : droits de l'homme, droit des peuples à disposer d'eux-mêmes, idées de liberté, égalité, fraternité, démocratie, solidarité humaine. Elle reprend de la vigueur dans les années 1960 et ébauche une nouvelle citoyenneté humaine. Elle suscite de nombreux contre-courants : écologie, recherche de qualité, sauvegarde des identités, résistance à l'argent, nouvelle recherche de solidarité. Elle est « irriguée par les courants émancipateurs du passé, humanisme, démocratie, socialisme » et porte en elle « l'aspiration à un monde meilleur » (Morin, p. 272). On y nourrit l'espoir d'une « identité de citoyen de la Terre-Patrie » (idem, p. 271) et d'une « politique de civilisation planétaire ». Pour cela, il faut « faire le lien entre les grands courants humanistes et sociaux du passé et les problèmes actuels pour que puisse s'affirmer une société civile internationale » (idem, p. 272). A l'heure actuelle, « il ne s'en est pas encore dégagé la politique au service de l'être humain …qui devrait nous conduire à civiliser la Terre en une 'société-monde ' » (idem, p. 273).

Il existe par ailleurs les « mondialisations corrosives et parasites » qui sont les grands obstacles à ce dessein et se nomment « la mondialisation des maffias », « la mondialisation de l'évasion et de la dissimulation fiscale », « la mondialisation d'un réseau de terreur sans Etat ni frontières » (Morin).

Il est donc clair qu'aucun problème actuel ne peut être surmonté en restant dans le cadre strict d'un pays seul. Et, en ce qui concerne les fléaux à venir, ou ils aboliront l'humanité, ou l'humanité les abolira.

Le capitalisme dérégulé de la globalisation économique s'apparente à un fléau, que Morin nomme le « Léviathan planétaire », la méga-machine économique : des sociétés multinationales ; des sièges multiples délocalisés ; des intercommunications innombrables ; pas d'appareil central ; les « petits équivalents ganglionnaires d'un système nerveux » que sont Banque mondiale,

FMI, OMC, FAO. Nous avons là une « hydre aux multiples têtes », sous la conduite « d'une nouvelle élite internationale de dirigeants, managers, experts, économistes », lesquels maîtrisent « l'information, la compétence gestionnaire et l'éducation spécialisée de haut niveau » (Morin, p. 275). C'est la « mondialisation du libéralisme ».

Mais y a-t-il un pilote dans l'avion ? « Ce qui manque, ce sont les instances supérieures à la méga-machine capables de l'orienter vers la seconde mondialisation, c'est une société civile mondiale, c'est une conscience de communauté de destin planétaire » (Morin, p. 276). Il manque à la méga-machine une gouvernance.

Penser la gouvernance, du mondial au local

Jusqu'à présent, la conscience d'humanité a à peine commencé à s'exprimer, à l'issue de la Seconde guerre mondiale seulement. On a alors affirmé l'existence de crimes contre l'humanité et un Tribunal pénal international siège à présent à La Haye. Quelques événements de grande portée ont aidé à prendre conscience : Tchernobyl, la chute du mur de Berlin, Internet, la conférence de Seattle, la crise de 2008. Il appartiendra sans doute au 21ème siècle de mettre en place l'entité politique chargée de la gouvernance de l'ensemble mondial, un Parlement du Monde. Cette entité pourrait bien être un jour le fondement des gouvernances locales ou régionales (au sens de grandes régions du monde).

On peut définir la gouvernance à l'instar de Pierre Calame : « la capacité des sociétés humaines à se doter de systèmes de représentation, d'institutions, de corps sociaux, pour se gérer elles-mêmes dans un mouvement volontaire ». Il s'agit donc d'un concept qui dépasse ceux de « gouvernement », « administration publique » ou « management public ». Il signifie action, régulation, pilotage à partir de systèmes de pensées (idéologies, concepts), en traversant des corps sociaux, des agencements institutionnels et des cultures, en passant par des acteurs et en travaillant sur des échelles de gestion articulées en niveaux. La gouvernance appelle le réseau. Fort de multiples expériences internationales, Calame a pu expérimenter la validité de sa définition de 1992 à 2003, à Salvador de Bahia (1993), Istanbul (1996), Dakar (1998), Windoeck (2000), Mexico (2000). Les angles d'attaque de la gouvernance sont pour lui multiples (Calame, 2009, p.208) :
- ses objectifs généraux : cohésion de la société, développement humain, paix ;
- ses agencements institutionnels : différents organes, types de régimes politiques, pouvoirs et contre-pouvoirs ;
- ses acteurs : citoyens, fonctionnaires, personnel politique, entreprises, partis ;

- ses domaines : éducation, défense, santé, logement, environnement, solidarité ;
- ses échelles : du local au mondial, ses biens et services délivrés, ses secteurs marchands et non marchands, publics et privés ;
- ses modes d'action : norme, fiscalité, redistribution ;
- ses dynamiques d'évolution : facteurs d'inertie, stratégies de réforme, processus d'adaptation ;
- ses principes généraux : légitimité, démocratie, pertinence des agencements institutionnels, coproduction du bien public, articulation des échelles.

La gouvernance est enracinée dans la culture. Il lui faut se conformer à l'idéal démocratique et à l'exercice de la citoyenneté pour gérer les relations entre échelles. Bien sûr, la compétence des acteurs et agencements institutionnels est requise. Et tout passe par le partenariat. Le fait que l'espace domestique de chaque société soit devenu la planète bouleverse la conception traditionnelle de la gouvernance et impose une communauté mondiale de destin.

En se tenant à ce niveau supérieur de la réflexion, Morin énonce ce qu'il faut.
Il faut d'abord un pouvoir de régulation et contrôle que les instances existantes ne peuvent remplir : l'ONU n'a pas d'autonomie véritable ; Banque mondiale, FMI, OMC demeurent dans l'économisme pur ; et il n'existe pas encore d'instance de régulation écologique.
Il faut ensuite un droit commun de l'humanité, qui définisse les biens communs à toute l'humanité. Ce patrimoine comporte actuellement les fonds marins, l'Antarctique, la Lune, des paysages et monuments. Il faut y ajouter selon Morin « les monuments du passé, la biodiversité, l'information ». Ce droit doit définir une éthique planétaire, dont les droits de l'homme peuvent faire partie, alors qu'ils ne le font pas pour l'instant.
Il faut enfin une société civile planétaire, mettant en avant les valeurs de solidarité et une identité commune.
L'avenir se joue ainsi selon Morin entre « la première hélice » qui mêle étroitement science, technique, industrie et économie capitaliste, et la « seconde hélice » qui est animée par « les idées d'universalisme et de solidarité ». La première est arrivée à présent à une impasse ; « la seconde hélice a besoin de toutes les qualités d'intelligence et de conscience que peut engendrer l'esprit humain pour éviter que le vaisseau spatial terre devienne un *Titanic* » (p. 284).

Entrant davantage dans la complexité de la machine de gouvernance, Calame décrit les nécessités requises, qui restent les mêmes à tout niveau de fonctionnement. Pour une société, la gouvernance nécessite la mise en place de régulations nécessaires aux objectifs fondamentaux : la paix, la préservation des générations futures et le développement humain. Il faut alors réfléchir à l'organisation de l'action publique, aux échelles d'exercice du pouvoir (du territoire local à la planète entière), à toutes les régulations qui se combinent, qu'elles soient gouvernementales ou non. La partie de la gouvernance qui concerne la production, la répartition et l'utilisation des biens et services est appelée par Calame « l'œconomie » (voir notre chapitre 5). Pour qu'il y ait gouvernance, il faut encore qu'il y ait production sociale d'une sorte de contrat engageant tout le monde. Ainsi, la diversité culturelle et écologique des territoires peut renvoyer à une unité de fonctionnement. Calame parle à ce propos de subsidiarité active : « des principes communs, des solutions spécifiques ».

Le Deutéronome des Hébreux est un texte de gouvernance. L'écriture, la comptabilité, la monnaie sont des actes de gouvernance. Les textes de Locke, Humes, Smith sont une théorie de la gouvernance, le libéralisme. Les modalités de la gouvernance, aux trois étages distingués par Fernand Braudel – l'économie domestique locale, l'économie nationale de marché et l'économie - monde – s'inscrivent dans des contextes écologiques, techniques et culturels. L'Etat occidental est né au lendemain de la Renaissance et s'est construit sur la théorie de l'Etat westphalien (1648), doctrine vieille de trois cent cinquante ans et conçue pour la société des 17-18èmes siècles. A l'heure des multinationales et d'Internet, la gouvernance doit donc nécessairement évoluer.

La gouvernance ne nécessite pas forcément de casser les structures en place, mais d'en inverser le mode de fonctionnement : « introduire un fonctionnement matriciel en renforçant résolument la relation horizontale au détriment de la relation verticale. Cette dernière devrait jouer un rôle essentiellement fonctionnel : celui de centre de ressources spécialisées et de vérification de la mise en œuvre des principes directeurs » (Calame, 2003, p. 297).

Le principe de subsidiarité est défini en 1992 dans le Traité de Maastricht : « la Communauté n'intervient, conformément au principe de subsidiarité, que si et dans la mesure où les objectifs de l'action envisagée ne peuvent pas être réalisés de manière suffisante par les Etats membres et peuvent donc …être mieux réalisés au niveau communautaire ». Les sources d'inspiration se trouvent notamment dans les Länders allemands.
La subsidiarité veut dire que l'autorité publique se situe au niveau de la communauté de base et n'a pas à se mêler de tout : elle cherche à résoudre les problèmes situés à son échelle, et elle délègue une partie de ses pouvoirs aux niveaux plus élevés ou moins élevés, comme dans les systèmes confédéraux et fédéraux.
Ce principe peut cependant faire question : comme l'instance supérieure et l'instance inférieure doivent aller dans le même sens, est-ce compatible avec la démocratie, qui elle, admet la coexistence de deux conceptions du Bien ? Fondamentalement, la subsidiarité relève d'une conception de la gouvernance qui privilégie les compétences exclusives, et donc ne favorise guère la coopération.

La subsidiarité active ne présente pas ce défaut. Elle ajoute au processus de subsidiarité décrit de nouveaux mécanismes d'articulation entre niveaux de gouvernance permettant de dégager des principes directeurs communs et d'évaluer ensuite la mise en œuvre de ces principes. Tout repose sur les raisons d'agir pour atteindre l'objectif d'unification. On s'attache aux mécanismes de relations entre les différents niveaux et pas exclusivement aux compétences. On cherche à limiter les empiètements à ce qui est nécessaire (principe de moindre contrainte). Cela suppose de véritables partenariats, dans un dialogue d'égal à égal, lequel exige que les acteurs institutionnels passent d'une fonction d'autorité à une fonction de catalyse dans la relation de coopération. Ces partenariats ont enfin besoin d'une scène publique et politique.

La gouvernance fonctionne quand chacun a su inventer les réponses les mieux adaptées à sa situation spécifique, dans le cadre de principes communs reconnus. Elle remplace le principe de conformité par celui de pertinence, qui bouscule la sectorisation des politiques publiques pour privilégier une double cohérence, verticale et horizontale. Et elle se présente comme une démarche d'apprentissage continu.

On peut voir dans tout partenariat trois nécessités : une entrée en intelligibilité, une entrée en dialogue et une entrée en projet (Calame, 2003). L'entrée en intelligibilité est construction d'une vision commune des enjeux et de leur complexité, l'élaboration d'un diagnostic partagé. L'entrée en dialogue commande que les interlocuteurs descendent de leur piédestal, de leur position d'autorité. L'entrée en projet collectif exige que l'on passe tout le temps nécessaire dans les processus d'élaboration de solutions possibles plutôt que dans les prises de décisions.

L'unité résulte du fait que la gouvernance est « fractale », c'est-à-dire que, du local au planétaire, on retrouve les mêmes configurations de problèmes : « A chaque niveau, il faut à la fois assurer une cohésion d'ensemble et offrir des espaces de liberté. Il faut faire travailler ensemble le niveau politique de décision et le niveau de la mise en œuvre. Il faut préserver le bien commun. Il faut permettre à différents acteurs sociaux de travailler en partenariat. Il faut gérer l'incertitude » (Calame, 2003).

On ne perçoit pas toujours ces ressemblances parce que, souvent, on n'a en vue qu'un seul niveau de gouvernance, celui de l'Etat. De plus, à privilégier le niveau économique de gouvernance comme le libéralisme l'impose, on s'interdit de comprendre la relation sociale, puisque l'économie avec ses indicateurs traditionnels de richesse est totalement incapable de mesurer les dommages qu'elle occasionne au plan social. Et, à multiplier les dispositifs juxtaposés, on aboutit aux « politiques en millefeuilles » et on s'interdit d'atteindre l'unité de l'action.

Inventer des modalités nouvelles de gouvernance

Les problèmes de gouvernance se sont posés à toutes les sociétés de l'histoire et se poseront encore dans l'avenir. Mais, la nouveauté radicale est dans la vitesse actuelle de la mondialisation, qui occasionne partout des décalages entre les systèmes de pensée et représentation (la culture) avec leurs institutions et les développements économiques et techniques. Nous savons produire en abondance, mais pas redistribuer au profit de tous les êtres humains. Certains poussent à la croissance indéfinie, qui est en contradiction avec la finitude de la planète. Au lieu d'assurer le long terme, la finance s'autonomise et verse dans le court terme. Aucune alternative n'existe encore, en lieu et place du communisme défunt et du libéralisme en crise grave. Nous postulons que le socialisme à venir peut l'être s'il choisit la gouvernance de la complexité.

Actuellement, sur les cent premières entités mondiales, cinquante-deux sont des entreprises et quarante-huit sont des Etats, et les entreprises ne sont pas soumises à des contrôles à l'échelle mondiale. Il existe certes quelques régulations internationales – accords de Bretton Woods pour la Banque mondiale et le FMI, accord de San Francisco pour la Charte des Nations Unies, Déclaration universelle des droits de l'homme – mais elles ne concernent que le marché mondial et le début d'une éthique universelle. Cette dernière révèle la conscience de l'interdépendance entre les peuples, comme le montrent les notions de crime contre l'humanité, droit d'ingérence, Tribunal pénal international, droits de l'homme. Mais il manque encore la notion de responsabilité collective. Ne serait-il pas temps de travailler sérieusement sur un certain nombre de grandes causes mondiales : le sida, l'eau, la sécurité, la régulation des marchés, l'effet de serre, la biodiversité, les biens communs mondiaux, le combat contre l'économie de la guerre et du crime ?

Bref, les pratiques de gouvernance mondiale nécessaires en sont encore à l'état embryonnaire. Alors qu'une gestion solidaire de la planète est à présent requise, les systèmes de pensée et les pratiques actuelles de gouvernance sont modestes, organisés à l'échelon national de l'Etat, alors qu'il faut l'être à l'échelle de la cité planétaire. Or, à ce niveau, et malgré quelques progrès, le système d'ensemble disponible – Banque mondiale, FMI, ONU, OMC – n'a pas été repensé depuis 1945. Les questions traitées par ces agences multilatérales se chevauchent parfois. La Banque mondiale s'occupe de la question du sida, mais elle ne peut le faire sans examiner les pays d'Afrique, dont l'OMS a normalement la charge. L'OMC traite de questions qui concernent aussi le PNUE (Programme des Nations unies pour l'environnement), le BIT ou la FAO (Organisation des Nations unies pour l'agriculture et l'alimentation). Et chacun exerce séparément ses responsabilités, ce qui occasionne des conflits. Or, un nouveau cadre de pensée est absolument requis pour gérer en synergie les problèmes de relations internes à la Société-Monde et de relations entre elle et la biosphère.

La nouvelle gouvernance doit donc déployer un ensemble de régulations pour garantir la survie de l'humanité, maintenir la paix, assurer la cohésion de la planète, organiser la vie collective et le développement humain. Le socialisme y fera son lit.

Imposer le besoin de solutions socialistes

Qu'apporterait de plus une gouvernance inspirée par le socialisme ? Elle devrait remettre la régulation marchande à sa place, c'est-à-dire au service des dimensions écologiques et sociales principalement ; améliorer la régulation publique grâce aux interventions de l'Etat ; s'orienter fortement vers une régulation démocratique fondée sur la participation, la négociation, la citoyenneté. Face à l'idéologie libérale et à l'idéologie humanitaire limitée à l'aide compassionnelle aux victimes, elle contribuerait à mettre en place une gouvernance équitable, et ainsi à créer les conditions de la démocratie mondiale.

Il faut souhaiter qu'au 21ème siècle, les peuples auront compris qu'il faut sauver la biosphère et auront entrepris un partage plus équitable des ressources naturelles de la planète. Du coup, les Etats-Unis et l'Europe seront descendus au même rang que la Chine et l'Inde.

La première des tâches consiste à opérer le découplage entre consommation de ressources et d'énergie d'un côté, croissance économique de l'autre. Il s'agit de faire cesser les politiques d'offre avec augmentation massive de la production, dans le mépris de la nature, de la justice sociale, des services à rendre à la collectivité.

Il s'agit ensuite de permettre aux plus défavorisés d'avoir voix au chapitre. Or, en ce domaine, le système actuel ne le permet guère. Au plan international, l'établissement des agendas est fait par les pays les plus riches qui déterminent entre eux les objets de négociation : on y parle de la circulation des biens mais pas de celle des personnes, du développement des pays pauvres mais pas de la critique des pays riches ; on y garde le monopole des concepts. Or, la lutte contre la pauvreté et l'exclusion est prioritaire.
Il s'agit encore de briser le lien entre drogue, mafias, armes, conflits, paradis fiscaux, toute l'économie de l'argent sale et du crime.
Il s'agit enfin de supprimer les injustices flagrantes dans l'application des résolutions de l'ONU – Israël en étant exclu de fait – dans les contraintes imposées aux pays pauvres par le FMI et la Banque mondiale, dans les subventions accordées par les pays riches à leur propre agriculture (Politique agricole commune).

On le comprend : l'alliance des civilisations ne doit pas passer par le silence sur les inégalités avec les yeux fermés sur les injustices.

21.2 Dépasser la souveraineté des nations

Comment une Société-Monde pourrait-elle s'édifier, au sortir du 20ème siècle, marqué d'abord par la guerre froide entre les deux plus grandes nations, puis par l'impérialisme de l'une d'entre elles ? Sapir, l'un des spécialistes des questions militaires, qui pense l'avenir du monde en revenant sur les questions du leadership militaire, politique et économique, affirme qu'entre 1991 et 2007, un basculement décisif a eu lieu : « A la veille de la dissolution de l'URSS, aucun pays ne souhaitait affronter directement les Etats-Unis. ...Aujourd'hui, si aucun pays ne peut toujours affronter seul les Etats-Unis, ces derniers ont pour l'heure perdu leur capacité à isoler leurs opposants » (2008, p. 151). Alors que le 21ème siècle pouvait devenir le siècle américain sur le plan de la puissance, l'opération a peut-être avorté. L'échec des Etats-Unis serait l'échec d'un monde unipolaire. La victime principale de cet avortement serait la croyance dans la base éthique et morale des droits de l'homme et dans les principes fondamentaux du droit international. En conséquence, la question de la souveraineté reprendrait ses droits, et avec elle, le risque de fermeture de la communauté internationale.

Si le diagnostic de Sapir était pertinent, il n'y aurait plus à focaliser sur la question de la mondialisation. Ce qui se cherche en ce moment serait alors un « outillage mental » et une organisation de la communauté des nations qui respectent la souveraineté de chacune.
La Russie de Poutine et Medvedev le pense et met en avant la notion de « démocratie souveraine ». Elle dit notamment que souveraineté et démocratie sont solidaires ; que la souveraineté ne peut exister dans un pays esclave de multinationales ; qu'un contrôle étatique sur les ressources naturelles est nécessaire.
A l'appui de cette thèse du retour à la souveraineté, Sapir mentionne le déclin des instances de régulations internationales. Il en irait ainsi de l'OMC, avec laquelle la Russie a pris ses distances, et qui a beaucoup souffert dans le cycle de Doha. Il en irait de même avec le FMI, trop dépendant des Etats-Unis et peu capable de contrôler la crise financière. Les droits de l'homme seraient aussi en crise, le nouveau « droit humanitaire » étant en conflit avec la notion de souveraineté, clé de voûte de la Charte des Nations Unies et de la Déclaration des droits de l'homme. La doctrine humanitariste serait en ce sens « une relecture normative des principes du droit international » (Sapir, p. 171). Elle serait une obligation morale qui veut s'imposer à la souveraineté nationale d'un pays pour éviter ou arrêter les situations insupportables, mais elle provoquerait aussi des conséquences graves comme la déstabilisation de certains pays. Ainsi, « la question du statut politique, juridique et moral du 'droit humanitaire' apparaît comme l'une des questions posées par le passage du 20ème au 21ème

siècle » (idem, p. 172). Le « droit humanitaire » ouvrirait au « droit d'ingérence » et contesterait la souveraineté que contient le droit international. Il s'instituerait en norme supérieure, transcendante, au-dessus du droit et relevant du droit naturel, notion idéaliste.

L'ordre mondial où triomphe la souveraineté des nations est pour Valaskakis « l'ordre westphalien ». Il signifie souveraineté absolue des Etats ; coïncidence de tout Etat avec son territoire et ses frontières ; gouvernance réduite au gouvernement et aux services publics ; fondements du droit dans les traités.
Mais, si nous voulons fonder un autre ordre mondial, un « ordre démocratique » reposant sur des normes qui garantissent le meilleur fonctionnement possible des sociétés, il nous faut trouver les bonnes institutions. Or, l'ingérence est suspension momentanée de souveraineté ; et si elle soulage un instant un pays de ses fléaux, elle n'apporte aucune solution institutionnelle, ou si elle l'apporte par la force, celle-ci en devient problématique. L'ingérence se transforme alors en colonialisme, le dernier exemple en date étant l'Irak. On ne doit pas imposer des institutions de l'extérieur et par la force.

Il nous faudra sans doute repenser l'impératif humanitaire, et penser l'alliance des civilisations contre l'humanitarisme développé en « principe d'ingérence », car ce dernier encourage le recours à la loi du plus fort. Il faudra donc un droit international entre nations égales, hors d'un monde unipolaire, et il faudra organiser la solidarité Nord-Sud sur des perspectives claires de long terme. Mais faut-il conserver et conforter le principe de souveraineté ?

De très nombreux problèmes ne relèvent plus du seul niveau national et concernent l'ensemble de la planète. On pense immédiatement aux questions écologiques : l'environnement, le climat, l'énergie, les océans et l'eau, la protection de la nature. Que l'on pense aussi à la drogue, à la faim, aux maladies, aux échanges de biens, de capitaux et de personnes. N'oublions pas la dette des pays en voie de développement, le sort des femmes, l'esclavage des enfants. Comment passer de l'ingérence à une autre gouvernance mondiale qui ne l'utiliserait pas ? Actuellement, l'ordre du monde est fondé sur des relations entre Etats, ce qui privilégie la seule diversité géoculturelle, les intérêts nationaux ou ceux des civilisations les plus illustres. La guerre au nom du « choc des civilisations » le montre.

Si l'on veut dépasser cette conflictualité, il faut viser la construction d'une communauté mondiale démocratique. Cette démarche impliquerait cinq grandes initiatives (Calame, 2005) :
- l'institution de communautés régionales, niveau intermédiaire entre les Etats et la planète, regroupant jusqu'à une vingtaine d'entités de même niveau ; l'Union européenne en est un exemple et l'expérience montre qu'il

faut dépasser le niveau du seul libre-échange pour aller vers des initiatives de société civile définissant des règles communes ;
- l'institution de communautés collégiales, différentes des institutions représentatives, qui ne soient pas simplement des comités économiques et sociaux privilégiant entreprises et syndicats, mais s'ouvrent aux grands forums internationaux d'ONG et aux mouvements sociaux, pour peu que ceux-ci explicitent une charte de responsabilités ;
- l'instauration d'un parlement mondial, s'appuyant sur des fédérations parlementaires régionales ;
- une assemblée constituante de la planète, congrès fondateur représentatif de la diversité du monde ;
- l'instauration d'une base fiscale mondiale reposant sur l'utilisation de ressources rares ou faiblement renouvelables, l'usufruit des biens communs, des taxes sur les flux d'échanges de matière et d'argent, une taxe sur le capital.

Le besoin d'indépendance des nations s'est construit sur des Etats hérités du modèle du 17ème siècle. De nos jours, le nombre d'Etats a considérablement augmenté, nous approchons de deux cents, les conflits internes ont proliféré, et l'affirmation de souveraineté absolue ne prépare en rien le besoin de paix. Elle s'oppose au développement mondial.

Le socialisme devra proposer de dépasser cette idéologie traditionnelle de l'Etat, qui passe par la souveraineté absolue empêchant de rendre des comptes à une communauté mondiale ; dépasser l'enfermement dans le territoire et les frontières ; dépasser la gouvernance réduite au gouvernement et aux seuls services publics ; dépasser le droit international réduit aux traités entre Etats. Certes, il faut conserver dans l'Etat la cohésion sociale, les services publics, le droit et la justice, la redistribution et la solidarité. Mais il faut faire de l'Etat l'un des niveaux de la gouvernance mondiale à inventer. En ce sens, la mondialisation pourrait être la chance du socialisme universaliste.

21.3 S'engager pour un monde multipolaire

Notre agenda repose sur trois impératifs ou trois mutations interdépendantes de la pensée : celle de l'éthique, qui nous enjoint de construire une communauté internationale sur une accumulation de droits ; celle de la gouvernance, qui nous conseille d'éviter les états souverains cloisonnés, au bénéfice d'interdépendances ; celle du développement, qui nous rappelle que la science économique seule ne saisit que des flux d'entrée et de sortie, ne dit rien sur le métabolisme, donc ne produit que des erreurs sur l'essentiel. Pour nous à présent, l'urgence est bien de reconstruire un système de pensée et des agencements institutionnels pour affronter le 21ème siècle. Le principe intégrateur nous paraît être un socialisme totalement repensé sur les notions-clés de territoires ou régions et de filières.

Les relations internationales ne cessent de varier dans le temps. De 1600 à 1800, un monde bipolaire oppose la zone d'échange atlantique à la zone d'échange asiatique. De 1800 à 1914, l'Occident envahit le monde. De 1919 à 1939, l'empire russe apparaît, et entraîne de 1945 à 1991 le retour au monde bipolaire opposant l'Alliance atlantique aux pays de l'Est. Puis, effondrement de la Russie, déclin de l'empire américain, renaissance de l'Asie, développement d'autres régions mondiales (Brésil, Inde, Chine, etc) : ces trente dernières années constituent une des mutations structurelles les plus importantes des relations internationales depuis la révolution industrielle, celle d'une nouvelle géographie de la production mondiale des richesses, celle de l'émergence d'un monde polycentrique. « Un 21ème siècle multipolaire à la fois économiquement et géopolitiquement, construit autour et par des stratégies étatiques ....sera largement différent de ce que nous avons connu depuis les années 1980. Ce nouveau siècle politique peut avoir son régime stable de développement » (Sapir, p. 225). C'est le pari que le socialisme doit engager.

Le phénomène est des plus visibles en Asie, où se concentrent les deux tiers de la population mondiale, et à un degré moindre, en Amérique du Sud. Cette évolution du système international du 21ème siècle devrait rechercher une plus équitable répartition des richesses et des rapports politiques différents.

Sur le plan économique, le changement inévitable concerne « le basculement des stratégies de croissance extraverties vers une dynamique qui serait portée par le développement des marchés intérieurs des nouveaux acteurs (Chine, Inde, Brésil) » (Sapir, p. 226). Cela impliquera la création d'institutions aujourd'hui inexistantes. Mais l'économie, branche de la gouvernance mondiale, n'est repensée que si elle s'adapte aux territoires en complexifiant l'opposition traditionnelle entre biens publics et biens privés.

Il y aura à repenser ce vaste domaine des biens et services mondiaux à partir de droits nouveaux, autour d'entreprises et de filières durables et sans doute aussi autour de monnaies locales et mondiales.

Sur le plan écologique, ce nouveau régime de croissance « s'articulerait à une structure de consommation plus économe en énergie et moins productrice de déchets » (Sapir, p. 226). On sait à présent que l'économie mondiale de type capitaliste repose sur le couple démesure / mal être. Le PNUD a montré que l'économie des stupéfiants (le mal être), des armements (la peur) et de la publicité (la consolation) représente quarante fois les sommes nécessaires pour l'eau potable, le logement, l'alimentation. On gère beaucoup de mal être et on ne sait pas gérer la « sobriété heureuse » (Pierre Rhabi). Or, il faut que la sagesse devienne un projet et que l'on travaille beaucoup sur le couple intensité / sérénité, cher à Spinoza, sur l'écologie mentale et comportementale chère à Guattari, sur l'alliance frugalité /art de vivre.

21.4 Organiser un espace public mondial

Si l'on veut associer véritablement tous les membres de la communauté mondiale au traitement des problèmes communs, il faut organiser une espace public mondial. Le forum ou l'agora, l'arbre à palabres africain ou le penchayat indien sont toujours de mise, mais la difficulté est de trouver l'organisation adaptée aux communautés de très grande taille. Evidemment, l'Union européenne nous offre un exemple de ce qu'il faut essayer de faire au plan institutionnel : construire progressivement les termes du débat et faire comprendre la complexité des composants.

Il revient à l'ONU de créer ces espaces de débat permanent, qui perfectionnent les conférences internationales en mêlant experts et membres ou organisations de la société civile, aux niveaux régionaux et locaux comme au niveau global. Dans ces espaces démocratiques, l'essentiel réside dans les processus de coopération permettant d'allier pouvoir de proposition et pouvoir de décision. L'Union européenne l'a fait en distinguant la Commission européenne au statut extranational, véritable instance de proposition, et le Conseil, instance de décision. Mais il conviendrait d'ouvrir davantage l'instance de proposition au débat public, et de ne pas adopter la règle d'unanimité au niveau de l'instance de décision.

Cette orientation conduirait à créer une Commission mondiale, présidée par le Secrétaire général des Nations unies, composée des différents directeurs généraux, et un Conseil mondial des Etats, fonctionnant selon la règle de la majorité qualifiée.

L'ensemble de cette architecture démocratique ne pourrait se passer de contre-pouvoirs – des systèmes d'information à l'échelle mondiale – et d'instances de contrôle et de recours. Il a été suggéré à cet effet (Calame, 2005) un Conseil des sages d'une soixantaine de membres, produisant un rapport annuel. Le Secrétaire général de l'ONU ferait par ailleurs régulièrement son rapport sur l'état du monde. Enfin, il serait possible de réunir un Parlement de la planète statuant sur le rapport des sages et le rapport sur l'état du monde.

21.5 Faire du territoire l'unité de base

On peut postuler qu'au 21ème siècle, l'Etat aura deux tâches prioritaires : gérer les territoires nationaux et intervenir dans la gouvernance européenne et mondiale.

Les sociétés contemporaines sont de plus en plus complexes. La mondialisation rend interdépendantes les relations écologiques, économiques, sociales, scientifiques, culturelles. Mais ces domaines sont encore organisés en filières, selon des logiques verticales. Or, il leur faudra s'ouvrir à des logiques horizontales de relations, et s'organiser davantage en équilibrant les deux orientations, verticale et horizontale.

C'est au niveau local, celui du territoire, que peuvent le mieux s'organiser les relations et partenariats en tous genres, dans leurs écosystèmes respectifs. Le territoire est l'espace de la vie quotidienne, professionnelle, familiale et sociale. On peut y articuler le social, l'économique, l'écologique, le technique et le culturel. En ce sens, on peut affirmer que « le territoire est la brique de base de la gouvernance », étant acquis que « le cœur de la gouvernance, c'est l'articulation des différentes échelles », conformément au principe de subsidiarité active (Calame). Le territoire est le lieu pertinent de mise en place des pratiques de gestion systémique et de l'apprentissage de la citoyenneté, lequel pourra se prolonger ensuite aux autres niveaux. Le territoire permet d'articuler les échelles, les faits et les acteurs, en équilibrant les logiques « verticales » (firmes, politiques sectorielles de l'Etat) par des logiques « horizontales » (relations des gens entre eux).

A l'échelle de l'histoire, on constate aux 18ème et 19ème siècles un mouvement lent de disparition des territoires au profit de l'espace. Selon Calame, ce mouvement est en train de s'inverser. Deux grands courants y contribueraient : la diaspora chinoise, « l'acteur collectif le plus dynamique du monde » qui joue un rôle un peu partout, notamment en Malaisie, en Indonésie, à Hong Kong, en Thaïlande, et le « fabuleux processus de métropolisation », la prolifération des villes.

Le socialisme devra orienter la gouvernance globale, dans le sens de la justice sociale et de la citoyenneté.

21.6 Orienter l'évolution de l'entreprise

L'entreprise, nouveau type d'institution apparue à partir du 18ème siècle et devenue l'un des acteurs dominants des siècles suivants, permet avec le territoire la construction d'un espace de solidarité. « Une entreprise dispose d'un statut juridique, qui l'inscrit dans la durée, d'un capital financier et social, d'une comptabilité des flux d'échange en son sein et avec l'extérieur, d'un conseil d'administration, d'une technostructure et de procédures de décision, d'un personnel disposant d'un capital humain et immatériel. Toutes les techniques de management visent peu ou prou à renforcer la cohérence de l'entreprise, à faire participer l'ensemble du personnel à un objectif commun. Est-elle pour autant un ensemble homogène, uni autour d'un même but ? Rien n'est moins sûr… » (Calame, 2009, p.380). Que deviendra-t-elle au 21ème siècle ? Difficile de le dire ! Dans le cadre actuel de la globalisation financière, avec les désastres provoqués par la dérégulation (restructurations d'entreprises, délocalisations, suppressions d'emplois, licenciements boursiers, pollution de l'environnement, parachutes dorés, creusement des inégalités, etc), les questions de l'entreprise et du travail sont vitales pour le salariat. Elles le sont aussi pour la gauche qui le défend.

Connaître l'entreprise moderne

L'entreprise traditionnelle, « espace majeur de médiation entre les savoirs et les produits » a d'abord imité le modèle de la famille et de l'armée. Enracinement, stabilité, hiérarchie et domination ! Or, ce qui la caractérise de nos jours est la mobilité. On quitte progressivement le modèle de l'industrie manufacturière, où tout est codifié, pour aller vers des entreprises en réseau : « à la place des systèmes pyramidaux, on installe des systèmes où les différents nœuds en réseau ont de plus en plus d'autonomie entre eux » (Calame). L'entreprise en appelle à « des services extérieurs de cabinets - conseils, de maintenance, d'informatique, de laboratoires de recherche, de chasseurs de têtes pour pourvoir au recrutement, de cabinets de placement pour faciliter les plans sociaux » ; d'autre part, « elle décentralise l'essentiel de la production matérielle sur une myriade de sous-traitants » aux yeux desquels elle est la « donneuse d'ordre ».

En ce sens, elle devient un « système interconnecté de production en réseau » qui pose les questions de son identité. Du coup, où sont l'intérieur et l'extérieur de l'entreprise ? L'évolution technique permet de réduire les équipements, la taille des séries, la différenciation des marchés. De la sorte, on réinvestit d'une certaine façon le territoire. C'est pourquoi les spécialistes de l'écologie industrielle parlent de « relocalisation de l'industrie ».

Comment le système mondialisé de grandes entreprises multinationales, qui sont régies par le marché et se déploient sans cesse, fonctionne-t-il ? Il fait quasi disparaître le rôle des Etats-nations et du pouvoir politique. Il abolit la notion de responsabilité juridique, la seule responsabilité vraiment assumée étant celle vis-à-vis des actionnaires. Le rôle de ce type d'entreprise dans les politiques de développement au plan mondial et dans les relations entre nations est essentiel dans la redistribution des richesses et des savoir faire. Qu'on songe simplement aux sociétés chinoises et à leur rôle vis-à-vis de l'Afrique ou des Etats-Unis. Pour l'heure, les sociétés de production tiennent le haut du pavé ; les sociétés de distribution s'y mettent à leur tour ; quelques héros comme Bill Gates (l'entrepreneur) ou George Soros (le financier) tirent aussi leur épingle du jeu.

A terme, il faudra trouver impérativement de nouvelles régulations politiques qui ne pourront s'exercer avant longtemps dans le cadre d'une démocratie mondiale. Pour le socialisme, ces nouvelles régulations s'organiseront autour de l'idée d'entreprise responsable vis-à-vis de ses salariés, ses actionnaires, ses clients, ses sous-traitants et fournisseurs, les collectivités locales, l'environnement. De la sorte, l'entreprise moderne pourra garantir la stabilité des territoires. Mais….

Distinguer entité économique et entité juridique

Une confusion permanente existe entre l'entité économique « entreprise » et l'entité juridique « société ». Cette confusion est favorable à l'entité « société ». Or, il est essentiel de ne pas confondre les deux si l'on veut changer quoi que ce soit dans l'entreprise.

Pour le salarié, l'entreprise est son « outil de travail et de production ». Elle comprend des instruments de production et des coûts de production, dont les coûts salariaux. Elle crée des biens ou des services. Elle se soucie de la productivité et de la compétitivité de ses produits.
Depuis près de 30 ans, l'entreprise française a recouru à des formes de flexibilité (contrats à durée déterminée, intérim, temps partiel). Elle a donc accru les effectifs sous statuts précaires, lesquels sont placés hors du champ de la négociation salariale institutionnalisée.
Le salariat de l'entreprise, cible du capital financier, a perdu l'homogénéité et la stabilité des relations de travail. Le contrat de travail des Trente Glorieuses souffre à présent de plus en plus devant certaines pratiques d'individualisation des rémunérations, des compétences et comportements.

Historiquement, le capitalisme s'est constitué au début du 19ème siècle en distinguant « instruments de production » et « droits de propriété ». Les entrepreneurs n'ont pas d'abord amassé des machines et des stocks de matières premières, ils ont accumulé des droits sur le capital, des titres qu'ils ont convertis ensuite en moyens de production. Le capitalisme est donc fait de moyens de production et de droits sur ces moyens, ces droits de propriété qui s'incarnent dans des « sociétés par actions ». La distinction entre les deux entités ne doit pas être oubliée, car elle est prise dans un rapport de force favorable aux investisseurs, aux détenteurs de capitaux (propriétaires, actionnaires de contrôle, dirigeants-managers).

Pour l'actionnaire, la société est son « outil de rendement », dans le cadre du capitalisme financier. Son souci premier n'est pas la valeur économique de l'entreprise, il est la valeur supplémentaire sur le mode de la liquidité financière. Car l'actionnaire valorise le « rendement de l'actif économique » que gère la société. Il est concerné par la gestion financière, le taux de profit, la rentabilité.
An nom des normes financières de rentabilité, l'actionnaire n'hésite pas à bousculer l'identité collective de l'entreprise, fondée surtout sur la permanence et la stabilité. L'entreprise n'est pour lui qu'un actif de plus en plus liquide et livré aux fluctuations boursières.

La gestion d'une entreprise mêle trois niveaux : la productivité (niveau physique), la compétitivité (niveau marchand), la rentabilité (niveau financier). Les deux premiers concernent la gestion industrielle du travail ; le troisième concerne la gestion financière du capital.

Si la logique financière de la société est la seule visée, alors il en résulte des effets pervers sur la gestion de l'entreprise. Par exemple, mieux valent pour l'actionnaire les licenciements qui améliorent les résultats financiers que la recherche de compétences supplémentaires pour les salariés, qui signifie des charges et donc un appauvrissement de l'actionnaire!
Quand il y a risque, l'actionnaire de la société le transfère aussitôt de l'investisseur vers l'entreprise et vers le travail. Les logiques financières qu'il souhaite conduisent à des normes de performance imposées dans l'entreprise : organisation en centres de profit, normes de qualité, relation client, focalisation sur les risques de la société. D'où des politiques de réduction des coûts, des licenciements économiques, des contrats de travail précaires, des recherches de sous-traitance et d'externalisations.
Les salariés deviennent ainsi la variable d'ajustement. Les valeurs créées dans la production de l'entreprise sont soumises à des baisses de coût salarial, parfois à une baisse des ressources productives, pour conforter la « valeur actionnariale ». Car cette valeur se conforte en exploitant des synergies entre établissements fusionnés et en imposant des économies d'échelles.

En faisant la confusion entre entreprise et société pour en profiter, les actionnaires dégagent des « gains de productivité ». En conséquence, il y aura réduction des effectifs salariés en cas de fusion. Ce phénomène affecte aussi les petites entreprises qui ont des liens financiers (participations) ou industriels (sous-traitance) avec une grande société cotée.

On peut en conclure que les entreprises / sociétés engagées dans ce capitalisme actionnarial ne proposent pas le développement de l'entreprise attendu par les salariés, mais soumettent le travail au capital. Si l'on veut changer en profondeur la situation, il faut distinguer impérativement les deux entités.

Changer le monde de l'entreprise

L'interrogation majeure est donc : comment une politique économique de gauche doit-elle se comporter dans ce paysage clivé ? Peut-elle avoir les mêmes orientations pour toutes les entreprises ? Doit-elle avoir une attitude pour les entreprises globales dont le siège est sur notre territoire, et une attitude différente pour les PME plus familiales et patrimoniales qui ont une identité bien claire, qui visent la continuité et le long terme plus que la profitabilité à tout prix ?

En ce qui concerne la dimension financière, les sociétés de capitaux représentent une bonne part des entreprises : 54% en France en 2000. Elles concentrent l'essentiel des emplois (80%) et des richesses créées (80%). Cette forme juridique permet d'augmenter rapidement le capital social de l'entreprise, divisé en actions, et de limiter le risque pris par les actionnaires. Elle permet d'accumuler sans limite. Elle autorise une organisation qui dissocie les actionnaires (propriétaires de l'entreprise) et les dirigeants (gestionnaires). Or, cette dissociation fait problème et pose la question de la gouvernance de l'entreprise quand les objectifs divergent : l'actionnaire visant le profit immédiat, le dirigeant visant le haut revenu. La tentative pour éliminer cette divergence a conduit aux stock-options, possibilité pour le dirigeant d'acquérir des actions de l'entreprise, jeu qui pousse en fait à prendre le maximum de risques, à diminuer l'indépendance des conseils d'administration, des comités d'audit et de rémunération.

Dans l'entreprise française, il existe donc actuellement une dissymétrie des rapports entre actionnaires et managers dans la sphère financière, doublée d'une dissymétrie au sein de l'entreprise entre dirigeants et salariés (niveau élevé de chômage, faible poids des syndicats). Sous la pression des marchés, les employeurs compriment alors facilement les salaires, reviennent vite sur les « avantages acquis », délocalisent l'activité, ou menacent de le faire. Il y a là un système en place, mimant le modèle anglo-saxon du capitalisme, où la moralité de certains dirigeants est douteuse.

Pour le changer, il faut prendre en compte les intérêts de tous les acteurs, dans le cadre d'une gouvernance durable de l'entreprise attachée aussi aux données sociales et environnementales. Il faudrait alors installer une médiation entre rapport financier et rapport salarial : faudrait-il développer l'actionnariat salarié ? Cela reviendrait à faire que les salariés disposent d'actions de l'entreprise, puissent s'impliquer dans les organes décisionnels de l'entreprise. Mais cela est risqué : en cas de faillite de l'entreprise, le salarié perd son emploi et son épargne. La gouvernance actionnariale, dérivée du modèle anglo-saxon, est donc loin de s'imposer.

En fait, les firmes familiales semblent avoir une politique plus active de fidélisation des salariés, une politique de rémunération moins inégalitaire, un plus grand investissement dans la formation. Mais elles ont une certaine inertie. Les entreprises familiales, mais aussi coopératives et mutualistes jouent un rôle important. Il faudrait fonder dans toutes ces firmes un mode de gouvernance alternatif. Rappelons que dans les SCOP-1900 en France en 2008-les salariés détiennent au moins 51% du capital.

Modifier le droit de l'entreprise

En droit, l'entreprise n'est pas reconnue. Personne n'est donc propriétaire d'une entité qui n'existe pas en droit.
Les outils de gestion de l'entreprise sont fondés sur des critères de rentabilité (les « marges », les « coûts de revient ») qui sont manipulés par les détenteurs de capitaux. Cela signifie que seule, la « société » a été reconnue juridiquement, et qu'elle appartient aux actionnaires et propriétaires. Et l'objectif dominant de la société est la rentabilité. La rentabilité de l'entreprise s'évalue par le ratio résultat / chiffre d'affaire. Celle des produits s'évalue par le ratio marge / prix de vente. Il en découle que l'on ne songe qu'à une chose : « réduire les coûts ». Pourtant, le développement d'une entreprise ne repose pas uniquement sur la réduction des coûts.

Dans une société, les salariés n'ont pas le statut d'associés, donc de propriétaires ou d'actionnaires. Ils ne font pas partie de la société, mais de l'entreprise. Et le contrat de travail, « contrat de subordination », est passé entre le salarié et la société juridique.

Une politique de gauche doit impérativement rééquilibrer la situation en valorisant l'entreprise au regard de la société et en étudiant la possibilité de donner aux salariés le statut d'associés.

Traiter la question du pouvoir dans l'entreprise

La performance n'est pas la même au niveau de l'entreprise ou au niveau de la société. Dans l'entreprise, ce qui compte est la performance économique, laquelle peut être favorable à la croissance et à l'emploi, car l'entreprise engage tous les acteurs. Distinguant entreprise/société, la gauche pourrait y ouvrir une nouvelle logique économique et sociale en valorisant l'entreprise.

Il faut d'abord rendre l'entreprise démocratique par une nouvelle organisation des pouvoirs. Rendre la société plus démocratique, ouvrir plus largement le CA d'une société, pour faire cohabiter des apporteurs de capitaux et des apporteurs de travail. Si les premiers peuvent perdre leur capital, les seconds peuvent perdre leur travail.

On peut penser à la double légitimité des dirigeants (PDG, directeurs généraux) : leur pouvoir de gestion et de décision viendrait du conseil d'administration, donc des actionnaires et propriétaires d'un côté, des représentants des salariés (valorisant l'entité « entreprise ») de l'autre côté.

Il faudrait donc que des représentants des salariés participent au conseil d'administration, avec voix délibérative, pour défendre « l'intérêt social » de l'entreprise. Ce dernier se mesure à la création du « revenu » (la valeur ajoutée) alors que la société valorise le profit, qui n'est qu'un solde. Les représentants des salariés sont mieux à même d'évaluer la valeur des décisions prises pour l'intérêt général.

Le pilotage de la société peut alors nécessiter deux comptes de gestion distincts : comptes de profit et comptes de valeur ajoutée (Paul-Louis Brodier). Les premiers visent surtout les actionnaires. Les seconds visent les salariés. Au lieu de s'inscrire dans la seule logique de « création de valeur pour l'actionnaire », on pourrait par ce moyen des deux comptes de gestion satisfaire à la fois les intérêts des salariés et ceux des actionnaires. Cela revient à chercher à mieux partager les parts du « gâteau » (biens et services produits).

L'antagonisme entre capital et travail est bien connu. Dans le capitalisme financier dérégulé, le capital triomphe, les actionnaires règnent et peuvent détruire le travail des salariés.
On sait qu'il est impossible de vivre sans travail (sauf à être né privilégié). Le seul point commun entre capital et travail est dans le partage du revenu de l'entreprise, donc de la valeur ajoutée. Salaires, profits, croissance, emploi découlent de cette valeur ajoutée, que l'entreprise peut accroître qualitativement.
Le bien-être n'est pas forcément synonyme d'accroissement incessant de richesses, de capital, de profits. Il passe plutôt par une réorientation du contenu de la production dans les entreprises. Les salariés ont leur mot à dire sur les valeurs d'usage des biens et des services. Il faut aller vers une entreprise qui développe de nouveaux modes de pilotage, rééquilibre les pouvoirs, ajuste la production aux nouveaux modes de vie imposés par le défi écologique. Bref : il nous faut une nouvelle efficacité productive, plus qualitative que quantitative !

22. Faire de l'Europe un foyer de la civilisation

Cela peut paraître ambitieux, voire excessif, mais le passé du Vieux Continent en témoigne : l'Europe, en s'appropriant l'apport des valeurs socialistes universalistes, peut devenir l'un des foyers importants de la civilisation sur notre planète.

22.1 Défendre le sens profond du projet européen

A propos de l'Europe, Jacques Delors parlait à juste titre d'un « objet politique non identifié », et les difficultés récentes ont confirmé l'existence de ce défaut d'identification. Pourtant, l'expérience européenne est unique à la surface de la Terre. Dans le nouvel ordre mondial à construire, l'Europe sera une chance.

L'histoire de l'Union européenne a d'abord proposé un processus d'intégration économique. Mais ce n'est pas ce genre de tentative, présente aussi ailleurs

(Alena, Mercosur), qui lui donne son caractère exceptionnel. C'est l'essai de « fédération d'Etats-nations ». Le projet européen tente d'unir des nations, qui se sont combattues jadis, autour de principes de coopération et d'un universalisme. Et cet universalisme européen est différent de l'universalisme américain, il est polycentrique quand le second est purement national. De la sorte, il peut concerner le reste du monde, fonctionner comme un laboratoire de l'avenir. Il regroupe en effet unité et diversité : « la construction européenne est l'aventure politique la plus prometteuse de l'après-guerre. D'abord parce qu'il s'agit d'un exemple unique dans l'histoire de construction d'un système interétatique allant au-delà d'un espace de libre-échange. Ensuite, parce que l'Europe est riche de la diversité de ses langues et de ses cultures…Aucun pays n'étant prêt à sacrifier sa diversité au nom de l'unité, il a fallu inventer un système conciliant unité et diversité. …la construction d'une gouvernance mondiale sera nécessairement inspirée du précédent de la construction européenne » (Calame).

Cela ne veut cependant pas dire que les pays arabes deviendront à leur tour une entité régionale en constituant d'abord un marché unifié, leurs économies respectives n'étant guère complémentaires ; ou qu'en Afrique, les superstructures politiques seraient suffisamment tournées vers la concertation. Mais on peut espérer que la recherche d'une gestion solidaire des écosystèmes pourrait les engager dans la voie de principes nouveaux de gouvernance vraiment régionale.

Défendre l'articulation civilisation-nations en Europe

Succédant aux royaumes et monarchies (11ème siècle), prolongeant l'Etat (début 17ème siècle), la nation des citoyens comme acteur collectif s'est confirmée en Europe dans les années 1820-1830. Pour Gauchet, (2005, p. 465-504), dont l'analyse est remarquable, « le problème européen est un problème d'articulation entre les nations et la civilisation ». Les nations se définissent dans leur diversité. La civilisation est le projet commun déployé par les nations, elle vise l'union de communautés particulières autour de valeurs qui les transcendent, autour d'une culture commune, romaine et chrétienne en ce qui concerne l'Europe. En ce sens, la civilisation est progrès vers la paix, effort qui dure depuis soixante ans en Europe.

Depuis le 19ème siècle, ce projet européen a connu trois configurations. Il y a eu la civilisation par les nationalités (mi-19ème siècle) ; les nationalismes contre la civilisation (les impérialismes autour de 1900) ; et la civilisation dépassant les nations (étape actuelle). La valeur commune des peuples européens, des nationalités qui s'affirment entre 1820 et 1870, tourne autour « des conquêtes associées de la raison et de la liberté » (Gauchet, p. 476). Les nationalismes ou impérialismes luttent pour « la prépondérance civilisationnelle ». Nous sommes à présent dans une période de paix en recherche d'une direction commune.

Ce retour à la paix en Europe a commencé dans l'Union européenne naissante par « l'aspect matériel de l'industrie, de la technique, des échanges, du calcul économique. Sauf qu'il faut savoir reconnaître dans ces données triviales la version concrète de l'universalité scientifique » (p. 480). C'est la « ressaisie du principe de civilisation par en bas », et elle a été efficace. Le pari a été que l'intégration économique rendrait nécessaire la progression vers l'union politique.

« A cette instauration d'un espace de l'universel …il s'est progressivement ajouté, au cours de la dernière période, la reconquête d'un universalisme civilisationnel explicite dans le registre collectif et politique : l'universalisme du droit et de l'Etat de droit » (p. 481). De grand marché, l'Europe en est donc venue à se définir comme communauté de concrétisation de valeurs concernant les personnes et institutions. Pour Gauchet, c'est le « patriotisme constitutionnel » défendu par le philosophe allemand Habermas. Les nations s'ouvrent ainsi les unes vers les autres.

Passer de l'universalisme européen à l'universel global

Le dilemme, c'est que cela ne crée pas une entité politique parce que l'œuvre civilisationnelle de l'Europe ne lui donne pas de quoi constituer les peuples en communauté d'action, parce que l'Europe ne vise pas son universel spécifique, mais l'universel tout court, l'universel global.

L'Europe sait qu'il y a d'autres civilisations dans le monde, grandes et petites, toutes précieuses. Par ailleurs, le $20^{\text{ème}}$ siècle a imposé la critique de cette volonté de l'Occident de s'imposer aux autres. Il faut cependant admettre qu'il se développe dans l'Occident moderne « quelque chose qui dépasse l'Occident ». Il s'agit de deux phénomènes : « un mode de pensée dont l'explication rationnelle et mathématique de la nature forme le noyau » (Gauchet, p. 485), mode de pensée qui gagne la vie sociale par le canal de la technique ; et le « principe de légitimité constitué par les droits individuels, les droits de l'homme ». Le premier noyau de civilisation est ancré dans la science, le second l'est dans le politique. Le premier détermine une manière de penser, le second une manière collective de fonctionner. Tous deux sont « destinés à devenir les noyaux d'une civilisation mondiale, globale ou planétaire » (Gauchet, p. 486). Et ils n'ont pas réponse à tout. C'est pourquoi ils peuvent être repris par d'autres civilisations, car « l'universalisme s'articule sur des particularismes » (Gauchet, p. 487). Mais, pour être appropriés, les particularismes réclament des communautés « dotées de la pleine disposition d'elles-mêmes ». Il leur faut des démocraties fortes.

L'époque des fondateurs de l'Europe est close. Nous passons à une autre étape, de refondation du projet européen, dans cette dialectique des nations et de la civilisation mondiale. « Il n'est pas interdit de penser que la formule dont les Européens sont les pionniers est destinée, à terme, à servir de modèle pour l'union des nations du monde » (Gauchet, p. 493). L'Europe pourrait être l'amorce d'une fédération mondiale des Etats-nations. Mais… « le monde reste un monde d'Etats-nations qui sont loin du stade d'intégration mutuelle atteint par les nations d'Europe. C'est à l'aune de cet univers-là qu'il s'agit de raisonner » (Gauchet, p. 493). Il y a donc encore bien du pain sur la planche !

22.2 Surmonter les faiblesses actuelles de l'Europe

La mondialisation provoque partout des crises identitaires, d'autant plus fortement ressenties par les pays et regroupements de pays dont l'identité propre est encore mal définie, ce qui est le cas de l'Europe. Le continent européen reste en effet mal défini sur le plan géopolitique, mal limité en ses frontières qui peuvent varier au gré des élargissements. Et ceux-ci ont toujours précédé l'approfondissement, ce qui a entraîné parfois la confusion fonctionnelle. Ces élargissements rassemblent de plus en plus des pays dont les niveaux et modes de vie sont très différents, ce qui complique la réalisation du projet politique d'intégration. On assiste même à la domination de plus en plus marquée des « petits pays » tant que la règle de l'unanimité dans les processus de décision a cours. En ce sens, les inégalités croissantes ont un effet désagrégateur pour le projet commun. Et l'intérêt général n'existe pas encore, si bien que le surgissement d'une crise grave met à mal la construction en cours. A fortiori, l'Europe ne manifeste pas d'intérêt suffisamment fort pour les pays en voie de développement, ni d'investissement clair dans le sens de l'intérêt mondial.

Sur le plan institutionnel, l'Europe n'est ni un Etat ni une nation, elle est un mixte entre fédéralisme et interétatisme. Les Etats restent présents dans les organes les plus « fédéraux » et le fédéralisme est présent dans les organes rapprochant les gouvernements. On aboutit à une recherche de synthèse entre intergouvernementalité et supranationalité. Il s'agit bien d'une invention institutionnelle par étapes où les gouvernements des Etats membres ont un rôle décisif. On a du mal à mesurer les limites de l'autonomie du Parlement, ce qui donne l'impression d'une double légitimité : il y a celle des gouvernements et du Conseil des ministres d'un côté, et il y a celle des citoyens et du Parlement européen de l'autre, les parlementaires subissant parfois les pressions de leur gouvernement ; c'est le conflit entre intérêt national particulier et intérêt général européen.

La difficulté de la méthode communautaire est de fonder un leadership politique. Avec le traité de Lisbonne, ce leadership coexisterait à travers trois personnalités : le président permanent du Conseil européen (mandat de deux ans et demi à cinq ans), le haut représentant pour la politique étrangère et de sécurité, le président de la Commission.

L'Europe a ouvert son espace économique, unifié sa politique monétaire avec l'euro, qui est une monnaie sans gouvernement économique qui aurait su coordonner les politiques budgétaires, salariales et sociales. La raison en est simple : l'Europe est structurellement libérale, fondée sur la concurrence. Le budget européen est trop faible (1% du PIB de l'Union) et il le restera tant qu'il restera financé essentiellement par des prélèvements sur les ressources nationales et non par une ressource commune. La protection sociale reste organisée dans le cadre national. La mise en commun de la monnaie n'a pas eu d'effet d'engrenage, elle n'a pas provoqué d'avancées politiques, en termes de politiques macroéconomiques accompagnant un pacte de stabilité et de croissance. La coordination des politiques économiques de la Communauté européenne reste à construire. La crise financière de 2008 a d'autant mieux révélé l'inefficacité des règles qui devaient contrôler le système financier.

Cette crise a révélé par là-même la faiblesse de l'Europe quand le politique doit supplanter le marché et se substituer au chacun pour soi, à l'absence de coordination, à la tentation du « passager clandestin », c'est-à-dire à l'attente que les partenaires fassent l'effort de relance dont on pourrait ensuite profiter. La lutte contre les paradis fiscaux ne fait que commencer, elle vise plusieurs pays européens tout comme les entreprises multinationales qui délocalisent pour aller où l'impôt sur les bénéfices des entreprises est plus faible.

A partir de 1986 et de l'Acte unique, les dirigeants européens ont voulu passer à la vitesse supérieure en unifiant le marché des services. Ils se sont heurtés à la contradiction entre la règle libérale de « concurrence libre et non faussée » (traité de Rome) et les mesures nécessaires pour corriger les disparités sociales. Un modèle mixte existe : obligations de service public fixées par les Etats, et opérateurs privés ou publics pour assurer les services. Même si les disparités restent grandes dans les régulations étatiques, la notion de service public progresse de plus en plus au niveau européen, grâce à la Cour de justice des communautés européennes, qui a su à plusieurs reprises limiter le règne de la concurrence (arrêts de 2001, 2003). Parallèlement, la Commission a publié une communication en 1996 sur les services d'intérêt général et le Traité de Lisbonne consacre un protocole à ces services en leur donnant une base juridique remplaçant le régime d'exception qui prévaut encore. Les socialistes doivent donc imposer la pleine reconnaissance des services publics en Europe.
Sur le plan de la protection sociale, les Etats membres ont réduit la redistribution, les populations sont moins couvertes, y compris dans les pays scandinaves. L'Etat social dominant en Europe est de type « bismarckien », mais les minima sociaux et les incitations de retour à l'emploi s'inspirent du modèle libéral anglo-saxon. En ce sens, les inégalités se sont aggravées.

Au plan international, l'Europe ne pèse en rien ou presque sur les affaires du monde. Elle reste trop dépendante des Etats-Unis pour sa sécurité. L'Europe de la défense est quasi inexistante. Il lui manque une politique étrangère et de sécurité commune.

Pour l'instant donc, l'Europe libérale ne répond pas assez aux attentes fondamentales de ses citoyens. Elle ne les protège pas, ni sur le plan identitaire, ni sur le plan de la défense, des dérapages économiques et de certains aléas sociaux.

22.3 Installer une Europe socialiste

L'Europe doit aménager une solidarité plus forte entre ses démocraties et même devenir « le laboratoire de la démocratie mondiale sans Etat mondial » (Gauchet, p. 503). Elle peut y prétendre car elle est une démocratie de droit, contrôlée par la Cour de justice.

La méthode communautaire a apporté incontestablement la pacification interétatique par l'économique, l'habitude de donner de l'importance au droit, la prise en considération des intérêts des autres. A présent, elle devrait être portée par les objectifs du socialisme démocratique.
En ce sens, l'Europe doit se doter d'un espace de débat public qui donne davantage la parole aux partis politiques européens, car la place de ces partis reste trop marginale et leur nature par trop hétéroclite. Ils n'ont pas de chef de file véritable, pas de membres militants, pas de financement prévu, pas de programme, pas de nécessité de représentation. Il faut donc revoir le rôle du Parlement, seule institution dans laquelle une nouvelle démocratie pourrait proliférer, en relation avec le Conseil des ministres pour les co-décisions. Mais pour cela, il faudrait donner au Parlement plus de responsabilités dans des secteurs à développer comme le budget, la politique étrangère et de défense. Il faudrait aussi revoir l'impératif de consensus permanent, ce régime de « grande coalition » qui enferme les débats et décisions dans la dimension technique.
Le Parlement européen se rapprochera de ce rôle quand il aura pouvoir de lever l'impôt européen et que le Président de la Commission sera choisi en son sein, dans le parti ayant obtenu le plus de voix aux élections.
L'Union n'est pas représentée de façon homogène dans les grandes organisations internationales (FMI, Banque mondiale) et les grands forums (G7, G8, G20). Elle est obligée de clarifier vite la règle de subsidiarité qui permet de distinguer ce qui doit être fait en commun et ce qui peut l'être à quelques-uns seulement. Sinon, il lui faudra décider à la majorité qualifiée. Bref, il lui faudrait un véritable gouvernement.

Au fond, la grande question est de savoir si « l'objet politique non identifié » peut rester longtemps dans sa composition actuelle ou s'il doit se rapprocher le plus possible de la structuration de nos démocraties pour avoir une identité claire et faire entendre sa voix.

Métamorphoser l'Europe économique

Le monde a besoin d'un nouveau système financier international. La régulation attendue de ce système financier mondial, pour renforcer la coopération internationale et assainir les marchés financiers, se tente actuellement à deux niveaux : celui du G20 et celui de l'Ecofin (Conseil des ministres des finances de l'Union européenne).Le rapport de Jacques Larosière (février 2009) propose les grandes lignes de la supervision financière à installer en Europe. On a pu constater que les Etats membres ont cherché à sauver les banques nationales et que des règles se sont mises en place. Mais il est évident qu'il manque un gouvernement économique de la zone euro et que les Etats membres ont manqué l'opportunité que leur donnait la crise, avec sa nécessité de plans de relance coordonnés. Evident aussi qu'il n'existe pas assez de règles imposées à la finance. C'est pourquoi il conviendra de donner un autre rôle à la Banque centrale européenne, celui de superviser le niveau macroéconomique en Europe.

Mais l'on ne peut superviser qu'en se plaçant dans une logique d'ensemble, qui devrait être socialiste à nos yeux et qui nécessite qu'on explicite le rôle des Etats dans le système, qu'on sépare nettement le système bancaire et les activités des banques d'affaires, de façon à protéger le premier des soubresauts du marché.

Réaliser l'Europe écologique

S'il est un domaine qui peut faire consensus et faire avancer l'Europe dans le sens de l'intérêt général, c'est bien celui de la protection de l'environnement et de la défense de la planète. Alain Lipietz en appelait avec juste raison à un « New deal vert », nécessairement mondial, fondé sur cette première puissance économique mondiale qu'est l'Europe.

Il s'agit d'abord de la transformation du modèle agro-industriel actuel, qui est incapable de prévenir et surmonter les crises graves. L'indispensable révision de la politique agricole commune doit privilégier dans l'avenir l'agriculture biologique de proximité.

Il s'agit ensuite de faire croître les investissements des collectivités territoriales : réseaux de transports tournés vers une mobilité durable, isolation des logements, production d'énergies renouvelables.

Imposer l'Europe sociale

Sur le plan social, la plupart des pays d'Europe disposent d'un revenu par habitant confortable en parité de pouvoir d'achat. Comme, selon les données 2005 du PNUD, une grande partie du monde vit avec dix fois moins, on peut penser que la situation européenne est correcte. Les pays nordiques – Danemark, Suède, Finlande – ne connaissent que 3% de pauvres. La tradition syndicale solidement implantée y a développé des systèmes de protections sociales. Pourtant, l'Europe voit le nombre de sans abris augmenter, il reste beaucoup à faire pour assurer l'accès de tous aux soins. L'élévation du niveau de vie a profité surtout aux pays les plus en retard, soit les pays de la Méditerranée et les anciens pays de l'Est. Mais le niveau de vie moyen des Suédois reste trois fois supérieur à celui des Polonais. Il faut donc continuer le mouvement de rapprochement des niveaux de vie.

Le grand déséquilibre actuel tient à la séparation entre les politiques économiques qui font le marché en relevant de l'échelon européen, et les politiques sociales de protection et d'emploi, relevant pour l'essentiel de la compétence des Etats membres.

On attend surtout sur le plan social un effort considérable en faveur du travail et de la formation.
Pour le premier, il convient de ne pas exagérer les réalités de la mobilité : moins de 2% des Européens travaillent dans un autre Etat membre. Une contradiction de fait existe donc entre les discours libéraux de louange de la mobilité et la quasi inexistence de celle-ci dans les faits. Par ailleurs, des méthodes ouvertes de coordination (MOC) tentent de rapprocher les choses. Mais l'on reste trop dans l'idée directrice du début, selon laquelle le bon fonctionnement généralisé du marché produira inéluctablement l'harmonisation des systèmes sociaux. Pour ce faire, la « stratégie de Lisbonne » parie sur la flexsécurité et l'Etat social actif Ce pari est risqué en ce qu'il déstabilise les identités et n'apporte pas assez de sécurisation.
Pour la formation, il convient de ne pas sous-estimer les difficultés attachées à l'impératif de « formation tout au long de la vie ». Il faut du temps à tout individu pour comprendre le sens de ces bouleversements, s'en accommoder et, s'il le souhaite, se les approprier.
Pour bâtir l'Europe sociale, il conviendra sans doute d'avancer avec les pays qui le veulent dans la prise en charge de la petite enfance, la lutte contre l'échec scolaire, la réduction de la pauvreté. Sur les minima sociaux, il faut s'orienter vers une convergence par le haut.

Sur le plan des valeurs, selon l'Eurobaromètre de 2008, le socle est constitué du libéralisme politique de l'époque des Lumières. Il s'agit donc des valeurs d'égalité entre citoyens et de respect des libertés. Elles se déclinent en droits de l'homme, respect de la vie, démocratie, bonheur fondé sur la santé, l'amour, le travail. Mais la crise de 2008 a bousculé en profondeur les conceptions en vigueur de l'économie et de l'Etat.
Actuellement, l'hétérogénéité manifeste de l'Europe donne à penser que tout résulte des écarts de niveaux de vie et de développement des pays membres. En

réalité, ces écarts tiennent bien plus aux aventures historiques différentes – fascisme, communisme, relations politique/religion – que ces pays ont connues. Le socialisme, en ce qu'il propose un humanisme et un universalisme, pourra lentement rapprocher les peuples européens.

2.3 Engager la co-évolution dans le monde

23.1 Supprimer les causes de retard du développement mondial

Dans la science économique, la branche de l'économie du développement n'a fait son apparition qu'assez récemment, dans les années 1950, avec l'émergence du tiers-monde. Les travaux de départ se sont répartis entre deux courants :
- ceux qui imputent le retard de développement à la dualité des économies (Rostow, 1960 ; Nurske, 1953, 1968) ;
- ceux qui y voient un phénomène lié aux structures productives (Prebisch, 1950 ; Perroux, 1961 ; Hirschman, 1964) et qui préconisent des projets où les importations sont mises à distance.

Très vite, l'idée de domination des pays capitalistes sur le tiers-monde s'est installée, et avec elle, les questions de la dépendance et de l'échange inégal. Avec le libéralisme des années 1980, voici les plans d'ajustement structurel qui tentent d'intégrer les pays du tiers-monde dans le marché mondial et le commerce international. Il est évident qu'après 50 ans de politiques de développement en tous genres, la situation n'est guère brillante et qu'il faut parler d'un échec global. Il est social et il est écologique. Il a abouti à ce que l'on peut nommer « la haine de l'Occident ». Il nous faut ouvrir les yeux sur cette souffrance car, comme le dit Edgar Morin : « La domination de l'Occident est la pire de l'histoire humaine dans sa durée et son extension planétaire ». Quatre systèmes de domination se sont succédés en 500 ans : conquêtes, commerce triangulaire, système colonial, capitalisme occidental globalisé.

Jean Ziegler explique (2008) que cette haine passe par des discours structurés et rationnels des peuples du Sud, discours qui paralysent les Nations Unies, bloquent les négociations internationales, laissent ouverts de graves conflits. La situation est grave si, comme l'a affirmé Régis Debray (*Aveuglantes Lumières*), le 21ème siècle opposera humiliants et humiliés.

La mémoire blessée du Sud refait surface pour deux raisons principales.

La première est que l'ordre occidental a manifesté au fil de l'histoire une violence structurelle et que les humiliations subies (esclavage, colonialisme) ne sont plus supportables.

La seconde raison est que l'ordre économique du monde actuel est un ordre « cannibale » qui, tout en se définissant surtout par le mode de production capitaliste, la volonté de mondialisation, la prétention universaliste des droits de l'homme et de la démocratie, ne fait que continuer les systèmes d'oppression antérieurs.

La souffrance actuelle des peuples du Sud est dans la mondialisation, qui remplace les esclavagistes et les colonialistes passés par les multinationales et spéculateurs boursiers. Cette violence de l'Occident se manifeste notamment dans la destruction du marché africain du coton et dans l'imposition par l'Union européenne aux peuples des ACP (Afrique, Pacifique, Caraïbes) d'un accord de partenariat économique qui confine au chantage.

Comme ils ne relèvent pas du droit positif, les droits de l'homme ne sont pas l'armature de la communauté internationale. En 1948, les trois quarts de l'humanité connaissaient encore le colonialisme. De nos jours, les infractions à ces droits sont légion. La faim, la misère, la pauvreté, les maladies augmentent. L'aspiration des peuples du Sud à un monde équitable n'est donc guère entendue.

23.2 Bâtir un autre ordre international

Les institutions financières internationales mettent en avant le concept de « bonne gouvernance » et l'objectif de « lutte contre la pauvreté ». L'ONU, avec son PNUD, a fait accepter le concept de « développement durable » (nous préférons « soutenable »). Mais c'est d'un autre ordre international dont nous avons besoin.

La démarche consiste à se demander d'abord quels besoins essentiels on veut assouvir, toujours en fonction des limites écologiques et sociales, et quels droits sont indispensables : droits des peuples à disposer d'eux-mêmes, droit d'accès aux ressources de première nécessité et aux biens communs, droit à l'existence de modes différents de production et consommation. Au niveau mondial, l'économie doit être plurielle, et non comme aujourd'hui reposer sur le seul libre-échange et la libre circulation des capitaux. Et on ne peut avoir une chance de réaliser l'impératif de justice sociale que si l'on pense les besoins matériels et non matériels dans le cadre de limites, de paliers et de transitions.

On débouche aussitôt sur de nouvelles formes de coopération et de politiques internationales, qui réclament des types d'institutions, ou plus démocratiques, ou nouvelles.
Trois institutions actuelles devront être démocratisées : Banque mondiale, FMI et OMC. L'ONU ne correspond plus au monde du $21^{\text{ème}}$ siècle. On doit donc réformer le conseil de sécurité, l'assemblée générale et le secrétariat. Sa réorientation mettrait en avant les droits sociaux et écologiques. Le FMI et l'OMC devraient faire de même.

Il faudra bien en venir à un système de supervision mondial permettant de prévoir et d'empêcher les crises financières répétées. Ni le Forum de la stabilité financière, ni le FMI n'ont été efficaces dans la prévision de la dernière crise. Le système de réglementation internationale prudentielle des banques (dit Bâle 1) a failli de la même façon. Les agences de notation ont perdu toute crédibilité. On voit bien qu'il faudra conjuguer la supervision microfinancière (celle des Etats membres) et la supervision macrofinancière (celle de l'ensemble du système bancaire mondial).

Il existe actuellement maintes instances dispersées, indépendantes les unes des autres. Si l'on veut installer une gouvernance mondiale efficace, on doit donc imaginer un dispositif comprenant, au titre de l'ONU rénovée, le Parlement de la Planète, appuyé par un Haut Conseil des Sages, la Commission mondiale de l'ONU et le Conseil mondial des Etats. Il faudrait positionner les nouvelles institutions mondiales concernant la finance, le commerce, l'économie, l'écologie, la santé, le social, le droit mondial. Hubert Védrine parlait (*Le Monde,* 6 novembre 2008) d'un Conseil Economique et Social des Nations Unies. Au niveau intermédiaire existeraient les Parlements régionaux. Il conviendrait enfin de ne pas oublier les contre-pouvoirs et instances de recours.

23.3 Engager la reterritorialisation

Le capitalisme a porté à leur perfection ce que les philosophes Foucault et Deleuze ont pensé comme pouvoir réticulaire et ce que le sociologue Marc Augé, dans son anthropologie de la modernité, a nommé le « non lieu ». Il y explique que la globalisation fait disparaître les oppositions entre ici et ailleurs, tradition et modernité, local et global. Elle multiplie les lieux sans racines, surpeuplés, marqués par l'excès, où l'on se croise en s'ignorant, où l'absence de lien social règne (on y reviendra au chapitre 4). Promouvoir le libre-échange généralisé et le marché mondial ne conduit pas à développer, mais à modifier en profondeur les territoires, locaux, nationaux, dans leurs significations et leurs fonctions.

L'universalisme tel que nous le concevons passe d'abord par la relocalisation. Il recrée du territoire. Et dans ce territoire, il recrée de l'activité signifiante qui aille dans le sens des besoins fondamentaux de l'humanité et du bien-être collectif.

Nous disposons de quatre catégories de capitaux – matériel, humain, immatériel, naturel – qui sont à divers degrés territorialisés.
La capital matériel – nos bâtiments, machines, infrastructures, ce que le marxisme nommait « les conditions de reproduction de la force de travail » – l'est.
Le capital humain – de la main d'œuvre à l'économie de la connaissance – l'est assez largement. En tout cas, ce capital se développe au niveau des territoires.

Le capital immatériel, « capital social » et « capital culturel », peut ne pas être territorialisé : c'est le cas des logiciels, par exemple. Mais ce n'est pas le cas de toutes les qualités qui entrent dans l'art de la gouvernance et qui nécessitent un long apprentissage : « réseaux de confiance, capacité à travailler ensemble, recherche de complémentarités, liens de solidarité…mutualisation de l'expérience, apprentissages construits dans la durée » (Calame, 2009, p. 389).
Si une partie du capital naturel relève de l'échelle mondiale (climat, biodiversité), pour l'essentiel, ce capital naturel est territorialisé lui aussi. Mais le métabolisme territorial est une réalité très mystérieuse qui échappe à l'économie. Il ne faut donc pas jouer à en chercher les limites !

Au mépris de ces réalités, l'économie libérale actuelle passe par des délocalisations sauvages. Or, sans interdire pour autant la mobilité choisie, il faut remettre en cause les délocalisations subies pour raisons strictement financières, sans considération des conséquences sociales mutilant les droits collectifs.
Sur le plan de la survie, il faut affirmer le droit des peuples à la souveraineté alimentaire et à l'alimentation saine. Cela conduit à retrouver l'agriculture vivrière du Sud et l'agriculture paysanne du Nord. Cela engage la lutte contre les grandes multinationales de l'agro-alimentaire.

L'économie mondialisée doit affirmer l'importance des liens territoriaux. Les territoires sont « comme des nœuds dans des systèmes de relations organisés en réseau et qui s'étendent au monde entier » (Calame, 2009, p. 385). Il nous faut donc reterritorialiser la pensée, assurer la double cohérence, celle (horizontale) des territoires qui tissent leurs liens sociaux, les liens entre sociétés, les liens avec la biosphère, et celle (verticale) des filières économiques organisant les processus de production.
Cela nécessite une redéfinition des politiques commerciales, de l'Union européenne à l'OMC, favorisant les productions locales, les secteurs prioritaires, les objectifs sociaux et environnementaux. Cela réclame un bon fonctionnement des services publics, notamment de proximité. Cela autorise les tentatives de relocalisation de l'économie dans les secteurs de l'économie solidaire et alternative.

Il faut tout faire pour empêcher la globalisation économique actuelle de se croire irréversible et de contaminer tous les pays. Le meilleur moyen sera d'organiser les échanges économiques au sein de blocs régionaux, dans le cadre d'un monde multipolaire.

24. Œuvrer pour la paix et la sécurité internationales

Deux grands problèmes au moins se situent à ce niveau : la pauvreté dans le monde, les guerres dont le terrorisme. Car pauvreté, violence et guerre interagissent et mettent en péril la sécurité internationale.

24.1 Eradiquer la pauvreté dans le monde

Le socialisme peut-il continuer longtemps à tolérer l'inacceptable pauvreté du monde ?

La plus grande inégalité sur la planète réside dans le fait que 94% du revenu mondial concerne 40% de la population ou que 60% de la population vit avec 6% du revenu mondial ; que la moitié de l'humanité vit avec 2 dollars par jour au maximum ; que 1,2 milliard de personnes vit avec moins de 1 dollar par jour. Cette pauvreté ne se répartit pas uniformément sur le globe, les régions les plus touchées étant l'Afrique sub-saharienne, l'Asie du Sud, l'Amérique latine. Enfin, les progrès économiques réalisés se sont accompagnés d'une aggravation des problèmes sociaux, parce que les marchés libres du capitalisme ne sont pas conçus pour résoudre les problèmes sociaux. La France n'est en rien épargnée : il y a 7 millions de pauvres en France et 13 millions de précaires au total.

Avec la mondialisation, les écarts entre riches et pauvres se sont considérablement creusés.
Il y a eu 374 milliardaires en dollars en 1995, 415 milliardaires en 2006, 946 milliardaires en 2007 : soit un quasi triplement en 12 ans. Le nombre recensé de fortunes financières privées a doublé ces 10 dernières années : il est passé de 4,5 millions de personnes en 1996 à 8,7 millions de personnes en 2006. Le patrimoine financier des riches a doublé lui aussi : il est passé de 16 600 milliards de dollars en 1996 à 33 300 milliards de dollars en 2006. Il a donc progressé au rythme de +8% par an. Pour le club des millionnaires : il y a eu une hausse de 600 000 en 2004, et de 500 000 en 2005. En 2007, la capitalisation boursière a été de l'ordre de 35 000 milliards de dollars, soit 90% du PIB de la planète ; elle est détenue par 5% de la population mondiale, dont la moitié aux Etats-Unis.
Entre 1966 et 2001, le revenu des 10% les plus riches a augmenté de 58% ; le revenu des 1% les plus riches a augmenté de 121% ; le revenu des 0,1% les plus riches a augmenté de 236% ; le revenu des 0, 01% les plus riches a augmenté de 617%. La très grande richesse se porte bien, la très grande pauvreté aussi !

On manque à l'évidence d'une gouvernance mondiale démocratique qui prendrait à bras le corps le problème social majeur de la pauvreté. Mais en fait, il n'existe pas de définition universelle de la pauvreté. Une étude de la Banque mondiale recense 33 seuils de pauvreté différents selon les pays. La définition la plus simple (simpliste) de la pauvreté est économique, c'est celle du revenu inférieur ou égal à 1 dollar par jour ; mais elle ne convient qu'aux pays sous-développés. En Europe, un pauvre selon Eurostat vit avec 60% du revenu médian. La France se réfère à 50% du revenu médian. Les chiffres varient ainsi de 1 à 25 !

Est pauvre celui qui cumule une multitude d'empêchements et problèmes chroniques : salaire de misère, mauvaise santé, faible niveau d'éducation, longs trajets pour aller à son travail, abris précaires, stress familial, criminalité, exclusion, racisme, etc. De 1990 à 2000, se sont ajoutés les guerres civiles, la pandémie du sida et d'autres fléaux comme les catastrophes naturelles et les troubles économiques. La pauvreté résulte donc de l'interaction de multiples facteurs de mal-être en interdépendance. De nos jours, c'est la guerre qui est le principal facteur de pauvreté. Or, on s'obstine à évaluer la pauvreté seulement en termes de revenus ou de pouvoir d'achat, ce qui conduit à croire ou faire croire qu'on pourrait la vaincre par la seule croissance économique.

La pauvreté est un phénomène global, commun à toutes les nations. Elle touche majoritairement les enfants et les minorités. Ses causes sont dans les problèmes politiques, moraux, sociaux, économiques, institutionnels, environnementaux. Elles sont donc multiples, et toujours en relation avec la violence et la guerre. Yunus (2006) dénonce la philosophie du capitalisme, chère à la majorité des économistes, dirigeants d'entreprises, experts politiques. Cette philosophie, qui tient « dans une coquille de noix » dit-il, se résume pour lui à ceci :
- une vie meilleure pour les peuples du monde ainsi qu'une réduction des souffrances liées aux inégalités passe par une croissance économique soutenue ;
- la croissance économique vient uniquement d'investissements en capital réalisés sur des marchés concurrentiels ;
- les investisseurs sont exclusivement attirés par les entreprises gérées de façon à maximiser la rentabilité du capital ;
- la rentabilité du capital ne peut être maximisée que par des entreprises faisant de la maximisation du profit leur unique objectif.

Toutes ces causes réclament des programmes similaires de réduction : restructuration de l'Etat, développement politique et gouvernance, lutte contre les inégalités de capital social, recherche de remèdes à l'exclusion.

Les Etats membres des Nations-Unies ont adopté en septembre 2000 les Objectifs du Millénaire pour le Développement, lors du sommet de New-York. Il s'agissait notamment de réduire la pauvreté de moitié à l'horizon 2015. A cet effet, toutes les grandes nations donatrices doivent allouer 0,7% de leur RNB au développement des pays pauvres. Mais il y a loin de la coupe aux lèvres ! Les

Etats-Unis en sont à 0,18%, alors que l'Europe représente à elle seule la moitié de l'aide totale !

Par tradition et culture, on pense que la lutte contre la pauvreté et les problèmes sociaux qu'elle manifeste relève surtout de l'action gouvernementale et de l'Etat. Mais c'est un point de vue discutable. La persistance et l'aggravation de ces problèmes en période d'expansion économique importante invitent à penser autrement. Par ailleurs, on essaie encore d'agir par des organisations à but non lucratif : or, la charité, qui n'est qu'un transfert du haut vers le bas, ne suffit pas. Enfin, les institutions internationales (banque mondiale, banques régionales de développement) se concentrent plus sur la recherche de croissance économique que sur la pauvreté. Et les ONG comptent surtout sur les dons caritatifs, les subventions des fondations et gouvernements.

Pour lutter efficacement contre la pauvreté, il faut d'abord passer d'une économie de guerre à une économie de paix dans le monde ; or, les dépenses militaires augmentent quand l'aide au développement diminue !
Il faut faire disparaître l'insécurité alimentaire qui frappe à présent, et pour la première fois, plus d'un milliard de personnes. La nourriture, qui est pourtant un besoin fondamental de l'être humain, est devenue un bien inaccessible. L'un des moyens de lutter réside dans l'investissement dans l'agriculture et la garantie donnée à la population productrice de l'accès à cette nourriture : « un secteur agricole sain, associé à une économie non agricole en expansion et à des filets de sécurité et des programmes de protection sociale efficaces, notamment des filets de sécurité alimentaire et des programmes d'assistance nutritionnelle, est un moyen éprouvé d'éradiquer la pauvreté et l'insécurité alimentaire de manière durable » (Jacques Diouf et Josette Sheeran, FAO et PAM, 2009).
Il faut sans doute aussi changer notre regard culturel sur le pauvre et les institutions conçues pour l'aider à s'en tirer, comme Yunus nous invite à le faire. Il faut comprendre que la pauvreté est la négation des droits de l'homme, et qu'elle est facteur de guerre dans le monde et chaque pays concerné. Avoir une autre conception du pauvre, c'est considérer le pauvre de façon positive comme un être humain capable d'être aussi autonome, entrepreneur, créateur d'emplois. Et il faut admettre que la théorie du libre marché manifeste une incapacité à saisir l'essence même de l'humain, qui n'est pas dans la maximisation du profit.

Selon les experts de l'ONU, il faudrait 25 milliards de dollars en 10 ans pour alimenter en eau potable le 1,5 milliard de personnes qui en manquent et 10 milliards de dollars pour lutter contre le sida en Afrique. Il n'est guère besoin d'épiloguer, la tâche est accessible.

La mondialisation aggrave la pauvreté, qui frappe 40% des habitants de la planète en 2006 (4% de plus qu'en 1981). L'échec le plus terrible en ce domaine est l'Afrique, où le nombre de pauvres est passé dans le même temps de 164 millions à 316 millions. Si l'on veut aller vers une justice sociale mondiale, il faut donc accroître l'aide aux pays pauvres (18 pays, dont 14 en Afrique), opter pour le don au lieu du prêt et de la dette qui en découle ; abandonner la conditionnalité du prêt ; favoriser l'investissement direct ; améliorer la gouvernance démocratique. Il faut imposer la notion de biens publics mondiaux dans les domaines de la santé, de l'alphabétisation, de la recherche (propriété intellectuelle des brevets), de l'environnement. Le socialisme du 21ème siècle doit conduire ce combat pour la justice.

Enfin, il est devenu vital de réformer l'actuel système de réserve mondial où les Etats-Unis empruntent deux milliards de dollars par jour à des pays pauvres pour permettre aux Américains de vivre au dessus de leurs moyens. En effet, ce pays creuse ses déficits et recherche l'achat par les pays pauvres de bons d'Etat comme instruments de réserves. De ce fait, il exporte des bons et emprunte en réalité, ce qui est une source majeure d'instabilité mondiale. L'existence d'une autre monnaie fiduciaire internationale que le dollar doit être à présent envisagée.

24.2 Faire cesser les guerres et le terrorisme

Les guerres et les dépenses militaires, servent depuis longtemps à la stimulation macro-économique, sans doute depuis le 17ème siècle. Alors que l'on prétend que les nouvelles technologies de l'information-communication sont le moteur de l'économie, en réalité, ce sont les dépenses militaires qui remplissent ce rôle. Aux Etats-Unis, ces dépenses représentent 8% du PNB, les cinq plus grosses entreprises d'armement sont américaines et, dans la guerre en Irak, les Etats Unis ont dépensé deux mille milliards de dollars. La militarisation est continue depuis 1994, et l'initiative a été prise sous Clinton d'entretenir une coopération entre entreprises militaires des deux côtés de l'Atlantique.

On agite régulièrement le chiffon rouge des armes de destruction massive et du cataclysme mondial, qui fut le prétexte de l'invasion de l'Irak en 2003 et qui reste la grande question – celle de l'élargissement du club des puissancesnucléaires – dont la communauté internationale se préoccupe en priorité. Or, c'est la prolifération des armes classiques qui doit nous inquiéter : développement important des sociétés d'armement ; accroissement des dépenses militaires mondiales à cause d'une progression de 59% des dépenses des Etats-Unis (9,7% en Europe occidentale). Le budget militaire des Etats-Unis représente à lui seul autant que le total cumulé des 23 pays les plus dépensiers après lui. Les pays vendeurs d'avions de combat sont les Etats-Unis, la Russie, les pays européens (France, Royaume-Uni, Allemagne, Italie, Suède). Les pays acheteurs sont dans les zones de tension : Turquie, Grèce, Extrême-Orient (Inde, Chine, Taïwan) et Proche-Orient (Arabie saoudite, Israël, Egypte, Emirats arabes unis). L'économie de la guerre est donc très florissante. Il y aurait 107

pays producteurs d'armes légères. On tue surtout des civils, évidemment, et de plus en plus d'enfants : 63 pays ont autorisé le recrutement de mineurs de moins de 18 ans et 21 pays en ont utilisé, parfois dès l'âge de 8 ans. Les conflits ne sont plus interétatiques, ils se présentent le plus souvent comme des guerres civiles, ethnico-religieuses et, quand ils ne tuent pas, ils produisent des déplacés et des réfugiés.
La question des dépenses militaires doit être mise en relation avec les échanges mondiaux, notamment les revenus des pays pétroliers. Lorsque ces revenus augmentent, les pays du Nord cherchent à rééquilibrer en captant une partie de ces revenus, qu'ils dirigent vers l'industrie d'armement. A partir des années 1970 ont commencé ainsi d'énormes exportations d'armes vers des pays comme l'Arabie saoudite. Ce schéma récurrent depuis les années 1970 vient de la conscience des Américains d'institutionnaliser ces transferts de capitaux dans un contexte d'échange inégal.

Selon Sapir (2008), le 21ème siècle commence avec des mutations radicales dans « l'art de la guerre ». Pour lui, il y aurait eu trois périodes dans cet « art ». La première s'étale de la Révolution française à 1939 : fétichisation de l'attaque et fétichisation du feu. La deuxième s'ouvre avec la Seconde guerre mondiale en imposant une nouvelle alliance entre science et technique et en découplant niveaux tactique et stratégique. Le monde y devient le champ de bataille global, et l'intervention se fait à l'échelle planétaire. Nous serions entrés dans la troisième période, en ce début de 21ème siècle.

Sapir affirme que l'armée américaine s'est emparée d'un concept soviétique des années 1970-80, la RAM (Révolution dans les affaires militaires). Celle-ci aurait même commencé après la Seconde guerre mondiale, quand les forces armées possédaient des armes nucléaires, des matériels radioélectroniques, des systèmes de contrôle automatisés et encore d'autres moyens.

Si l'armée américaine a paru très forte dans l'opération « Tempête du désert » (1991), puis dans les débuts de l'intervention en Irak en 2003, ses limites se manifestent en Afghanistan depuis 2006. Il ne s'agit pas seulement de cette idéologie de la guerre « à zéro mort », la guerre éclair définitive grâce à la suprématie technologique, mais des conséquences meurtrières de la guerre. Le Haut Commissariat aux réfugiés estimait en 2007 qu'en Irak, plus de 4 millions d'Irakiens avaient été chassés de leurs foyers, sur une population de 29 millions. Le chiffre des victimes entre 2003 et 2006 serait de 665 000.

Dorénavant, n'importe où dans le monde, les belligérants auront le choix entre une guerre utilisant les technologies les plus en pointe (mini-drones) et une guerre totale localisée. L'Europe en a tiré les conséquences en faisant le choix de la professionnalisation. Et face au combattant professionnel, on voit s'installer, porté par le terrorisme, le modèle du « combattant militant » qui va jusqu'au sacrifice individuel.

Cette situation du monde appelle réflexion. La RAM, véhiculée notamment par les Etats-Unis et Israël, est porteuse d'une illusion techniciste. On croit imposer des guerres ultrarapides grâce à sa supériorité technique, et, à partir du moment où les techniques n'assurent plus la victoire immédiate, on se retrouve englué dans des conflits qui ne peuvent être dénoués que par la politique et par la démocratie. L'Irak en est la meilleure preuve. On peut donc penser que se reconfigureront à nouveau les relations entre niveaux tactique et stratégique, manœuvre et feu, civil et militaire, local et global.

Devant de telles situations, qui nous infligent la prospérité des ventes d'armes et des conflits portée par une économie de la guerre, il faut défendre une mobilisation des sociétés pour la paix. Tout attaquant va sans doute chercher à l'avenir à définir des zones sanctuarisées de conflit, pour préserver une sécurité globale, et tout défenseur va chercher au contraire à étendre le conflit à la totalité de l'espace.
Le socialisme se doit de choisir la politique et la démocratie. Peut-on échapper à un monde ne recourant plus aux ventes d'armes ? Si cela est possible, il faudra le devoir à la détermination socialiste.

24.3 Garantir la sécurité internationale

La mondialisation change les cadres juridiques dans lesquels on a pensé les relations internationales et la préservation de la paix. Ce cadre était celui de l'ONU, entrée en crise à cause des Etats-Unis. L'ONU cherche simplement à contenir à présent l'insécurité, parce que de nouveaux acteurs apparaissent, comme les organisations terroristes et mafieuses. En gros, trois zones se dessinent:
- une portion du monde où les solidarités restent fortes (Europe) ;
- une région où les affrontements surgissent avec risque de recours aux armements (Asie) ;
- une région où les violences se déchaînent (Afrique).

Poussé par certains, un scénario global tente de s'imposer, l'opposition entre Islam et Occident, qui peut être pensée comme l'opposition entre tradition et modernité, à l'intérieur même de la société musulmane comme entre sociétés différentes.

On a pu penser que la mondialisation déboucherait sur la démocratie planétaire, mais ce rêve résiste mal à la réalité, car la globalisation économique échappe pour l'instant au contrôle démocratique. La mondialisation ne fait péricliter ni les Etats-nations ni les guerres. Et la priorité sécuritaire l'a emporté en ce moment sur les préoccupations humanitaires.

Historiquement pour les Français, les plus grandes déchirures ont eu pour cause des questions extérieures : révolution bolchévique, lutte contre le fascisme, décolonisation, atlantisme. C'est pourquoi la gauche française reste sur la défensive en ce qui concerne la mondialisation. D'ailleurs, les sujets d'inquiétude concernant la sécurité extérieure sont grands : terrorisme, prolifération des armes de destruction massive, enlisement des opérations militaires extérieures, crise énergétique, pollution de la planète. Toutes ces dimensions de sécurité extérieure sont imbriquées entre elles et imbriquées aussi avec celles de sécurité intérieure.

La gauche doit en tenir compte et éviter tout programme utopique sur ces questions graves. Elle doit proposer un programme crédible sur la politique étrangère et la défense, sans se dissoudre et disparaître dans la « Realpolitik ».

Dans les 20 dernières années, la gauche en Europe a changé de position sur les questions militaires : elle a baissé les crédits, abandonné le service militaire, privatisé l'industrie et une partie des services de défense. Professionnalisation, privatisation, adoption d'expéditions militaires (Guerre du Golfe) : la gauche s'est éloignée de ses bases idéologiques. Elle a accepté le recours à la force militaire au nom de la paix et des droits de l'homme. Il faut assumer cette évolution sur 20 ans, mais en comprendre le risque, celui que l'ingérence humanitaire devienne de l'interventionnisme militaire.

Sur le plan mondial, on voit s'imposer une montée des violences et tensions : reprise de la course aux armements, renforcement de la puissance militaire de grands Etats (Etats-Unis, Chine, Japon, Inde, Pakistan, Iran), permanence de la menace terroriste. La gauche doit donc bâtir sa doctrine sur ces réalités relevant des questions de sécurité, en évitant deux pièges : se tenir à l'écart de tout nationalisme comme du « tout sécuritaire ».
Il faut proposer de nouvelles règles internationales : une réforme des Nations-Unies, de l'OMC, du FMI (réformer leurs règles de fonctionnement ; réformer les conventions sur l'environnement, le commerce, le développement, le désarmement pour trouver une véritable efficacité).
Il faut trouver de nouvelles protections juridiques pour les individus et les ONG, étendre les compétences des juridictions internationales (Cour pénale).

Les crises récentes dans lesquelles l'Europe s'est engagée (Kosovo, Afghanistan, Darfour, Tchad) ne correspondaient pas à sa mission initiale. Affaiblir les capacités militaires européennes, c'est être subordonné aux Etats-Unis et risquer l'échec. L'Europe doit donc chercher à promouvoir les valeurs démocratiques et devenir un élément important de l'ordre international. Elle doit s'imposer dans le domaine de la sécurité, en prolongeant le travail de F. Mitterrand et de Lionel Jospin à l'origine de la PESD (Politique européenne de sécurité et de défense) : une politique étrangère commune, et l'européanisation de la défense des états membres. Choisir la PESD plutôt que l'intégration dans l'OTAN !

25. Entretenir l'alliance des cultures

Il faut aussi aborder la mondialisation par un autre angle, trop souvent négligé au bénéfice de l'économie et de la finance : celui de la culture (Guillebaud, 2008). Il est important de montrer un chemin pour comprendre la mondialisation culturelle en cours.

25.1 Concevoir la culture comme interprétation du monde

La mondialisation pourrait être surtout et in fine une question de culture. Fondamentalement, les grandes questions historiques et culturelles sont celles qui concernent l'interprétation du monde par les mémoires, les savoirs, les héritages. Ce sont les « grands récits fondateurs » qui permettent « la saisie de notre temps par la pensée » (Hegel). Guillebaud en examine quatre :
- il s'agit d'abord de sortir du « grand récit occidental » qui racontait l'histoire du monde depuis quatre siècles pour bâtir le récit postcolonial et comprendre la mondialisation de l'imaginaire historique ;
- il s'agit ensuite de comprendre comment vivent à présent les hommes dans l'espace-temps fracturé où l'errance détrône la permanence de vie en un lieu fixe ;
- il s'agit encore de saisir la mondialisation du religieux, et notamment celle de l'islam où un certain fondamentalisme pousse au crime ;
- il s'agit enfin d'interroger l'identité en détresse : qui sommes-nous au juste ? dans quels « pays, tribu, famille, communauté, généalogie, mémoire, culture » notre vie s'inscrit-elle à présent ?

25.2 Assumer le grand bouleversement

Depuis quatre siècles, nous vivions avec un centre du monde nommé l'Occident, grand dispensateur de modernité, grand colonisateur, domaine de l'homme blanc, et une périphérie de pays satellites rivés à leurs traditions. C'était le temps de « la séquence occidentale ». A présent, depuis une bonne trentaine d'années, la planisphère se redessine. Une nouvelle configuration culturelle et politique se met en place. Les pays du Sud, pays du BRIC (Brésil, Russie, Inde, Chine) et autres pays émergents arrivent.

Evidemment, la périphérie a été contaminée par les Lumières occidentales. Il y a eu une occidentalisation de la pensée orientale en Chine, Inde, Japon, mais en demeurant réfractaire aux concepts de progrès et de démocratie. A présent, on débat dans ces pays sur les « valeurs asiatiques » traditionnelles – cohésion familiale, discipline, goût de l'éducation, acceptation de la hiérarchie, valorisation du travail et de la frugalité – même si l'opposante birmane Aung San Suu Kyi (prix Nobel de la paix 1991) a pu déclarer que « la culture des droits de l'homme est universelle ». On pourrait évoquer le même mouvement de balancier pour l'occidentalisation imposée de l'Iran en 1925 (interdiction du voile) et son échec sous Khomeyni dès 1979 (imposition du voile). La modernité a touché les Aborigènes d'Australie, les peuples du Grand Nord, les Maoris de Polynésie, les Indiens d'Amérique, etc, mais elle a pu provoquer un grand chaos quand elle n'a délivré comme seul message que celui de l'injonction à consommer.

Depuis trente ans, le prestige de la culture a supplanté en fait celui de l'économie, laquelle est perçue comme une autre figure du colonialisme. Nous sommes maintenant lancés dans une aspiration vers « le multiple, le créole et le nomade ».

25.3 Cultiver le métissage culturel

L'historien Fernand Braudel (1902-1985) nous avait prévenus : il n'existe qu'une fluidité évolutive des civilisations, constamment soumises à l'interaction entre passé et présent, et transformées par les échanges en tous genres. Quand le professeur de Harvard Samuel Hutington parle en 1993 du « choc des civilisations », il vaut donc mieux entendre par là, dans l'après-communisme, la multiplication de contacts entre les civilisations occidentale, slavo-orthodoxe, musulmane, chinoise, japonaise, hindoue et africaine. Il s'agit moins d'un choc que d'un approfondissement des ressemblances et différences entre cultures, d'influences croisées et de contaminations réciproques. Une « modernité métisse » s'invente ainsi. Du coup, dans l'histoire mondiale, la périphérie succède à présent au centre.

Le temps des « passeurs de cultures » est venu. Ils sont afro-européens, pakistano-britanniques, sino-américains, indo-américains, arabo-français, etc. Ils savent mener des réflexions sur les apports venus de traditions, de confessions, de philosophies et religions différentes. Ils sont l'avant-garde d'un nouveau monde.

Ce scénario culturel du meilleur de la mondialisation, qui travaille sur le long terme, a le grand avantage de préparer le métissage culturel selon un maillage plus patient. Les peuples émergents regorgent de « passeurs de culture ». La « créolisation » dont parle l'écrivain Edouard Glissant va son bonhomme de chemin.

26. S'engager dans une civilisation commune

« Soit nous saurons bâtir en ce siècle une civilisation commune à laquelle chacun puisse s'identifier, soudée par les mêmes valeurs universelles, guidée par une foi puissante en l'aventure humaine, et enrichie de toutes nos diversités culturelles ; soit nous sombrerons ensemble dans une commune barbarie » (Maalouf, 2009, p. 32). On peut penser que les termes de l'alternative sont ainsi correctement identifiés.

26.1 Reconsidérer le droit d'ingérence

Droits de l'homme, démocratie, croissance économique sont des valeurs occidentales souvent érigées en valeurs universelles indiscutables. Guerres de conquête, mondialisation, droit d'ingérence représentent quelques-uns des moyens employés par l'Occident au fil des cinq derniers siècles pour imposer ses valeurs idéologiques, sociales, économiques, morales.

Pour comprendre ce phénomène, Immanuel Wallerstein nous propose (2008), d'en revenir à la fameuse controverse de Valladolid, convoquée par Charles Quint. Elle opposa au 16ème siècle, à propos des Indiens d'Amérique colonisés par les conquistadores, deux théologiens espagnols : Juan Ginès de Sepulveda et Bartolomé de Las Casas. Et elle est toujours d'actualité. Rien de ce qui a été dit depuis le 16ème siècle n'a ajouté quoi que ce soit d'essentiel au débat, qu'il s'agisse de la conquête coloniale hier, des guerres pour les droits de l'homme et du droit d'ingérence pour raisons humanitaires aujourd'hui. Certes, on ne peut supporter les dictateurs qui tyrannisent leurs peuples. Mais l'ingérence ne solutionne rien, même en s'abritant derrière des raisons humanitaires.

26.2 Faire de l'humanité le bien commun

A méditer sur le sort de l'humanité au 20ème siècle, on peut se demander si l'humanité est pour elle-même un bien commun ? Et on peut parfois en douter.

L'enjeu de l'humanisme, qui est de remettre l'humain au centre de tout, est le début de la solution, car il existe bien une inhumanité de l'humanité.

L'enjeu de la modernité est dans l'alliance des civilisations, ce qui exige de promouvoir le meilleur de l'humanité. On peut postuler à cet effet que cette promotion passe notamment par les questions de la santé, de l'éducation pour tous et de la démocratie, les trois permettant d'aller vers un individu plus émancipé et autonome, en charge de son propre projet, goûtant le temps de vivre dans une société exigeante sur la question de la citoyenneté et les politiques publiques de mieux-être. Mais le postuler ne doit pas conduire à l'imposer par l'ingérence et la force.

Quant aux mouvements politiques et sociaux, il conviendrait de les voir s'engager dans un changement de posture. S'ils pouvaient ne plus être aveugles sur leur rapport au pouvoir (le communisme le fut) et au sens (tout fondamentalisme l'est) ! S'ils savaient se passer de domination, de prédation, de « militantisme sacrificiel » !

Une grande part de l'enjeu est dans les territoires de vie, où peuvent s'incarner des solutions transformatrices alliant politiques publiques de mieux-être, nouveaux indicateurs les évaluant, réappropriation de la qualité démocratique pour diminuer le niveau de la conflictualité sociale.
Sans nul doute, il faut remettre en cause le capitalisme mondialisé. Cela ne se fera pas par des « robinsonnades » (Ariès) ou par ce que Harribey nomme des « îlots de solidarité au milieu d'un océan de profits », ni par le simple repérage de ce que Jean Sève (2006) nomme des « germes de futur présent ». Il y faut une stratégie mondiale déterminée :
- niveau économique : contrôle de la productivité et des instances de régulation mondiale, des logiques de profit (circulation des capitaux, libre-échange aveugle, paradis fiscaux) et de la marchandisation (libéralisation des services publics, de la protection sociale) ; respect de la souveraineté alimentaire ; développement du crédit solidaire ; soutien au commerce équitable ;
- niveau écologique : maintien des grands équilibres de la biosphère ; respect des ressources naturelles et du patrimoine commun de l'humanité ;
- niveau social : élargissement de la démocratie (participation des salariés et citoyens, défense des droits) ; émergence d'une société solidaire.

La politique de progrès que la gauche du $21^{\text{ème}}$ siècle pourrait mettre en œuvre dans la dimension du développement humain va du plan local au plan mondial. Sa chance réside dans la formidable mobilisation des scientifiques qui produiront sans doute des études et des suggestions précieuses pour réparer, réduire, réorienter. Mais la science ne peut pas tout, et on ne peut se limiter à corriger les catastrophes du libéralisme dans tous les domaines, comme y invite la pensée dominante du temps dans le concept de développement durable. Il faut tracer une autre route qui conjugue en permanence équilibre économique, bien-être social et environnement de qualité.

Il faudra peut-être méditer un jour sur l'expérience du multiculturalisme vécue en leur temps par les Etats-Unis, le Canada et l'Autralie, expérience qui les conduisit dans les années 1960 à redéfinir leur notion de citoyenneté. Toutes les sociétés touchées par les migrations (départ, accueil, transit) vont sans doute connaître au $21^{\text{ème}}$ siècle la nécessité de repenser leur vivre ensemble. Depuis vingt ans au moins, le monde est entré dans une mobilité généralisée, qui signifie avant tout le refus d'être né dans un pays pauvre, non démocratique, frappé par de multiples fléaux. C'est pourquoi il ne serait pas déraisonnable que la France et l'Europe se vivent vraiment comme terres d'accueil, continents d'immigration, et proposent un statut du migrant, voire un droit universel à la mobilité. Certes, il remettrait en cause l'Etat-nation, mais il signifierait la volonté déclarée de ne plus criminaliser l'immigration et de préparer un peu mieux une société universelle. On sait que les migrations ont touché 200 millions de personnes à la fin du 20ème siècle, soit une multiplication par 2,5 en quarante ans. On sait que le 21ème siècle sera celui de la stabilisation du nombre d'habitants de la planète entre 9 et 11 milliards d'individus ; qu'il sera aussi celui de l'accélération du vieillissement ; qu'il faudra donc dans de nombreux pays en appeler à l'immigration et mieux la gérer en l'accompagnant plutôt qu'en feignant de l'empêcher.

26.3 Fonder une agriculture mondiale

Cela semble relever du rêve. En effet, dès les origines, l'agriculture a bénéficié, dans les accords du GATT (General Agreement on Tarifs and Trade) préparatoires à l'OMC, du statut « d'exception agricole ». Elle est restée en dehors des règles générales jusqu'en 1986. Mais, à présent que l'on brandit le « droit des peuples à se nourrir eux-mêmes » et la « souveraineté alimentaire », à présent que le spectre des famines ou disettes nous revient en pleine figure, il devient nécessaire de réfléchir sérieusement à la question de la nature profonde de l'agriculture. Certes, elle reste le moyen pour l'humanité de se procurer son alimentation. Mais sa fonction économique tend à l'emporter progressivement et à obscurcir le tableau. En effet, plus un pays est agricole, plus il oriente ses productions vers la recherche de devises.

Il est très difficile de proposer des généralités sur le marché mondial des produits agricoles. Tous les pays ne sont pas touchés de la même façon par l'agriculture. Il en est pour qui elle constitue une question sociale majeure, plus de la moitié de la population étant concernée : Mali, Chine. Il en est pour qui la fonction économique est prégnante, la vente de produits agricoles apportant des devises permettant d'acheter ce que l'on ne produit pas : Nouvelle Zélande, Argentine, Brésil. Il en est enfin pour qui elle n'est qu'un agrément : Japon. La France est particulière sur ce point : elle a une petite population agricole, alors que ses exportations restent importantes.

Depuis 1986, l'agriculture est le sujet de discorde majeur : affrontement entre Etats-Unis et Europe dans l'Uruguay Round (1986-1994), puis négociations du cycle de Doha (depuis 2001). Les coalitions d'intérêts ont conduit le Brésil à former un G21 totalisant plus de 3, 3 milliards d'habitants, soit la moitié de la population de la planète. On peut penser que la recherche d'un marché agricole mondial nourri par une politique mondiale est possible (Mathieu Calame, 2008). Certes, les échanges agricoles resteraient un temps encore ambivalents, mais on pourrait faire triompher leurs avantages. Vu la diversité des situations

– producteurs, consommateurs, écosystèmes – l'équilibre ne serait pas toujours facile à trouver.

La planète comprend 1,5 milliard d'hectares de terres arables et 3 milliards d'hectares de pâtures. Il faudrait une gestion raisonnée de ces territoires sur la question capitale de l'eau, en relation avec la question forestière, et selon un système de compensations, de pays à pays. Cinq cents millions de personnes vivent dans 31 pays en pénurie hydrique. L'ONU prévoit pour 2050 que 1,8 milliard d'êtres humains (sur 9 milliards) manqueront cruellement d'eau.
Il faudrait alors exploiter de manière durable une partie des forêts primaires (Amazonie, Congo) et reconstituer des massifs des forêts secondaires (Atlas, Mont Liban, haut bassin des fleuves Jaune et Bleu, Missouri, Mississipi, Volga, Don).
Il conviendrait de maintenir des prix agricoles élevés, surtout pour les produits efficients sur le plan environnemental.
La question de la propriété des sols est devenue majeure de nos jours. S'il est préférable que la mise en œuvre des sols soit privée, il ne serait pas souhaitable que l'entretien des sols échappe à l'action collective. Et, propriétaire ou non du sol, l'agriculteur reste responsable de la fertilité de la terre.
Quant à la promotion de la diversité alimentaire, elle a encore bien du chemin à parcourir, tant la question est marquée par les habitudes culturelles et symboliques.

Une politique agricole et alimentaire ne peut à elle seule solutionner les questions sociales de la grande pauvreté, ni corriger seule les inégalités du monde. Mais elle doit entrer dans une politique de développement humain pour garantir au moins l'autosuffisance alimentaire. Il n'est pas acceptable que la mondialisation signifie augmentation de la grande pauvreté et retour des famines.

26.4 Développer le commerce équitable

Depuis la création de l'OMC en 1995, nous assistons à une nouvelle configuration des échanges commerciaux dans le monde : montée en force de la Chine ; recul des Etats-Unis ; légère progression du commerce Sud-Sud ; domination persistante du commerce Nord-Nord (69%) ; remise en question du commerce traditionnel de produits manufacturés ; modifications de l'organisation de la production. Une nouvelle cartographie des échanges internationaux se met tout doucement en place. L'affirmation selon laquelle la libéralisation des échanges s'accompagnerait automatiquement de croissance s'est révélée trompeuse pour les pays en voie de développement. Du coup, les négociations commerciales piétinent et les pays les plus pauvres entendent conserver leur souveraineté alimentaire. Dans ce contexte, il est utile de se pencher sur la question du commerce équitable.

En 2002 seulement, les organisations internationales du commerce équitable ont mis au point une définition servant de référence : « le commerce équitable est un partenariat commercial fondé sur le dialogue, la transparence et le respect, dont l'objectif est de parvenir à une plus grande équité dans le commerce mondial. Il contribue au développement durable en offrant les meilleures conditions commerciales et en garantissant les droits des producteurs et des travailleurs marginalisés, tout particulièrement au Sud de la planète. Les organisations de commerce équitable (appuyées par les consommateurs) s'engagent à soutenir les producteurs, à sensibiliser l'opinion et à mener campagne en faveur de changements dans les règles et pratiques du commerce international conventionnel ». Par le commerce équitable, on substitue donc le « juste échange » au libre échange.

Deux objectifs sont affirmés. L'objectif à court terme vise un développement socio-économique local fondé sur la justice sociale à partir du travail. Cela relève notamment de l'OIT (organisation internationale du travail). L'objectif à plus long terme proclame le fonctionnement du commerce international dans le sens de l'équité (on l'appelle le « plaidoyer ») et du développement durable. Cela relève notamment de l'OMC.

Quelques distinctions existent entre commerce équitable, commerce éthique, commerce solidaire, commerce alternatif. Nous les laisserons de côté. A en croire l'OCDE, le commerce équitable représentait un marché de 1 milliard de dollars en 2005, dont les ¾ couvrant l'Europe et ¼ les Etats-Unis. Cela concerne 1% des échanges totaux. En Europe, 11% des citoyens achètent les produits équitables. On peut penser que cela n'est quasiment rien, mais l'augmentation moyenne semble en progression rapide et constante depuis 10 ans. L'Union européenne considère que « le commerce équitable doit faire partie intégrante de (sa) politique de développement » (4 juillet 1998). La Suisse et le Royaume-Uni sont en pointe sur ce terrain. En France, le commerce équitable concerne pour 40% l'artisanat et pour 60% les produits alimentaires.

Au plan économique, pour atteindre les objectifs déclarés du commerce équitable, la définition du prix est centrale. Car le prix doit tout à la fois rémunérer justement la production, autoriser le développement social et protéger les ressources naturelles. Il doit permettre aux producteurs de vivre correctement et durablement de la vente des produits. Pour être équitable sur tous ces points, le prix doit alors être au-dessus du cours mondial, il doit comporter un prix minimum garanti par produit et une prime de développement (15% des coûts de production chez Havellaar). Certains y ajoutent encore le préfinancement d'un pourcentage de la récolte et un engagement sur le moyen / long terme pour stabiliser les relations des acteurs.
La filière est ainsi sécurisée. On y gagne une plus grande prévisibilité des prix, la réduction des risques du marché et donc une plus grande sécurité économique des producteurs. Loin du seul profit personnel, les filières équitables multiplient

les expériences de responsabilité partagée, d'efficacité et de transparence sur toute la chaîne. Elles encouragent ainsi l'action collective.

C'est sur le plan de l'amélioration des conditions de travail dans la sphère de la production que le progrès est grand avec le commerce équitable : transformation des conditions de vie et d'emploi ; possibilité donnée par les primes sociales aux travailleurs de mieux accéder à l'éducation, à la santé, à la formation ; apprentissage des processus de décision démocratique et d'expression politique plus libre.
Cependant, la lutte contre les discriminations est loin d'avoir abouti. Alors que les femmes jouent un rôle essentiel dans le commerce équitable, sur le plan économique, elles continuent à recevoir des rémunérations inférieures, à n'avoir qu'une participation marginale aux organes de décision, à stagner dans la pauvreté et l'absence de formation. Par ailleurs, certains pays en développement sont encore opposés à l'évocation de normes sociales qui seraient instituées par l'OIT et L'OMC.

Les produits équitables visent enfin l'amélioration des sols et le recours aux techniques de long terme. L'idéal serait que tous les produits du commerce équitable soient certifiés bio. Cela donnerait toutes les garanties : dans l'agriculture, rejet des pesticides ; dans l'artisanat, mesures prises pour une meilleure gestion des déchets, pour une réduction de la consommation de bois de chauffe, contre l'utilisation de produits toxiques dans la fabrication. Mais tous les produits du commerce équitable ne sont pas certifiés bio, et vice versa. ; même si certains le sont à 100% comme le thé, le chocolat, les fruits ; et même si un pays comme la Suède parvient à proposer 90% de produits équitables qui soient certifiés bio.

Engagée lors du sommet de Johannesburg, la France veille à mettre en place les circuits de production dans les pays du Sud et les circuits de distribution dans notre pays, mais il faut bien avouer que l'aide au développement passant par les ONG nous classe en piteuse position : notre soutien représente à peine 1% de l'aide aux pays en développement, quand la moyenne européenne est de 5% et quand les Etats-Unis sont à 30% !

Les pays les plus directement intéressés par le commerce équitable, les pays pauvres, regardent d'un mauvais œil les mesures qui leur sont imposées sur le plan social et environnemental : ils les interprètent comme des tentatives pour les empêcher de conquérir des marchés et comme des conditions pour freiner l'aide au développement. De leur côté, les adeptes des stratégies les plus libérales trouvent les réglementations et critères concernant le commerce équitable contraires aux règles de libre concurrence. Le chemin est donc étroit pour avancer. Il est difficile de standardiser les modes de production du commerce équitable, car ils relèvent d'abord de coutumes locales très différentes à travers le monde.

Il nous faut donc comprendre que le commerce équitable se substitue de plus en plus à l'aide au développement pour organiser le transfert de richesse du Nord au Sud. Il ne fonctionnera correctement que quand les actions préalables de développement des pays concernés seront fructueuses. On doit souhaiter par ailleurs que le rôle des producteurs défavorisés et le respect de leur dignité deviennent plus forts.

En ce qui concerne les opérateurs économiques (importateurs, transformateurs, distributeurs) qui doivent combiner efficacité économique et démarche éthique, il serait utile de ne pas laisser l'argument « marketing » l'emporter sur l'impératif éthique.

Quant à la confiance encore trop versatile du consommateur, elle ne pourra devenir durable que si elle est entretenue par les associations de consommateurs qui informent sur les produits équitables et les évaluent.

Tout gouvernement socialiste se devra de mieux promouvoir le commerce équitable : mieux le définir, mieux le soutenir, mieux le contrôler, mieux le coordonner avec l'aide au développement, aux plans national, européen et mondial. Cela conduira à changer le commerce mondial dans le sens d'une autre conception des relations Nord/ Sud. Le sens de la justice aura alors opéré un saut qualitatif !

26.5 Viser la co-évolution des pays du monde

La gauche du 21ème siècle doit donc prendre la mesure de la mondialisation, la comprendre dans sa complexité, la mettre au service de l'homme et de la nature. Si elle tient à la valeur symbolique du pacte (chapitre 4), elle aura à inventer un pacte économique, un pacte social, un pacte environnemental, le tout ayant aussi une envergure internationale.

Dans le pacte économique, il lui faut certes réguler les effets dévastateurs du libéralisme mondial, mais il faut surtout imposer d'autres orientations économiques, sociales et environnementales. Cela ne se résume pas à la réduction ou redistribution des profits les plus scandaleux (c'est souvent le seul argumentaire de l'extrême-gauche), ni à la moralisation des activités économiques du capitalisme (c'est l'argumentaire du libéralisme et de certains socialistes). L'essentiel est en fait la mise en place d'une autre économie, différente de la croissance effrénée et des dégâts qu'elle occasionne sur les hommes et les territoires. Cela revient à refonder les questions de la croissance, de l'entreprise, du travail, du secteur non marchand, des services, du développement technologique, etc. Vaste chantier (Chapitre 5)!

Le changement à opérer pour mettre en œuvre le développement humain touche à des enjeux anthropologiques, puisqu'il s'agit de changer ce que Bourdieu nomme des « habitus » et qui sont nos normes de vie, une partie de notre éthique, nos pratiques dominantes de consommation et de production. Pour créer la plus grande implication possible, au lieu de privilégier les prescriptions imposées, il faudra en passer par la démocratie participative, notamment par les conférences de consensus, et toutes les formes de mobilisation citoyenne.

Il ne faut pas sous-estimer la difficulté, qui est celle de l'envergure des changements à opérer et de leur mise en synergie à tous les niveaux.
« On a coutume de dire que l'homme est le seul être vivant à penser la nature. C'est aussi le seul à penser son organisation sociale et à en orienter l'évolution. Pour ces deux raisons, il lui échoit une grande responsabilité qui peut constituer la base d'un nouvel humanisme universaliste » (Harribey, 2004).
Dans ce cadre, il y aura à affronter la question des migrations, que les bouleversements sociaux et les dangers climatiques vont exacerber. L'immigration est un sujet suffisamment complexe pour ne pas être abandonné aux extrémistes et à ceux qui les courtisent. La question occupe le devant de la scène politique française depuis près de trente ans, si ce n'est plus. Elle déchaîne les passions, notamment parce que le Front national en a fait son fonds de commerce. Il a réussi à imposer dans l'opinion l'idée que l'immigration devrait être considérée comme une invasion et majoritairement traitée du seul point de vue nationaliste, souverainiste, sécuritaire.

La question coagule en elle bon nombre de réalités délicates : l'ampleur réelle du phénomène migratoire ; la multiplicité des causes de mobilité dans le monde ; les nombreux aspects de la dynamique migratoire en France comme l'équilibre des âges, le remplacement des générations, le rôle des migrations dans la croissance de la population , tous ces points concernant la fécondité, le vieillissement, la mortalité, la nuptialité ; les liens de l'immigration avec les questions du travail, du logement, de l'insertion sociale.

En France, ce qui est monté en flèche, à la fin des années 1980 puis au début des années 2000, est le nombre de demandeurs d'asile, rendant insuffisantes les capacités d'accueil dans les centres d'accueil de demandeurs d'asile (CADA). Sur ce problème, on voit s'opposer, prenant appui sur des sondages permanents, la politique de fermeture de la droite à la politique d'ouverture de la gauche. Actuellement, les migrants de travail sont contingentés, la migration familiale et la demande d'asile sont plafonnées.

Sur ces questions, il faut avoir une vision à long terme qui suppose une position idéologique de type humaniste sur la mobilité mondiale, une réflexion documentée sur l'avenir démographique du pays, une conscience aiguë de tous les problèmes posés. Examiné dans la perspective du long terme, le brassage des Français et des étrangers apparaît comme inéluctable et peut-être même la seule solution pour l'avenir ! Le scénario central des projections démographiques de l'INSEE pour les prochaines décennies prévoit en effet une hausse des décès qui dépasserait le nombre des naissances, si bien que la migration de peuplement permettrait seule la croissance démographique française ! Si tel était notre avenir, alors le rôle historique de la gauche est d'inverser fondamentalement la pente de bon nombre de politiques conservatrices de l'immigration et de préparer l'accueil de ces migrants.

Maîtriser les réalités de l'immigration en France

Il y a immigration quand un étranger s'installe pour un an au moins dans un pays. On ne perçoit les réalités de l'immigration que si l'on se tourne vers les chercheurs, si l'on procède avec eux à des comparaisons dans le temps et l'espace et si l'on en tire les conclusions qui s'imposent, hors des querelles idéologiques stériles

Il est une première réalité : tous les pays d'Europe surestiment le pourcentage d'immigrés dans leur population (Enquête sociale européenne, 2003).
Dans les faits, les populations qui accueillent le plus d'immigrés en Europe sont les Allemands (20%), les Suisses (28%) et les Luxembourgeois (34%). La France en accueille 8 à 10%, mais l'opinion française pense en accueillir 29%. Il n'y a pas en France d'intrusion massive, mais ce que le démographe François Héran (2007) nomme « une infusion durable », au fil des générations.
La population française représente un centième de la population mondiale (6,6 milliards d'habitants) et elle accueille donc un millième de sa population en étrangers. D'après l'Organisation internationale des migrations, 191 millions de gens, soit 3% de la population mondiale, vivent à l'étranger. Les 5 millions d'immigrés en France représentent 2% des 191 millions de migrants au monde.
L'administration distingue le regroupement familial (flux d'étrangers rejoignant un conjoint étranger déjà en France) et le reste de la migration familiale (étrangers rejoignant en France un conjoint français, éventuellement immigré naturalisé). Le premier concerne 25 000 personnes, sans les mineurs ; le second est passé en 5 ans de 28 000 à 62 000 personnes. La migration estudiantine est de 55 000 personnes.

Il est une deuxième réalité : moduler l'immigration selon un tableau de bord est une affaire très complexe. Les critères énoncés par le Parlement sont : motif du séjour (travail, études, séjour familial, demande d'asile) ; besoins du marché de l'emploi (par région et par métier) ; capacités d'accueil (centres d'hébergement, écoles, hôpitaux, logements) ; situation démographique ; situation des pays d'origine.

Il est une troisième réalité : 30 ans d'immigration et de regroupement familial en France ont conduit à rééquilibrer les hommes et les femmes de la population immigrée : il y a actuellement 2,5 millions de femmes pour 2,5 millions d'hommes.

Dernière réalité : la loi du 24 juillet 2006 en France prétend jouer sur deux tableaux, réduire le solde migratoire et répondre aux besoins de l'économie française. On ne retient généralement d'elle que la distinction entre « immigration subie » et « immigration choisie », qualification inspirée de Romano Prodi qui en parlait dès septembre 2000. Faire reculer l'immigration subie au profit de l'immigration choisie revient à réduire le solde migratoire et à privilégier la croissance démographique interne. Mais cette loi est plus subtile qu'on ne le dit, car si elle cherche bien à réduire le solde migratoire d'un côté, par des moyens de type sécuritaire comme la surveillance des frontières, le renforcement des procédures, le suivi biométrique, de l'autre elle ouvre les portes à une migration de travail inscrite dans une politique dite de co-développement, avec la volonté d'organiser le va-et-vient des migrants pour éviter le pillage des cerveaux. Ce second aspect est-il une prise en compte de la montée inéluctable de l'immigration dans l'avenir ? Ce n'est jamais dit.

Comparer les politiques d'immigration

Il existe plusieurs formules d'immigration au monde. On peut les résumer autour de quatre pays : Canada, Suisse, Espagne et Italie.

Le Canada est un pays de forte immigration. La formule canadienne repose sur un système à points depuis 1967. La sélection se fait par un concours où il faut avoir 75 points sur 100 (descendu à 67 en 2003). Le règlement valorise le capital humain et la capacité d'intégration sociale. Un Doctorat vaut 25 points ; la maîtrise de 2 langues officielles vaut 24 points ; 4 ans d'expérience professionnelle valent 21 points ; une promesse d'embauche vaut 10 points. Le système, dont les qualités sont l'accueil et la lutte contre les discriminations, ne valorise pas l'ajustement de l'offre et de la demande de travail selon les besoins de l'économie. Un médecin étranger peut très bien se retrouver chauffeur de taxi canadien. De plus, aucune chance n'est donnée au migrant d'Amérique centrale ne parlant ni anglais, ni français.

La formule espagnole est depuis 1993 celle d'un recrutement sélectif des travailleurs immigrés pour répondre aux besoins de l'économie. Le contingent de travailleurs immigrés est fixé chaque année pour l'année suivante : 10 908 pour 2004 par exemple, qui bénéficient d'un titre de séjour d'un an et ne doivent pas quitter la province d'activité désignée. Un tableau de répartition est établi, révisable chaque année. Ce système de quotas repose donc sur une formidable bureaucratie qui n'exclut pas la nécessité d'opérations de régularisation massive (573 300 en 2005).
On ferait la même analyse pour le système italien qui date de 1998 : contingentement par branche et par région, fixé chaque année par décret, et même nécessité de régularisations massives, la première fois en 2002 (647 000 personnes).

La Suisse, par contre, n'a jamais procédé à des régularisations massives, tout en pratiquant depuis 1970 le système sélectif de la migration de travail à base de quotas, accompagné d'un Registre central des étrangers. Les travailleurs retenus ne peuvent changer d'emploi qu'après un an et de profession ou de canton qu'après trois ans. Or, les séjours d'étrangers se sont allongés en durée, sans lien avec la conjoncture économique. Les raisons principales en sont le regroupement familial (40%) et les entrées d'étudiants (15%). Si bien que le nombre global d'étrangers au sein de la population suisse a progressé pour atteindre 28%. La logique des droits a supplanté la logique économique des marchés. Il faut ajouter que la Suisse a connu, de 1971 à 2005, 10 votations d'initiatives populaires de type xénophobe pour réduire le nombre d'étrangers, mais aucune n'a réussi.

On peut tirer de ces analyses comparatives une leçon majeure : il ne semble pas très facile d'articuler les besoins économiques (immigration de travail), les contraintes de la démographie d'un pays, les exigences du droit (droit d'asile, droit de vivre en regroupement familial). Par ailleurs, il est sûr que les droits de l'homme et le droit de vivre en famille contribuent à sédentariser l'immigration.

Lier immigration et démographie

Généralement, la question de l'immigration en France est pensée presque uniquement à partir des questions économiques du travail, et sur un mode très stéréotypé : l'immigré est là pour faire le travail que les Français ne veulent plus faire. Or, la question importante est plus globale, c'est celle de l'évolution prévisible du solde migratoire qui doit s'envisager dans le cadre de la question démographique, question plus complexe sur laquelle l'INSEE fournit des projections. Il faut mettre en relation solde naturel (excédent des naissances sur les décès) et solde migratoire (excédent des entrées sur les sorties) pour imaginer l'avenir prévisible de la population.

Chaque année, à la fin janvier, l'INSEE publie le « bilan démographique » de l'année écoulée. Il prend en compte la natalité, la mortalité, la fécondité, l'espérance de vie, les entrées de migrants (issues de l'Agence d'accueil des étrangers et migrants, ANAEM, et de l'Office français pour les réfugiés et apatrides, OFPRA). L'INSEE calcule le solde naturel à partir de l'état civil et évalue le solde migratoire. Or ce dernier point est délicat car il n'existe pas d'observation directe des sorties : le Ministère de l'intérieur consigne les entrées avec titre de séjour, mais pas les sorties ; par ailleurs, il n'y a pas d'enquêtes aux frontières.

Actuellement, la population française augmente chaque année de 365 000 personnes environ, dont 260 000 au titre du solde naturel et 105 000 au titre du solde migratoire. Les mouvements migratoires représentent donc 30%

de la croissance annuelle de la population française, contre 80% dans l'Europe des Quinze et 85% dans l'Europe des Vingt-Cinq (estimation Eurostat de 2004). Le solde migratoire français actuel est l'un des plus modérés du monde industriel, bien moins fort que dans les années 1955-64 et 1969-73. L'immigration massive ne touche pas la France, pourtant vieux pays d'immigration depuis le milieu du 19ème siècle, mais l'Europe méridionale. En France, ce solde migratoire est continu.

Déployer une politique de gauche de l'immigration

Actuellement, la fécondité moyenne en France est de 1,9 enfant par femme, elle est considérée comme bonne. La France conjugue donc une croissance naturelle soutenue et une immigration persistante mais modérée. Evidemment, l'apport étranger intervient dans ce solde naturel, il en est une composante importante.

Mais pour savoir si ces réalités vont durer, il faut encore réfléchir sur le vieillissement de la population. Les projections de l'INSEE vont jusqu'à 50 ans dans le futur. Elles conjuguent une fécondité moyenne maintenue à 1,9 enfant par femme, un solde migratoire annuel de 100 000 migrants nets (alors que la précédente projection tablait sur 50 000) et une espérance de vie continuant à progresser sur un rythme ralenti (de 7 ans pour les hommes et de 5 ans pour les femmes) : sur ces bases, selon l'INSEE, « l'exception française » ne durera que sur une génération, et le solde naturel s'évanouira vers 2040 ou 45 !

Le démographe François Héran nous affirme : « qu'on le double ou qu'on le divise par deux, le solde migratoire de la France n'est pas assez volumineux pour contrecarrer la lame de fond qui pousse le pays vers une croissance démographique soutenue au premier chef par l'immigration ».

Consciente de ces réalités et de ces prévisions crédibles, la gauche doit dire haut et fort que seule, l'immigration pourra empêcher à long terme la population française de décroître. Une politique nataliste de soutien à la fécondité ne peut être efficace que sur le long terme, notamment parce qu'un nouveau baby-boom est plus aléatoire en période actuelle de contraception, et qu'il existe un phénomène massif de vieillissement inévitable qui réduira les effets d'une politique volontariste de soutien à la fécondité. Il n'y a donc pas d'autre choix que de penser une grande politique de l'immigration appuyée sur les droits de l'homme et sur la coévolution durable des pays concernés.

L'immigration doit donc toujours être envisagée dans sa globalité, avec dynamique démographique, concentration géographique, problèmes d'insertion économique et sociale, questions de brassage civique, discriminations. Par ailleurs, l'immigration doit sortir du cadre strictement national. La gauche doit proposer une politique misant sur les droits de l'homme et la qualité de vie des migrants sur notre sol. Dans cette perspective, les questions de souveraineté nationale qui conduisent à l'impératif d'assimilation des immigrés ne sont guère pertinentes. Seule l'est une politique de co-évolution qui oblige à changer d'échelle (choisir le niveau international de réflexion et d'action) et de valeurs (privilégier la coopération) pour se contenter des réalités du brassage de populations, en laissant s'intégrer ceux qui le désirent.

De nos jours, l'espace humanitaire a tendance à se restreindre. Partout, les conflits et guerres deviennent internes aux pays, et une sorte d'Internationalisme du cynisme s'impose, avec vente d'armes à l'appui. De plus, on voit à présent le Nord racheter des terres du Sud et le Sud favorisé en faire autant avec le Sud défavorisé. On peut donc redouter que la mobilité ne gagne en ampleur.
La gauche doit prôner une mobilité circulaire qui accueille dans des conditions décentes les populations de migrants sur le sol français et, sur des bases claires, propose à ceux qui ne veulent pas devenir citoyens français et repartiront ensuite une aide à l'installation au retour dans leur pays d'origine, dans le cadre d'accords de co-évolution.

Chapitre 3

Pour un nouveau modèle républicain

Poursuivons notre parcours de refondation doctrinale ! Le cadre global vient d'être dessiné : il est d'envergure, puisque c'est celui du monde et de l'Europe. Il nous faut à présent définir de quelle France nous allons parler, accueillante au socialisme démocratique. C'est pour nous le moment de fonder la permanence d'une identité générique, mais aussi la nécessité d'un certain « relooking » !

Si le Parti socialiste, qui a géré la France des années 1980 jusqu'en 2002, n'a pas donné l'impression d'être toujours fidèle à ses idéaux, s'il n'a pas su transformer le réel en accord étroit avec sa vision du monde (mais laquelle exactement ?), c'est sans doute qu'il n'a pas su manifester une claire identité socialiste présidant à tous ses actes politiques, dans le cadre d'un modèle républicain adapté. Il est donc impératif de préciser les contours de ce que serait cette identité socialiste moderne qui chercherait à construire une société solidaire.

Il nous paraît judicieux de traiter la question en convoquant d'abord les institutions politiques que la modernité a édifiées, ces grandes entités et leurs valeurs fondatrices : Nation, Etat, République, démocratie, laïcité (Gautier, 2008). Il s'agit de cinq clés pour accéder aux contours d'une identité nationale, sans doute indéfinissable, laquelle serait à teinter aux couleurs du socialisme espéré !

Revenir sur ces institutions, c'est proposer à la gauche de retrouver les bases de ses sources philosophiques, c'est-à-dire l'humanisme, pour en évaluer le degré de pérennité et dessiner les perspectives de l'indispensable transformation à opérer au 21ème siècle : « on ne peut pas appréhender les notions de nation, de peuple, de république, de démocratie comme au siècle dernier. Et cette observation conduit à s'interroger sur la question de la souveraineté, qui avec la notion de raison et de liberté est au cœur de la définition de la modernité politique » (Gautier, p. 174).

En ce sens, il s'agit d'avoir conscience de la continuité de l'histoire et de construire avec lucidité et courage des institutions plus pertinentes, dépassant même le contexte occidental pour affronter la mondialisation en cours, sans céder à la nostalgie de la table rase et du commencement radical. Retrouver des certitudes idéologiques fortes sur la République, la Nation, l'Etat ; autoriser et élucider les attentes de la société que la démocratie et la laïcité auront libérées ; réinvestir ainsi la responsabilité de la décision politique.

31. Revivifier la Nation française

Fille de la Révolution française et invention de la gauche, la Nation est le creuset des identités et de l'identité nationale. Il n'existe cependant aucune définition en compréhension de cette identité nationale, concept purement politique, alors qu'il existe une histoire du concept de nation en France. Si 40 rois ont fait la France, la Révolution de 1789 a fait la Nation, dans la Déclaration des droits de l'homme et du citoyen de 1789 : « toute souveraineté réside essentiellement dans la Nation ».

Ambiguë, la notion d'identité nationale cultive le sentiment d'appartenir à une collectif uni par des liens, mais lesquels ? Les liens anciens du passé, de la culture, de l'origine commune, de l'héritage, de valeurs traditionnelles, liens ethniques en quelque sorte ? Les liens de la volonté libre de citoyens égaux soutiens d'un projet politique, liens civiques en quelque sorte ? L'internationalisme a renvoyé la Nation à droite et le nationalisme, l'antisémitisme ont achevé de discréditer un temps l'idée. Mais le multiculturalisme nous la ramène.

La gauche doit donc se demander ce que le socialisme peut ajouter sans dommage à l'identité nationale et à la nation moderne, avec l'idée de citoyenneté, où la dimension ethnique de l'histoire, de la culture, de la langue serait transcendée par la dimension civique.

31.1 Relativiser la notion d'identité nationale

Qu'est-ce qui fait que l'on se sent citoyen d'un pays ? Pour essayer de le comprendre (Charaudeau, 2008), il faut prendre conscience de l'existence d'une possible identité collective, qu'il s'agisse de se sentir Français, Européen, voire citoyen du monde.

Partons de l'identité individuelle. Chacun de nous a tendance à croire qu'il est unique et peut éprouver la difficulté de gérer ses multiples appartenances (familiale, professionnelle, régionale, nationale, ethnique, religieuse, de classe, de coutumes, de goûts, de valeurs). Or, on ne peut comprendre qui l'on est (son identité) que s'il existe un autre, différent de soi (une altérité). On vit donc constamment entre « ressentir le besoin d'être soi » et « avoir besoin de l'autre ». Nous retrouvons la question anthropologique.

L'identité collective est au croisement de l'identité culturelle et de l'organisation sociale. Elle se constitue dans ces relations entre moi et les autres dans le groupe social. Chacun vit, pense, se comporte un peu comme d'autres qui représentent son groupe. Car l'identité d'un groupe est faite de ce que partagent les membres de ce groupe : opinions, connaissances, valeurs, goûts. Pour simplifier : elle est faite d'une identité sociale et d'une identité culturelle.

L'identité sociale passe par des statuts et rôles liés à l'activité professionnelle et à nos engagements sociaux (association, parti, syndicat), à notre vie privée (responsabilités parentales, traits inhérents au sexe, à l'âge), aux appartenances religieuses ou ethniques. Nous avons une conscience partielle de ces statuts et rôles qui peuvent parfois entrer en contradiction.

L'identité culturelle est liée à l'ensemble de nos pratiques de vie (se cultiver, bricoler, voyager, lire etc..) et aux représentations qui les gouvernent ; représentations de l'espace, du temps, du corps, des relations sociales ; représentations liées à la loi, aux institutions, à la langue. Elles sont surtout collectives.

L'identité collective est soutenue par une organisation sociale, avec ses lois et ses règles qui s'imposent à chacun comme des références. Cette organisation sociale, qui est le ciment du sentiment collectif, comprend : l'Etat, des institutions (école, justice, armée, hôpitaux, etc.) des partis, des syndicats, des corporations (entreprises), des organismes (ONG, Eglises…). La France privilégie l'organisation sociale forte (République jacobine). D'autres ont préféré des organisations différentes : Allemagne a ses Länder, l'Espagne tient à ses régions autonomes, les Etats-Unis conjuguent les deux.

De grandes passions nationales ont jalonné l'histoire de notre Nation : la mise en place des institutions de la République ; la séparation de l'Eglise et de l'Etat à travers la conception de la laïcité et la question scolaire qui en fut l'un des plus puissants révélateurs ; les drames de la colonisation. De grandes défaites ont marqué cette histoire : la justification des guerres pour dynamiser la nation ; la collaboration sous Vichy ; les nationalismes et totalitarismes toujours tapis dans l'ombre.

La défense des identités nationales a d'abord existé au 18ème siècle, avec un caractère progressiste. Il y eut la définition révolutionnaire de la Nation en 1789, le terme étant alors proche de « peuple » ou de « Tiers-Etat ». Les premières définitions de l'identité nationale datent du 19ème siècle. Jules Michelet, qui défend l'idéal des Lumières, voit dans la Nation la « patrie de l'universel ». Ernest Renan, dans sa conférence de 1882 intitulée « Qu'est-ce qu'une nation ? », combat surtout l'Allemagne, affirme que l'Alsace-Lorraine est bien française par l'histoire et définit la Nation comme « la volonté de vivre ensemble ». Sous la Troisième République, la notion d'identité nationale acquiert une définition juridique (loi sur le jus soli et circonscription obligatoire en 1889).

Forgée donc au 18ème siècle, pensée au 19ème siècle, notre conception de la nation repose sur un idéal d'harmonie et d'universalité (Droits de l'homme) qui trouve sa réalisation, toujours provisoire, dans la stabilisation du pays. Or, le 20ème siècle a été marqué par l'expansion du mouvement des nationalités et par la volonté des puissances coloniales européennes de se déployer à l'échelle planétaire, dans le cadre naturel de la nation. C'est ce contexte qui a changé en profondeur.

D'un certain point de vue, diverses revendications des années 1960 ont déplacé et fait renaître le thème en France, en Europe et aux Etats-Unis. Cela fut surtout la « réhabilitation des identités collectives dominées » avec, en France, les mouvements de libération de la Corse, de l'Occitanie, de la Bretagne. Elles ont été poursuivies dans les années 1970, quand Valéry Giscard d'Estaing a lancé sa politique de rapatriement massif des immigrés, notamment des travailleurs algériens. Puis, la réactivation des thèmes de l'immigration et de l'identité nationale a eu lieu à partir des années 1980, dans les discours racistes et xénophobes du Front national.

Le débat ancien entre Maurice Barrès et Jean Jaurès met bien face à face les deux grandes conceptions de la Nation. Barrès centre la notion sur le thème de la « terre et les morts » et donne une vision conservatrice, nationaliste, reprise par la droite républicaine jusqu'à la Seconde Guerre mondiale. Jaurès place le thème du patriotisme sur le terrain social, avec les idéaux universalistes du mouvement ouvrier.

Actuellement, la défense de la laïcité républicaine active le thème de la lutte contre les communautarismes, nouvelles menaces venant de « nouveaux barbares » ; et la guerre larvée contre les jeunes des cités joue aussi un rôle dans la reprise de la notion. Par ailleurs, les élections européennes obligent aussi à se poser la question : peut-il exister une identité européenne ? Celle-ci ne peut se constituer, si c'est possible, que dans la confrontation entre les identités nationales et l'imaginaire d'une identité européenne. Pour l'instant, il y a grande difficulté à penser une Europe qui serait plurielle sur le plan identitaire et unitaire sur le plan de son organisation politique. On le voit avec la coexistence des institutions européennes : la Commission autonome, qui est le vrai lieu du pouvoir exécutif, et dont les membres doivent penser en Européens, et le Parlement européen, qui tire sa légitimité des diverses représentations nationales, lesquelles se comportent en représentants de leurs pays. Et l'arrivée éventuelle de la Turquie y est ressentie par certains comme l'arrivée de l'identité musulmane.

Enfin, la mondialisation et les multinationales posent à tous les pays des problèmes d'identité nationale. Qu'est-ce qu'une entreprise française : une société dont le siège social est en France ? une société dont les capitaux sont majoritairement français même s'il y a une part importante d'actionnaires étrangers ? une société dont les unités de recherche et développement sont localisées en France ? une société dont le PDG ou le conseil d'administration est français ?

Au total, le chômage et les délocalisations, la globalisation qui perturbe la souveraineté nationale et le pouvoir de l'Etat-nation, les difficultés de l'intégration, la fragmentation culturelle, la crise des banlieues délient les rapports sociaux. La Nation n'est plus alors vécue comme un creuset, mais comme la fabrique d'identités individuelles et collectives. Comment fédérer ces individualités dans un pacte républicain ? Comment retrouver le creuset ?

31.2 Affirmer l'identité socialiste

En en appelant à la collectivité, le socialisme français ne peut avoir des chances de l'engager dans son projet que s'il lui propose en effet un pacte républicain. Ce pacte doit viser le développement de l'identité socialiste dans le cadre de l'identité nationale, c'est-à-dire une qualité de citoyenneté qui commence par proposer à chaque citoyen français la reconnaissance identitaire et la solidarité.

Cette identité est d'abord le droit du sol consacré par la Révolution française comme marqueur de la nationalité et supposant le droit d'avoir des papiers, le droit d'occuper un lieu de vie décent (logement et cité), le droit de groupement et regroupement familial, le droit de mixité sociale. Il en découle les politiques de l'immigration (qu'il faudrait baptiser « de la mobilité »), du logement et de la propriété, de la famille, de la ville et territoire, du lien social. Ces politiques doivent être en parfaite complémentarité, et pas seulement à l'échelle des grandes métropoles, pour viser la qualité du sol, de l'habitat, du territoire, de la vie sociale, de la coévolution !

Vient ensuite le droit du sang, fondement de la filiation et de l'héritage, fondement de la parentalité dans le projet de vie de chacun, champ de la reproduction humaine et de toutes les questions qui se posent, entre prouesses techniques et questions symboliques. De la question du père « naturel » et du père « social », on est passé à celles de l'ADN, du droit à la contraception et à l'avortement, du désir d'enfant dans l'homoparentalité, des multiples formes de procréation assistée, de la génétique, du clonage reproductif et thérapeutique, de la transplantation d'organes. Bref, le champ de la reproduction humaine pose aujourd'hui avec acuité la question de l'identité même de l'humain.

C'est aussi la question de l'identité sexuée, fondement de la nécessaire égalité entre hommes et femmes. Celle-ci suppose la parité de représentation, la lutte pour la reconnaissance du droit des femmes, l'égalité d'accès aux instances de pouvoir (partis, syndicats, organisations), le libre choix des pratiques sexuelles, du droit au mariage et à la parentalité, le respect de la vie privée.

C'est enfin la question de la vie de l'esprit, dans ou hors la croyance religieuse et ses pressions institutionnelles, et au cœur de la vie culturelle, qui doit être protégée de la marchandisation généralisée. C'est la question clé de la laïcité.

Ces quatre séries de droits fondamentaux sans cesse réaffirmés peuvent seules conforter le lien social tel que le socialisme français doit le penser. La droite a réinvesti le concept de nation par la question de l'identité nationale reliée à celle de l'immigration, par la question de la naissance et du droit du sang. Depuis Pasqua, elle a tenté de remettre en cause le droit du sol. Les tests ADN renouent avec cela. La notion de « politique de civilisation » empruntée par Sarkozy à E. Morin n'a servi qu'à faire diversion.

Le socialisme futur doit se pencher sur les questions de la conscience citoyenne beaucoup plus que sur les questions du sentiment d'appartenance. Pour se sentir citoyens, les individus doivent se reconnaître à travers une identité commune. Cela réclame d'abord un espace de vie commun (un territoire, des limites ou frontières), qui ne deviendra fondement identitaire que si un lien symbolique unit ceux qui y vivent : ce lien est la souveraineté.
La souveraineté est le sentiment d'être participant à l'organisation de la vie en société, donc d'un certain point de vue, d'être coresponsable de la vie politique. Ce qui veut dire qu'une communauté ethnique ou religieuse, en pays laïque, ne suffit pas à constituer la citoyenneté : on l'a vu dans les colonisations où le colon et son ordre politique ont cherché à s'imposer à des identités ethniques de groupes. Il faut que chaque individu puisse ressentir qu'il a le pouvoir de participer à la mise en place de l'ordre politique de son pays. Cela passe obligatoirement par le vote, par le militantisme si on le souhaite, par la participation démocratique.

Mais il faut aller plus loin. On confond facilement société civile, société citoyenne, groupe militant.
De nos jours, la société civile est faite de membres qui prennent position sur des faits de société (maladies, religions et sectes, vie du couple..). Ces gens agissent le plus souvent en petits groupes. Ils sont portés par le désir d'être ensemble, par la civilité.
La société citoyenne regroupe les citoyens qui répondent à un « vivre ensemble » au nom d'un projet de société. Ils se constituent souvent en groupes militants (partis, syndicats, groupements associatifs) et agissent selon des consignes d'action, de façon organisée, dans un « faire ensemble ». Parfois, ils deviennent activistes et peuvent poser un problème de légalité.
Il faut donc faire une différence entre le « vouloir être ensemble » des groupes ethniques et religieux de la société civile, le « vouloir vivre ensemble » et le « vouloir faire ensemble » de la conscience citoyenne, même si on peut être citoyen sans militer. Il faut aussi distinguer appartenance et sentiment identitaire : on peut appartenir de fait à la France et ne pas se sentir citoyen français dans son identité, mais citoyen du monde par exemple. Le sentiment identitaire se construit et se développe en référence à un groupe dans lequel on se reconnaît. On peut ainsi être né dans un milieu familial traditionnel, de droite, et croire aux idéaux de gauche, et inversement. C'est toute la différence entre groupe d'appartenance et groupe de référence.

La conscience citoyenne est une conscience identitaire : on a conscience d'appartenir à une communauté nationale, pas seulement parce qu'on y est et vit ensemble, mais parce qu'on peut y exercer sa part de citoyenneté en agissant et élisant des représentants. Elle répond au « vouloir être ensemble », au « vouloir vivre ensemble » et parfois au « vouloir faire ensemble ». Elle ne se limite pas à appartenir à la France, avoir la nationalité française. Elle ne se limite pas à parler la langue de la France. Elle exige de construire une société du « bien vivre ensemble » où la laïcité permette de « vivre ensemble » sans partager forcément les mêmes croyances religieuses, mais en partageant les mêmes valeurs du « bien vivre ensemble » : solidarité, justice, liberté, égalité, fraternité. Elle repose sur des droits de base comme travailler, voter, et donne la possibilité de s'engager pour les causes que l'on croit justes. Enfin, elle a des exigences morales : montrer son souci du collectif, au-delà de sa propre position partisane, et entretenir un rapport au passé, à l'héritage historique. C'est dans ce cadre que se pose la question de la « repentance » concernant les colonisations et les massacres, qui sont la part d'erreurs collectives à assumer ensemble, n'en déplaise à l'actuel Président !

Toutes ces questions sont centrales pour un pays qui accueille des immigrés en voulant les aider à construire une conscience identitaire de citoyen français. La droite impose des mesures qui, actuellement, visent au mieux le sentiment d'appartenance. La gauche a tenté quelques propositions pour redonner du sens à la notion de nation : les propositions de service civique dans le projet présidentiel de 2007, la référence au drapeau national. La question n'est pas simple car il y a à gauche des souverainistes, pourtant confrontés à la mondialisation, à côté de gens qui veulent ignorer radicalement la Nation ; des écologistes qui peuvent parfois sous-estimer la question nationale, noyer la culture dans la nature et prôner en fait un « nationalisme sans nation » ; des « droits de l'hommistes » qui n'en parlent pas non plus et prônent aussi un « nationalisme sans nation ».

La gauche doit proposer des mesures qui concernent la conscience citoyenne dans la laïcité. Pour conforter le lien social, il faut un vrai projet politique ne reposant pas simplement sur quelques emblèmes. Ce projet ne doit pas être passéiste ou nationaliste. Il ne doit pas opposer la Nation à l'Europe. Il doit réinvestir la thématique nationale. Il faut écarter du projet les déterminants de la naissance, l'ethnicité, la religion ou d'autres valeurs héroïsées de l'histoire comme projet commun, avec ses héros auteurs d'événements historiques (Jeanne d'Arc, Napoléon). Tous ces déterminants posent la Nation comme préalable, alors qu'elle doit être un projet commun regardant l'avenir. Ce projet repose sur deux gestes concomitants : une vision historique du passé, de la communauté nationale, de sa continuité ; et surtout un projet politique d'avenir tenant compte des particularismes pour proposer de les fondre dans des valeurs communes, un pacte de vie commune.

Ce projet politique passe nécessairement par l'Europe. Or, celle-ci ne parvient pas à se définir clairement comme entité, comme supernation, Etat fédéral ou confédération. A une orientation européenne purement monétaire et commerciale, il faut opposer à présent la protection sociale, la régulation de l'immigration, la défense européenne, les politiques environnementales. Démocratiser l'Europe, c'est soutenir le Parlement européen, clarifier la question des frontières externes (prendre position sur la Turquie) et en même temps consolider l'unité interne.

Le projet socialiste se fonde sur le pacte républicain de solidarité. Jusqu'aux années 1960, le pacte républicain a reposé sur l'école républicaine et les formes sociales institutionnalisées (mariage, service national, etc). Cela n'est plus pareil maintenant. A présent, chaque individu veut être plus autonome, comportement et mœurs évoluent dans le sens d'un individualisme plus fort. La droite laisse l'individu s'en tirer seul, la gauche doit favoriser, comme nous l'avons dit, la prise en compte de l'individu au sein de la collectivité.
Il en découle un certain nombre de luttes prioritaires contre les discriminations (sida, sans abris) et en faveur du grand âge, en faveur des nouvelles configurations d'unions et de parentés, en faveur de l'immigration. La société française va donc affronter une hétérogénéité forte de ses composantes, ce qui va reposer les questions de la diversité ethnique et culturelle, de la citoyenneté, de l'égalité. La nécessité imposera de mettre en place le droit de vote de ces étrangers réguliers vivant depuis longtemps chez nous.

La question des solidarités est donc importante. Pour les jeunes, le temps est venu de reprendre la question du service civique, mais en envisageant plutôt un programme civique d'activités dans le cadre scolaire et périscolaire. Entre 15 et 18 ans, on pourrait penser à une formation de deux à trois semaines par an : enseignement sur les droits et devoirs des citoyens, organisation d'actions d'intérêt collectif, stages, détection des carences sanitaires, sensibilisation à l'orientation professionnelle, compléments de formations gratuits et incitatifs (conduite, brevet de secourisme, brevet de plongée). Cela réclame un réseau s'appuyant sur les collectivités locales et les associations.
Plus globalement, la solidarité, qui est au cœur du pacte de citoyenneté, pousse à aborder de front quelques questions en suspens depuis trop longtemps : la situation des prisonniers et des prisons (65 000 écroués alors qu'il y a 45 000 places), lieux de désinsertion sociale ; les bavures de l'immigration (Condamnation de la France par la Cour européenne des droits de l'homme en 2007 pour les procédures d'examen du droit d'asile) ; la question fondamentale du droit au logement.

32. Fortifier l'Etat moderne

L'Etat, qui apparaît il y a 10 000 ans, marque le passage des sociétés archaïques aux sociétés historiques. Il est fondamentalement un appareil régulateur qui apporte un ordre fait de contraintes, d'assujettissement et d'asservissement. En ce sens, il est l'Etat souverain, un appareil de domination qui n'implique pas forcément la démocratie. Mais, même s'il a produit les barbaries, connu des cataclysmes, aléas, événements, guerres, l'Etat a aussi produit la civilisation (écriture, œuvres d'art, sciences…).

A la fin du 18ème siècle apparaissent les Etats-nations inventés par l'Europe, qui contiennent un principe de solidarité, de fraternité. Patrie, Fratrie ! Etat lié à une communauté, avec référence à la « mère-patrie ». Le 19ème siècle propose au monde l'idée de nation. La formule se développe en Amérique et Europe et, au 20ème siècle, la formule s'universalise mais invente la forme monstrueuse de l'Etat national-socialiste.

Dans les temps modernes, l'Etat est présenté comme une « méga-machine » bureaucratisée, technicisée, qui établit des relations de contrôle simultané entre pouvoirs séparés, partis antagonistes : c'est l'Etat contrôleur. Mais la démocratie introduit en lui une part de désordre et d'instabilité parce qu'elle réduit l'assujettissement des individus, promeut la complexité sociale, avec luttes et compétitions entre individus comme entre individus et Etat.

Il est particulièrement nécessaire d'adapter la théorie de l'Etat élaborée en France à partir du 19ème siècle par la philosophie, la science politique, la jurisprudence, et sortie quelque peu affaiblie du 20ème siècle. L'évolution contemporaine des idées en est la cause : il est en effet aisé de comprendre que l'idéologie mondialiste passe au dessus de l'Etat ; que l'idéologie néolibérale ne jure que par le marché et l'individu ; que l'idéologie communautariste se moque de l'Etat.

Pourtant, le nombre d'Etats dans le monde, à la sortie du 20ème siècle, a été multiplié par quatre. Les pays ont donc fondamentalement besoin d'Etat. Et l'on peut distinguer en gros quatre formes d'Etats dans le monde (Calame, 2003): l'Etat développeur économique et social du pays ; l'Etat gestionnaire qui organise les services publics et la vie économique dans ses grandes règles ; l'Etat rentier où une élite profite de ses rentes ; l'Etat prédateur où un clan pille tout.

Alors que la question de l'Etat est centrale, l'histoire montre que la gauche française n'a cessé d'être divisée par tradition sur l'Etat, déchirée entre vision universaliste, vision protectionniste, vision souverainiste.

Certains courants de gauche sont favorables à un Etat fort qui intervient souvent. La tradition républicaine à la Révolution a construit l'Etat contre les corps intermédiaires (Ancien Régime, clergé, noblesse, provinces, corporations). Dans cette tradition, l'Etat est législateur, arbitre, garant de la force publique, instituteur de la société politique et de l'intérêt général.

Certains autres courants de gauche, libertaires et anarchistes, se méfient de l'Etat. De même, la tradition libérale est surtout favorable aux libertés individuelles et à la propriété privée.

Le courant socialiste français a cherché une conception de l'Etat autorisant son expansion dans le domaine économique et social. Cela n'allait pas de soi : il y eut des oppositions (mouvement mutualiste, municipalisme, autogestion…) mais les guerres et crises du capitalisme ont favorisé cette évolution.

Il faut donc à présent redéfinir le rôle qu'aurait l'Etat dans une société de gauche en butte à la mondialisation. Trois grandes questions doivent alors être envisagées : celle des pouvoirs publics et de la force publique de l'Etat protecteur et correcteur ; celle de la puissance publique et de l'action publique de l'Etat gestionnaire ; celle de l'espace public et du service public de l'Etat d'investissement social.

32.1 Assumer l'Etat protecteur et correcteur

Au départ, avec la Révolution française, l'Etat est un tout, sur le plan juridique, civil et militaire, qui défend l'intérêt général. Peu ou prou, l'Etat incarne donc la grande figure autoritaire de la souveraineté, frappée d'absolutisme et d'archaïsme pour certains (Negri), de théologie pour d'autres (Carl Schmitt), de rationalisme juridique pour les derniers (Habermas). La raison en est que la souveraineté d'un système politique et juridique est difficile à cerner. On peut y voir une « condition limite ».

La conception traditionnelle de l'Etat en fait un gestionnaire de la sécurité selon la théorie du conflit positif, analysée tout au long des deux siècles passés (Durkheim, Proudhon, Engels, Simmel, Sorel, Arendt, Foucault). Cet Etat ne tolère la violence que lorsqu'elle ne risque pas de remettre en cause le consensus social. Par efficacité, il réprime la violence quand elle représente un danger pour la collectivité.

De nos jours, la souveraineté de l'Etat, cadre de référence de l'autorité collective, est grignotée par l'individualisation croissante de la société, par la dilution de la l'identité nationale, voire par certains abandons de souveraineté consentis à des organisations internationales (ONU, OMC, Europe) ou non gouvernementales. Si elle transcende les Etats, la mondialisation ne débouche pas pour l'instant sur un modèle d'Etat mondial qui apparaîtrait comme le cadre d'une légitimité de remplacement. Quant à la construction européenne et à la décentralisation, elles multiplient les niveaux de pouvoir et entraînent une rupture plus ou moins forte avec l'Etat centralisé de type jacobin. Elles font passer du gouvernement à la notion de gouvernance comme tentative de gérer la démultiplication et la spécialisation des lieux de pouvoir. Enfin, la crise mondiale de 2008 rappelle la nécessité d'un Etat non subordonné à l'économie, tourné vers le long terme et réclamant une planification, facteur de cohérence, au service de l'intérêt national.

Souverain on non, autoritaire autant que de raison, l'Etat reste traditionnellement associé à la notion d'ordre public pour faire barrage à la violence. On a longtemps cru que la violence était une donnée anthropologique : elle semblait inévitable, l'ordre public ne cherchant alors que la réduction de cette violence. Il coexistait avec elle, il avait même le monopole institutionnel de la violence (Weber, 1919 et 1959), dans le cadre de pouvoirs et de contre-pouvoirs. Cette conception ancienne reposait donc sur la gestion de la violence et non sur son éradication. Cela a permis de justifier les dispositifs judiciaires et policiers, préventifs et répressifs. On y distinguait « violences sociales » et « violences comportementales ». D'où une forte hétérogénéité des sanctions et des peines selon les cas. On étageait la violence en trois dimensions : internationale, étatique et sociétale.

Cette construction théorique paraît à présent datée. La violence est de nos jours perçue comme une pathologie de la société, illégitime, « insensée ». Elle est alors traitée sur le mode de la sécurité, comme l'ont montré les émeutes des banlieues de 2005, soumises à une réglementation d'exception datant de 1955. Or, valoriser la paix civile comme non-violence, c'est dévaloriser la violence des opprimés. Dans la pente, voire dérive, sécuritaire, on uniformise toutes les formes de violence, on met quasiment sur le même plan déviant sexuel, pervers, terroriste, racaille, sans-papiers. Cette définition de la violence est de plus en plus extensive. Lier violence, victime et sécurité conduit à établir un continuum de sécurité (voir la rétention de sûreté) et à étendre l'extension du champ d'intervention de l'Etat.
Comme, dans le même temps, on dépénalise en France le droit des affaires et on poursuit les infractions au droit du travail, toutes les violences se valent, mais tous les délits ne se valent pas. Les formes de domination et de servitude deviennent plus subtiles : codes, badges, caméras vidéos de surveillance, empreintes génétiques, fichiers, alarmes, radars. L'on recourt constamment à des technologies et services de sécurité privés. On cède à la frénésie sécuritaire.

Si cette description n'est pas excessive, la gauche doit alors d'urgence approfondir sa réflexion sur l'ordre public et la violence, car les champs d'investigation et d'intervention de l'Etat s'élargissent. Il faut admettre que la négociation ne peut pas régler toute la question de la gestion de la violence (cas du terrorisme, par exemple). Comme il faut rendre la violence intelligible pour mieux la réduire, la gauche doit alors construire un discours idéologique cohérent sur la violence, par lequel la violence reste toujours inacceptable, mais doit être convenablement traitée. Unité du discours, diversité des solutions ! Il faut alors que la gauche assume sa politique dans le domaine de la sécurité sans brandir en toute occasion la cause sociale disculpatrice.

La gauche a soutenu l'expansion des missions de l'Etat hors de son champ traditionnel, au nom de l'intérêt général : réguler les rapports sociaux ; réfréner les débordements ; dynamiser la société. Mais la notion d'intérêt général est de plus en plus contestée. Il faut donc redéfinir les notions d'intérêt public, bien public, service public.

Toute la philosophie politique devient une réflexion sur « l'ordre juste » (la contrainte légitime) par opposition à l'ordre injuste (la domination pure) des totalitarismes. La grande question de « l'ordre juste » est : comment éviter, dans la constitution du « vivre ensemble », que la violence d'Etat ne s'ajoute aux violences individuelles ? Le pouvoir (ordre humain) est lié à l'autorité, à la force symbolique : comment pratiquer le pouvoir dans un Etat de droit sans recourir à la violence ?
« L'ordre juste » est le nouvel équilibre à mettre en place entre « nouvelle puissance publique » de l'Etat (préventif, correcteur et protecteur) et nouveaux droits des citoyens et groupements organisés (associations, syndicats, etc.), dans une « République du respect ». Ce nouvel équilibre passe par la laïcité, comme ciment de la citoyenneté. Il suppose la multiplication des moyens de lutte contre les inégalités au service des plus défavorisés, ce qui est lutter à la racine contre les causes sociales et économiques de la violence et ne pas craindre de pratiquer des politiques préférentielles. Il réclame une justice économique cherchant à rééquilibrer le rapport de force entre le capital et le travail au profit du travail. Il prône une conception de l'éducation et de la formation professionnelle qui permette à chacun d'évoluer toute la vie durant. Il ajoute à la démocratie représentative la démocratie participative, notamment comme droit d'interpellation et d'amendement donné aux associations, syndicats, groupements pour questionner les instances dirigeantes. Il développe une conception de la sécurité fondée sur la proximité entre acteurs concernés et non sur l'affrontement.

32.2 Affirmer l'Etat pilote de l'économie

C'est le courant socialiste qui a poussé à l'expansion de l'Etat dans les domaines économique et social. Mais on ne peut pas affirmer que la gauche a un argumentaire cohérent sur la place et le statut de l'Etat dans l'économie.

S'il n'y a plus de position dogmatique à gauche après les nationalisations de 1981 et les privatisations de 1997, deux grandes questions restent posées : qu'est-ce qui relève du domaine public de l'Etat et des collectivités territoriales ? Et jusqu'où peut-on privatiser ? Peut-être la seule question est-elle d'ailleurs : la gouvernance économique se résume-t-elle à l'opposition nationalisations/privatisations ?

Un rapide examen des décisions prises par la gauche dans un passé récent laisse perplexe. Pourquoi privatiser France Télécoms, Aérospatiale, Air France, les sociétés d'autoroute, Gaz de France et refuser la privatisation d'EDF et Areva ? Pourquoi refuser les fonds de pension alors qu'on a mis en place avec Préfon-Retraite des produits de retraite par capitalisation pour les fonctionnaires ? Faut-il privatiser Aéroport de Paris, la Caisse des dépôts ?
En fait, il faut bien admettre qu'on a eu à chaque fois des argumentaires de circonstance qui ne relèvent pas d'une ligne de pensée claire. Or, se profilent à présent à l'horizon de très lourdes questions qu'il faudra bien trancher : celles de la marchandisation du savoir et du vivant, de la gestion des biens naturels où des entreprises se confrontent à l'Etat ; celles du contrôle des réseaux et de l'intelligence collective, de la maîtrise des moyens d'information-communication. La gauche va devoir préciser comment réengager l'Etat dans ces domaines et bâtir une doctrine cohérente.

Cette doctrine n'est délicate que dans certains cas (Gautier, p 270-275). Il y a d'abord le cas des monopoles naturels (espaces, ressources, gisements, réseaux) : le principe d'inaliénabilité (droits de propriété) y joue, on doit donc en prohiber la cession ou vente, et il reste possible de proposer au privé des licences et concessions (droits d'exploitation). En ce sens, il fallait sans doute refuser la privatisation des autoroutes en 2006.

Il y a ensuite le cas où il n'existe pas de monopoles naturels et où l'Etat est le seul acheteur. La règle doit y être la mise en concurrence (distribution d'eau, commandes d'armements).

Dans le cas des monopoles publics établis en droit, il est plus difficile de trouver des critères pour fixer la limite entre action publique et initiative privée, notamment en raison de normes européennes et internationales. Ajoutons que pour les activités administratives, la sous-traitance est acceptable, le central téléphonique d'une administration, par exemple, pouvant être confié à des standardistes privé-e-s.

Dans le cas des domaines régaliens (défense, police, justice), la règle doit rester d'exécuter l'action publique par des moyens publics. Mais, de plus en plus, on constate que la privatisation gagne : sous-traitance de la garde des centrales nucléaires, des transferts de fonds de Banque de France, des contrôles dans les aéroports, du traitement des procédures de divorce par les notaires. Partout, on justifie la privatisation par la seule réduction de la dépense publique, ce qui permet d'occulter la décharge de responsabilité publique. Or, il faut impérativement en revenir à un encadrement et contrôle de l'Etat sur les activités régaliennes.

Reste le cas des domaines économiques assurant la continuité du service public (distribution d'électricité, transport ferroviaire, établissements portuaires, énergie nucléaire). On peut y envisager des distinctions par nature d'activités. On peut ainsi distinguer entre gestionnaires d'infrastructures publiques et exploitants (Réseau ferré de France et SNCF). Mais la privatisation de la SNCF, EDF, Poste, Caisse des dépôts ne peut qu'être problématique. De façon générale, il ne serait pas justifiable de laisser à la puissance publique les seules activités non rentables.

La gauche doit donc dénoncer et refuser à présent le mouvement général de privatisation, auquel elle a cependant contribué. Elle ne s'est pas montrée assez rigoureuse pour encadrer ce processus avec cohérence, notamment dans les questions de répartition claire entre public / privé, conditions de concurrence et de transparence. Il lui faut sans délai retrouver une doctrine cohérente sur la question du rôle de l'Etat dans l'économie, au niveau des services et biens publics.

32.3 Défendre Etat social et Etat d'investissement social

Le secteur social est très important pour la question d'une société socialiste, car la question de l'Etat y est fondamentalement la question de la solidarité. Comme celle-ci est en net recul, le socialisme doit repenser l'Etat social de fond en comble. La réflexion contemporaine le fait à partir de la notion Etat d'investissement social (EIS) ou d'Etat social actif. Se positionner sur ce terrain revient à penser la coexistence nécessaire de l'Etat-providence et de l'Etat d'investissement social (Delors et Dollé, 2009), tout comme les rapports entre Etat et marché.

La droite démantèle l'Etat-providence, qu'elle juge archaïque. La gauche européenne tente de proposer un nouvel Etat social, présenté sous les vocables « Etat préventif », « Etat anticipateur », « Etat prévoyant », « Etat investisseur » (Etat d'investissement social).
L'idée qu'il faudrait substituer à l'ancien Etat-providence un nouvel Etat social moderne a été développée à la fin des années 1980. Elle a d'abord été portée par les courants de pensée libéraux et par l'OCDE (Organisation de coopération et de développement économiques). Elle est à présent revendiquée par les courants socio-démocrates européens, sans rassembler tous les socialistes.

Cette idée constitue une révolution, à condition de ne pas penser que l'EIS serait le substitut de l'Etat social. En effet, des politiques conservatrices peuvent facilement se réclamer de l'Etat social actif en ne s'occupant que d'une partie de ses missions, responsabiliser l'individu, tout en négligeant l'autre partie, lutter contre les inégalités. On peut en effet vouloir les valeurs de l'EIS concernant l'individu sans toucher aux risques économiques et sociaux et sans réduire ces inégalités. Autrement dit : la socialisation de la prise en charge des risques voulue par l'Etat-providence reste indispensable, et la généralisation d'une conception socialiste de l'EIS en lieu et place de l'Etat-providence risquerait de coûter trop cher. Les deux doivent donc pour l'instant coexister.

Protéger l'Etat-providence (Etat social)

Bâti au sortir de la Seconde Guerre mondiale sous différents noms – Etat-providence, Etat social, Etat protecteur, Etat de bien-être – l'Etat-providence est la preuve des transformations du capitalisme dans des formes plus sociales, pour des raisons variées : corriger les déficiences du marché, répondre aux demandes du monde ouvrier, institutionnaliser les divisions sociales, faire preuve d'humanisme.

Ce type d'Etat met en place une solidarité institutionnalisée. Celle-ci est économique, car elle entend limiter les inégalités liées à l'économie de marché (questions de la régularisation des marchés et des revenus) et aux risques sociaux. Elle est aussi professionnelle, définissant les cadres des relations de travail et la prise en charge des risques de perte d'emploi (chômage, maladie, âge). Cet Etat-providence visait à l'origine la protection sociale du chef de famille dans le cadre de la famille stable, ce qui n'est plus le cas de nos jours, en raison de l'activité professionnelle féminine et de l'instabilité de la famille traditionnelle. Il visait aussi la pleine citoyenneté du travailleur.

Il existe selon Esping-Andersen (1999 et 2009) trois types idéaux d'Etats-providence :
– l'Etat-providence libéral limitant sa protection aux plus faibles, les protégeant tout en les stigmatisant souvent ;
– l'Etat-providence social-démocrate pratiquant un niveau élevé de protection sociale et la redistribution des revenus par l'impôt ;
– l'Etat-providence conservateur, corporatiste, visant l'équité sociale en maintenant les statuts sociaux et professionnels.

L'Etat-providence n'est donc pas une création du seul socialisme et il n'est jamais que partiellement un Etat-providence, cherchant un compromis entre les impératifs du capitalisme et ceux de la protection humaniste. Les trois types diffèrent en fonction du mode de relation entre société et protection sociale, de la place de l'Etat, de l'action en matière de politique sociale. Sur ce dernier point, on peut distinguer l'Etat-providence résiduel, qui traite quelques cas de grande détresse, et l'Etat-providence institutionnel qui intègre la dimension sociale dans son fonctionnement étatique en garantissant un niveau de sécurité sociale et de redistribution du revenu national.
Au titre des indicateurs pertinents de l'Etat-providence, on mentionne le niveau de démarchandisation, la structure de classe découlant des politiques sociales et

la forme du lien marché-Etat. Le premier terme demande un peu d'explication : le capitalisme transforme l'homme en marchandise, il exploite sa force de travail ; l'Etat-providence fonctionne à l'inverse pour satisfaire les besoins humains, il « démarchandise ».

La question de l'Etat-providence est majeure dans l'histoire du socialisme et du réformisme social. Plus l'ambition est forte, plus les difficultés rencontrées sont grandes. Promettre le plein emploi est toujours prendre un risque. Par ailleurs, plus le chômage croît, plus on risque d'aboutir à l'Etat-providence sans travail si on maintient le niveau de générosité de ses promesses.

Cet Etat social est entré en crise dans les années 1980 en Europe. S'il a été édifié pour combattre certains risques (santé, vieillesse), il n'a pas été prévu pour faire face à ces nouveaux risques que sont la montée du chômage et de l'exclusion, les nouvelles formes de relations familiales, les déséquilibres démographiques croissants. En France, les causes nombreuses de cette crise sont le chômage persistant depuis trente ans assorti de la précarisation de l'emploi ; les difficultés financières de plus en plus fortes pour financer les régimes sociaux, difficultés liées aux risques sociaux traditionnels et aux risques nouveaux (question des retraites, assurance-chômage, niveau des prestations sociales) ; la restriction progressive de l'espace de la solidarité par développement de systèmes d'assurance complémentaire ; les changements dans le contrat de travail. Enfin, il faut mentionner l'individualisation croissante de la société : au niveau des individus, cela conduit au refus d'engagement dans les solidarités institutionnelles des syndicats comme au refus de la socialisation des dépenses et de l'impôt ; au niveau de l'Etat, cela encourage le seul appel à la responsabilité individuelle.

La question centrale devient à présent celle-ci : faut-il continuer à financer à la même hauteur l'Etat-providence ? Si on ne le fait pas, au détriment de qui faut-il réduire les dépenses et la solidarité ?
On constate que les compensations financières se sont réduites pour les exclus de l'emploi, pour les régimes de retraite, pour les dépenses de santé prises en charge par la Sécurité sociale. La limitation des inégalités n'a pas réussi à faire son effet, car on enregistre une montée des très fortes rémunérations et une augmentation de la très grande pauvreté. Et des inégalités nouvelles apparaissent, comme la précarité de l'emploi salarié (les « travailleurs pauvres », le « sous-salariat ») et les inégalités dans la détention du patrimoine.

A l'étranger, la droite occidentale dure (Thatcher, Reagan) a réduit l'Etat social avec un argumentaire facilement contagieux : la réduction de la protection sociale jugée exorbitante ; toute personne aidée encourant le reproche de manifester une mentalité d'assisté et les individus concernés étant jugés eux-mêmes responsables de leur situation.

Par contre, les pays scandinaves ont expérimenté une autre voie : viser le retour à l'emploi et donc monter le niveau d'exigences à l'égard des allocataires, leur apporter une aide plus importante et plus personnalisée.

On peut résumer ainsi les critiques faites à l'Etat-providence classique : il serait trop coûteux ; il alourdirait les coûts du travail et nuirait au développement de l'emploi ; il annihilerait les capacités créatives des individus, les rendant « paresseux ». Ces critiques émanent surtout de la droite.

Promouvoir l'Etat d'investissement social

Développé au début des années 1990 par l'OCDE, porté par certains sociaux-démocrates européens – Tony Blair, Gerhard Schröder – qui ont emprunté à la conception libérale, le concept d'EIS est apparu en Belgique à la fin des années 1990, lancé par le ministre des affaires sociales Frank Vandenbroucke (discours d'octobre 1999). Il a été le fer de lance des politiques sociales entre 1999 et 2003.

L'EIS, qui relève de la justice sociale pensée notamment par John Rawls (1971) et Amartya Sen, repose sur trois piliers : la valorisation du travail, un nouveau rôle proposé à l'individu, une nouvelle relation entre droits et devoirs. Il s'agit bien de viser une société de personnes actives, dans une vision ouvertement présentée comme social-démocrate et reprise même dans la stratégie de Lisbonne, qui indique que « l'investissement dans les ressources humaines et la mise en place d'un Etat social actif » constituent des priorités.

Fondamentalement, l'Etat devient le pilier de la coopération sociale, qu'il veut assumer de bout en bout, de la prévention et protection permanente à la compensation et réparation, car il intervient dans la réduction des inégalités en s'attaquant à leurs racines, donc en visant l'égalité des capacités (« capabilités » chez A. Sen) et la juste égalité des chances (Rawls).

En contraignant les individus à rejoindre au plus vite le travail, on révise la notion de responsabilité, on souligne les fautes personnelles, on opte pour des dépenses actives qui ne fixent pas les personnes dans l'assistanat, on réduit le niveau des prestations sociales pour préserver l'attractivité des rémunérations du travail. Le nouveau rôle de l'individu engage à le responsabiliser pour qu'il se prenne en mains – ceci a été théorisé par Anthony Giddens – au lieu d'être dépendant des allocations. La nouvelle relation entre droits et devoirs est donc une contractualisation avec exigence de réciprocité.

Justice sociale de base (justice collective et action sociale en faveur de cette justice) et responsabilité individuelle sont étroitement liées. Mais la droite peut vouloir responsabiliser et culpabiliser l'individu sans toucher aux inégalités sociales.

Rawls évoque deux principes de justice sociale de base : le principe d'égalité pour tous du système des libertés de base (libertés politiques, liberté de pensée et d'expression, liberté de personne et propriété de soi, etc.) ; le principe de différence où les inégalités portant sur les biens sociaux doivent être attachées à des fonctions relevant de l'égalité des chances et procurer un plus grand bénéfice aux plus défavorisés.

Il met en avant la « juste égalité des chances » qui nécessite que la société consacre plus d'attention aux démunis en ce qui concerne les dons naturels et les inégalités sociales de naissance. Pour lui, il faut alors consacrer plus de moyens aux enfants les plus défavorisés, et une inégalité est justifiable si elle permet d'aider davantage les plus défavorisés.

Amartya Sen signale que les inégalités doivent être envisagées du point de vue des capacités, ou « capabilités » pour lui, de développer des projets de vie.

Si l'Etat social cherche à réduire les inégalités, l'EIS cherche donc à rétablir l'égalité. Son champ d'action est large, avec trois grands domaines de rétablissement de l'égalité :
- le domaine de l'activité sociale de base, le travail, cœur de la protection sociale qui doit conduire et reconduire à l'emploi : droit du travail et de la formation continue ; sécurisation des parcours professionnels ; action du service public de l'emploi ;
- le domaine de la famille, structure sociale de base : conciliation entre vie professionnelle et vie familiale ;
- le domaine de l'éducation, bien humain de base : développement de l'apprenant.

Sur le plan économique, on passe d'une économie tirée par la demande à une économie de l'offre compétitive. Sur le plan du travail, l'EIS veut mieux rémunérer même le travail en miettes par des « compléments de revenus d'activité ». C'est utile. Mais un gouvernement de gauche doit viser la qualité de l'emploi en durée et densité, donc le temps plein : d'où la nécessité des deux mesures sur la sécurisation des parcours professionnels et sur la lutte contre le sous-emploi.

En ce qui concerne l'individu et sa responsabilité, l'EIS est dans la logique des droits et devoirs, élément central de la citoyenneté démocratique : le sujet à aider doit construire un projet de vie, projet personnalisé d'accès à l'emploi (PPAE) ; dans le domaine de la distinction entre vie professionnelle et vie familiale, on vise le libre choix du mode de garde des enfants ; pour les personnes âgées dépendantes, on cherche le plan personnalisé.

Si le sujet n'a pas de projet, il est responsable, voire coupable, il préfère l'assistance. Le chômeur devient vite un chômeur volontaire et il faut le contrôler dans la réalité de ses démarches. Il doit donc y avoir une « contrepartie équitable » : « si le système est juste, chacun recevra une

contrepartie équitable à condition que chacun (y compris lui-même) coopère »
(Rawls). Cela inverse donc la relation entre travail et rémunération : ici, le
bénéficiaire, qui n'a pas le statut de salarié (il n'a pas droit à l'assurance-
chômage ou droit à la retraite), reçoit d'abord l'aide sociale, puis il doit fournir
en contrepartie le travail.

Cette conception n'est pas exempte d'ambiguïté. Le RMI de l'Etat-providence
s'est révélé un dispositif national de droits et devoirs conduisant peu à la reprise
d'un emploi convenable. Le RSA pousse à s'interroger sur les emplois très
courts qu'il ne semble pas devoir éliminer et sur l'intensité réelle des dispositifs
d'accompagnement social et professionnel, la loi n'imposant aucune obligation
minimale aux départements. Le grand problème est la disparité des cas
individuels à accompagner au titre d'allocataires du RSA : absence de formation
adéquate, absence d'emploi à proximité, problème de mobilité, santé
défaillante, raisons familiales. Cela va occasionner des différences
d'accompagnement, d'une institution territoriale à une autre.

Cette conception de l'individu suppose toujours un individu autonome
développant ses capacités dans un projet de vie. On peut alors la contester en
faisant remarquer que tout individu n'est pas forcément en capacité d'être
autonome et de développer un projet, de devenir en quelque sorte « entrepreneur
de sa propre vie ». Certes, l'affirmation conjointe des droits et devoirs est
inscrite dans nos principes constitutionnels, dans le préambule de notre
Constitution de 1946. Mais on peut lui reprocher d'être une solidarité restreinte
et lui opposer dans certains cas l'inconditionnalité des droits.
Par ailleurs, un projet individuel ne peut exister que si le contexte de vie le
permet, donc que si la dimension collective du développement de l'emploi et de
sa protection le permet. Il doit alors exister une régulation collective efficace (J.
Gautié, 2003 et Giddens, 2007). Est-ce toujours le cas ?

32.4 Conjuguer Etat social et socialisme

On peut aborder l'ensemble de la question de l'EIS par d'autres concepts où les
questions de prévention et d'investissement occupent une place centrale.

C'est l'absence de qualification chez un individu qui constitue le risque le plus
fort dans la société mondialisée actuelle. L'idée d'investissement dans le capital
humain, appuyée par la puissance publique, est donc centrale, préférable à toute
forme de dépense sociale. Mais à condition que l'investissement dans le capital
humain soit très précoce pour être efficace et démarre dès la prime enfance.
D'autre part, une stratégie raisonnée de prévention passe par la lutte contre le
développement des inégalités. L'Etat social moderne est efficace s'il empêche
la formation des inégalités, surtout dans l'accès aux savoirs, le développement
des compétences permettant l'accès à la qualification.

Le raisonnement qui passe par ces recommandations est tenu au nom de l'égalité plus encore qu'au nom de l'efficacité, et il en appelle à la puissance publique pour une stratégie d'investissement social.

Il existerait à présent un accord général au sein du PS français sur les idées de prévention du risque de non-qualification, pauvreté, chômage. A cet effet, il faut donc un investissement précoce et massif dans le capital humain. Cela revient à élever les niveaux d'éducation et de qualification de la population, ce qui valide la stratégie nordique d'éducation et demande à la stratégie française de faire encore bien des progrès.

32.5 Engager la modernisation de l'Etat

La question de la modernisation de l'administration intéresse-t-elle encore la gauche ? Les récentes décisions de la droite sur les tribunaux d'instance, l'autonomisation des universités, la réduction du nombre de fonctionnaires, qui en relèvent directement, ont révélé une gauche sur la seule défensive.

Moderniser l'Etat, c'est d'abord engager les réformes indispensables : la fusion des services de la direction générale des impôts et de la comptabilité publique, souhaitée jadis par C. Sautter ; le redéploiement des services de police, de justice, d'administration générale selon un maillage plus judicieux et soigneusement concerté ; la nécessité de revoir la gestion administrative pour uniformiser les coûts de traitement des dossiers administratifs selon les préfectures et les durées de traitement des opérations : pour obtenir une carte d'identité, il faut 1 jour à Belfort, 38 jours en Seine-Saint-Denis. C'est ensuite continuer la décentralisation en revoyant la superposition des niveaux (notre chapitre 4).

L'Etat actuel semble hésiter entre deux philosophies politiques : l'approche centralisatrice qui règne depuis les origines, qui procède toujours « d'en haut » parce que la Nation est une et indivisible, et qui délègue aux niveaux locaux ; et l'approche fédéraliste, qui légitime le niveau « d'en bas », qui conduit l'Etat à donner plus d'autonomie à des instances fédérales. Or, la complexité des réalités actuelles et la rapidité des évolutions imposent de fait une autre gouvernance. C'est pourquoi l'Etat français tente depuis 30 ans de se décentraliser. Cependant, cette décentralisation est encore trop pensée selon la répartition de compétences spécifiques entre niveaux de gouvernance, alors qu'aucun problème ne peut de nos jours échapper à la mise en relation entre niveaux de gouvernance. Il faut donc opter pour un étagement de niveaux fonctionnant selon le principe de subsidiarité active. Celui-ci signifie que les différents niveaux de gouvernance respectent des principes directeurs communs et partagent une responsabilité commune ; que l'on peut trouver des réponses spécifiques adaptées à chaque territoire ; qu'aucun niveau n'a la souveraineté absolue sur un territoire. Toutes les approches sont alors partenariales, dans le cadre de principes directeurs communs. Et une évaluation des mises en œuvre a toujours lieu (on y revient en détail dans le chapitre 4).

Moderniser l'Université est aussi une priorité absolue. Tout le monde sait qu'il existe un système à deux vitesses : des facultés encombrées et sans moyens d'un côté, et des cursus sélectifs de l'autre (IUT, BTS, Prépas, grandes écoles, médecine, pharmacie, Sciences po, etc..). On explique généralement ce phénomène par l'absence de sélection à l'entrée à l'Université et on propose généralement comme réforme la nécessité de revoir le contenu pédagogique du Premier cycle universitaire. Mais il faudrait se pencher sur d'autres défauts plus globaux et une lacune de fond : la démocratisation réelle des études supérieures est toujours attendue !

Il faut encore reprendre la bataille de l'expertise publique. On a critiqué la technocratie française (ENA) et le management public des années 1970-80 pour laisser s'installer le règne des cabinets d'audit et consultants privés. On est ainsi passé de l'intérêt général au culte du marché et on a réduit la sphère publique.

Enfin, il est nécessaire de réfléchir au fait que l'Etat s'immisce de plus en plus dans la sphère privée : réglementation de la procréation assistée, suicide thérapeutique, consommation alimentaire, etc… Les préceptes de prévention, de précaution, de sécurité y conduisent. Il peut y avoir alors des risques de contrôle social (fichages d'individus, vidéosurveillance…) accentués par la numérisation des données. La CNIL et la Commission nationale de la déontologie de la sécurité n'ont pas les moyens à la hauteur de leurs missions. L'idéologie sécuritaire gagne, assortie de considérations morales : les « racailles » et « ceux qui se lèvent tard » sifflent encore à nos oreilles. Or, cette extension considérable des dispositifs de sécurité et de morale impose la mise en place de garde-fous puissants par la gauche pour empêcher de régenter le rapport de l'homme avec lui-même.

La gauche a sans conteste étendu au fil du temps les missions de l'Etat, hors de son champ régalien, dans les domaines de l'économie et du social Elle a ainsi imposé une conception large de la puissance publique, que le néolibéralisme a contestée un bon moment avant d'être à son tour contesté par la crise financière de 2008. Cet élargissement de la notion d'Etat a contribué à dynamiser la société au nom de l'intérêt général.
Mais à présent, il conviendrait de repenser les notions d'intérêt public, biens publics, services publics. A l'heure où toute décision d'intérêt général peut être battue en brèche par une enquête publique, une commission de débat public, un comité d'éthique, une commission spécialisée, ou contrainte par une consultation locale ou des dispositions du droit européen, la notion d'intérêt général risque bien d'apparaître comme une coquille vide, un « principe interprétatif résiduel ». On ne peut pas non plus laisser l'Etat investir tous les champs, comme on ne peut pas le laisser ignorer des secteurs de l'économie

marchande, de la culture, de la recherche, où de nouvelles règles sont à promouvoir. Fondamentalement, il faut à présent comprendre que la notion de souveraineté ne peut plus être absolue. Si l'on admet qu'il existe une communauté mondiale et donc une gouvernance mondiale, que celle-ci concerne tous les Etats qui ont à y participer et à l'évaluer, alors chaque Etat est solidaire des autres. L'Etat aussi doit être pensé dans le cadre de systèmes de coopération en réseau.

33. Réinvestir la République

La République est l'une des formes constitutionnelles de l'Etat. Le républicanisme vient de loin, puisqu'il est né dans l'Antiquité, mais la République en France n'a été proclamée que le 21 septembre 1792. Et la Révolution française nous a légué en fait plusieurs types de républiques, que l'on peut résumer en formule libérale et formule jacobine. Cette ambiguïté constitutive du républicanisme, « concept à l'imprécision juridique remarquable » (Roussillon, 2002), peut expliquer pourquoi la gauche n'a cessé au fil de l'histoire d'entretenir avec lui des relations conflictuelles, au point qu'une partie de cet héritage avait quasiment disparu de nos mémoires.

33.1 Assumer l'héritage du socialisme républicain

On ne peut refonder le socialisme français qu'en assumant ses origines (Peillon, 2008), qui sont celles de la République et de tous les grands courants philosophiques, idéologiques, politiques qui l'ont nourrie depuis plus de 200 ans.

La République se constitue d'abord à travers un récit historique. Or, ces récits sont pluriels, et au fil du temps, ils ont manifesté certaines grandes tendances : la lecture positiviste de la République (celle d'Emile Littré, de Claude Nicolet) qui en a occulté la dimension spirituelle et religieuse ; la lecture dualiste qui oppose la bonne et la mauvaise Révolution, qui privilégie la question politique autour du dualisme pensée libérale (défense de l'individu et de ses droits)/ pensée socialiste (défense du jacobinisme, de la Terreur, de l'Etat oppressif). Tocqueville d'un côté, Marx de l'autre ! S'appuyant sur les travaux d'une nouvelle génération de philosophes et d'historiens qui, dans les dernières décennies du 20ème siècle, remettent en cause les interprétations antérieures de la Révolution française, Peillon souligne cette vérité cachée que les républicains français ont constamment cherché à surmonter : le dualisme autour d'un troisième terme (association, humanité, fraternité, solidarité).

Comprendre cet effort de dépassement constant, c'est essayer de définir le socialisme du 21ème siècle en se fondant sur ce courant oublié du socialisme français, qui est d'abord un socialisme libéral, au sens de la Révolution française et de la Déclaration des droits de l'homme. C'est rétablir une généalogie exacte entre libéralisme, républicanisme et socialisme. Un lien profond les unit en effet au plan conceptuel, historique et politique, le lien des grandes caractéristiques de ce socialisme. La République française est libérale, sociale, fraternelle, spirituelle, humanitaire, laïque et vivante.

La République est libérale, au service de l'individu et de ses droits en refusant de laisser le champ libre au marché ; elle repose donc sur une puissance publique impartiale et sur la notion d'intérêt général (Louis Blanc, Jean Jaurès, Eugène Fournière). La protection des libertés et droits fait la part belle à l'école, au savoir, à la formation. La défense des droits repose sur la redistribution. Le projet républicain libéral est ainsi individualiste et solidaire.

La République est sociale, les premiers socialistes français (Pierre Leroux, Louis Blanc, Benoît Malon, Saint Simon, Charles Fourier, etc.) issus de la révolution de 1830 l'ont pensée solidariste et associationniste (coopératives, syndicats). Ce socialisme est évolutionniste, réformiste, pacifiste et cherche la collaboration des classes. Il accorde une grande importance aux valeurs, à la Déclaration universelle des droits de l'homme, à l'éducation. L'étatisme n'est pas présent en lui.

La République est fraternelle : 1789 fut la révolution des droits de l'homme, la première matrice de l'invention démocratique moderne. 1848 fut la révolution de l'association, la seconde matrice. C'est à ce moment que République et socialisme se rejoignent car cela esquisse une autre définition de la citoyenneté, de la légitimité, de la représentation, de la souveraineté.

La République est spirituelle : c'est la République des principes, de l'autonomie de la conscience, des libertés individuelles (en grande partie la République enseignante). Elle prépare la religion laïque. Elle est rationaliste, idéaliste et spiritualiste.

La République est humanitaire : l'humanisme en constitue le socle. C'est la religion de l'humanité qui place l'individu au-dessus de tout.

La République est laïque : c'est la quête d'un nouveau pouvoir spirituel. La laïcité est la religion de la République démocratique et sociale, la religion universelle de l'humanité et de la liberté. C'est la libre-pensée, une révolution morale.

La République est vivante : étant un idéal, elle est toujours mouvement, action qui refuse de séparer morale et politique. Elle ne croit pas à la fin de l'histoire.

Occulté trop longtemps, le socialisme français est une tradition républicaine et sociale qui s'est fondée autour de l'école, qui a eu le souci des lois sociales, des progrès démocratiques, de l'Europe, de la SDN. Il a deux lignes de force : la République libérale, sociale, fraternelle, qui permet de dépasser l'individualisme et l'étatisme ; la République spirituelle, morale et religieuse, qui permet de dépasser le positivisme. Car il existe une spiritualité républicaine spécifique définie par la République vivante, la laïcité intérieure, le rationalisme élargi. Il s'agit d'un besoin d'absolu, d'idéalité spécifique, de morale qui ne se sépare jamais de la politique, qui est donc toujours en mouvement...

République, démocratie, libéralisme, socialisme, laïcité, libre-pensée vont de pair. Le socialisme français est à la fois révolution matérielle et révolution morale. Construire le socialisme du 21ème siècle, c'est obligatoirement retrouver et prolonger ce socialisme français dans ses lignes de force, au cœur d'une synthèse que Jaurès avait déjà tentée. Et c'est aussi procéder aux nécessaires adaptations aux temps modernes.

33.2 Améliorer le républicanisme français

En France, les républiques sont toujours nées d'une grave crise de régime : la première (1792-1804), de l'échec de la monarchie constitutionnelle ; la deuxième (1848-1851), de la mort de la Monarchie de Juillet (février 1848) ; la troisième (1870-1940) a eu besoin de deux guerres pour mourir ; la quatrième (1946-1956) a été victime de la guerre d'Algérie. « Une et indivisible », la République française est devenue «indivisible, laïque, démocratique et sociale » avec la Quatrième, en 1946.

Tous ceux qui, à gauche, ont critiqué le républicanisme français, ont stigmatisé son caractère ultra-étatiste, bureaucratique, autoritaire et hypercentralisé, en un mot archaïque. Sur le plan international, les voies nouvelles de l'identité républicaine, prônées par la gauche espagnole de Zapatero par exemple, vantent le contraire, la liberté issue de l'humanisme civique et du socialisme libertaire : non domination, participation démocratique, égalité des sexes, droits des minorités.

Dépasser la Cinquième République

La Cinquième république est le régime institutionnel le plus durable qu'ait connu la France depuis 1789. François Mitterrand, qui y voyait une conception parlementaire, y est resté cependant attaché, ne modifiant le texte de la constitution de 1958 que sur des points périphériques (construction européenne et outremer). Solide au tribunal de l'histoire, la Cinquième a cependant été frappée par un processus de désacralisation, suspectée régulièrement de donner des signes d'épuisement de son système institutionnel, surtout depuis l'élection présidentielle de 2002 et le « non » au référendum sur la Constitution européenne de 2005.

La Constitution de 1958 a connu 30 révisions en 51 ans – 16 abouties et 14 inabouties – l'alternance politique à plusieurs reprises, trois cohabitations en 20 ans (1986, 1993, 1997) entre Président et Premier ministre de partis opposés. La révision constitutionnelle de 2000 a réduit le mandat du Président à cinq ans afin d'aligner la durée de ce mandat sur celle des députés et réduire les risques de cohabitation.

Pour la gauche, la Cinquième république a d'abord été considérée comme viciée en son principe, parce que taillée sur mesure par Michel Debré au profit du général de Gaulle. Or en sa nature, elle n'est ni présidentielle, ni parlementaire. Elle présente les caractéristiques d'un régime parlementaire, mais l'élection du Président de la République au suffrage universel direct a été introduite en 1962, avec en plus son droit de dissoudre l'Assemblée.

C'est le statut du Président de la République qui est discutable, puisqu'il est intouchable, ce qui fait dire que la Cinquième république est au total monarchique et gravement déséquilibrée. Dans aucun autre pays démocratique, le Président n'a autant de pouvoirs tout en étant politiquement irresponsable. Il peut en effet dissoudre l'Assemblée sans que celle-ci puisse mettre en cause sa responsabilité. Le leader est donc à la fois chef de l'Etat, chef du gouvernement, chef de la majorité, et cette concentration des pouvoirs est en contradiction avec l'article 16 de la Déclaration du 26 août 1789. Ces pouvoirs débouchent avec le président actuel sur une pratique politique qui porte atteinte au modèle républicain.

Dépasser le républicanisme

Le républicanisme laisse ouverts trois grands problèmes (Caillé et Sue, 2009) : les inégalités scolaires, la conflictualité sociale, la vision de la science.

La critique des inégalités scolaires et de la méritocratie a été formulée par Bourdieu et quelques autres. Elle revient à affirmer qu'en prônant l'égalité des chances – foncièrement individualiste et non celle des résultats à rechercher, le républicanisme français cautionne de fait les inégalités héritées. Or, un projet de société égalitaire ne peut faire de la concurrence, même égale au départ, une visée ; il doit privilégier au contraire la coopération, la solidarité. S'il existe trop d'inégalités, comme on le constate actuellement, une communauté solidaire, une République, n'a guère de chances de se constituer. Il convient alors d'être attentif au minimum et au maximum de ressources. En ce sens, Tony Blair et sa « Troisième Voie » visant l'enrichissement ont manqué l'essentiel, qui reste bien la réduction très importante des inégalités de départ.

La conflictualité sociale est le deuxième grand problème que le républicanisme doit affronter. La culture française vise surtout le consensus, que le conservatisme et la droite ne peuvent qu'approuver. Or, l'expression des désaccords est inévitable, les luttes sociales servant aussi à améliorer la société, cultivant au passage la citoyenneté, la participation démocratique, le sens de l'intérêt général et l'engagement civique. Le républicanisme moderne se doit donc de mieux accueillir cette dimension du conflit qui ne nuit pas forcément à l'ordre républicain.

Enfin, le républicanisme a toujours un rapport avec la question du progrès scientifique, comme nous le rappelle l'exemple de l'ancien encyclopédiste Condorcet, ancêtre de notre République. Le républicanisme comporte dans son idéologie une vision de la science et du progrès. Or, ce fait semble avoir été oublié en France où la question écologique a mis un très long temps à s'imposer, en raison de la prégnance de la culture technocratique et de l'idéologie marxiste du primat des forces de production.

34. Assurer la démocratie

Les démocraties occidentales ont connu, de 1880 à 1980, un cycle marqué de deux guerres mondiales, la contestation des démocraties libérales par les totalitarismes, la désagrégation du communisme par le développement du libéralisme, la crise des totalitarismes avec la chute du mur de Berlin et la fin de l'Union soviétique. Depuis 1980, un autre cycle s'est ouvert, cycle de redéfinition des démocraties libérales.

34.1 Soutenir la démocratie occidentale

Au début des années 1900, ceux qui ne voyaient que les bienfaits de l'avancée démocratique grâce au suffrage universel et à l'entrée des masses en politique ne pouvaient imaginer que peu de temps après, viendraient les guerres, les totalitarismes de tous bords et ce lot de catastrophes surmontées seulement après 1945.

Le totalitarisme, c'est l'Etat total et la guerre totale, c'est l'idéologie totale. Il est à l'intersection de trois histoires : celle de ce que Gauchet appelle « la sortie de la religion » par laquelle la politique se détache de la religion ; celle de l'Etat-Nation ; celle des idéologies. Le totalitarisme, c'est donc une sorte de « religion séculière ».
Nous avons eu le totalitarisme d'extrême-gauche (Russie et pays de l'Est) et le totalitarisme d'extrême-droite (Franco, Hitler, Mussolini). Ils peuvent différer par certains aspects (antisémitisme en Allemagne), mais ils ont en commun d'avoir voulu pousser l'Etat-nation à ses extrémités.
Nous sommes peut-être sortis de l'âge des totalitarismes, que nous avons cependant compris bien trop tard pour en empêcher le fonctionnement et les crimes.

La désagrégation du communisme est elle aussi un événement historique de première ampleur. Un événement extraordinaire, car la disparition de ces régimes policiers s'est faite en douceur et a ouvert du coup les yeux sur leur réalité. En fait, le communisme de l'Est s'est désagrégé de l'intérieur. Une étape décisive en a été le « rapport Kroutchev ». Mais l'espérance révolutionnaire perdure encore chez certains, marqués par une foi communiste. Dans la Chine de Mao, le tournant de 1978 manifeste que le dogme collectiviste va à la faillite, mais qu'il y va tout en l'avouant le moins possible.

Sur fond d'effacement de l'idéal révolutionnaire et de disparition des totalitarismes, nous sommes entrés dans une période qui s'est ouverte à la fin des années 1970, marquée par le retour du libéralisme, que la crise des années 1930 avait semblé pourtant disqualifier. Evidemment, l'ultralibéralisme actuel n'est pas le libéralisme des années 1930. Il se caractérise par une mondialisation accrue, l'impérialisme du marché, l'affermissement des droits de l'homme.

Voici que l'Etat renforcé peut aussi déboucher sur l'émancipation dangereuse du marché. Voici que la démocratie des droits de l'homme peut aussi favoriser un individualisme exacerbé, car l'univers démocratique libéral privilégie les valeurs du singulier.

Les rapports de l'Etat, du marché, de la société civile ne sont pas simples : comment perfectionner les fonctions de l'Etat tout en assurant l'indépendance de la société civile et le développement possible du marché ? On oppose souvent les relations entre Etat et marché. Or, il paraît assuré que le marché ne peut fonctionner et s'élargir que s'il y a cohésion sous-jacente de l'Etat, organisation et contrôle par la puissance publique, bref maintien d'une certaine sécurité. L'Etat peut organiser, planifier, réguler, pour que le marché puisse se développer. D'un certain point de vue, dans la perspective historique du long terme, les régimes communistes ont été sur ce point de la transformation du marché trop radicaux et trop pressés. Et les sociaux-démocrates ont sans doute été trop accommodants et trop lents. Un nouvel équilibre est à inventer.

Le déploiement de la démocratie promeut de plus en plus les droits individuels. Avec les droits de l'homme, la singularité devient principe universel ou tente de le devenir. Du coup, toute politique démocratique est sommée de viser les individualités. Le totalitarisme niait l'individu au profit du collectif, qu'il relève d'une classe sociale (totalitarisme de gauche) ou d'une nation et race (totalitarisme de droite). Les droits de l'homme poussent à privilégier l'individu. Vont-ils conduire à la défaite de l'Etat devant l'individu total ? Les individus vont-ils continuer à se sentir liés par un collectif ?

34.2 Comprendre la nature de la démocratie

En Occident au moins, tout le monde se réclame de la démocratie, mais l'accord est loin d'exister sur la nature de ce qu'elle devrait être et sur la manière de la construire.

On disposait de la théorie des préconditions culturelles proposée par Tocqueville, qui assigne des conditions strictes à l'enracinement d'un comportement démocratique, au premier rang desquelles l'importance du caractère associatif et égalitaire. Ce postulat exclusif fait que seuls, quelques pays comme les Etats-Unis et l'Europe possèderaient les qualités requises et que d'autres, les « peuples tropicaux », en seraient alors dépourvus.
Dans les années 1950, une conception moins arrogante s'est exprimée : celle des facteurs socio-économiques ou de la « conditionnalité économique ». L'idée était qu'un peuple serait prédestiné ou non à devenir démocratique, mais que l'enrichissement matériel pouvait atténuer ce destin. Une population victime d'inégalités peut ressentir des besoins plus pressants que la démocratie, laquelle peut n'arriver que par transitions. La réalité historique a atténué depuis ce préjugé.
Aujourd'hui, le triomphe de l'idéologie des Droits de l'homme est à l'ordre du jour et résume peu ou prou ce que serait la démocratie.

On peut mobiliser cinq grands critères, étroitement associés, pour définir une démocratie :
- la souveraineté du peuple, qui choisit des dirigeants dans des élections libres ;
- la séparation des pouvoirs exécutif, législatif et judiciaire ;
- le règne de la loi pour tous ;
- la garantie des libertés fondamentales (conscience, opinion, presse, réunion), l'existence d'une opposition politique organisée et libre, l'indépendance des médias ;
- l'alternance du pouvoir.

Le sociologue Emmanuel Todd (2008) souligne par ailleurs que les progrès des tendances démocratiques sont corrélés à l'alphabétisation et au niveau d'éducation, donc à des facteurs qui sont extérieurs à la démocratie. En France, les producteurs de culture et d'idéologie ne s'adressent plus qu'à des personnes éduquées, car le pourcentage d'une génération accédant aux études supérieures est passé de 5% en 1950 à 33% en 1995. La fracture culturelle peut alors conduire à une fracture socio-économique qui concentre les moyens économiques et culturels dans les mains de la classe éduquée.

Depuis deux siècles, la démocratie apparaît comme le type de régime incontournable, le principe de tout ordre politique moderne en même temps que le modèle qui résiste à une catégorisation indiscutable. Il faut donc d'abord la considérer comme une expérience, un projet à venir permettant d'installer un dialogue ouvert avec les autres nations.

La démocratie construit la société politique sur le débat, la canalisation des expressions et le classement des suffrages. Elle reste toujours menacée par deux excès : celui des grandes passions collectives et celui des seuls désirs individuels. S'il n'existe pas de forme achevée et parfaite de démocratie, il existe des types de démocratie qui ont tous en commun le suffrage universel, le respect des libertés publiques, la pluralité des opinions pouvant être représentées. En ce sens, la démocratie reconnaît comme légitime le conflit d'idées entre partis, programmes, personnalités politiques, ce qui n'exclut pas un consensus institutionnel minimal.

34.3 Pratiquer la démocratie participative

Modèle impossible à exporter, comme le montrent les guerres d'Irak et d'Afghanistan, modèle évolutif, la démocratie fluctue au fil du temps. Les Anciens ont réalisé la démocratie directe dans la cité, les Modernes ont réalisé la démocratie représentative à l'intérieur des nations.

Peut-on concilier démocratie représentative et démocratie participative ? Cette dernière question fait débat à gauche : il y a les théoriciens de la démocratie radicale (Naomi Klein, Toni Negri, Jacques Rancière, Alain Badiou) qui veulent dynamiter la démocratie libérale par les contestations sociales, lesquelles se veulent des régénérations par le bas. Et il y a les théoriciens de la démocratie participative (Yves Sintomer, Loïc Blondiaux, Pierre Rosenvallon) qui en pensent la complémentarité avec la première.

La démocratie représentative repose sur quatre principes inchangés :
- ceux qui gouvernent sont choisis par des élections récurrentes, qui interviennent à intervalles réguliers et obligent les élus à rendre des comptes aux citoyens ordinaires ;
- ceux qui exercent ainsi le pouvoir disposent d'un certain degré d'indépendance dans leur prise de décisions politiques, car la correspondance rigoureuse entre programmes des candidats et vœux des mandants n'est pas obligatoire ;
- le peuple ou une partie de celui-ci conserve sa liberté d'opinion comme son droit à exprimer ses griefs par des revendications à tous moments ;
- les décisions publiques sont soumises à l'épreuve de la discussion, qui permet de les examiner et tester.

Certains spécialistes ajoutent d'autres principes de la représentation :
- la représentation doit être corrélée avec la société civile par le moment de la plaidoirie ;

- celui que l'on choisit comme représentant doit avoir avec soi un voisinage d'idées. S'il ne l'a pas, on ressent un sentiment de déconnexion entre le représentant et soi.

Contrairement à ce que l'on affirme un peu vite, la représentation est en fait une forme mixte, complexe, composite qui ne comporte pas seulement des éléments démocratiques. Ces derniers existent cependant : la possibilité pour les citoyens de demander des comptes aux représentants élus ; la possibilité de les congédier en fin de mandat. Les éléments non démocratiques y figurent aussi : cette démocratie est un gouvernement par des élites ou du moins par des candidats dotés de caractéristiques valorisées ; ces élites peuvent ne pas réaliser strictement les vœux de leurs mandants. D'ailleurs, l'institution de cours constitutionnelles pour contrôler la constitutionnalité des lois ne fait que souligner ce caractère mixte de la démocratie représentative.

Les deux indicateurs les plus clairs d'une possible crise de la démocratie représentative sont la baisse de participation électorale et le discrédit affectant le personnel politique. Mais les spécialistes s'entendent toujours difficilement sur la certitude du diagnostic. Car la participation fluctue surtout en raison du caractère particulier et de l'importance de l'enjeu de chaque élection. Et le discrédit du personnel politique peut conduire aussi à autre chose que l'apathie des citoyens. Les émeutes, les soulèvements populaires ne signifient pas crise de la démocratie représentative, mais échec d'une politique et stimulation pour en changer. Les élus affrontent actuellement une triple difficulté : ils peinent à se faire reconnaître durablement comme légitimes car, ce n'est pas parce qu'ils ont été élus qu'ils savent ensuite se comporter en porte-parole des intérêts différents de la population ; leurs décisions ont du mal à obliger ceux qu'ils représentent, qui ne les respectent pas toujours ; une société civile émerge de plus en plus, qui veut participer aussi à la prise de décisions. Elle constitue un espace à côté de l'espace politique, espace qui cherche d'abord à s'exprimer, éventuellement à devenir acteur politique. Le « Grenelle de l'environnement » en est un exemple récent qui a rassemblé de nombreux acteurs de la société civile.

La démocratie directe est un système différent de la démocratie représentative. Avec elle, les assemblées sont le lieu de confrontations directes entre citoyens, et souvent le lieu de conflits. Or, la démocratie représentative repose sur le Parlement et les institutions, qui se connectent au peuple de façon médiée.

Démocratie représentative et démocratie participative sont deux dimensions nécessaires à la démocratie. La participation peut en effet être, d'une part le moyen d'information de la démocratie représentative, d'autre part le moyen de consentement aux décisions prises. Elle peut être une auxiliaire.

34.4 Reconfigurer la sphère du politique

Pour la régénérer, il faudrait d'abord aller vers un élargissement du concept politique de représentation. Réduire la représentation politique à la seule dimension élective et représentative, ce qui est la caractéristique de la tradition républicaine française, signifie l'amputer de ses autres dimensions qui sont expressive et délibérative. Et occulter l'expression des citoyens, c'est occulter tout le social au motif qu'il ne signifierait qu'affects, émotions et passions.

Sur le plan des principes démocratiques, le peuple ne doit jamais disparaître derrière ses représentants. Or, le droit d'expression du peuple, notamment le droit de manifestation, n'apparaît nulle part dans le droit positif, la manifestation relevant du régime de la tolérance. Elle a le statut d'un droit innommé qui relève du droit individuel alors qu'elle est à l'évidence une démarche collective. Il faudrait donc réparer juridiquement cet oubli.

La démocratie moderne exige à présent deux principes complémentaires : la délégation de pouvoir à des représentants, principe permanent de la démocratie représentative ; l'exercice du pouvoir social d'expression, de proposition, de surveillance, de contrôle, d'évaluation et de sanction du politique. Ce pouvoir relève de ce que Bernard Manin nomme « la liberté de l'opinion », absolument nécessaire au fonctionnement de notre démocratie moderne, ou de ce que Pierre Rosanvallon décrit sous le concept de « contre-démocratie ». La société civile est le champ où s'exerce cette « liberté de l'opinion » et où se construit cette « contre-démocratie ». Elle permet notamment, à travers les « débats participatifs », l'expression des particularités. Car il est exact que le gouvernement représentatif occulte les particularités au bénéfice du général et de l'universel et qu'il privilégie l'effacement de la dimension expressive, au motif qu'elle serait pauvre en rationalité.

L'élargissement de la représentation comporte donc en amont de toute décision le débat démocratique dans la société civile, entre citoyens ; puis la délibération politique aboutissant aux décisions entre les représentants ; en parallèle et en aval, l'évaluation des politiques et du personnel politique par les citoyens. Le risque existe cependant que l'on aboutisse à une scission entre la représentation, qui est la phase du milieu, et la délibération en amont et en aval. Mais ce risque est surmontable. C'est la participation de tous qui conforte la légitimité des décisions prises et constitue l'opinion publique sur la rationalité des débats contradictoires.

Une pensée pleinement démocratique suppose donc un élargissement de la sphère politique par l'ouverture à la société civile. Cette ouverture passe par des dispositifs nommés globalement débats participatifs (pour la capacité d'expression) et jurys citoyens (pour la fonction d'évaluation du politique). Le socialisme moderne y montrerait une pensée politique élargie et renouvelée sur le plan démocratique.

35. Défendre la laïcité

Si la République, dans le cadre de la Nation et de l'Etat, développe toutes les formes de démocratie, afin de garantir aux citoyens la possibilité d'épanouissement personnel et de solidarité collective, alors l'esprit qui doit y régner est celui de la laïcité.

Il nous faut partir d'une définition de la laïcité. Car, même s'il existe des types et des modalités de laïcité, issus d'une histoire conflictuelle, la laïcité française doit être présentée dans ce qui constitue son socle juridique.

Ce socle est un ensemble normatif présent dans de nombreux textes : Déclaration des droits de l'homme et du citoyen (26 août 1789) ; loi du 9 décembre 1905 ; Constitutions de 1946, 1958 ; Déclaration universelle des droits de l'homme (1948) ; Convention européenne de sauvegarde des droits de l'homme et des libertés fondamentales (4 novembre 1950) ; Pacte international relatif aux droits civiques et politiques (16 décembre 1966) ratifié par la France (25 juin 1980). A travers tous ces textes, la laïcité concerne le contenu de la liberté de conviction, dont la liberté religieuse, et les garanties assurant l'exercice de ces libertés dans l'Etat démocratique.

35.1 Vivre l'éthique de la laïcité

La laïcité est la forme institutionnelle que prennent dans les sociétés démocratiques, d'une part la structuration de l'espace politique, d'autre part la relation politique dans cet espace, des citoyens avec l'Etat et des citoyens entre eux.

L'espace politique repose sur la séparation entre société civile et religions, l'Etat n'exerçant aucun pouvoir religieux, et les Eglises n'exerçant aucun pouvoir politique. L'espace social y est idéalement structuré en espace public où s'exerce la citoyenneté, et espace privé où s'exercent les libertés individuelles (de pensée, de conscience, de conviction) et où coexistent les différences (biologiques, sociales, culturelles). Appartenant à tous, l'espace public est indivisible : aucun citoyen ou groupe de citoyens ne doit imposer ses convictions aux autres. Symétriquement, l'Etat laïc s'interdit d'intervenir dans les formes d'organisations collectives (partis, Eglises, associations etc.) auxquelles tout citoyen peut adhérer et qui relèvent du droit privé.

La laïcité garantit ainsi à tout individu le droit d'adhérer à une conviction, d'en changer, de n'adhérer à aucune. La laïcité de l'Etat n'est donc pas une conviction parmi d'autres, mais la condition première de la coexistence de toutes les convictions dans l'espace public. Elle est une éthique de la responsabilité pour gérer un espace commun de citoyenneté dans le respect mutuel, à égalité de droits. Les citoyens sont par ailleurs soumis aux lois qu'ils se sont données démocratiquement et qui sont valables pour tous, et une minorité ne peut être traitée différemment de la majorité.

De la définition qui vient d'être proposée découlent quelques réflexions.

La laïcité est une éthique, un ensemble de règles juridiques relatives au fonctionnement de l'Etat et de ses services publics comme de la vie sociale entre citoyens. Elle définit donc les bases pour pouvoir bien vivre ensemble dans l'espace public, civique et politique en restant préservé des influences religieuses et communautaires. Chaque citoyen y reste entièrement libre de ses options métaphysiques et religieuses, libre de croire, de ne pas croire, d'être indifférent, agnostique, athée. Et les lois, le droit ne doivent rien aux religions.

Le statut laïque de l'Etat suppose son indépendance à l'égard des influences, hiérarchies et organisations religieuses. Même « chanoine d'honneur du Latran », le chef de l'Etat se doit de respecter cette règle.

Valeurs partagées qui fondent le lien social, les valeurs de l'éthique laïque sont la liberté de pensée, l'indépendance de l'esprit, le respect de la différence et la tolérance

La complète séparation des églises et de l'Etat implique que les religions instituées sont désormais des institutions de droit privé. Elles n'ont plus leur place dans l'espace public civique de l'Etat, d'où la neutralité des bâtiments et locaux de l'Etat, et, par exemple, des établissements d'enseignement public.

La séparation des églises et de l'Etat définit trois espaces : l'espace privé de l'individu et de la famille, l'espace public social de la société civile, et l'espace public civique de l'Etat. Les religions, comme les autres faits sociaux, se déploient, s'expriment, sont visibles, à la fois dans l'espace privé intime et dans l'espace public de la société civile, sous réserve du respect de l'ordre public. La religion n'est donc pas cantonnée dans la sphère privée, la liberté de conscience garantit le libre exercice des cultes avec ses pratiques, et la liberté de manifester sa religion publiquement est limitée pour des motifs tenant à l'ordre public. En ce sens, le prosélytisme, qui est un droit, est limité en certaines enceintes. En société laïque, une religion ne peut devenir ce que Rousseau appelait la « religion civile », c'est-à-dire la seule religion reconnue qui traiterait les questions sociales par recours à la transcendance religieuse : cela relèverait du traitement différentiel des religions, prohibé comme discriminatoire.

La pensée laïque s'est constituée au fil de combats et de compromis. Elle ne définit pas une doctrine arrêtée, étrangère à l'histoire. Elle peut donc évoluer, mais comment ? Elle s'actualise autour des trois principes permettant aujourd'hui de la résumer : un principe juridique, de droit constitutionnel, qui affranchit l'autorité publique de la religion, assurant à la puissance publique une complète autonomie vis-à-vis de la religion ; un principe de philosophie politique qui pose l'unité du peuple, récuse privilèges et discriminations et vise l'intérêt général ; un principe éthique enfin, une morale publique, puisque la laïcité demande à l'autorité publique de n'imposer aucune croyance et même de garantir à chacun la liberté de conscience et la libre confrontation des points de vue, estimant contradictoire l'idée d'une croyance contraignante.

L'Etat doit donc adopter avec les cultes un mode de relation fondé sur la séparation et rendant possible la coexistence de toutes les convictions des croyants, agnostiques et athées. C'est pourquoi les agents des services publics ont obligation de neutralité.

Ainsi comprise, la laïcité française serait homogène. Or, ce n'est pas encore la réalité transmise par l'histoire de notre pays.

35.2 Installer partout la laïcité

En France, le Concordat reliait l'Eglise et l'Etat, d'abord de 1516 à 1790, puis à partir de 1801-1802. Il faisait de la religion catholique la religion des Français. C'est la Révolution qui a mis fin à la monarchie de droit divin, confisqué les biens religieux avec la Constitution civile du clergé et préparé les esprits à l'idée de séparation des pouvoirs civils et religieux.
La loi de 1905, notre référence en matière de laïcité, a séparé pouvoir temporel et autorités spirituelles. Elle a affirmé que la République assure la liberté de conscience. Elle garantit « le libre exercice des cultes » mais « ne reconnaît, ne salarie ni ne subventionne aucun culte». Juridiquement, les choses sont clairement énoncées. Mais, la situation globale héritée de l'histoire est aujourd'hui fort complexe.

D'abord, si la loi de 1905 a supprimé le Concordat partout, en réalité on a laissé persister huit régimes différents de relations entre les religions et l'Etat : la laïcité, le Concordat en métropole dans trois départements de l'Est de la France, et six régimes différents pour les DOM-TOM (statut exceptionnel issu d'une ordonnance de 1828) : en Guyane par exemple, le culte catholique est « reconnu » (officiel) et le clergé est salarié par l'Etat ; à Mayotte, il existe un statut civil de droit musulman et le cadi (juge religieux) rend la justice au nom de la République.
Ensuite, les religions présentes sur notre territoire s'appuient sur plusieurs lois et pas seulement sur celle de 1905. Ainsi, la majorité des associations cultuelles loi de 1905 sont protestantes (il y en a environ 2000) ; les catholiques tirent bénéfice des lois de 1907-1908 et de l'accord de 1923-24 ; les musulmans ont en majorité choisi la loi du 2 janvier 1907 qui permet d'organiser l'exercice du culte par des associations loi de 1901 ; le judaïsme s'affranchit partiellement de la loi de 1905 par le CRIJF.

Enfin, la loi de 1905 met gratuitement à la disposition des anciens « cultes reconnus » des édifices du culte propriété publique et permet leur réparation sur fonds publics, tout en énonçant le principe de non-subventionnement des cultes !

Le Concordat est le régime organisant les rapports entre différentes religions et l'Etat en France de 1801 à 1905. Le concordat de 1801 concerne la seule Eglise catholique. En 1802, on reconnaît officiellement le protestantisme. En 1804, le concordat est signé entre l'Etat et le Grand Orient de France. En 1808, c'est la reconnaissance officielle du judaïsme. En 1911, on procède à l'extension de la loi de 1905 aux Antilles et à la Réunion.
Le régime concordataire est toujours en vigueur en Alsace-Moselle parce que la loi de séparation de l'Eglise et de l'Etat de 1905 abolissant le Concordat de 1801 a été votée alors qu'Alsace et Moselle étaient rattachées à l'Allemagne, suite à la défaite de janvier 1871. Le retour des trois départements au sein de la République française en 1919 n'a cependant pas aboli le Concordat. Cette volonté de conserver le Concordat est donc bien celle des Alsaciens Mosellans et non celle des Allemands.

En Alsace-Moselle, la situation actuelle est la suivante : les quatre cultes catholique, luthérien, réformé et juif y ont un véritable statut. Les prêtres et les laïcs en mission, les pasteurs et les rabbins y sont rémunérés par l'Etat. Les évêques de Strasbourg et de Metz y sont nommés par le chef de l'Etat qui suit en fait le souhait du Saint Siège. Le président de l'Eglise protestante est lui aussi nommé par l'Etat. Les membres laïques élus des consistoires israélites doivent avoir l'agrément du Premier ministre.
Ce statut pour l'Alsace-Moselle a été plusieurs fois contesté, notamment en 1924 par le Cartel des gauches. Dans les années 1970, les partis de gauche ont voulu l'abolir dans leur programme, mais ils y ont renoncé.

En Alsace-Moselle, la religion est enseignée à l'école primaire et au collège, mais une dispense est accordée aux élèves sur demande écrite des parents en début d'année scolaire. Le Concordat n'affecte en rien l'enseignement privé confessionnel, très développé en Alsace. Il y a des établissements primaires et secondaires des trois religions concordataires.

35.3 Traiter le cas de l'islam

L'islam est la deuxième religion de France pour 4 à 5 millions de fidèles qui constituent la plus importante communauté musulmane d'Europe, laquelle est souvent suspectée de ne pas être compatible avec la laïcité républicaine, le concept de laïcité étant absent en langue arabe. Le droit local permet de constituer des communautés musulmanes sous le régime juridique des associations de droit local. Il existe quelques difficultés relationnelles entre l'Etat français et l'islam. On peut les circonscrire à trois questions.

C'est d'abord la question de la diversité des fidèles et de leurs tendances cultuelles : diversité des référents doctrinaux (sunnisme, chiisme…) ; diversité des référents étatiques (Arabie saoudite, Maroc par exemple). Coexistent un islam maghrébin, un islam turc, un islam noir et celui des Français de souche convertis. C'est pourquoi l'on cherche à faire transiter l'islam en France vers un islam de France. Mais des incompréhensions demeurent, attisées par les conflits impliquant des acteurs musulmans (Algérie, Liban, Palestine, Afghanistan, Tchétchénie) et conduisant à des amalgames entre immigration, insécurité, islamisme, terrorisme, fondamentalisme, intégrisme. Absent du territoire lors de la loi de 1905, et ne disposant pas d'instance représentative, l'islam devait relever un jour d'une représentation nationale : ce fut, au bout de quinze ans, le Conseil français du culte musulman (2003) structurant le consistoire islamique sur le modèle du consistoire protestant et juif. Mais l'islam commence à peine à disposer d'un clergé avec ministres du culte, des « imams à la française ».

C'est ensuite la question problématique de la construction et du financement des lieux de culte musulmans. Il y a en France une multiplicité et complexité de régimes de propriété des édifices cultuels : appartenant à une personne publique, appartenant à une association cultuelle. Par ailleurs, les collectivités publiques ont le droit, mais pas l'obligation, de contribuer aux dépenses d'entretien / restauration ; liberté en réalité limitée par la jurisprudence qui considère que le défaut d'entretien normal de l'édifice peut engager la responsabilité de la collectivité. On sait que l'Eglise catholique a bénéficié depuis 1905 de solutions refusées pour la construction de mosquées.

C'est enfin la question délicate des signes religieux ostensibles (foulard). Comment ne pas mentionner que dans d'autres pays de l'Europe – Allemagne, Danemark, Espagne, Grande-Bretagne, Pays-Bas – le port du foulard islamique est généralement admis dans les établissements scolaires, au nom de la liberté de croyance, du refus des discriminations ou de la nécessaire scolarisation des élèves d'origine étrangère ? La législation française sur ce point ne valide pas l'interdiction générale et absolue, et conduit à un exercice en commun et tolérant des libertés, si leur expression devenait conflictuelle, de façon à organiser le vivre ensemble. Qu'est-ce qu'un signe religieux ? Qu'est-ce qu'un signe ostentatoire ? Le caractère « ostentatoire » peut-il vraiment se déduire de la seule « visibilité » du signe en question ? Aucune formulation ne pourra empêcher les difficultés interprétatives d'une loi sur ce point.

36. Renouveler notre modèle républicain

Sur les cinq questions majeures qui viennent d'être évoquées, à des degrés divers, on doit déplorer le silence assourdissant de la gauche, socialiste ou non, quand ce n'est pas l'hostilité ouverte à certaines questions (Nation) ou les positions stéréotypées sur d'autres (laïcité). Or, toutes ces questions sont au

fondement de notre modèle républicain. Il faut donc d'urgence que le socialisme les réinvestisse pour les adapter au siècle nouveau. Mettre en œuvre l'égalité républicaine suppose un modèle républicain capable de fortifier la citoyenneté, la convergence des affichages identitaires, la lutte de l'Etat d'investissement social contre la concentration d'inégalités et l'empilement des discriminations, la participation démocratique et la vigueur de la solution laïque, seule voie de gestion de la diversité dans le respect des consciences.
De plus, il faudra le faire dans un espace européen de plus en plus social qui protège les citoyens européens de l'emprise du marché.

36.1 Fortifier les valeurs de la Nation

Le temps ne devrait plus être de craindre de parler de la Nation par peur d'être accusé de nationalisme. Il faut au contraire affirmer la nécessité d'un pacte républicain de solidarité, à déployer dans les trois dimensions, nationale, européenne et mondiale. Ce serait dire en même temps que la visée de la solidarité nationale ne supprime pas la souveraineté du pays. La seule souveraineté qui vaille est relative à la planète entière. Elle doit être aux couleurs de l'humanisme universel.

Au plan de la construction identitaire, toujours en chantier, il semble urgent de conforter l'identité sociale, notamment dans la sphère de l'activité et du travail. L'identité culturelle est de nos jours trop fragmentée, il faut fonder un multiculturalisme fort qui accueille le métissage culturel. Quant à l'identité nationale, elle est affectée par un pessimisme envahissant, que la laïcité à elle seule ne parvient pas à enrayer. Les risques de communautarisme, les difficultés de la décentralisation, les volontés d'autonomie sinon d'indépendance de certains de nos territoires sont autant de problèmes à résoudre par la démarche participative.

Le respect du droit du sol conduit à mettre en œuvre des politiques résolument transversales concernant tout à la fois immigration, logement, propriété, famille, villes et territoires. L'objectif est bien de renforcer le lien social.
Les impératifs du droit du sang nous font obligation d'attaquer certaines questions refoulées (homoparentalité) ou difficiles (bioéthique).
Les réalités concernant l'identité sexuée nous lancent au visage les injustices persistantes concernant la parité et le droit des femmes.
Les questions de la vie de l'esprit nous posent le problème de la marchandisation généralisée de l'information, de la connaissance et de la culture, et donc des biens humains à ne pas privatiser.

Plus globalement, la citoyenneté exige de nos jours pour se développer de reposer sur la participation et la laïcité ; et la conscience identitaire de chaque citoyen averti peut assumer les blessures de l'histoire nationale.

36.2 Conforter l'Etat par la solidarité et la prévention

Il est devenu indispensable de redéfinir précisément les missions de l'Etat par rapport à l'Europe, par rapport au secteur privé et par rapport aux collectivités territoriales en passe d'être repensées, dans leurs compétences spécifiques et croisées à la fois.

Conforter l'Etat social par un certain Etat d'investissement social : tel est le mot d'ordre ! En somme : l'Etat social compense les inégalités pour réparer ; l'Etat d'investissement social prévient, compense et répare. C'est la fameuse alternative : prévenir / guérir. On comprend bien que ce changement d'approche modifie les perspectives et élargit le domaine concerné de la protection sociale traditionnelle. Il nécessite une conception large de la solidarité garantie au sein de l'espace national. Protéger, c'est alors remonter en amont du risque pour donner les moyens de l'autonomie afin de prévenir le risque, de permettre d'affronter les situations par l'activité professionnelle et l'insertion sociale.
Concrètement, l'aide au retour à l'emploi (moyen traditionnel) est prise dans la régulation du marché du travail par la sécurisation des parcours professionnels. La protection de l'enfant est portée par l'investissement dans le développement de l'enfant et la formation continue. La politique familiale va chercher à concilier vie professionnelle / vie familiale privée. Détaillons un peu !

Le service public de la petite enfance va tenter d'agir le plus précocement en amont, sachant que le système éducatif actuel transmet de manière intergénérationnelle les inégalités, et il va tenter de mieux armer les enfants pour que plus tard, ils puissent avoir le niveau d'éducation leur permettant d'obtenir un métier, de pouvoir en changer en s'adaptant aux mutations. Cela suppose de réformer la politique familiale : réorienter les prestations vers le financement de structures et de services de garde de qualité, tenter de concilier chez les parents vie familiale et vie professionnelle, passer à l'imposition séparée des parents.
Le service public de l'emploi va viser le droit à l'emploi toute la vie durant (voir le Danemark), ce qui passe notamment par le droit à la formation assis sur des comptes individuels de formation, par des services performants d'enseignement et de recherche ; ce qui passe aussi par la conciliation vie professionnelle/vie personnelle, etc.

Tout cela suppose une modification en profondeur de l'Etat-providence qui consiste à investir dans des services publics plutôt que dans des prestations et des réductions d'impôts, car prévenir les risques et favoriser l'autonomie des personnes coûte plus. Evidemment, il faut alors s'interroger sur le financement de cette modification : rationaliser le système de financement actuel et trouver d'autres sources de financement (participation des usagers, impact sur la croissance).

Les services publics prioritaires sont dans les trois domaines essentiels de l'emploi, où l'on vient de créer le Pôle Emploi, alors qu'il n'est pas le point d'accueil des demandeurs de RSA et n'a pas l'expertise des besoins de formation ; l'éducation, qui est loin de fonctionner sur l'égalité des chances ; l'enfance.

Les difficultés sont réelles : un trop grand éclatement des compétences entre collectivités publiques et partenaires sociaux dans l'Etat social ; la nécessité, avec l'Etat d'investissement social, de s'engager dans le changement de métier de certains agents, qui ne devront plus seulement attribuer des allocations, mais définir des programmes adaptés à chaque demandeur et l'accompagner. Tout cela nécessite de réfléchir au financement de la transformation par des réformes profondes des prélèvements sociaux et fiscaux

Au total, pour la gauche, il faut donc reconsidérer les effets redistributifs insuffisants des prestations sociales ; revoir la lutte contre les inégalités ; repenser le modèle de l'Etat en ses mécanismes d'assistance et/ou de prévention.
De nouveaux risques ont surgi : l'exclusion de l'emploi (échec de la formation initiale ; niveau de connaissances ; discrimination) ; fragilité des structures familiales (difficile accès des femmes à l'emploi ; difficile conciliation vie privée /vie professionnelle) ; chômage de précarité pour les jeunes peu qualifiés ; protection sociale minimale des immigrés en situation irrégulière et relevant d'un droit universel (accueil des enfants à l'école, aide médicale d'urgence).

L'Etat est-il une machine suffisamment efficace ? Pas assez, en raison de la dispersion des acteurs (syndicaux, patronaux, locaux et territoriaux) ; de l'incohérence des responsabilités dans la décentralisation ; de la dilution de la solidarité nationale (formation tout au long de la vie, aide au retour à l'emploi).
Dans les modèles existants, deux types de prestation se combinent : liées au revenu antérieur (chômage, retraite) et liées au risque (santé). D'autres pays conçoivent des prestations liées à la citoyenneté (Royaume-Uni, pays scandinaves). Le point commun : la contribution versée ne dépend pas du risque. Or, les crises de financement posent la question de la nécessité d'assurances complémentaires. Elles conduisent à segmenter l'espace de solidarité selon les entreprises, les statuts d'emploi et à augmenter les inégalités entre personnes.

L'Etat-providence s'est épanoui dans les années 1950. L'Etat préventif ou l'Etat investisseur social partage encore avec lui, devenu Etat social actif, certains thèmes (systèmes de sécurité sociale plus favorables à l'emploi). Il s'en démarque en insistant sur la lutte contre les inégalités ; sur la nécessité de donner à tous les individus les moyens (connaissances), sur la nécessité de participer à la vie sociale, sur le rôle des institutions publiques.

Le système français de protection sociale (santé, retraites) est mis constamment à mal au nom de la rationalisation des coûts, dans un contexte fortement déficitaire. Les réformes mises en place par la droite ont ainsi remis en cause le rôle de l'Etat comme garant de la solidarité nationale. Il en découle une stratification sociale en trois catégories : les exclus, qui attendent tout de l'assistanat (15% de la population) ; les salariés moyens, assez bien protégés par des régimes qui vont s'affaiblir ; les salariés à revenus élevés qui se tournent vers les régimes d'assurance ouverts par le marché.

Dans le domaine des retraites, on s'oriente vers cette stratification en trois niveaux : le minimum vieillesse ; le régime par répartition, qui peut être progressivement « gelé » ; au niveau supérieur, la retraite par capitalisation.

Dans le domaine de la santé, cela donne de la même façon : au bas, la couverture universelle ; au milieu, un régime standard de Sécurité sociale qui va vers le plafonnement des prestations ; en haut, des services financés par des assurances privées.

La gauche ne peut accepter cette stratification hiérarchique fondée sur l'argent et devra chercher une autre logique pour la protection sociale. Respectant à la fois les situations individuelles et les nécessités de justice sociale, cette autre logique doit proposer des comptes individuels chapeautés par des règles collectives.

Mettre en œuvre cet Etat d'investissement social revient à repenser nos politiques dans le sens d'une plus grande prévention. Prévention des risques sociaux majeurs (absence de qualification ; perte de compétences ; chômage ; problèmes de santé venant des conditions de travail dégradées). Prévention des risques environnementaux (recherche).

36.3 Ouvrir la 6ème République

Le pacte républicain dont nous parlons est dans la continuation de notre histoire, celle de la République française et celle du socialisme démocratique. Il n'a cessé de viser l'humanité, la fraternité, la solidarité. Il doit donc continuer à le faire.

Il est des valeurs que le républicanisme français doit réaffirmer et qui sont celles du solidarisme : à l'apologie libérale de l'initiative individuelle, opposer la socialisation du risque pour tous ; au discours compassionnel de la droite, opposer la justification des droits des salariés et des protections collectives ; ne jamais se départir d'une forte redistribution. L'héritage républicain reste toujours celui de la Sécurité sociale, des services publics, de la redistribution, de la laïcité, de l'école gratuite et obligatoire, une conception du citoyen soucieux du « bien commun »

Evidemment, il faut se poser la question de la Sixième République, qui serait en marche pour certains depuis 1981, mais qu'une réforme constitutionnelle profonde devrait installer. Il existe une sorte de consensus évident, mais de peu d'envergure, sur le renforcement du rôle du Parlement et l'élargissement des procédures de participation citoyenne.

On sait qu'il existe deux options assez contradictoires, qui partent pourtant toutes deux d'objectifs concordants : rééquilibrer les pouvoirs et supprimer le risque de cohabitation.

L'option présidentielle, toujours pensée sur le modèle du système des Etats-Unis, consisterait à renforcer les pouvoirs du Président, qui les cumule déjà tous, jusqu'à l'hypertrophie. On parviendrait alors à la « monarchie républicaine absolue », un « parlement croupion » avec des « parlementaires godillots ». Cela supposerait de supprimer le poste de Premier Ministre. En France, l'expérimentation a eu lieu en 1791 et surtout 1848, et déboucha sur des échecs. Le quinquennat a été envisagé par certains comme un premier pas dans cette direction.

L'option parlementaire a cours en Allemagne, Espagne, Grande-Bretagne, Italie, Japon. Elle consiste à donner les pouvoirs au Premier ministre, issu de la majorité parlementaire, détenteur de tous les pouvoirs de l'exécutif, responsable devant le Parlement. Dans ce contexte, le Président de la République n'a plus que des pouvoirs d'arbitrage et il faudrait revenir sur son élection au suffrage universel pour le faire élire par les parlementaires, comme sous la IVème république. Cela s'accompagne du retour à la représentation proportionnelle, déclarée plus démocratique, et cela ne nécessite pas obligatoirement une révision du texte de 1958. Arnaud Montebourg a défendu avec conviction cette solution.

Ces questions sont difficiles et lourdes de conséquences. Il nous paraît cependant préférable d'envisager une nouvelle République parlementaire, tout à la fois sociale, démocratique, participative et solidaire.

Sociale, elle animerait les entreprises par une citoyenneté sociale autorisant les droits d'alerte, d'expertise et de contrôle des comités d'entreprise, la revalorisation de la négociation collective, un nouveau statut du salariat et elle réduirait du même coup les pouvoirs des actionnaires. Dans la société civile, elle apporterait aux citoyens des droits opposables (droit au logement, à la sécurité professionnelle, à la liberté d'aller et venir, au regroupement familial, à la citoyenneté élargie).

Démocratique, elle passerait par l'initiative citoyenne avec le référendum d'initiative citoyenne, le budget participatif, les conseils de circonscription représentatifs pour exercer le droit de contrôle et d'initiative citoyens et un statut de l'élu.

D'autres dispositions seraient à étudier : le principe de la proportionnelle, la suppression du Sénat, et plus généralement la réduction des pouvoirs du Président de la République. Elle reviendrait sur la question clé de l'indépendance de la justice pour mieux la garantir par un Conseil supérieur de la magistrature dont le Président et le Garde des Sceaux ne seraient plus membres.

36.4 Pousser la démocratie jusqu'au bout

Comment la démocratie représentative peut-elle réduire l'écart désormais béant entre les représentants et les gouvernés ? Pierre Rosenvallon (2008) propose d'abord de considérer que la démocratie représentative directe s'élargit quand on lui adjoint trois nouvelles figures de la légitimité relevant de la démocratie indirecte :
- la légitimité d'impartialité (qui passe par la création d'autorités indépendantes) ;
- la légitimité de réflexivité (qui passe par celle des cours constitutionnelles) ;
- la légitimité de proximité (qui passe par l'avènement d'associations militantes).

Ces trois légitimités corrigent et complètent la démocratie représentative.
Pierre Rosenvallon propose ensuite de développer la démocratie participative. Ses réflexions tracent pour nous la route à suivre.

Autoriser les figures de la légitimité indirecte

Toute démocratie doit faire vivre en même temps deux exigences : organiser périodiquement un choix entre des personnes et des programmes (la démocratie comme régime politique) et mettre en place des institutions garantes de l'intérêt national (la démocratie comme forme de société). Les démocraties dans le monde ne se réduisent plus en effet à un système d'élections instaurant un pouvoir majoritaire, donc un système de légitimité directe. En France, cette polarisation autour du moment électoral a duré deux siècles. De nos jours, une logique plus complexe de dissémination se substitue à ce règne de la concentration. Elle a d'abord mis en avant les autorités indépendantes et les cours constitutionnelles.

L'idée de faire de l'administration un pouvoir doté d'autonomie est née au tournant du 20ème siècle, comme volonté de distinguer la démocratie, dérivant de la formation des majorités, et la République, expression de la généralité sociale et d'un pouvoir administratif objectif. L'Etat moderne en France se définit en effet comme « la coopération de services publics organisés » et selon la notion d'intérêt général. Les autorités indépendantes de régulation et de surveillance réduisent le champ du pouvoir exécutif.

Ces autorités indépendantes se nomment la CNIL (créée en 1978), Commission nationale informatique et libertés ; la Haute Autorité de l'audiovisuel (1982) devenue CSA ; la Commission des opérations de Bourse, transformée en 1996 en Autorité des marchés financiers ; la HALDE (Haute autorité de lutte contre les discriminations et pour l'égalité) ; ou encore quatre instances ayant le statut d'Autorité publique indépendante en 2008 : Autorité des marchés financiers, Autorité de contrôle des assurances et des mutuelles, Haute autorité de santé, Agence française de la lutte contre le dopage. Elles sont collégiales et relèvent à part entière de l'ordre démocratique. Leur vie ne fait que commencer.

Les cours constitutionnelles se sont imposées sur tous les continents comme l'un des vecteurs du travail de réflexivité, ce travail de contrôle des droits et principes fondamentaux pour déterminer et renforcer l'être-ensemble.

Pierre Rosenvallon invite à inventer de surcroît des « Académies du futur » composées d'experts reconnus qui travailleraient au service de tous pour mieux aborder l'avenir. Il souligne encore que le « constitutionnalisme économique », qui s'est affirmé dans les années 1980, pourrait conduire à inclure dans la Constitution des principes économiques contraignants : obligation de présenter un budget en équilibre, limitation des dépenses publiques à un pourcentage du produit national, pré-encadrement de la croissance de la masse monétaire, etc.

Démocratie représentative directe et démocratie indirecte des autorités indépendantes et des cours constitutionnelles ne suffisent cependant pas à déployer toutes les potentialités démocratiques. Une démocratie de proximité s'invente, dans l'obligation faite aux gouvernants de prêter attention aux individus, à la relation, à la particularité de chaque situation. Il faut alors construire des institutions attentives aux questions devenues prioritaires de la « quête de la reconnaissance ». Présence, empathie, compassion en sont les mots d'ordre. Le social s'y reconfigure en communautés d'épreuves et de situations, autour de la notion de victime.

Les temps modernes nous dictent la nécessité d'ajouter à la démocratie représentative, qui est la démocratie d'identification toujours imparfaite des gouvernés aux gouvernants, la démocratie d'appropriation. Pierre Rosenvallon accorde à cette dernière trois caractéristiques majeures :
- dans l'ordre de l'activité citoyenne, il s'agit d'exercer la nécessaire défiance dans des pratiques de surveillance, d'empêchement, de jugement qui relèvent de pouvoirs de correction et de pression ;
- dans le domaine des institutions, il s'agit de multiplier les organismes de la démocratie d'appropriation : il y a les autorités de surveillance et cours constitutionnelles déjà citées, et encore les instances participatives en tous genres ;

- sur le plan de la conduite démocratique, les gouvernants doivent pratiquer la proximité avec les gouvernés.

La démocratie d'interaction et de proximité passe par les comités de quartiers, les expériences de jurys citoyens, les conférences de consensus, les forums publics, les procédures d'enquêtes publiques, les budgets participatifs, etc... Les débuts de cette démocratie participative moderne remontent à 1962 aux Etats-Unis. Ces initiatives ne se substituent jamais à la démocratie directe et restent dans des champs limités et très incertains comme ceux des OGM, déchets nucléaires, problèmes sanitaires inédits. Elles permettent au système représentatif de devenir interactif.

On se doit de souligner que cette démocratie de proximité marquée par le militantisme de la présence rappelle les années 1830, c'est-à-dire le tout début de l'histoire du socialisme français où les saint-simoniens poussaient à communier intimement avec les ouvriers. Par ailleurs, la catégorie de militants participant à cette démocratie d'interaction est dans tous les pays concernés quantitativement équivalente à celle des représentants institutionnels élus : de l'ordre de 1% de la population globale. Seul, le Brésil est à 2%. On ne doit donc pas sous-estimer cette diffusion de la démocratie participative dans la société civile.

Continuer l'histoire de la liberté civique

Pour Rosenvallon, « la démocratie contemporaine peut être comprise comme la forme politique réunissant, en les acclimatant et en les développant, les multiples histoires de la liberté, de l'émancipation et de l'autonomie qui ont marqué l'expérience humaine ». Cette démocratie, à jamais complexe, ne peut se contenter de formules restreintes, problématiques et vagues. Elle est simultanément une activité civique, un régime, une forme de société et un mode de gouvernement. L'activité civique ne se résume pas à l'activité électorale. Les institutions démocratiques doivent être plurielles. La forme de cette société va des droits fondamentaux à l'égalité des conditions. La démocratie étendue relève donc d'une grammaire délicate. Elle ne peut s'universaliser que si on en fournit la définition la plus développée qui soit.

Une première leçon à tirer de cette évolution inévitable concerne la remise en place de la notion de programme de gouvernement pensé dans le seul cadre de la démocratie représentative qui donne mandat. Gouverner ne peut se résumer à cette seule dimension des promesses à tenir pour être élu. Certes, il ne doit pas être question de se faire élire sur un programme vide. Mais il faut comprendre que cette pratique de la promesse préalable s'inscrit désormais dans l'imaginaire de la distinction cher à la démocratie représentative : le candidat expert a tout pensé, il propose et va réaliser, aucune erreur ne saurait lui être reprochée. Or, de Mitterrand à Sarkozy, aucun Président n'aura tout réalisé ni conservé toutes ses promesses ni prévu tous les chantiers à ouvrir !

Se placer dans le cadre de l'inévitable démocratie participative d'appropriation, ce serait d'abord mobiliser les institutions de la légitimité démocratique que sont les autorités indépendantes, cours constitutionnelles, celles existantes et celles à créer. Ce serait donc annoncer que les axes centraux du programme envisagé seront soumis à l'évaluation permanente de ces instances en cours de mandat. Ce serait en appeler aussi à l'activité citoyenne dans les consultations de proximité à généraliser en amont et en aval des réformes envisagées. Une nouvelle méthode de gouvernement en découle. Toute réforme doit relever simultanément de l'autorité indépendante concernée, du Conseil constitutionnel si besoin est et du monde militant des associations à consulter (jurys citoyens, états généraux spécialisés, forums ouverts). Ainsi se construira une démocratie plus forte et plus durable.

Il faut aller plus loin encore dans la réflexion. La complexité du monde actuel, l'existence d'interdépendances entre les sociétés et les échelles d'articulation entre niveaux de gouvernance imposent de faciliter la participation du plus grand nombre à la clarification du destin de tous. La citoyenneté ne peut se développer qu'à ce prix. Il convient donc d'inventer partout les espaces publics de discussion pertinents.

Une autre leçon importante concerne le média qui est le mieux adapté à l'appropriation la plus rapide et la plus complète parce que la plus permanente de l'action citoyenne : Internet. Comme l'a parfaitement compris Obama aux Etats-Unis, comme l'ont déjà compris certains journalistes passés sur Internet, les campagnes politiques du 21ème siècle, et demain le suivi-évaluation de l'action politique, passeront définitivement par ce média. Mieux vaut donc l'utiliser vite et bien.

36.5 Unifier la laïcité

Même si elle fait consensus, la valeur laïque doit toujours être réaffirmée car il est inévitable de proportionner son exercice aux exigences de l'ordre public.

La plupart des pays où le catholicisme a dominé connaissent un régime concordataire (Italie, Espagne, France). L'Europe « protestante » est caractérisée par l'organisation d'Eglises d'Etat. Les pays de tradition orthodoxe (Grèce, Roumanie, Bulgarie) ont du mal à séparer le politique du religieux. Certains particularismes locaux ont aussi produit des différences entre Canton de Genève et Constitution fédérale suisse, Länder du Nord et Länder du Sud de l'Allemagne, cantons alémaniques et cantons romands en Suisse, catholicisme en Flandre et laïcité en Wallonie. Si le paysage européen est bien diversifié, la spécificité française est d'avoir institué une séparation stricte entre l'Etat et la religion historiquement dominante.

Comme le dit Jean Baubérot, la France a été la « fille aînée de l'Eglise » catholique, puis la fille de la Révolution de 1789, pour devenir en 1905 le pays inventeur de la laïcité comme art de vivre ensemble. Sur le plan juridique, il nous faut toujours respecter trois grands principes :
- liberté de conscience et de culte ;
- lutte contre la volonté de domination d'une religion sur l'Etat et la société civile ;
- égalité des croyances et convictions, religieuses et non religieuses.

Dans la réalité des faits, la « séparation des Eglises et de l'Etat » concerne plutôt les cultes et les collectivités locales, donc la République au premier chef. Cette séparation n'est pas vraiment stricte et l'on est toujours dans des seuils de laïcisation. Par ailleurs, le multiculturalisme doit toujours fonctionner dans le cadre d'une anthropologie des droits de l'homme, ce qui signifie qu'il est des aspects de la morale laïque qui ne sont pas « négociables » : songeons à l'excision, au mariage forcé, à la polygamie. Et il est des aspects « négociables » : par exemple, le port du foulard. Le problème essentiel est d'abord de distinguer entre pratique réversible ou irréversible. Il est ensuite de ne pas imposer à quelqu'un de renier sa culture.

Il faut avouer que le pacte laïque a perdu en France de sa force, face à la montée de multiples obstacles comme les contestations et litiges, les communautarismes et particularismes, les phénomènes sectaires ou même des affirmations non recevables venant du chef de l'Etat. C'est pourquoi il paraît nécessaire de redonner à la laïcité de l'autorité et de lui procurer une plus grande cohérence, en passant à présent d'une « laïcité d'abstention » à une laïcité de « facilitation du pluralisme ».

Au niveau de l'Etat, il conviendrait de cesser de faire référence à Dieu comme de renoncer entre Eglises et Etat à se gouverner l'un l'autre.
Il faudrait clarifier les limites de l'aide de l'Etat aux cultes. La loi de 1905 met gratuitement à la disposition des anciens cultes reconnus les édifices du culte qui sont propriété publique de l'Etat ou des collectivités locales. Elle permet leurs réparations sur fonds publics, tout en énonçant le principe de non subventionnement des cultes. Il n'est sûrement pas souhaitable d'autoriser les aides directes de l'Etat aux cultes car l'argent public n'a pas à servir à une ou à des religions. Par contre, il serait possible d'autoriser aux religions reconnues en France le bail emphytéotique administratif : cela revient à donner la possibilité de louer terrains et bâtiments pour une longue durée (99 ans) à un prix symbolique afin d'y aménager un édifice cultuel. Il faut que juridiquement, les baux emphytéotiques ne soient pas considérés comme des subventions.

La loi de 1905 refuse à juste titre tout caractère officiel à une religion particulière en France. Mais trois problèmes subsistent encore : l'existence du

Concordat dans trois départements de l'Est et les DOM-TOM ; l'impossibilité ou la difficulté d'assurer le libre exercice des croyances dans certains lieux clos (hôpital, prison) où l'on oublierait les non croyants (athées, agnostiques, sceptiques, indifférents) dans les services d'assistance à la personne ; et l'oubli identique des non croyants dans certaines émissions de radio et télévision publiques.

Subsistance du Concordat de 1801-1802 en Alsace-Moselle, les ministres du culte – catholiques, juifs, protestants – sont payés par l'Etat et nommés par lui, les écoles primaires sont confessionnelles, il existe des cours confessionnels de religion dans les collèges et lycées. Il faudrait abolir le Concordat qui maintient ces départements dans un régime désuet, même s'il est encadré. L'abolition réclame le courage politique qui a manqué dans le passé. Evidemment, il serait souhaitable d'abolir le Concordat et les régimes particuliers subsistant dans l'Outremer. Ces questions très délicates réclament à l'évidence de longues concertations.

Pour l'évolution des mentalités, une manière douce de commencer une séparation plus effective pourrait consister à installer partout dans l'enseignement une approche historique du fait religieux (rapport Debray, 2002) se substituant au cours confessionnel de religion. Les religions, la laïcité, les croyances touchant à la transcendance devraient en effet être prises en compte au titre des faits de civilisation. Cette approche, demandée déjà dans le courant des années 70 par l'association des professeurs de lettres qui se plaignaient de la méconnaissance religieuse de leurs élèves les empêchant de saisir totalement les œuvres étudiées, reste une question faisant débat ! Les enseignements de la laïcité, de l'histoire coloniale, des faits religieux, des cultures des sociétés à référence musulmane, de la gestion des situations de conflits s'imposent aujourd'hui, à divers niveaux.
Il faudrait instituer une Haute Autorité sur la laïcité, qui pourrait recommander certaines évolutions. Il existe d'ailleurs depuis mars 2007 un Observatoire de la laïcité, mais fonctionne-t-il vraiment ?

Pour le culte ou la philosophie dans certains lieux clos et services d'assistance psychologique ouverts aux non croyants (malades, prisonniers, soldats), il faudrait, comme en Belgique, mettre des « conseillers humanistes » qui aideraient à réfléchir à la vie hors des religions.

Pour l'oubli des non croyants en radio et télévision, il faudrait garantir l'accès régulier des valeurs non religieuses à l'espace télévisuel, dans des émissions humanistes. L'objectif n'est pas de faire de la laïcité une religion d'Etat, mais de pallier une lacune évidente sur l'espace public télévisuel. Les laïcs sont toujours en quête de valeurs universelles sous l'égide de la raison. Mais l'universalisme de certaines valeurs est plus vite décrété qu'intériorisé vraiment.

Ainsi, la philosophie des Lumières est d'abord française et européenne en partie avant de prétendre à l'universalité, il existe ailleurs des philosophies non occidentales. Il en va de même pour la laïcité que l'on nomme « culturelle » en Europe. Il s'agit de ce qui constituerait un socle commun à tous les Etats membres : liberté de conscience ; libre expression religieuse y compris dans l'espace public ; égalité entre croyants et non croyants, entre croyants de tous les cultes, entre cultes ; neutralité de l'Etat au regard du financement des cultes. Il existe bien un fonds commun européen sur la laïcité, fait de valeurs éthiques et de principes juridiques. Mais il ne satisfait pas tout le monde. Humanisme et laïcité restent donc des combats à gagner au plan européen et mondial.

Chapitre 4

Pour un nouveau progressisme

Après l'effondrement du communisme au 20ème siècle, qui signa aussi la mort d'une des dernières grandes utopies, et après la grave crise de 2008 du capitalisme mondialisé, les sociétés humaines sont entrées dans l'ère planétaire, plongées ainsi en pleine quête de sens.

Un socialisme nouveau, fidèle à ses fondamentaux mais ouvert résolument à un réel complexe qu'il ne cesserait de prendre en compte, nous semble pouvoir apporter une réponse audacieuse à cette recherche de sens et à ce défi.

Il lui faut proposer à la population plusieurs conceptions en une : de la vie, de l'humanité et de la civilisation ; de la citoyenneté mondiale ; des espaces vitaux ; du lien social et de l'activité sociale ; des parcours de vie ; de la sécurité. Des propositions cohérentes à tous ces niveaux seraient susceptibles de convaincre que le socialisme a compris les grands enjeux du 21ème siècle et qu'il entend y faire face parce qu'il propose fondamentalement de « vivre mieux » !

41. Changer la vie

Même si l'air du temps est à la morosité, il faut oser redire ce que François Mitterrand proposait comme impératif à la mission de la gauche au gouvernement en 1981: « changer la vie » ! Quand les questions politiques se mondialisent, cette nécessité en devient plus forte encore. Les citoyens attendent précisément qu'en des temps plus difficiles, les gouvernants cherchent à les faire espérer en une transformation importante et possible des réalités. C'est, dans la perspective de cette métamorphose, qu'il appelle de ses vœux, la voie existentielle dont parle Edgar Morin (2009), celle qui doit changer en profondeur la vie, apportant aussi bien l'épanouissement de soi que les valeurs indispensables au bien vivre ensemble.

41.1 Affirmer une politique de la vie, de l'humanité, de la civilisation

Comprendre en profondeur la beauté et la complexité de la vie conduisent à la protéger et à la sauvegarder, et donc à développer la civilisation.

Une politique de la vie

Science et politique de la vie sont étroitement liées. La science moderne de la vie nous mène de l'infiniment petit de la biologie à l'infiniment grand de l'écologie. Dans tous les cas, il nous faut opter pour une gestion responsable et durable de la vie, pour une bio-éthique. Cela signifie l'abandon de la vision de l'homme maître de la nature, propriétaire de celle-ci, apprenti sorcier des manipulations sur les gènes, les cellules et le cerveau, car « l'hyper-manipulation de la vie est fourrière de l'hyper-manipulation de l'homme » (Morin, 1980, p. 430). Il nous faut donc humaniser davantage notre humanisme, en le fondant sur la complexité.

En société, il convient d'introduire cette complexité dans nos rapports sociaux pour échafauder une politique de la vie s'attaquant aux principes de domination, hiérarchie, pouvoir, et en tentant la synthèse du libéralisme philosophique et du socialisme démocratique.

Une politique de l'humanité

La politique de l'humanité qui en résulterait, dans sa visée du bien commun, doit privilégier le qualitatif et le nouvel humanisme sur le quantitatif et la croissance économique et matérielle placée au rang de dogme. Cela réclame d'abandonner rapidement la destruction de la nature au niveau mondial et l'aggravation de la misère des peuples, ceux du Sud prioritairement. Cela passe alors par d'autres pilotages :
- un nouveau pilotage institutionnel qui réoriente les grandes institutions de régulation mondiale que sont notamment l'OMC, le FMI, la Banque mondiale, l'ONU ;
- un pilotage civilisationnel qui dynamise le civisme planétaire déjà à l'œuvre (Médecins sans frontières, Amnesty International, Greenpeace...), les actions de solidarité, les opérations de sauvetage de la biodiversité, les tentatives pour humaniser les villes. La perspective est celle d'un humanisme universaliste, dont les Droits de l'homme sont le socle.

Mais il convient de préciser aussitôt ce qu'il faut entendre par ces Droits de l'homme. Suivons alors l'analyse de Marcel Gauchet (Gauchet, 2002) !

Les Droits de l'homme sont depuis 1980 le fait idéologique et politique majeur des sociétés démocratiques modernes Mais, en cet espace de 30 ans, ils ont connu deux phases différentes : une phase de progrès considérable, suivie d'années de régression.

Si l'on se penche sur le passé proche, on ne manquera pas de mentionner au registre des facteurs favorables de la première phase, dans les années 1970, les mouvements de soutien aux dissidents de l'Est et le mouvement des droits civiques aux Etats-Unis, puis le déclin de l'espérance révolutionnaire dans la chute du mur de Berlin en 1989, suivi du ralliement quasi général à la démocratie bourgeoise. Cette phase est celle de la victoire des Droits de l'homme de type universaliste, dans la version des Lumières.

Le 11 septembre 2001 a marqué la régression de cette conception. Le fait décisif a été l'invention de Guantanamo, zone de non-droit absolu avec ses lois d'exception et sa légalisation de la torture. Cela a entraîné la haine venant des masses musulmanes, et la dénonciation du double langage de l'Occident : sous l'universalisme des droits, le Sud ne voit plus que le capitalisme économique. Une autre conception est alors née, plus relativiste et multiculturaliste. Ainsi les Chinois affirment que « le système de dictature démocratique populaire… pratique la démocratie au sein du peuple et la dictature vis-à-vis des ennemis du peuple ». Ainsi la déclaration du Caire sur les Droits de l'homme en Islam (1990) affirme que « tout homme a le droit d'exprimer librement son opinion, pourvu qu'elle ne soit pas en contradiction avec les principes de la charia ».

On pourrait s'en tenir à ce passé proche, mais ce serait manquer « la force et la profondeur de la redéfinition du monde qui s'ébauche et dont les Droits de l'homme se révèlent l'axe ». Car les Droits de l'homme sont des fondements, « la norme organisatrice de la conscience collective et l'étalon de l'action publique », des « valeurs régulatrices suprêmes », « des principes de définition, à la fois premiers et exhaustifs » (Gauchet). Ils imposent à présent de tout reprendre en fonction d'eux. En ce sens, ils sont « une politique et…l'âme et l'ancre de toute politique ». Le problème est qu'ils sont tout à la fois l'approfondissement de la démocratie et son évidement possible.

On le sait : les Droits de l'homme font leur apparition en France en 1789. Mais ils ont été préparés depuis le 16ème siècle. Pour Gauchet, la modernité est née de la sortie progressive de la religion, et cette sortie s'accomplit en trois vagues successives, du 16ème au 19ème siècle.

Le 20ème siècle est le premier siècle de la démocratie libérale. Avec les Trente Glorieuses (1945-1975) s'installe l'Etat social. Les totalitarismes s'écroulent, les principes de liberté gagnent la planète, l'individualisme prospère dans « l'élévation des Droits de l'homme à la centralité idéologique ». La force des Droits de l'homme est qu'ils apparaissent comme des substituts de discours politiques et sociaux usés pour guider le travail de la collectivité sur elle-même : « ils dénoncent l'insupportable et ils définissent le souhaitable sans disputes interminables sur ce qui meut l'histoire et sur ce que son cours annonce ». Ils exigent simplement que l'on corrige l'iniquité, que l'on répare les injustices subies par les individus. Ils sont d'une « évangélique simplicité » alors que l'avenir se dérobe et que la configuration de la société, dans le cadre de la mondialisation, nous échappe encore.

Les Droits de l'homme ont permis des avancées décisives : abolition quasi universelle de la peine de mort (138 états sur 198) ; création de la Cour pénale internationale de La Haye pour juger les responsables de crimes contre l'humanité ; progrès significatifs dans la lutte contre la grande pauvreté, l'illettrisme, la faim dans le monde, le sida. Les Droits de l'homme ne font que nous dire à partir de quoi il faut agir. Reste la grande question : comment et vers quoi agir ? Avec eux, on a tout à la fois « l'installation de la démocratie dans l'incontestable », et « l'incertitude radicale quant au fonctionnement (de cette démocratie) ». Les Droits de l'homme nous enjoignent d'agir immédiatement, dans l'urgence et avec modestie, et la démarche est « invulnérable à l'objection ». Ils s'accompagnent de trois figures de prédilection : le nouveau militant, le nouveau journaliste, le nouvel homme politique. Il pourrait s'agir de trois sources de problèmes à l'avenir.

Le nouveau militant vit de la dénonciation permanente des manquements aux impératifs des Droits de l'homme. Ceux-ci apportent à l'extrême-gauche le confort de « la critique sans explication ni proposition ». Conclusion : toute société des Droits de l'homme « marche à l'intégration protestataire ». Problème : jusqu'où participer à cette surenchère protestataire ?

La logique de la dénonciation fait se rencontrer le nouveau militant et le nouveau journaliste « dans le sensationnalisme de l'inacceptable ou dans l'unanimisme du désirable ». En montrant les scènes où il y a manquement aux Droits de l'homme, les médias deviennent « le théâtre de la réflexion publique, le foyer du travail de la société sur elle-même. La protestation radicale des militants d'extrême-gauche et des « grands intellectuels » sensibles aux Droits de l'homme est objectivement l'alliée des médias sur ce terrain. Elle est le signe du pouvoir des médias sur les intellectuels et les spécialistes politiques de la radicalité ! Problème : comment intervenir avec pertinence et efficacité en faveur des Droits de l'homme sur la scène médiatique, sans sombrer dans le compassionnel ?

Les Droits de l'homme conduisent enfin à « un type inédit de politique et de politicien », toujours en quête de consensus, toujours prompt à capter la faveur du public, s'adaptant aux mouvements de l'opinion et au maniement de l'image médiatique. Problème : il n'est pas facile d'éliminer l'écart entre l'idéal des Droits de l'homme et le réel, mais le public exigera toujours la correction sans délai des plus criants hiatus. Conclusion : avec les Droits de l'homme, « la démocratie du consensus est une démocratie mécontente ».

Il ne saurait être question de fustiger le besoin d'une politique des Droits de l'homme. Elle exige la très grande rapidité de réaction dès qu'un problème surgit. Elle impose que cette réaction soit inscrite dans une logique explicite, d'ailleurs complexe, toujours tiraillée entre les postulations de l'idéal et les nécessités d'adéquation au réel. En ce sens, cette logique d'action est forcément prudente, marquée par la générosité et le risque de démenti du réel. De quoi nourrir le statut du politique en bouc-émissaire !

On l'aura compris : la politique des Droits de l'homme, si elle devenait le but ultime, serait le tombeau de la politique. Car elle signifierait la constitution de l'individu en référence exclusive et elle exagèrerait la capacité du droit à définir à lui seul l'espace collectif. Elle conduirait à éloigner les citoyens de tout effort de mobilisation des esprits sur les questions capitales du vivre ensemble : quelle conception nous faisons-nous de la société ? Comment pouvons-nous participer à la compréhension d'un monde moderne difficile qu'il s'agit aussi de maîtriser quelque peu ? La focalisation sur les Droits de l'homme conduirait à « une saisissante désintellectualisation du fonctionnement social ». Gauchet y voit un problème plus grave encore : les Droits de l'homme imposent une sorte d' « ethnocentrisme égalitaire » qui fait que « les vraies différences, celles qui font l'énigme cruciale de l'histoire humaine, n'y ont plus droit de cité ». Cela reviendrait à penser que tout serait pareil depuis toujours et qu'on ne devrait plus chercher à comprendre les systèmes de valeurs aux antipodes du nôtre.

« L'idéologie des Droits de l'homme sera peut-être longtemps le langage hégémonique de la démocratie », mais elle ne sera jamais « la figure finale de la conscience démocratique ». Toute politique socialiste des Droits de l'homme devrait donc se tenir dans un équilibre délicat :
- s'afficher avec pertinence, c'est-à-dire être explicite en ses intentions, toujours modeste en ses manifestations et cependant ferme en ses réalisations ;
- chercher à intégrer en permanence les objectifs des Droits de l'homme dans l'Etat-nation, seul vrai niveau d'intégration politique souhaitable ;
- mettre constamment les Droits de l'homme dans la perspective collective du bien-vivre ensemble, dans une autre organisation des composantes du fait démocratique : gouvernement de la collectivité, prérogatives des individus et jeu des forces sociales.

Les Droits de l'homme sont d'abord une idéologie qui fournit une perspective d'action sur soi et une explication du fonctionnement collectif reposant sur la logique de l'individu. Du coup, en ne parlant que de l'individu dans la société, on occulte complètement l'autre aspect de la question : le fonctionnement de la société sur les individus. En ce sens, « la logique du droit des personnes n'offre pas et ne saurait offrir de quoi comprendre et conduire les dynamiques diverses, économiques, techniques ou sociologiques auxquelles elle est associée…la politique des Droits de l'homme ne peut que tourner le dos aux perspectives d'un authentique gouvernement de la collectivité par elle-même ».

Là est l'évidement dont il a été question plus haut : l'évidement de la dimension collective de la société. Or, le socialisme du 21ème siècle doit proposer « une intelligence renouvelée de l'être-en-société ». Cela pourrait se faire autour de la refondation de l'Etat-nation, outil indispensable de la démocratie ; autour de la fédération des nations européennes, car l'Europe est bien le creuset idéal de cette recherche d'une démocratie moderne à travers l'expérience des différences culturelles ; autour d'un approfondissement du droit de la démocratie représentative par ouverture à la démocratie de proximité. Sur ces trois plans au moins, le socialisme engagerait une réarticulation du juridique, du social-historique et du politique qui nous garderait du risque d'enfermement dans la bonne conscience des Droits de l'homme et dans la perspective du seul individu.

Une politique de civilisation

La politique de l'humanité doit s'accompagner d'une politique culturelle que Morin appelle politique de civilisation, destinée à régénérer tous les germes de civilisation actuellement présents et éparpillés. Nous y insistons un peu, parce que le Président Sarkozy en a donné une idée caricaturale. Il s'agit d'aborder la mondialisation par un autre angle, trop souvent négligé au bénéfice de l'économie et de la finance : celui de la culture. La mondialisation n'est pas qu'une affaire de frontières et de commerce ; elle pourrait être surtout une question de culture qui, comme le dit Pierre Legendre, touche à « la Terre intérieure de l'homme ». Elle est donc vitale.

L'écrivain libano-français Amin Maalouf (2009) nous donne une idée parfaite de l'état de la situation mondiale actuelle. Sous-titré « quand les civilisations s'épuisent », son livre débute par une déclaration sans ambiguïté : « Nous sommes entrés dans le nouveau siècle sans boussole ». Il dira plus loin : « tout doit être inventé à nouveau – les solidarités, les légitimités, les identités, les valeurs, les repères ». Car le dérèglement du monde est majeur, intellectuel, financier, climatique, géopolitique, éthique. Et ce qui est en question, « c'est la raison d'être et la finalité de notre civilisation » où il faut faire face « aux défis que pose la diversité humaine ».

Pour Maalouf, le monde arabo-musulman éprouve de la rancœur à l'égard de la terre entière ; l'Afrique est en proie aux guerres, épidémies, trafics, corruptions, désintégrations ; la Russie retrouve son appétit de reconquête ; les Etats-Unis sont englués dans leur entreprise solitaire de puissance ; la Chine est désireuse de devenir un géant et l'Europe stagne à souhait. Tous les peuples sont à des titres divers dans la tourmente, pris dans des clivages identitaires dont ils n'aspirent à sortir que par le bas, avec « moins d'universalisme, moins de rationalité, moins de laïcité…moins de libre débat ».

L'alternative est donc : « soit nous saurons bâtir en ce siècle une civilisation commune à laquelle chacun puisse s'identifier, soudée par les mêmes valeurs universelles, guidée par une foi puissante en l'aventure humaine et enrichie de toutes nos diversités culturelles ; soit nous sombrerons ensemble dans une commune barbarie ». Il nous faut alors « une méthode de gouvernement de la planète », ce que nous nommons une gouvernance mondiale. Elle aura à mieux gérer « notre diversité, notre environnement, nos ressources, nos connaissances, notre puissance, nos équilibres, en d'autres termes notre vie commune et notre capacité de survie ». Pour ce faire, elle ne pourra se contenter de l'action des seuls gouvernements légitimes en place, il y faudra la collaboration de toutes les instances en responsabilité.

41.2. Prôner une conception de l'Homme

Jusqu'à présent, le socialisme a surtout considéré le collectif, le peuple, les travailleurs, négligeant par trop l'individu. L'homme dont le socialisme doit s'occuper à présent est le creuset de l'identité personnelle, de l'identité sociale et de l'identité planétaire.

Protéger l'individu et son épanouissement personnel

Il faut reprendre à notre compte les affirmations de Corcuff, de Singly et Ion : « la question de l'association de la justice sociale et de l'individualité nous semble… un chantier majeur pour la gauche » ; « ne laissons pas le monopole de la personne au néolibéralisme et à sa définition marchande » (2005). La question de l'individu est de fait trop peu appréciée à gauche, alors que le socialisme individualiste de Jaurès a pourtant prôné l'articulation entre exigences d'égalité sociale et aspirations à la dignité personnelle.

L'individualisme est un processus historique amorcé à la Renaissance, développé au siècle des Lumières, bien aperçu par Marx qui ne l'a cependant pas beaucoup détaillé et articulé à sa critique sociale du capitalisme (*Manuscrits de 1844*, p. 82-83). Il faut avouer que, même s'il peut générer le mal-être, l'individualisme est aussi porteur d'acquis émancipateurs : développement d'autonomie chère à l'inspiration libertaire, possibilité de protection des « jardins secrets », etc. La gauche doit donc toujours associer justice sociale et individualité, et soutenir la logique sociale de consolidation de l'intimité.

On peut suivre Nancy Fraser (2005) quand elle propose d'articuler théorie de la redistribution, qui s'intéresse à la redistribution des ressources, et théorie de la reconnaissance, qui vise l'individu. A propos de cette dernière, le philosophe contemporain Axel Honneth (2002) souligne qu'un sujet qui se sait reconnu par un autre pour ses capacités et qualités découvre toujours des aspects de son identité. Il existe donc un lien entre conscience de soi et reconnaissance entre sujets. Quand ces relations disparaissent, s'installent le mépris et l'humiliation qui perturbent l'identité de l'individu.
L'articulation entre les deux nécessités, redistribution et reconnaissance, ne va pas sans tension (Boltanski et Chapiello, 1999). Il faut lutter tout à la fois contre l'injustice économique et l'injustice culturelle ou symbolique, et ne pas oublier que l'identité visée est certes individuelle, mais aussi collective (basque, homosexuelle ou autre).

Le capitalisme actuel accentue l'individualisme. Il ne parle que de « l'implication personnelle », de valorisation de la « personnalité » et des

« compétences » de chacun dans des « projets ». Il sollicite l'autonomie personnelle, la créativité, la singularisation. Cela n'est-il que bénéfique ?

Le sociologue allemand Ulrich Beck a bien relevé que « dans tous les pays riches occidentaux industrialisés…au cours du processus de modernisation de l'Etat-providence qui a suivi la Seconde Guerre mondiale, a eu lieu une poussée sociale de l'individualisation d'une ampleur et d'une intensité sans précédent » (2001, p.158). Mais il s'agit là de ce que Kaufmann appelle le « nouvel espace inégalitaire » (2004), où le social « est reformulé par l'identité » et où les inégalités sociales, notamment les réalités de la misère, sont de plus en plus vécues sur le mode individualisant. Ce processus est d'autant plus prégnant que, dans le même temps, le libéralisme érode les « supports sociaux » de l'autonomie individuelle que sont les règles juridiques, le statut salarial, la protection sociale.

Le socialisme ne peut donc viser que chercher l'épanouissement de l'individu à travers la politique de justice sociale qu'il met en œuvre.

Passer de la société à la patrie terrienne

Le socialisme s'intéresse aux relations en société, « rapports sociaux » chez Marx, « action réciproque » chez Georg Simmel, dynamique de « l'imitation » chez Gabriel Tarde, « interdépendances » chez Norbert Elias, « interactions » chez Goffman, « champs » chez Bourdieu, la terminologie est généreuse.

Socialiste ou pas, la société a besoin d'individus épanouis. Or, l'antagonisme individu/société ne peut jamais être totalement surmonté, l'organisation sociale trouvant sa limite dans le besoin d'un minimum d'autonomie de l'individu. Le développement de la complexité sociale s'accompagne donc du développement de l'individualité, complémentarité féconde et difficultés assurées.
Par ailleurs, toute société est à la fois communautaire et rivalitaire. Elle apparaît comme un champ d'intérêts individuels, compétitions, concurrences économiques, conflits collectifs, lutte des classes ; et elle se construit en une communauté vouée à l'intérêt collectif.
Le conflit étant donc inhérent à toute société, le socialisme doit fonder la démocratie sur la pluralité et l'expression possible des conflits, qui en font sa vitalité et sa fragilité à la fois.

Deux réalités importantes constituent la société : l'Etat, qui en demeure le noyau, et la famille, qui est l'unité de base, une communauté dans la société, un lieu d'autonomie, un foyer de complexité humaine.

L'Etat socialiste sera comme tout Etat une forme de Janus, dominateur et civilisateur.

L'Etat dominateur à travers l'histoire humaine est un appareil de commande et de contrôle de la société. Il conserve et mémorise (archives) et il produit des codes, lois, décrets. Comme il établit l'ordre, il a le monopole de la violence légitime (appareil policier, appareil militaire). Il dispose de pouvoirs spirituels, c'est-à-dire de sa propre sacralité. Il asservit le milieu par de grands travaux. Il assujettit par son autorité. Il est prédateur et guerrier. On doit attendre de l'Etat socialiste qu'il soit un Etat pacifiste à l'extérieur comme à l'intérieur, un Etat planificateur du développement territorial, un Etat administrateur expurgé de toute bureaucratie, un Etat d'investissement social.

L'Etat civilisateur à travers l'histoire réprime la violence illégitime des individus et des groupes. On attend de l'Etat socialiste qu'il instaure des espaces de paix pour une société comportant une variété de cultures. Il doit faire régner la démocratie. Il suscite sa religion propre, la patrie inspirée par la laïcité Il doit se faire Etat d'investissement social, certes protecteur et assistantiel (Etat-providence), mais sans assujettir.

L'Etat-nation socialiste doit développer ses caractères de société – relations d'intérêts, de rivalités, de concurrences avec leurs conflits sociaux, économiques et politiques – en visant toujours la solidarité sociale. On sait que la société résiste à l'Etat qui chercherait à l'asservir tout comme elle a besoin de l'Etat qui la protège. On ne peut cependant prévoir cet optimum social qui apporterait le maximum de communauté et d'unité avec le maximum d'autonomie et de diversité.

Dans le monde occidentalisé, la famille s'est amenuisée, ses membres se sont dispersés, mais elle est restée un réseau de solidarités, un foyer de transmission de valeurs, et aussi la source possible de pathologies. Elle n'est plus tout à fait le lieu où l'on naît, où l'on apprend, où l'on travaille, où l'on meurt. Elle s'est restreinte en dimensions et fonctions. Le noyau de base, le couple, est en crise. L'activité professionnelle des deux conjoints occupe à présent une part importante hors du foyer. Le retour des grands-parents actifs résulte de l'avancement de l'âge de la retraite et de l'allongement de la vie. Par ailleurs, la société expérimente les possibilités d'éliminer le père (sperme anonyme), la mère (mère porteuse, couveuse), père et mère (clonage).

Le socialisme n'a pas à prendre une position normative sur ces changements importants de la structure familiale. Il a à les comprendre en profondeur et à empêcher au maximum qu'ils ne génèrent injustices, inégalités et précarité.

Reste la question de l'identité planétaire. Depuis la fin du 20ème siècle, alors que la domination de l'Occident sur le monde, qui fut d'abord guerrière et politique, est devenue économique, on voit se mettre en place un nouvel ordre beaucoup plus complexe fondé sur le polycentrisme.

Il y a ainsi une globalisation économique. A celle-ci s'opposent ceux qui luttent contre l'hyperconsommation, contre la tyrannie de l'argent et le règne du profit, contre le primat de la vie matérielle au détriment de la vie spirituelle ou poétique (on songe au Manifeste antillais pour les produits de haute nécessité), contre la dégradation de la nature, du climat, de la biodiversité.

Il y a une seconde mondialisation, culturelle cette fois, qui engage les civilisations dans des métissages portés par des opérateurs d'universalisation : humanisme, droits humains, principes de liberté-égalité-fraternité, démocratie, solidarité. Si elle s'imposait sans broyer les cultures ni privilégier les valeurs de l'Occident, elle conduirait à une citoyenneté terrestre. Mais elle a à affronter les réactions en faveur du maintien des identités culturelles en place.

Le socialisme doit s'investir aux deux niveaux. Il lui faut enrayer la globalisation capitaliste par la mise au point d'un autre modèle de développement qui ne se résume pas à quelques mesures de régulation remettant le culte du profit à sa place. Il lui faut animer la mondialisation culturelle par un projet d'émancipation de l'humanité porté par les valeurs humanistes ambitieuses, celles d'une citoyenneté planétaire. Les deux mettraient solidement la politique au service de l'être humain dans une société-monde.

41.3 Renforcer la solidarité intergénérationnelle

Si la globalisation est sans conteste l'une des mutations radicales de notre société et réclame une pensée-monde, l'autre mutation inévitable est le vieillissement de la population. Presque toutes les régions du monde vont connaître le vieillissement au cours de ce siècle, ce qui va bousculer l'équilibre des sociétés, européennes notamment, et française en particulier.

L'Europe subit en ce moment des changements démographiques sans précédent : l'accroissement naturel en 2003 a été seulement de 0,04% par an. Certains Etats membres vivent une baisse de population. Partout, le taux de fertilité est inférieur au seuil de renouvellement des générations, qui est de 2,1 enfants par femme. Le scénario dominant d'évolution de la population prévoit une croissance moyenne faible jusqu'en 2025, suivie d'un déclin. Trois causes principales sont avancées : l'allongement continu de la durée de la vie, consécutif aux progrès de la médecine ; l'accroissement des effectifs des générations âgées de plus de 60 ans ; la faible natalité persistante.

La société vit alors d'importants changements structurels : augmentation des travailleurs vieillissants (55-64 ans), des personnes âgées (65-79 ans), des personnes très âgées (plus de 80 ans) ; diminution des jeunes et adultes pouvant travailler ; aggravation des difficultés à franchir les différentes étapes de la vie, notamment pour les jeunes en ce qui concerne la fin des études, l'accès à l'emploi, le désir de premier enfant.

Si l'on veut enrayer ce déclin démographique, d'ailleurs plus rapide si l'on ne considère que les actifs de 15-64 ans, il va falloir certainement compter sur l'immigration pour maintenir une certaine croissance de la population.

La question de la nécessité d'affronter le changement démographique impose un ensemble de politiques publiques coordonnées autour de la notion d'investissement dans le capital humain : politiques de la famille, de l'éducation, de l'insertion sociale et professionnelle des jeunes, de l'emploi (en particulier pour les jeunes, les femmes et les plus âgés), du logement, de la santé, des transports, de la justice pour le droit civil régissant les obligations des uns envers les autres, tout spécialement au sein de la famille, des systèmes de protection sociale, notamment de la retraite. La coordination de ces politiques nécessite notamment un type d'Etat et une autre gouvernance de la décentralisation.

Comprendre l'incidence des changements démographiques

Les projections démographiques d'Eurostat publiées en avril 2008 laissent entendre que la population globale de l'Union européenne en 2060 resterait la même qu'aujourd'hui si l'espérance de vie ne déclinait pas, si le taux de fécondité de certains Etats membres remontait un peu et si les flux d'immigration étaient plus dynamiques. Mais, en termes de structure de la population, il y aurait un phénomène de vieillissement et, au lieu de 4 personnes de 15 à 64 ans en âge de travailler par rapport à une personne de 65 ans, il n'y en aurait plus que deux. La diminution la plus importante aurait lieu entre 2015 et 2035, la génération du baby-boom arrivant alors à la retraite.

Les bouleversements démographiques seront d'une telle importance qu'ils vont façonner une nouvelle société. Notre société française aura de moins en moins de jeunes et d'adultes, de plus en plus de travailleurs vieillissants, de retraités et de personnes âgées. Il faut donc se préparer à ces échéances. Cela signifie une nouvelle approche du cycle de vie active ; une politique familiale plus soutenue ; une place nouvelle pour les « seniors » ; l'accueil et l'intégration des migrants ; une solidarité renforcée avec les personnes âgées ; une nouvelle solidarité intergénérationnelle.

Défendre une nouvelle approche du cycle de vie active

La vie active ne peut plus être réduite à la seule vie professionnelle et cette dernière, se contracter comme peau de chagrin à la seule période de 30-50 ans dans la vie d'un homme, comme s'est trop souvent le cas en France, actuellement. Il faut se préparer à accompagner la vie active de tout citoyen jusqu'à un âge très avancé. Les défis qui nous attendent sont connus : promotion de l'emploi et de l'insertion des jeunes, bien avant l'âge de 30 ans ;

participation des femmes à l'emploi, à égalité avec les hommes, ce qui entraîne l'indispensable conciliation entre vie professionnelle, vie familiale, vie privée ; retour des retraités précoces à l'activité sociale, s'ils le désirent.

En 30 ans, l'âge adulte est devenu le temps de l'incertitude : difficultés d'insertion professionnelle en période de chômage croissant, de licenciements massifs et de plans sociaux à répétition ; ruptures de couples, prolifération de familles monoparentales. Les jeunes adultes sont actuellement hébergés plus longtemps chez leurs parents, et ces derniers doivent non seulement affronter des situations familiales personnelles plus difficiles, mais apporter encore leur soutien à leurs ascendants vieillissants, dépendants parfois. Ces charges nouvelles pèsent donc notamment sur les jeunes et sur les femmes.

Les jeunes accèdent ainsi de plus en plus tardivement à l'emploi, le taux de chômage des moins de 25 ans étant deux fois supérieur à celui des plus de 25 ans, alors même que leur niveau de formation est supérieur à celui des générations précédentes. Ils sont très exposés au risque de pauvreté, confrontés aux discriminations tenant au genre, à l'âge, à l'origine sociale ou culturelle. Cela réclame du socialisme un effort très important pour les insérer dans la vie professionnelle ; pour accompagner leurs itinéraires professionnels plus chaotiques désormais ; pour les former, remettre à niveau leurs compétences, réorienter parfois leurs choix.

Les femmes veulent avoir un emploi et assumer leur indépendance économique. Il faut alors aménager leurs conditions de travail et d'emploi, ne pas pénaliser celles dont le taux d'activité paraît faible, éviter d'aggraver la situation de pauvreté de certaines, permettre l'accès aux services locaux de garde d'enfants, favoriser la responsabilité sociale d'entreprise et le lien avec le monde associatif comme avec les organisations de la société civile concernées.
On sait que les pays scandinaves affichent le taux d'emploi féminin le plus élevé, soit 80% pour les femmes de 25 à 54 ans ; qu'ils pratiquent la conciliation entre vie professionnelle et vie familiale ; qu'ils favorisent l'égalité entres les femmes et les hommes ; que les taux de fécondité y sont supérieurs à la moyenne. Il y a là une voie à suivre !

La question des adultes nécessite la mobilisation simultanée de plusieurs politiques du travail, du logement, de la famille, d'aides sociales, avec des dispositifs de prévention, de soutien, d'accompagnement, le tout pensé dans la protection des parcours de vie.

Avoir une politique familiale plus soutenue

Le champ de la solidarité collective et des politiques publiques à l'égard de la famille s'est considérablement élargi. Certains faits expliquent cet élargissement et obligent à penser autrement toute politique de la famille : poids croissant de

l'économie, transformation par effritement de la société salariale, effets du chômage et de la précarité sur les familles ; transformation corrélative des structures familiales ; allongement de la durée de la vie, avec nécessité de la solidarité à l'égard des ascendants familiaux.
Il faut s'engager dans la prise en compte maîtrisée de cette nouvelle situation pesant sur les familles. L'Etat-providence le fait depuis la fin de la Seconde guerre mondiale. L'Etat d'investissement social doit prendre à présent la suite.

Il importe avant tout de comprendre les familles d'aujourd'hui. Une population qui vieillit, un plus grand nombre de femmes en activité professionnelle, une diminution de la taille des ménages, une fécondité « importante », une transformation considérable des structures familiales : telles sont les réalités de notre temps. Il faut parler en ce début de $21^{\text{ème}}$ siècle de la famille française au pluriel et en comprendre la très grande complexité pour déployer avec pertinence une grande politique de gauche.

Il ne saurait être question d'avoir une politique normative prescrivant le retour à un quelconque modèle idéologique du passé. C'est ce que fait souvent la droite, qui aborde la famille surtout selon le droit civil et les valeurs, quand la gauche associe d'abord la famille au droit social. C'est pourquoi l'une des premières tâches est de soumettre le droit français de la famille à un examen systématique, et à un toilettage si besoin était, de façon à viser la meilleure adaptation du droit à l'évolution des situations familiales. Au chapitre des questions délicates et dont l'examen est indispensable : le PACS imposé par la gauche en 1999 (doit-il être encore amélioré ?) et la question de l'homoparentalité (à fonder).

Il ne saurait non plus être question de laisser en l'état le fonctionnement des administrations publiques concernées par la question des familles, notamment de celles en grande précarité. La gestion de ces administrations et le contenu des lois sont pour ces familles de l'ordre de l'incompréhensible. Une mission qualité devrait s'appliquer à ces dysfonctionnements et à ce mépris fréquent de la relation. Ce problème est d'ailleurs le même pour l'accueil des exclus : l'administration n'est en rien préparée à cette tâche difficile et doit absolument y être formée.

Les lignes directrices d'une politique de gauche pourraient être d'améliorer l'environnement des familles les plus fragiles, d'équilibrer les responsabilités entre homme et femme à toutes les étapes de construction-déconstruction de la famille ; de penser aux droits de l'enfant et des proches. La priorité absolue est celle de la lutte contre la paupérisation des familles, homoparentales ou non. Les mesures les concernant pourront évidemment bénéficier à tous les autres cas.

On peut songer d'abord à l'ouverture de droits pour les familles pauvres, pensés dans un système globalisé d'actions coordonnées et le plus possible individualisées. La fragilisation familiale et sociale tient beaucoup au chômage et à la précarisation salariale.

Vient ensuite le Service public de la petite enfance capable d'accueillir prioritairement les enfants de familles pauvres. Pour les enfants, il devient urgent en effet d'augmenter l'offre de services de prise en charge et de garde collective : crèches, haltes-garderies, crèches « atypiques » accueillant des enfants sur des plages horaires étendues en semaine et même le week-end. Cette aide à la parentalité est devenue nécessaire. Elle doit parfois intervenir dans les entreprises, en zone rurale, à proximité des nœuds de transport, et accueillir les enfants de familles démunies et les enfants handicapés. Elle suppose un Service public de la petite enfance dont les objectifs sont l'accueil, l'accompagnement individualisé, de la naissance à la scolarité obligatoire, en relation étroite avec les parents concernés. Les acteurs en sont étatiques (Délégation de la petite enfance en région ou département), éducatifs, médicaux, sociaux, culturels. La réalité multiculturelle des populations impose sans doute de prévoir des adultes référents dans les quartiers, de façon à pratiquer la relation d'aide et à détecter les cas de maltraitance. Les lieux d'implantation seraient les logements familiaux, quartiers, crèches, écoles maternelles, toujours dans une logique de proximité.

On doit aussi envisager une augmentation des dépenses publiques en matière d'éducation. Il y a encore 13% des femmes et 17% des hommes de 18 à 24 ans ne possédant qu'un diplôme secondaire inférieur. Or, on sait que seul, un niveau élevé d'éducation permet de mieux s'insérer sur le marché du travail et d'envisager l'apprentissage tout au long de la vie.

Une politique du temps péri et extrascolaire est nécessaire pour les jeunes, de familles pauvres ou non. L'action des pouvoirs publics viserait à faciliter l'accès aux loisirs et à développer la socialisation. Une « allocation vacances » par exemple permettrait à ces enfants, et aux enfants handicapés aussi, d'aller au moins une semaine par an en vacances.

L'adolescence a toujours été une période de la vie traversée de graves questions : quête d'indépendance dans l'affirmation de la personnalité et le conflit aux adultes, premières expériences de la sexualité, éveil des préoccupations professionnelles. Hypermédiatisés ou non, les problèmes de l'adolescence envahissent l'actualité, qu'il s'agisse de l'expression de la violence, de la consommation d'alcool, de la toxicomanie, de l'utilisation délictueuse d'Internet ou du sida. A présent, le mal-être de la jeunesse s'exprime avec force. L'une des nécessités est dans l'implantation plus effective et rapide de Maisons des adolescents pour l'accueil des jeunes en difficultés : accueillir, aider, accompagner, traiter.

Une Caisse nationale de solidarité pour l'autonomie permettrait de ne pas oublier les ascendants familiaux touchés par cette question et, plus généralement, toute personne de la famille en perte d'autonomie.

Enfin, une Ecole des parents viserait à réapprendre les bases de l'éducation et à sensibiliser aux savoir faire parentaux, aux différents styles éducatifs possibles.

Les familles françaises du 21ème siècle ne reposent plus sur un cadre stable. Le statut familial y est à présent mouvant. La solidarité familiale n'est qu'un des aspects de la solidarité collective. Pour la faire fonctionner correctement, la gauche doit y répondre par la protection sociale des personnes de la famille en situation précaire, des jeunes en difficulté d'insertion, des personnes en situation de handicap, des personnes âgées en perte d'autonomie. Les mesures qu'elle prendrait devraient aller jusqu'au suivi individualisé : il faudra bien appliquer un jour aux familles démunies et précaires le type de soutien individualisé et personnalisé que l'on applique aux élèves en sérieuses difficultés dans les meilleures pédagogies. Il s'agit de garantir la solidarité entre générations, de fonder un nouveau pacte entre générations. L'Alliance européenne pour les familles est, au niveau européen, une première tentative de réponse pour traiter ce difficile problème des difficultés familiales nouvelles.

Tenter une nouvelle approche pour les « seniors »

Les seniors vont croître après 2010, pour atteindre une progression de 37% en 2030 (prévisions de l'Union européenne). Leur taux d'activité était de 5,6% en 2003 alors qu'il était de 18,5% aux USA. On peut penser qu'ils seront en meilleure santé globalement, plus actifs, plus mobiles, bénéficiant davantage de pensions complètes et d'une épargne plus élevée. Certains souhaiteront participer encore à la vie sociale, notamment dans le secteur associatif et l'économie sociale, ou poursuivre une activité professionnelle, ou combiner travail à temps partiel et retraite. Nous allons être obligés de repenser la conception ternaire de la vie sur laquelle repose encore notre société. Désormais, il va nous falloir envisager quatre, voire cinq périodes de vie possible. Et la dernière période pose un grave problème de dépendance que la politique prend actuellement très mal en charge.

Les entreprises vont connaître vite la nécessité de s'appuyer sur les qualifications des « travailleurs vieillissants » de plus de 55 ans. Or, le taux d'emploi de ceux-ci est nettement insuffisant : 37,6% en 2003, au lieu de l'objectif européen de 50%. Il sera sans doute nécessaire de permettre, à ceux qui n'ont pas connu de métiers à forte pénibilité, une retraite progressive, adaptable aux aspirations de chacun ; de nouvelles formes d'emploi ; le cumul possible entre salaire et pension ou des incitations financières.

Par ailleurs, la France subit le regroupement des seniors dans le Sud et sur le littoral. Il va donc falloir se pencher sur les questions territoriales et réorganiser les systèmes de solidarité. La population des seniors est en effet marquée par de grandes disparités de revenus et de santé. La précarité y subsiste de manière significative. Il va devenir indispensable d'abandonner pour les seniors la notion de « fin de carrière » au profit de la notion d'une « activité senior ». Cette nécessité dictée par une connaissance du réel et un peu de réflexion se heurtera aux résistances idéologiques. Maints chefs d'entreprise sont en effet portés depuis trop longtemps à l'exclusion des plus de 50 ans de toute activité professionnelle.

Les seniors qui le veulent optent souvent pour le bénévolat, ils investissent dans des foyers d'anciens, des associations de services à la personne, des mutuelles, l'économie sociale et solidaire, en y prenant des responsabilités. L'enjeu pour la gauche est de répondre à ce nouveau défi qui comporte notamment le réexamen critique de la politique des 35 heures. On peut le faire en découplant activité professionnelle et activité senior, cette dernière étant le temps de vie nouveau consacré à une retraite active. Tant que les pensions de retraite ne pourront pas garantir à coup sûr une vie décente, il sera courageux d'ouvrir, pour ceux qui le souhaitent, un droit à rétribution de leur activité senior, qu'il s'agisse d'une indemnité ou d'un revenu de retraite active.

Chercher l'accueil et l'intégration des migrants

L'immigration extra-européenne représente l'un des moyens de compenser la baisse de population, mais il ne faut pas en exagérer la portée. Cette immigration économique est en mesure de satisfaire aux besoins de main-d'œuvre et il faudra peut-être en passer par des flux migratoires plus importants. Mais elle sera en même temps une immigration de peuplement réclamant des politiques d'intégration pour ceux qui le souhaitent et de coévolution pour ceux qui visent un retour à terme dans leur pays d'origine.

L'immigration est pour la France depuis les années 1960 l'un des moyens de compenser les pénuries de main-d'œuvre, dans une perspective à long terme. Mais elle est toujours un défi important. Outre des oppositions idéologiques constantes, elle pose les problèmes des niveaux d'éducation plus faibles des migrants, des difficultés d'utilisation de leurs compétences, des risques de chômage plus élevé et de précarisation plus grande. De plus, on ne peut plus ignorer maintenant que l'afflux de migrants résulte de l'aggravation des conditions sociales dans leurs pays d'origine, qu'il faut penser le regroupement familial et que, dans certains cas, accueillir des migrants devient aussi favoriser le pillage des élites.

La libre circulation des travailleurs en Europe impose la coordination des régimes légaux de sécurité sociale (prestations familiales), le droit au regroupement familial des travailleurs, y compris pour les immigrants d'un pays tiers, et l'existence de droits pour les conjoints et enfants, ces derniers ayant droit à une famille et à protection. Le socialisme doit alors proposer un juste traitement des différents cas de ce défi à l'échelle internationale.

Manifester une solidarité renforcée avec les personnes âgées

Selon certaines prévisions, le nombre de personnes très âgées pourrait croître de plus de 50% entre 2010 et 2030. On sait déjà que la proportion d'isolés va augmenter, surtout pour les femmes veuves, qui ont une longévité actuellement plus forte et dont le niveau de pension est de très loin inférieur à celui des hommes.

Il n'est pas possible d'imaginer que les familles pourront les prendre toujours en charge, même si leur autonomie restait significative, parce que les soins lourds sont plus fréquents en fin de vie. Il en ira de même, a fortiori, pour les personnes très âgées en perte d'autonomie. Le vieillissement entraîne un besoin accru de transferts et de services de santé publics liés à l'âge, des dépenses nouvelles liées aux retraites, aux soins de santé, aux soins de longue durée. On imagine aisément les services sociaux et les réseaux de solidarité nécessaires pour une prise en charge adaptée. Les services d'accompagnement à domicile destinés aux personnes âgées nécessitent kinésithérapeute, infirmier, aide ménagère. Il faut songer à des formules de « répit » pour ceux qui sont engagés auprès d'un parent en perte d'autonomie, au titre d'aidant familial, et souhaiteraient organiser des temps de repos, voire une interruption provisoire de leur parcours professionnel, sans craindre la rupture du contrat de travail. S'ils ont acquis des compétences et suivi des formations pour mieux assumer la fonction d'aidant familial, il serait normal de valider cette expérience. Les services médicaux ou sociaux de proximité – centres d'accueil de jour, logements-foyers pour personnes âgées – doivent pouvoir proposer des espaces collectifs conviviaux, un suivi gérontologique individualisé.

Les politiques nationales de protection sociale auront alors à déterminer leur degré d'implication dans ces questions, entre prise en charge, services sociaux, institutions, réseaux de soins de proximité. La solidarité envers les ascendants s'impose comme une impérieuse nécessité. La gauche a su, sous l'égide de Lionel Jospin, proposer l'APA en 2001, révélant par la même occasion un problème d'une très grande ampleur (plus d'un million de bénéficiaires en 2007), et une Caisse nationale de solidarité pour l'autonomie (CNSA) existe, gérée par les conseils généraux, les professionnels, les usagers et les organisations syndicales. Mais pour le financement et la gestion de l'APA, les modalités actuelles ne sont pas à la hauteur des enjeux de solidarité nationale. L'APA a un coût de 4,5 milliards d'euros en 2007 sur un ensemble consacré à la dépendance de 19 milliards d'euros (1% du PIB) : on sait que ces ressources publiques seront insuffisantes à moyen terme et que le « reste-à-charge » est trop important. On prévoit pour 2040 une augmentation de 50% du nombre de personnes âgées dépendantes. Il est donc indispensable d'inventer une véritable politique de prise en charge de celles-ci. Il est urgent de conforter la politique de solidarité, de socialiser le risque de dépendance, de préserver son universalité en mettant en place un « cinquième risque » de protection sociale. Il faut en particulier réduire la part prépondérante du secteur privé, qui représente les trois quarts des créations de places de ces dernières années, et faire contribuer davantage les riches à cette solidarité nationale.

Pratiquer une nouvelle solidarité intergénérationnelle

L'inévitable changement démographique conduit à la nécessité de réfléchir en termes de cycle de vie, c'est-à-dire de conditions de vie selon les âges successifs de la vie, de solidarité entre générations dans un nouveau type de société, de partage du temps tout au long de la vie. La question des transitions entre les âges va se poser avec acuité. Cela relance nécessairement les questions de protection et d'inclusion sociales qui débouchent sur des politiques d'amélioration (enfants, familles, travailleurs pauvres), de modernisation des régimes de retraite (prise en compte des nouvelles formes de travail et des interruptions de carrières), d'obligation de soins pour les personnes âgées dépendantes, de lancement de biens et de services nouveaux et adaptés.

Cela suppose aussi et surtout de réfléchir au potentiel que représentent les jeunes générations, qui ne seraient plus alors empêchées de travailler, et les citoyens plus âgés, qui pourraient ainsi apporter leur expérience et leur concours à la vie sociale. Ce serait opter pour la contribution de tous les acteurs sociaux en capacité de le faire à la conduite des changements, sur le mode de nouvelles solidarités entre les générations. Quand quatre ou cinq générations coexistent, la cohésion sociale doit imposer que chaque génération puisse être impliquée et que le vieillissement soit considéré comme une opportunité pour la société entière. Quelques réalités symboliques pourraient être mises en place, comme les Maisons intergénérationnelles en Allemagne (500 existantes), le « quartier pour tous les âges » aux Pays-Bas ou les éco-quartiers mêlant les différents âges.

41.4 Respecter la dignité humaine

Même si elle a une signification très large, la notion de « dignité humaine » évoque clairement le respect dû à la personne humaine, du seul fait de son existence, de l'exigence d'égalité, et indépendamment des qualités morales de l'individu considéré. Sans recourir à des considérations métaphysiques, la Déclaration des droits de l'homme de 1948 parle de « la dignité inhérente à tous les membres de la famille humaine ». La notion de dignité est explicitement dans tous les instruments internationaux relatifs aux droits de l'homme, interdisant la torture, l'esclavage, les discriminations, les humiliations, etc. Fil directeur de l'éthique médicale, elle signifie dans ce contexte le refus d'instrumentaliser l'être humain et fonctionne comme le « principe matriciel » de la bioéthique. Toute personne est une fin en soi.

Pour manifester en permanence le sens profond qu'il a de la dignité humaine, le socialisme doit mettre en avant l'égalité des citoyens jusqu'au perfectionnisme, sa volonté d'éradiquer le déclassement puissant généré par le capitalisme dans sa phase actuelle de globalisation ultralibérale et promouvoir avec courage le respect de la dignité dans la fin de la vie humaine.

Viser l'égalité

Être de gauche, c'est vouloir l'égalité entre les hommes, avons-nous dit à propos du noyau identitaire de la gauche. On peut tenter de comprendre les mécanismes à l'origine de l'injustice et de la souffrance – pour mieux les déjouer et les éradiquer – en formulant un projet autour de l'Etat de droit, les Droits de l'homme et du citoyen. On en appelle ainsi à une conception éthique qui organise la vie commune sous forme juridique, en constituant des communautés de droit.

Une vision originale de cette conception des communautés a été formulée par Boltanski et Chapiello qui pensent que chaque version du capitalisme engendre sa critique, qui elle-même débouche sur sa réforme en une autre variante ou conception de la justice ou du bien. Chaque conception appelle un type idéal de communauté politique avec sa « logique de justification » particulière, ce que les auteurs nomment une « cité ». Il y aurait ainsi la cité domestique, la cité industrielle, la cité commerciale, etc. Se développerait sur ce mode un capitalisme en réseaux, soumis à la fin du $20^{\text{ème}}$ siècle à la critique des mouvements sociaux. La justice y serait alors la diversité des principes propres à ces cités distinctes du capitalisme. Elle se noierait presque en des relations sociales particulières.

On rencontre aussi la question de la norme dans la sociologie de Pierre Bourdieu. Pour lui, les travailleurs de chaque champ social luttent pour la reconnaissance de leur champ et imposent aux praticiens de se soumettre à des normes, conceptions, principes qui régulent leurs pratiques. Mais s'agit-il de principes normatifs universels sur lesquels ceux qui combattent le capitalisme s'appuient ?

Avec John Rawls et sa *Théorie de la justice* d'une part, avec Amartya Sen d'autre part, l'égalitarisme libéral, au sens philosophique, se tourne vers une conception de la justice sociale qui vise à répondre à des exigences de liberté et d'égalité. Une conception égalitariste de la justice sociale s'y échafaude avec rigueur. Elle transcende alors tout contexte social particulier. Elle postule un principe de différence selon lequel les inégalités sociales et économiques ne doivent être acceptées que lorsqu'elles favorisent les plus mal lotis. Au nom de ces principes universels abstraits, on vise une réorganisation en profondeur de la vie sociale. Mais le risque est de se cantonner dans l'abstraction philosophique.

Pour nous évader de ce risque, pour surmonter le dualisme entre principe normatif universel et principe pratique localisé, posons-nous quelques questions. A quel titre pouvons-nous affirmer que des personnes doivent être traitées de manière égale ? Amartya Sen nous répond que tout le monde est d'accord sur le fait que ce quelque chose qui doit être distribué également est la liberté individuelle.

Si l'on recherche alors l'égalité, de quoi parle-t-on ? De permettre également le bien-être ? ou de permettre également la possession des ressources ? Le bien-être étant relatif à chacun, ne faut-il pas alors tenir compte de la responsabilité individuelle : quelqu'un qui a des goûts de luxe aura-t-il toutes les ressources permises pour assouvir ces goûts ? Et les besoins en ressources ne présupposent-ils pas une vision idéalisée du marché, qui en deviendrait inépuisable ? Et tous les individus ont-ils les mêmes capacités à tirer parti d'un même ensemble de ressources ? Réconcilier égalité sociale et responsabilité ne va donc pas de soi. La grande question reste celle-ci : le bien-être est-il passible d'une description objective ? Pas sûr, car il est bien des victimes qui se satisfont de la situation désavantageuse qu'ils vivent !

La seule solution est d'affirmer que l'égalitarisme réclame une vision de l'épanouissement humain, et donc que l'idée de justice dérivera d'une pensée supérieure du bien-être. On peut alors affirmer que l'on opte pour un perfectionnisme. Le bien-être est assimilable à la réalisation de soi selon ses capacités individuelles. En ce sens, la société doit, comme le souhaite Amartya Sen, doter les individus de capacités pour atteindre les buts qu'ils visent. Marx parlait déjà de capacités productives humaines et de mode de contrôle de ces capacités, mais il lui manquait la dimension éthique ou normative.

La question des capacités mérite un petit examen : s'agit-il de capacités « naturelles » comme l'audace, le cran, le talent, le don, une sorte de prédestination, une inégalité de mérite assortie de qualités morales (courage, opiniâtreté, etc.) ? S'agit-il de capacités « instituées » découlant de la structuration des statuts et rôles sociaux en amont, laquelle expliquerait la distribution inégalitaire des performances en aval ? La gauche considère que l'inégalité est un fait structurellement résultant des formes d'organisation sociale, donc d'une transformation du monde et de soi par l'homme. Pour elle, la justification de l'inégalité est la compétition dans la division du travail. Aspirer à l'égalité relève alors d'un devoir-être, d'impératifs moraux, d'une légitimation éthique.
Cette légitimation est aussi politique. L'acte moral procède alors d'un vouloir rationnel, libre, il appelle une régulation politique des institutions démocratiques pour réduire la production d'inégalités et la compétition. C'est la mission revendiquée par la gauche. Les lieux électifs de ce combat d'une portée

symbolique énorme sont l'entreprise et l'école au sens large, de la maternelle à l'université.

Vaincre le drame du déclassement

Le combat contre la précarité et le déclassement est un autre combat socialiste essentiel. De nos jours, la marginalisation ne se situe plus seulement à la périphérie de la société française, frappant uniquement une sous-classe de désaffiliés, mais au cœur même de cette société. Il s'agit d'une transformation considérable, une « dynamique de mobilité descendante » (Castel, 2009).

Depuis les années 1970, nous avons quitté l'ère du capitalisme industriel pour entrer dans une autre forme de capitalisme, plus difficile à nommer, que certains baptisent « capitalisme cognitif » (Moulier Boutang, 2007), où le travail immatériel et l'économie des services ont un rôle croissant.

Sans être parfait, le capitalisme des « Trente Glorieuses » avait imposé la société salariale : division du travail, jeu de la compétition entre groupes professionnels et de la « distinction » (Bourdieu), négociation collective entre « partenaires sociaux », tentatives de redistribution et de « partage des bénéfices » de la croissance, « compromis social », protections étendues, régulations collectives, pilotage de l'Etat social.

Le nouveau régime du capitalisme, depuis les années 1970, apporte mobilité, flexibilité, « société des individus » (Norbert Elias), déqualification, multiplication des prestations délivrées sous condition de ressources, minima sociaux avec logique de la contrepartie, « société du risque » (risque dépendance, dissociation familiale, risque chômage, risque précarité, risques climatiques et environnementaux). Dans ce contexte inquiétant, l'Etat social est remis en question et sommé de se faire plus actif, le salariat s'effrite, et un « infra-salariat » apparaît.

Le déclassement affecte évidemment davantage les classes populaires dont la précarisation s'accroît. Pour la première fois en 2007, le FMI a analysé la question de l'accroissement des inégalités dans son rapport *World Economic Situation and Prospects*. Les causes proposées : la globalisation commerciale, la globalisation financière, la globalisation du marché de la main-d'œuvre, ces trois globalisations se trouvant accélérées par la révolution de l'information. De 1960 à 1995, la part du revenu des plus pauvres (20% de la population) est tombée de 2,3% à 1,4% ; dans le même temps, la part de revenu des 20% les plus riches est passée de 70 à 80%.

L'accroissement des inégalités dues à la globalisation peut s'expliquer de plusieurs façons (Chervalier, 2008). Il y a eu augmentation globale de la disparité des revenus entre pays et entre individus, phénomène dû notamment à la concentration des avoirs, aux mouvements de capitaux, aux phénomènes spéculatifs. Face à cette concentration des capitaux et à cette expansion des profits au bénéfice de très peu de gens, la répartition entre salariés des hausses de revenus liés au travail est restée très insuffisante. Et il y a encore eu un renforcement des inégalités de détention (ou constitution) des patrimoines par les inégalités d'accès au savoir et les inégalités de rémunération du travail qualifié. La main-d'œuvre est restée le plus souvent peu qualifiée par insuffisance des appareils éducatifs dans les pays en voie de développement et par adaptation trop lente de ces appareils éducatifs dans les pays développés.

En 2008, les inégalités sont telles qu'au niveau des 192 pays souverains dans le monde (reconnus par les Nations unies), les 20 premiers se partagent plus de 90 % de la richesse mondiale ! Parmi les calamités qui persistent et s'aggravent, il faut citer 1, 2 milliard d'êtres humains vivant avec moins de 1 dollar par jour ; 2 milliards de personnes n'ayant pas accès à l'eau potable ; 38 millions de personnes contaminées par le sida et se trouvant peu ou mal soignées, dans les pays sous-développés, dont 70% en Afrique. La pauvreté se concentre donc dans les pays les moins avancés (PMA). Ces PMA regroupent 50 pays dont 34 africains. Ils ont un revenu inférieur à 900 dollars par habitant et par an et connaissent l'analphabétisme, la mortalité infantile, le retard de développement humain. Il faut donc admettre que la croissance peut favoriser l'accroissement de richesse globale dans un pays et dans le monde, permettre une certaine réduction globale de la pauvreté sans résorber les inégalités. Cette croissance économique sans souci d'égalité sociale reste injuste.

L'INSEE a publié en 2007 le texte *France, Portrait social*, qui montre bien la détérioration de l'état social de notre pays, à l'image de la détérioration mondiale.
Les plus hauts revenus se sont envolés ; les 3500 foyers fiscaux les plus riches ont vu leur revenu réel progresser de 42,6% en 8 ans. Sur les 10 dernières années, le pouvoir d'achat des ménages a augmenté de moins en moins vite. Cette croissance ralentie a été très inégalement répartie. Il y a en France au minimum 7,1 millions de pauvres (1 adulte avec 1 enfant à charge vivant avec 750 euros par mois). On assiste donc bien à une « smicardisation » de la population : on est passé de 8,6% de smicards en 1991 à 15,1% en 2006. Or, les charges fixes et contraintes (logement, assurance, remboursement de crédit) viennent absorber 75% du revenu courant des ménages modestes.

On peut distinguer à présent quatre groupes sociaux dans notre pays :
- le segment hautement qualifié, à hauts salaires, bénéficiant de la croissance et de la financiarisation de l'économie ;
- le segment des salariés permanents et relativement qualifiés (cadres moyens, personnels de catégorie B de la fonction publique, professions intermédiaires) ;

- le segment à insertion précaire et à faible revenu, en menace de précarisation touchant l'infra-salariat ;
- le segment durablement exclu du salariat.

Une enquête récente du CREDOC (Centre de recherche pour étude et observation des conditions de vie) traite des inégalités d'accès à la propriété depuis 25 ans. Elle révèle qu'entre 1997 et 2007, la hausse des prix du logement a été de + 140%. Une étude de l'Agence pour l'information sur le logement (ANIL) montre que les politiques n'ont pas su rééquilibrer cette situation : l'argent public (prêts aidés, défiscalisation) a bénéficié à ceux qui avaient déjà un apport personnel important ou des prêts familiaux.

Au total, les perspectives de mobilité ascendante sont de plus en plus rares dans notre France. Le sort des enfants de milieu populaire s'est bien détérioré. Les trajectoires descendantes frappent de plus en plus les catégories supérieures et moyennes. A l'heure où la solidarité intergénérationnelle doit être renforcée, un déclassement généralisé entre les générations, sauf au plus haut niveau de l'échelle sociale, est puissamment à l'œuvre. On mesure combien la lutte pour l'égalité devient plus âpre dans ce contexte de déclassement généralisé du salariat. A la gauche de relever le défi !

Promouvoir la dignité de fin de vie

Porteur d'une conception ambitieuse de la vie, dont la dimension concerne l'humanité et l'orientation, le bien-vivre collectif, le socialisme est concerné par une conception de la mort qui ne peut être que centrée sur la notion de dignité et dans le droit fil de la solidarité intergénérationnelle.

Sur le plan anthropologique, la société occidentale contemporaine est passée d'une représentation de la mort comme naturelle et collective, conception qui a perduré jusqu'au milieu du $20^{\text{ème}}$ siècle, à une autre où la mort est de nos jours devenue solitaire et hospitalière. En France, 70 à 80% des décès ont lieu en effet à l'hôpital. Comme le dit Philippe Ariès, la modernité nous a fait passer de la mort apprivoisée, c'est-à-dire pressentie et consentie, à la mort interdite, inopportune, injuste. C'est la mort-rupture, plutôt effrayante et obsédante. Et les décès s'accompagnent de multiples contentieux du genre existence ou non de soins palliatifs, acharnement thérapeutique, malade soustrait à sa famille, demande d'euthanasie, etc. A l'occasion de cette mort vécue comme un problème, le malade est devenu un cas. Et il faut remarquer que le consensus s'est rompu sur ce qui définit le moment précis où la cessation de la vie peut être considérée comme définitive. Hier, le signe reconnu en était l'arrêt du cœur. Aujourd'hui, il est devenu la perte irréversible de la fonction cérébrale, ce qui autorise alors le prélèvement d'organes encore vivants et soulève les questions d'ordre éthique.

La mort moderne dans nos sociétés contemporaines est portée par des tendances à la désocialisation et à la déritualisation. Elle est sous l'emprise de la médicalisation. Et deux options se développent depuis une vingtaine d'années : euthanasie volontaire et soins palliatifs. Toutes deux supposent une logique d'anticipation et de maîtrise relative de la mort. Un certain flou juridique est entretenu, ce qui écarte provisoirement l'illusion qu'il existerait une solution technique indiscutable et une mort juridique absolument « correcte ».

La question des soins palliatifs est loin d'être simple. Elle résulte directement du déplacement du lieu de mort. Si, au début des années 1960, plus de 60% des décès avaient lieu à domicile, on constate dans les années 1990 que 70% ont lieu cette fois en établissement. Ce renversement rapide a révélé certaines carences et caractéristiques de la médecine française dans le domaine du traitement de la fin de vie : acharnement thérapeutique, résistances à traiter la douleur, insuffisance d'accompagnement psychologique de la fin de vie.

Les soins palliatifs ne commencent réellement à être considérés qu'au milieu des années 1980, par Edmond Hervé (février 1985) qui installe un groupe de travail sur eux, ce qui débouchera ensuite sur la création de la première Unité de soins palliatifs de 12 lits à l'Hôpital international de l'université de Paris et la première équipe mobile rattachée à L'Hôtel Dieu de Paris (septembre 1989).
La loi Kouchner de juin 1999 vient garantir l'accès aux soins palliatifs, autorise l'opposition à l'investigation thérapeutique, définit les soins palliatifs à domicile, le rôle des bénévoles, le congé d'accompagnement du malade par des proches. La loi Léonetti (22 avril 2005) est la référence actuelle en la matière : interdiction de l'obstination déraisonnable, rôle donné au malade conscient comme aux médicaments à « double effet » (morphine), relation médecin/patient.

La question des soins palliatifs relève de principes éthiques qui ne réduisent plus la souffrance à sa seule dimension physique, mais prennent en compte les aspects psychologique, psychique, spirituel même. Il y faut un personnel formé, un aménagement pertinent des espaces au sein des unités de soins palliatifs. Or, dans son rapport (2006), le comité national de suivi des soins palliatifs mentionne que le domaine de ces soins reste « mal connu et peu compris » ; que « l'enseignement médical ne prépare pas à ces soins » ; qu'il faut que « les professionnels de santé soient formés et informés ».
Rendu public le 21 mars 2008, le rapport de Marie de Hennezel intitulé *La France palliative*, qui résulte d'une enquête effectuée sur l'ensemble des régions entre juin 2005 et novembre 2007, déplore les mêmes carences.

Les socialistes doivent développer la culture palliative et généraliser la pratique des soins palliatifs (Unités de soins palliatifs) dont le nombre actuel est insuffisant, jusqu'à parvenir à disposer d'au moins une Unité par département. La norme actuelle étant d'une équipe mobile (EMSP) pour 200 000 habitants, il existe une très inégale répartition sur le territoire. Comme le préconise Marie de Hennezel, il faut aller vers une EMSP par hôpital de plus de 400 lits et une EMSP extra-hospitalière par territoire de santé. Des lits dédiés aux soins palliatifs doivent être octroyés, pas seulement dans des services de cancérologie. Les soins palliatifs à domicile sont encore un leurre : de nombreux territoires de santé n'ont pas de réseau de soins palliatifs ; pas de référents soins palliatifs correctement rémunérés ; pas de convention avec un équipe mobile, etc.

L'obstacle le plus fort à la culture palliative est le déni de la mort chez les médecins et les soignants. La question est tabou parce qu'elle renvoie à l'échec médical et au sentiment d'impuissance. Les bonnes pratiques sont insuffisamment connues : réflexion collégiale autour des situations extrêmes demandant des prises de décisions éthiques et autour des problèmes posés par l'accueil des proches ; pluridisciplinarité des équipes avec intégration de psychologues et de bénévoles d'accompagnement ; prise en compte des aspects psychologiques de la souffrance du patient en fin de vie dans l'organisation des soins.

Il faudrait avoir le courage d'affronter la situation extrême, celle qui pose le dilemme éthique du patient qui, malgré toute l'affection qu'on lui porte et les soins qu'on lui prodigue, demande qu'on le délivre de la vie. Dès septembre 2003, Marie de Hennezel écrivait à JF. Mattei : « le recours aux arrêts de vie ne peut pas être justifié stricto sensu, ni admis comme une pratique tout simplement normale. Pourtant, sous certaines conditions, il peut être non seulement justifié, mais déclaré éthique, à condition que son caractère transgressif soit maintenu…Maintenir le questionnement de l'acte, assumer l'ambivalence, la complexité, le paradoxe de la situation sont des garde-fous contre la tentation de simplifier et de résoudre le problème une fois pour toutes ».

Le socialisme doit concevoir avec courage le fait de mourir dans la dignité.

42. Changer nos espaces vitaux

A l'heure où nous vivons un péril planétaire touchant à la nature et à la vie, il est indispensable que la politique socialiste se mette à repenser la question des espaces vitaux dans lesquels elle chercherait à développer sa politique de la vie, de l'humanité et de la civilisation, la solidarité entre générations et la dignité de l'homme.

L'écologie contemporaine remet en tête de nos préoccupations la nature, la biosphère, l'écosystème. Et l'anthropologie contemporaine, qui avait un peu cessé de penser l'espace, se met avec Marc Augé à combler la lacune.

42.1 Protéger la nature, l'écosystème, la biodiversité

Science d'un type nouveau, l'écologie substitue aux notions de milieu, environnement, nature, la notion d'écosystème. Celle-ci englobe l'environnement physique et toutes les espèces vivantes dans une niche donnée. Et cet ensemble fait système : il combine toutes sortes de relations d'associations, complémentarités, régulations. Il est autorégulé : l'intégration naturelle entre végétaux, animaux et humains, installe un équilibre ou au contraire dysfonctionne. La conscience écologique, en sa vision universelle de la Terre-patrie, est attentive au développement industriel, qui peut devenir force de désintégration de l'écosystème. En ce sens, elle surveille l'action de l'homme, copilote de la nature, et ne croit pas comme Descartes ou Marx que l'homme doive ou puisse dominer la nature. Prendre en compte l'écologie ne peut donc conduire qu'à une révolution dans la pensée, car l'homme n'est plus pour l'écologie le centre dominant la matière et la nature. Le socialisme écologique est donc à inventer pour le 21ème siècle !

Les écologistes en leur totalité et la majorité des scientifiques affirment maintenant que notre écosystème planétaire, entré en crise depuis les années 1970, en est arrivé à un pic qui nous fait changer de niveau dans l'échelle des problèmes. Il s'agit pour eux d'une déstabilisation majeure, inédite et particulièrement brutale.

Dans le temps même où la révolution scientifique et technique a produit plus de découvertes importantes en 10 ans que depuis l'origine des temps, l'homme a mis en route l'érosion des « centres de diversité génétique », ces 12 zones du monde où poussent les 130 espèces de base de sa nourriture ; il a fait disparaître des ethnies sylvicoles au même rythme que les grandes forêts tropicales livrées à la déforestation ; il a lancé l'effondrement de la biodiversité marine, etc.
L'état d'urgence est décrété par la communauté scientifique. Les scénarios catastrophes sont envisagés dès 2050 si rien n'est fait. Il faut s'attaquer à tous les problèmes en même temps, avec l'espoir de n'avoir pas franchi le seuil de l'irréversible !

Ce constat est fait par tous ceux qui réfléchissent sur la situation de la Terre et de ses habitants. Les dégradations écologiques sont multiples. Elles obèrent les conditions de notre vie actuelle et pénalisent gravement les générations futures. Sans nul doute, il faut voir dans le capitalisme et le mode de vie qu'il impose le responsable de cette situation, d'autant plus qu'il cherche encore à traiter en marchandises les ressources vitales, les connaissances par le biais des brevets, l'alimentation par le biais des OGM. D'autant plus encore qu'il provoque la montée de l'endettement, l'imposition aux pays endettés de plans d'ajustement structurel austères, le tarissement de l'aide, donc qu'il aggrave la pauvreté et les inégalités dans le monde.

Toutes les familles politiques semblent s'accorder sur le remède à ce danger : le développement durable ou soutenable. Celui-ci a été défini par le Rapport Brundtland de 1987 : « Le développement soutenable est un développement qui répond aux besoins du présent sans compromettre la capacité des générations futures de répondre aux leurs ». Le propos est vague ! Distingué de la croissance, le développement peut être envisagé en première approximation comme la croissance augmentée de l'amélioration du bien-être.

Le libéralisme, qui ne pense la croissance qu'à l'aune du PIB, affirme que les deux se confondent. Il postule que l'on peut poursuivre indéfiniment la croissance économique tout en préservant les équilibres naturels et sociaux. Avec la crise de 2008, la réalité vient de démentir ces postulations. Il faut penser le développement en dehors de la croissance économique infinie, du culte du profit pour quelques-uns, du consumérisme, du gaspillage, du creusement des inégalités.

Le socialisme démocratique, en sa dimension écologique, doit donc repenser le développement, hors du cadre capitaliste et libéral qui protège la croyance en une croissance perpétuelle. Il faut viser un monde de solidarité, qui respecte les droits fondamentaux et traite avec parcimonie les ressources naturelles. La connaissance et le respect de la nature doivent y avoir une place éminente.

42.2 Repenser les territoires

Pour comprendre ce que l'homme a fait des territoires et des lieux de nos jours, il nous faut prendre le regard de l'anthropologue, en l'occurrence celui de Marc Augé (1992), et avec ses lunettes, réapprendre à penser l'espace. Sa notion de « lieu anthropologique » est centrale. Il s'agit d'une « construction concrète et symbolique de l'espace » qui forme les identités personnelles, organise les relations, maintient une « stabilité minimale », un attachement aux sites et aux repères. Le socialisme ne peut qu'être attentif à cette question anthropologique.

Rejeter les non-lieux !

Ce que Marc Augé nomme la « surmodernité », qui va de pair avec l'ultralibéralisme, a fait proliférer les non-lieux, qui réalisent la prouesse de conjuguer « excès d'espace », « excès de temps » et « excès du repli de l'individu sur lui-même ». Ce sont donc des lieux gigantesques, parfaitement banalisés, livrés au morcellement des secteurs, pris dans des réseaux de communications de plus en plus denses, riches de rassemblements éphémères et nombreux de gens qui ne font qu'y passer, traversés de machines à circulation rapide. Ces non-lieux ne fonctionnent pas à l'appropriation par la vue et l'errance. Comme le libéralisme est, sur le plan écologique, à durabilité faible, les non-lieux qu'il a enfantés sont à contenu symbolique, culturel, historique pauvre. L'expérience qu'ils proposent est celle où « s'éprouve solitairement la communauté des destins humains » ; elle relève d'une « ethnologie de la solitude », de l'anonymat et de la peur.

La liste en est longue : gares nouvelles, aéroports, hypermarchés, hôtels standardisés, banques, autoroutes ; mais aussi villes nouvelles avec leurs échangeurs et périphériques. Bien sûr, lieux et non-lieux s'enchevêtrent dans nos paysages modernes, et c'est bien leur réseau qui a pris possession de nos territoires.

L'évolution des territoires lors de ces quarante dernières années s'est polarisée sur les villes. La globalisation économique se fait très nettement autour des grandes villes et des régions. Il faut donc s'attarder sur la question contemporaine de la ville.
Rapportant l'expérience de la ville de New-York par les passants illustres qu'y furent Le Corbusier et Fernand Léger, accompagnant Hannah Arendt ou James Baldwin, le sociologue américain Richard Sennett (2001) nous fait comprendre qu'une ville offre d'abord à chacun l'expérience de l'opposition de l'intérieur (refuge, foyer, espace privé) et de l'extérieur (activités, pouvoirs, affrontements, risques). Le lieu citadin permet à chacun de vivre sa construction identitaire. Mais le non-lieu, que permet-il ? L'homme y garde-t-il la possibilité d'un regard, d'une expérience positive ?

Le non-lieu est la crise de la citoyenneté commune. C'est un espace « non social ». Il faut suivre Sennett quand il dit : « la flexibilité du capitalisme a les mêmes effets sur la ville que sur le lieu de travail. De même que la flexibilité du système de production entraîne des relations plus superficielles au travail, de même ce capitalisme entraîne un système de relations superficielles et distantes dans la cité » (2001).

Le socialisme doit réagir très fermement contre toutes les dérives dans l'urbanisme, l'architecture, la manière de penser l'expérience de la vie dans les territoires, dans les villes comme dans la nature. Il doit proposer de revenir à l'expérience existentielle des lieux dans toutes ses richesses et sa complexité. Les effets de la mondialisation sur les villes, les grandes villes au premier chef, les mégalopoles, commencent à être bien repérés. Sennett mentionne que la nouvelle élite mondiale des villes telles que New York, Londres, Chicago, évite de s'engager dans le champ politique urbain. Si elle y mène des activités économiques, elle refuse de le diriger politiquement : « l'économie mondiale n'est plus enracinée dans la ville au sens où elle n'est plus sujette au contrôle de la cité ». On peut parler en ce sens d'une « économie insulaire » qui est indifférente au sort de la ville, ce qui pose un problème de citoyenneté à l'échelon des villes comme à l'échelle des nations.

Penser la ville comme territoire urbain

La ville fait donc un retour fracassant dans la pensée contemporaine, aux Etats-Unis, en Europe et notamment en France : « l'incomplétude du temps capitaliste nous renvoie au problème qui a marqué les débuts de la cité industrielle ». Il s'agit donc de repenser la ville, la cité, le domus, cette relation spatiale qui, avant l'ère industrielle, combinait famille, travail, espaces publics des fêtes et cérémonies, autres espaces plus libres. Il nous faut retrouver le caractère collectif de l'espace « pour combattre le temps séquentiel du travail moderne ».

Trois aspects de la ville sont alors essentiels : les dimensions sociales, politiques et culturelles.

Au niveau social se posent les questions de l'intégration/exclusion. Dans l'espace urbain, les catégories sociales se définissent moins par leur statut que par leurs trajectoires de mobilité, leur attachement (fort ou faible) à des territoires. Les problèmes qui se posent sont nombreux : sentiment d'insécurité, criminalité, concentration de la pauvreté dans certains quartiers, tensions entre classes, émeutes, etc. On les voit surtout de façon négative depuis quelques années.

Au niveau politique se posent les questions de l'égalité/différence entre citadins. La banlieue et les grands ensembles ont d'abord incarné la conquête de l'avenir, l'espoir d'une société plus heureuse. Jusqu'aux années 1970, la ville avait de nouveaux territoires à conquérir à travers les banlieues. Aujourd'hui, dans les marges de la ville, il n'y a plus guère de territoires à conquérir, mais il reste à les organiser et à les pacifier. Car l'hétérogénéité de la ville est flagrante, et le territoire urbain a accueilli des populations multiculturelles. Il faut donc aménager cet ensemble en respectant et valorisant la diversité. Cela renouvelle la question de la démocratie.

Au niveau culturel se pose la question de la modernité de la ville. Une ville n'est pas seulement un espace architectural et un espace de vie de populations différentes. Elle est un objet de représentations, idéologies, symbolisations. Dans une ville, chacun fait l'expérience d'un mode de vie particulier qu'il associe à la modernité. Or, dans les villes modernes, l'individu se sent plus que jamais étranger à son environnement. Certains parlent de « non-ville ». L'architecte Christian de Portzamparc distingue trois âges de la ville :
- l'époque de la ville congruente à société intégrée (des cités grecques au Paris d'Haussmann) ;
- le temps de la disparition de l'unité sociale de la ville, de la séparation entre civilité et urbanité, de la mort des quartiers, de l'apparition des banlieues ;

- depuis 1970, le chaos dans la forte croissance des inégalités, la ségrégation spatiale, le creusement des distances sociales et l'arrivée de « villes émergentes ».

Nous serions donc à présent dans une situation où il faut penser et repenser la ville autour de notions comme celle de « communautés de voisinage » sans tomber jamais dans le communautarisme.
Sur le plan social, toute politique de la ville doit intégrer la notion de territoires urbains à connaître, respecter et valoriser.
Sur le plan politique, toute politique publique doit intégrer l'hétérogénéité des villes modernes, les réalités multiculturelles qui alimentent les tensions entre égalité et différence, le besoin de justice et reconnaissance, le désir de fonctionnements démocratiques.
Sur le plan culturel, toute politique publique doit penser l'expérience, individuelle et collective, de modernité, les frontières entre public et privé, le contenu culturel de l'espace commun.

Penser la ville comme territoire urbain est une démarche nouvelle qui s'applique d'abord aux grandes villes. Toutes les villes manifestent une diversité au fil du temps, de multiples visages ou identités, sauf les villes nouvelles récentes, pensées en cohérence et totalité par leurs architectes.

Evidemment, il existe d'abord des données objectives dont les habitants tiennent compte. Une ville peut se découper en arrondissements, en quartiers (sous-quartiers, rues, coins, places, haut et bas). Il existe une topographie, une morphologie de la ville, un socle géologique (infrastructure naturelle de la ville), une biodiversité (faune et flore).

Intervenir sur une ville, c'est respecter cette morphologie et essayer de valoriser encore davantage l'adaptation de la ville à son site. Les données objectives sont un support qui s'offre à la perception immédiate, un canevas, une base rationnelle. Ces données sont marquées presque toujours par des discontinuités inscrites dans l'ensemble des lieux : un réseau viaire, une division en îlots, de grandes artères, etc... Ces grandes césures ne font pas forcément sens pour les citadins. Pour le savoir, il faut alors dialoguer avec eux et analyser leurs déclarations.

Quand on les fait parler de leur ville, les citadins font des récits, des observations, des notations A travers tous leurs discours, ils attribuent des traits aux lieux : ils comparent quartier rénové et vieux quartier ; ils évoquent les lieux qu'ils aiment ou non, ils relèvent une atmosphère, un style, des mœurs, un esprit, bref un trait différentiel

Quand on dresse la liste de tout ce que les citadins disent sur leur territoire urbain, on voit qu'ils juxtaposent les registres les plus divers. Cependant, il n'y a pas autant de représentations d'un territoire urbain qu'il y a d'habitants, car il y a des expériences de vie quotidienne qui sont quasi similaires. Dans les opinions personnelles se retrouvent donc des concordances. Parfois, ces concordances ne sont pas éloignées des normes imposées par les données rationnelles (topographie et morphologie de la ville).

Les spécialistes distinguent, dans la façon dont les habitants se représentent leur territoire urbain, les entités préconstruites (entités administratives et historiques possédant un toponyme) et les entités construites à partir de l'expérience du terrain. Parfois, c'est la référence à un centre qui prédomine ; parfois, c'est la place prise par les grands ensembles. Certaines figures urbaines peuvent être prédominantes : l'ancienneté historique d'un édifice ou d'un secteur, une ZAC, etc...

La notion la plus récurrente est sans aucun doute celle de quartier. C'est la catégorie classificatoire la plus mobilisée, aussi bien pour parler d'un grand territoire (arrondissement) que d'un plus petit (une rue animée). Chaque citadin y inscrit sa relation personnelle avec d'autres citadins et avec la ville. Le quartier a ainsi sa vie propre, sa mémoire, son âme. Cela se fonde sur la possibilité de croiser des visages connus, d'échanger des salutations, d'avoir des relations avec des commerçants ou avec des parents d'élèves, etc. Un quartier peut donc se créer à partir de places, de rues, d'ensembles immobiliers, de critères ethniques (quartier chinois, par exemple).

On voit donc bien que le sens dominant d'un territoire urbain ne relève pas de la seule raison ou de la logique, mais d'une autre rationalité. Il n'existe pas de sens unique d'un territoire, urbain ou non : il n'existe que des significations multiples, produites par des habitants, et entre lesquelles s'installent des concordances. On peut penser que les architectes et urbanistes sont plus attentifs aux données objectives d'un territoire urbain, qu'ils découvrent en travaillant notamment sur des cartes, des plans, des relevés. On peut penser que les sociologues, ethnologues, anthropologues sont plus attentifs aux données subjectives. Les deux doivent travailler ensemble et relier leurs observations aux déclarations des habitants d'un territoire urbain. Le sens de ce territoire émerge donc de cet ensemble de perceptions, sensations et représentations que les professionnels de la politique doivent stimuler.

La France compte 80% d'urbains. Il faut donc penser un modèle de société fondé sur la ville « solidaire et durable » elle aussi. Il s'agit d'un grand dessein sociétal qui exige parfois de transformer la relation population-territoire. On peut le faire en jouant sur la variable spatiale, ce qui revient à :

- dé-densifier la grande pauvreté, déconcentrer les populations en difficulté, diversifier ;
- requalifier les quartiers de logement social ;
- promouvoir le social, la formation, la culture.

Ce processus sera très long et difficile. Il s'agit de modifier profondément la structuration du territoire urbain. Cela dépasse très largement le cadre des actions habituelles et réclame une vision globale du territoire, tant au niveau de la programmation qu'à celui de la gestion. Cela demande un long temps de réflexion et de contractualisation, de 5 à 10 ans parfois. La politique à y déployer est comparable à celle des villes nouvelles : polycentrisme, création de pôles denses et de bassins de vie regroupant logements, emplois, services et fonctions diverses, logements sociaux, transports en commun. L'édification de ces villes ou leur réhabilitation nécessite une gouvernance qui évite les actions et financements sectorisés (Vignaud, 2008).

Penser la banlieue comme territoire urbain

Au sens purement géographique, la banlieue est la ceinture urbanisée entourant la ville centre et en continuité urbaine, aucune habitation n'étant séparée de l'autre de plus de 200 mètres. Ce sens englobe trois notions :
- une notion juridique : c'est la périphérie soumise à des devoirs (cahier des charges) ;
- une notion sociologique : c'est le lieu de la marginalisation, de l'exclusion ;
- une notion culturelle : c'est le berceau de la musique rap, des tags, de certaines modes.

On peut y ajouter encore :
- une connotation morale : vivre en banlieue peut signifier dans certains cas l'opprobre, le discrédit ;
- un fait de génération : les jeunes de banlieue ont un certain type de langage, sont parfois en marge de l'école, du travail, et souvent en quête de reconnaissance.

La banlieue est une ville dans la ville. Ses logements sont vieux. Les équipements de proximité y sont vétustes. Les moyens de transport en commun n'y existent guère. A propos de la population, l'Observatoire national des Zones urbaines sensibles (rapport 2006) mentionne : « les populations à bas revenu et celles touchant le RMI dans les ZUS sont proportionnellement près de 3 fois supérieures à la moyenne nationale ». Près de 8% de la population française habite dans les ZUS. Le revenu fiscal mensuel moyen y est de 763 euros en 1999, et souvent de 400 euros.

On a traité les problèmes de la banlieue avec les outils habituels : «la redéfinition des domanialités, la rénovation de l'espace public et des édifices détériorés, la résidentialisation des bâtiments ». Autrement dit, des moyens insuffisants, peu à l'échelle de la taille de ces territoires, de leur isolement, de leur absence d'équipements publics à large audience, de la précarisation grandissante de leur population avec taux de chômage élevé, emplois précaires, faible niveau de revenu.

Dans la réalité, la banlieue représente 7% du territoire national et 21 millions d'habitants. 3 à 4 millions des habitants de banlieue sont en grande précarité en France, surtout dans les quartiers sensibles. Mais il faut ajouter 1,5 million de personnes précaires vivant dans les villes centres, car les quartiers sensibles ne sont pas forcément en banlieues (dans des faubourgs, dans des ZAC péricentrales). La masse des populations de banlieue n'est donc pas en situation précaire.

La notion de quartier sensible a été forgée par la politique d'habitat social de 1977, les DSQ (développement social des quartiers) de 1982, la DSU (dotation de solidarité urbaine) de 1986/87 et la politique de la ville de 1989-90 faite par Michel Delebarre. A cette époque, on parlait de quartiers défavorisés et non de banlieue. Le logement social s'est transformé quand le gouvernement des années 1975-80 a multiplié les PAP et privilégié l'accession sociale à la propriété : cela a éloigné les classes moyennes de ces quartiers.

Dans les années 1980, on a travaillé sur les quartiers pour les revitaliser, en réhabilitant des logements, en rénovant et aménageant des espaces publics, en essayant de résoudre les problèmes sociaux. L'objectif était de créer un habitat de classe moyenne, de lutter contre l'exclusion au profit de la mixité sociale. Ces programmes ont connu des échecs : en société libérale, on ne peut obliger les gens à habiter où ils ne veulent pas. Les classes moyennes ont cherché à accéder à la propriété et ont disparu de ces quartiers. Il y reste à présent une concentration de populations en difficulté sociale, économique, avec de nombreuses familles monoparentales et /ou d'origine étrangère. D'où des difficultés d'intégration et des formes de discriminations qui redoublent les ségrégations.

Avec JL Borloo, on a créé une agence nationale de rénovation urbaine, une agence nationale pour l'égalité des chances, des dispositifs décentralisés, des contrats de villes (Etat, Région, communes). On a voulu accélérer les démolitions massives : on en a fait 10 à 15 000 par an environ, alors qu'on voulait démolir 200 000 logements sociaux en 5 ans. Or, il faut reloger les populations concernées et finir de payer les prêts pris sur 42 ans. Les barres que l'on démolit sont de tailles très différentes : 8000 à 12 000 personnes à Mulhouse, 30 000 à Sarcelles, 50 000 au Mirail à Toulouse. Dans les HLM mieux reconstruits aujourd'hui, on tente d'encourager les copropriétés. Mais les grands ensembles restent des mosaïques-mondes : 82 nationalités à Sarcelles, 102 à Saint-Denis. Tout reste à faire ou presque !

Lier territoires urbains et sûreté

Dans le champ de la sécurité, le mot « sûreté » touche à la jouissance paisible et au partage des espaces collectifs. La sûreté ne peut être efficacement traitée que si elle entre dans une démarche pluridisciplinaire. Elle fait le lien entre cultures et compétences professionnelles diverses : sociologie, droit, histoire, science politique, géographie, anthropologie urbaine, architecture.

Les violences urbaines en France ont provoqué, dès la fin des années 1970, et surtout après 2000, une demande forte des administrés à leurs élus. Mais leurs effets sur les réflexes d'aménagement urbain ont été bien plus tardifs. A présent, deux phénomènes émergent : le souci de défense des lieux (résidentialisation, communautés fermées, empêchements physiques, surveillance, interventions « rusées ») ; le besoin d'un expert en sûreté. Ce besoin d'expert en sûreté a été soutenu par la puissance publique :
- article 11 de la LOPS de 1995 qui prescrit une étude d'impact de sûreté pour certaines opérations d'urbanisme ;
- DGUHC, DGPN, DIV ont élaboré un guide pratique de sûreté à l'usage des maîtres d'ouvrage ;
- il existe une action de normalisation européenne des équipements et des démarches en faveur de la sûreté.

La sûreté conduit à se pencher sur l'usage de l'espace, de l'équipement, du bâtiment en termes de gestion des flux. Désormais, les lieux les plus fréquentés sont jugés les plus vulnérables et sont surveillés : stades, grandes superstructures de transports, parkings, certains équipements symboliques. On a intégré l'idée d'émeute. Cela conduit à responsabiliser les acteurs locaux.

Les gens de gauche doivent être attentifs à un risque inhérent aux politiques de sécurité : la dérive sécuritaire et le glissement dans ce que certains ont appelé la « société de contrôle ». Le pouvoir politique s'exprime de nos jours notamment par les réseaux de contrôle : cela passe par les fichiers informatisés comme par les caméras de surveillance, omniprésentes dans certains territoires urbains.
Foucault a décrit les sociétés disciplinaires qui gouvernent par l'enfermement. L'usine d'hier ou la prison en sont des exemples. Deleuze a décrit les sociétés de contrôle qui gouvernent par les réseaux et l'hyperfragmentation de la société. Certaines banlieues relèvent de la société de contrôle, d'autres du non-droit.

Pour comprendre ce qui se passe dans les banlieues sensibles, il ne suffit pas d'étudier les comportements et attitudes des habitants ; il faut saisir la stratification sociale qui y prévaut, cet enchevêtrement de couches sociales différenciées, de rapports entre générations et réseaux de communication qui structurent les relations sociales. Ces réseaux sont complexes et la tentation est grande de vouloir les épier, les surveiller et les contrôler alors qu'il faut chercher à favoriser de nouveaux modes d'intégration sociale.

La nouveauté radicale de la situation urbaine est dans le fait de penser l'ensemble ville-banlieue comme un système avec la complexité des forces en présence, la dynamique de ces forces, la nécessité de nouvelles expériences de lien social et de citoyenneté sociale. En ce sens, le territoire urbain qu'est la banlieue est un terrain d'émergence de nouvelles énergies en demande de coopération. C'est ainsi que la gauche doit surtout le penser.

Appliquer la prospective aux territoires urbains sensibles

Il existe en France à peu près 1500 quartiers sensibles, dont 150 de « non-droit ». Or, la prospective s'est très peu intéressée aux quartiers sensibles. La politique de la ville en France est presque exclusivement curative. La prospective permet d'explorer les futurs possibles d'un territoire pour devenir prédictive.

La Mission Prospective et Stratégie, créée au sein de la Délégation interministérielle à la Ville en 2007, s'attache à développer la pratique d'une prospective appliquée aux territoires urbains sensibles. Il s'agit de développer une méthodologie, un mode de projection de l'avenir dont la politique de la ville et ses acteurs peuvent tirer bénéfice pour mieux intégrer les quartiers populaires et leurs habitants dans des dynamiques d'agglomération. On construit alors des esquisses de futurs possibles concernant les quartiers sensibles, en y associant tous les acteurs impliqués. La méthode employée est la méthode de construction de scénarios contrastés à l'aide de l'analyse morphologique. On définit le périmètre du quartier sensible et l'horizon temporel (2020). Avec un groupe de travail, on liste les variables influentes sur le territoire étudié (10 à 12 variables, quantitatives et qualitatives), on les ordonne, on sélectionne les indicateurs pertinents pour les étudier. On élabore des hypothèses d'évolutions possibles et on combine ces hypothèses pour parvenir à des scénarios.

Les enjeux majeurs (hypothèses d'évolution et scénarios prévisibles) qui émergent sont nombreux : le vieillissement démographique comme tendance lourde, avec ses menaces sur les quartiers ; la valorisation du foncier et du bâti ; l'éducation parentale et scolaire comme levier capital pour favoriser une socialisation harmonieuse ; les leviers pour dynamiser l'emploi ; la question des identités ; les aménagements urbains.

La question clé est donc : s'agit-il de sortir les quartiers sensibles de leur fragilité et dégradation ou s'agit-il d'affirmer, consciemment ou inconsciemment, leur vocation de quartiers d'accueil de populations précaires ? La gauche ne peut choisir que la première hypothèse !

42.3 Rechercher la qualité des lieux

Le lieu doit conjuguer espace, mémoire, culture et identité. Toutes les villes ne sont pas des non-lieux. Elles peuvent proposer des expériences positives, dans ce qu'Emmanuel Levinas nommait la « proximité de l'inconnu ».

Le *Grenelle de l'environnement* préconise l'existence d'éco-quartiers en France. Le Ministère de l'Ecologie souhaite qu'au moins un quartier de ce type soit implanté avant 2012 dans toutes les communes ayant des programmes de développement de l'habitat. La Caisse des dépôts et consignations a décidé de financer un programme expérimental d'appui aux éco-quartiers. Tout cela est-il pertinent ?

Développer l'éco-quartier

On sait parfaitement ce que l'éco-quartier ne doit pas être : un ghetto écologiste, une vitrine technologique, un business à la mode. Et on sait aussi ce qu'il peut être : un quartier qui a été conçu de façon à respecter l'environnement et qui répond aussi le plus parfaitement possible à la qualité de vie attendue par ses usagers. En somme, il conjugue deux qualités en une : une haute qualité environnementale et une haute qualité sociale, humaine, culturelle. Les deux sont indissociables et pensées à long terme, dans la perspective du développement humain. Il faut alors mobiliser aussi une dimension économique.

On parle d'éco-ville ou éco-cité, d'éco-village, d'éco-quartier. L'échelle du quartier est la plus fréquemment retenue parce qu'elle est l'unité de base du tissu urbain. Les quartiers Vauban de Fribourg en Brisgau et Bedzed à Beddington près de Londres sont passés à la notoriété.

L'éco-quartier permet d'engager une expérimentation à échelle raisonnable, qui limite les risques en cas d'erreur. Il s'agit bien d'expérimenter dans un milieu de vie restreint une forme de réponse aux principes du développement humain. Il faut donc concilier les trois types d'exigences – écologique, économique et sociale – en veillant à ce qu'elles fonctionnent en synergie.

Les éco-quartiers sont ainsi l'antidote aux quartiers HLM à concentration verticale et à l'habitat pavillonnaire à dissémination horizontale. Ils limitent aussi l'utilisation de la voiture, préférant les allées piétonnes, le vélo et les transports collectifs. Tout éco-quartier se veut exemplaire et innovant. Pour avoir un fort impact, il n'est pas rare qu'il contienne 500 à 1000 logements au moins.

Il faut cependant se méfier de l'appellation éco-quartier utilisée à tout bout de champ et notamment réduite à l'impact sur l'environnement. Dans ce cas, l'ensemble construit peut répondre à une approche HQE (haute qualité environnementale) ; mais il n'est un éco-quartier que si, à la qualité architecturale et écologique, s'est ajoutée la qualité d'usage par la mixité sociale.

S'engager dans une démarche complexe

De la phase de conception à la phase d'exécution, l'éco-quartier est le résultat d'une démarche complexe entreprise par une multitude d'acteurs. A la source, on trouve les villes, systématiquement impliquées. Pas de projet d'éco-quartier sans participation citoyenne, élément essentiel. Evidemment, il faut compter sur les professionnels que sont les architectes et bureaux d'études, flanqués de consultants spécialisés. Dans certains cas, il faut encore recourir aux universitaires et chercheurs. Enfin, il faut mobiliser les structures et supports de promotion du développement humain à destination des habitants : agences de communication, sites internet, prospectus, conférences. Tous ces acteurs doivent mettre au point un projet cohérent de lieu de vie.

Il ne faudrait pas croire que les éco-quartiers ne sont pas encore sortis des limbes et ne constitueraient que d'aimables utopies. Les réalisations concrètes sont en fait nombreuses et déjà anciennes. Elles peuvent être différentes sur le plan social alors qu'elles peuvent converger sur le plan écologique et se soucier peu ou prou de l'aspect économique.

La demande citoyenne en développement humain s'affirme de plus en plus, sous les termes faussement identiques de « quartiers HQE », « quartiers durables », « quartiers verts », « éco-quartiers ». L'enjeu est de changer complètement de mode de vie en alliant une autre conception de l'environnement à une autre culture des solidarités et une autre pratique de certaines relations économiques.

Enfin, l'éco-quartier comporte en lui un risque : celui de conduire à l'excellence très localisée. Imaginons un éco-quartier comportant mixité intergénérationnelle, culturelle, socio-économique ; faisant varier la taille et l'aménagement des appartements pour répondre le plus parfaitement possible aux caractéristiques des occupants ; offrant, en plus des logements et techniques environnementales, des entreprises, des commerces, une bibliothèque, un centre d'art, des salles de réunions et spectacles, de nombreux espaces verts, etc. ; et tout autour, un contexte immédiat des plus pauvres. On aurait alors abouti à une ségrégation entre cet habitat « haut de gamme » et les quartiers environnants à basse qualité environnementale et moindre mixité sociale.

Rapprocher éco-quartiers et socialisme

L'éco-quartier véritable lie étroitement avancées écologiques, relocalisation économique et mixité sociale. En ce sens, il compose un « vivre ensemble » qui répond à l'objectif du socialisme moderne.
Il est la vitrine et le symbole d'une évolution décisive de la société. Si l'ancien HLM se résume au fil du temps à un traitement quantitatif et déshumanisant de l'habitat social ; si le pavillon n'exprime qu'un perspective individualiste de l'habitat en société, l'éco-quartier conduit à une fusion harmonieuse des nécessités du « vivre ensemble ». Il garantit le collectif en préservant l'individuel ; il ne sacrifie aucune dimension de la vie en société ; il conduit à un mieux-être durable. Il fait tout reposer sur la démarche participative citoyenne.
Bien sûr, il ne propose qu'une microsociété d'éco-quartier.

L'économie qui se mondialise ne s'enracine plus dans les villes, elle n'est plus contrôlée par la cité. La mondialisation finit par poser des problèmes de citoyenneté, à l'échelon des villes et donc à l'échelon des nations. La flexibilité du travail produit elle aussi de son côté frustration et incomplétude. La cité moderne engendre donc de la séparation et dégrade les pratiques civiques.
Il est indispensable de réagir en concevant autrement nos cités. Le domus, comme combinaison possible de la famille, du travail, des espaces publics de cérémonies, des espaces sociaux moins formels, est à réinventer.

42.4 Promouvoir une autre décentralisation

Notre Nation française s'est forgée autour d'un Etat central. La décentralisation est donc une rupture, une mutation importante et multiforme du pays, qui doit permettre aux collectivités locales de s'émanciper relativement de la tutelle de l'Etat. La gauche, qui a lancé le processus de décentralisation en 1981, doit tirer à présent les leçons de près de trente ans d'une expérience à laquelle elle a participé, pour prolonger durablement cette métamorphose essentielle et surtout la faire réussir. Car elle est en grand danger actuellement.

La réforme des collectivités territoriales en France est à inscrire dans le contexte politique pertinent, celui de l'Europe. Elle repose sur un objectif fondamental – décentraliser – qui réclame une conception de l'action politique où il faut différencier, dans l'effet politique produit, un niveau de stratégie globale et un niveau de proximité active.

Décentraliser peut alors se décliner en cinq paramètres complémentaires :
- impulser des stratégies du haut - Europe, Etat, régions ; et favoriser les proximités dans les départements, intercommunalités, communes ; veiller à la remontée permanente des besoins des populations ;

- aménager avec pertinence des territoires, car il y a nécessité de développer des territoires équilibrés dans la perspective européenne ;
- décentraliser et déconcentrer en synergie. La décentralisation est en effet un double processus : une organisation décentralisée de la République ; une démarche d'adaptation de l'Etat, qui peut être une déconcentration ou la mise en place d'un nouveau modèle de représentation territoriale ;
- clarifier les compétences ou « métiers » des différentes collectivités ;
- démocratiser en proposant aux citoyens la démocratie participative comme complément de la démocratie représentative.

Nous avons connu ce que l'on appelle l'acte 1 de la décentralisation (1981-1986), qui a consisté à distribuer des compétences en blocs homogènes distincts selon les échelons territoriaux et qui a nécessité une quarantaine de lois et quelque 300 décrets.

Nous sommes à présent dans l'acte 2 de la décentralisation, avec la loi constitutionnelle du 28 mars 2003 qui affirme le principe de libre administration des collectivités territoriales. L'article 1 de la Constitution déclare maintenant que « l'organisation de la République est décentralisée » et l'article 72 est le pivot d'un droit de la décentralisation défini par cinq principes : autonomie financière des collectivités, pertinence de l'échelon de proximité, droit à l'expérimentation, interdiction de tutelle d'une collectivité sur une autre, principe de péréquation.

Evaluer la décentralisation accomplie

Telle qu'elle a été conduite jusqu'à présent, par la gauche et par la droite à partir de 1981, la décentralisation a surtout consisté à allouer à chaque niveau politique et administratif des «blocs de compétences » exclusives. Ce faisant, on constate trente ans après que l'on a manqué la gouvernance d'ensemble, parce qu'on est resté dans un système de pensée ancien, qui apparaît inapte à affronter l'incertain, l'imprévisible, et surtout le complexe.

Que l'objectif de l'acte 1 n'ait pas été atteint, le verdict sur ce point de la Cour des comptes en 2009 est sans appel : « Il suffit de considérer la répartition des compétences entre catégories de collectivités pour constater que la situation préexistante à 2003-2004 n'a pas été corrigée, voire s'est aggravée » (CC, p. 52). La deuxième vague de décentralisation a en effet reconduit les répartitions existantes et n'a pas su faire émerger une plus grande cohérence. Elle n'a pas réussi à « former des blocs homogènes par domaines d'interventions publiques ni à structurer des organisations verticales remédiant à la dispersion des responsabilités par un emboîtement judicieux des rôles respectifs des différentes collectivités territoriales » (p. 63). Elle a même produit une plus grande confusion.

Les preuves de ces difficultés sont données dans de multiples pages du rapport. Certes, il existe quand même des socles de compétences confortés : fonds social logement, fonds d'action en faveur des jeunes, unification des politiques d'insertion en liaison avec le RMI. Mais on ne peut passer sous silence toutes les incohérences, les contradictions et autres imprécisions.

Au lieu de choisir de transférer des compétences par matière ou « blocs de compétences », on a transféré par niveau de collectivités : ainsi, les transports collectifs ont été répartis entre régions, départements, communautés d'agglomérations et communes ; les équipements scolaires du second degré ont été répartis entre départements et régions.

Si les lois excluent la tutelle d'une collectivité sur une autre, elles autorisent la coopération entre collectivités, grâce à une clause générale de compétence qui permet beaucoup d'initiatives. Les communes bénéficient ainsi de compétences élargies. La région a une compétence générale si large que rien ne lui échappe : « promouvoir le développement économique, social, sanitaire, culturel et scientifique de la région et l'aménagement de son territoire et assurer la préservation de son identité ». Et l'intervention de tous les échelons de collectivités augmente sur des sujets de plus en plus nombreux.

Il est difficile de spécialiser chaque échelon de collectivités quand il est réaffirmé constitutionnellement une clause générale de compétences. Il est dit : « les collectivités ont vocation à prendre les décisions pour l'ensemble des compétences qui peuvent le mieux être mises en œuvre à leur échelon ». Ce texte autorise alors les collectivités à s'engager dans tous les domaines de compétences qui ne sont pas nettement attribuées et à faire valoir leur capacité à les gérer. L'exemple du tourisme est criant : tous les niveaux de collectivités y interviennent. L'exemple des interventions économiques l'est aussi.

Une variante de cette mutualisation est dans le partage de responsabilités entre niveaux : les transferts qui ont prolongé des « socles » de compétences existants en laissant subsister un éclatement entre échelons de collectivités, comme c'est le cas des TOS des établissements scolaires de second degré et de la restauration scolaire ; les compétences nouvellement transférées qui ont été réparties entre collectivités, dans le cas de la gestion des crédits des monuments historiques (région et département) ; la responsabilité éclatée dans le traitement des déchets (préfet de département et conseil général) ; la responsabilité en cascade du logement social ; les responsabilités partagées dans le domaine de l'éducation.

Il subsiste encore des rattachements en attente : c'est la question des CIO qui s'occupent d'orientation et de santé scolaire. Il subsiste des doublons comme les CCAS ou les CIAS et les services sociaux des départements ; des champs de compétences non attribuées ou non partagées qui sont trop vastes, comme c'est le cas de l'action sociale et solidarité, où le partage des responsabilités reste complexe et où se pose la pertinence du concept de blocs de compétences. Tout cela peut aisément occasionner des interventions concurrentes et un enchevêtrement d'actions.

Bref, on n'a pas su trancher entre spécialisation ou mutualisation des responsabilités.

La décentralisation impose par ailleurs une double restructuration : celle des compétences territoriales et celle de l'action de l'Etat (déconcentration). Or, l'Etat n'a pas eu et n'a toujours pas une vision claire et cohérente de sa propre restructuration pour accompagner la décentralisation. De manière générale, les administrations de l'Etat sont encore organisées de façon trop verticale et par départements ministériels. Au lieu de restructurer, l'Etat a opté pour la réorganisation douce avec le PASE (projet d'action stratégique de l'Etat) de 2002 et la DNO (directive nationale d'orientation) de juillet 2004 pour les préfectures. Il y a manqué un pilotage interministériel ferme, si bien que les administrations déconcentrées se sont remodelées de façon très contrastée. Dans le domaine de l'équipement, on a créé « de nouvelles structures interdépartementales qui ne coïncident pas avec le ressort des préfectures de régions et échappent ainsi au mouvement général de régionalisation mis en place par l'Etat » (CC, p. 112). Dans le domaine social, il y a eu une absence de pilotage national des services sociaux de l'Etat. Et cet Etat n'a cherché à se réorganiser que tardivement, avec le lancement en 2007-2008 de la RGPP (révision générale des politiques publiques).

Il faudrait donc d'abord recentrer l'Etat sur ses compétences régaliennes : les grands équilibres économiques, sociaux, territoriaux (aménagement du territoire); la sécurité et la solidarité nationale, la police, la justice ; les affaires étrangères et relations européennes.
Il faudrait à l'évidence supprimer les doublons de services entre Etat - régions - départements, collectivités locales et administrations de l'Etat. Cette question pose notamment le problème des attributions des préfets et sous-préfets.
Il faut encore exiger que l'Etat assume pleinement ses compétences au lieu de solliciter le concours des collectivités territoriales pour des opérations relevant de sa responsabilité : transports scolaires, routes nationales, lignes à grande vitesse. L'Etat a conservé l'imbrication de compétences entre lui et les collectivités : mise en place du RMI, du Fonds d'aide aux jeunes, du Fonds social logement, missions locales d'insertion des jeunes en difficultés. Dans le cas du logement social, prérogative étatique, il y a eu passation de conventions départementales, permettant aux conseils généraux la cogestion avec le préfet de la politique du logement. L'Etat a encore des difficultés pour décentraliser totalement la formation des travailleurs sociaux (recensement et analyse des besoins) et la formation professionnelle tout au long de la vie. Ce maintien de cas d'imbrication entraîne un travail administratif lourd, compétition et redondance

De plus, l'Etat n'a pas su aller au bout de sa logique de retrait. Il conviendrait qu'il transfère aux régions de nouvelles compétences : gestion des fonds européens (à la place des préfectures), gestion de l'immobilier universitaire (en complément de celle des lycées) ; formation professionnelle, etc.

On peut enfin recommander un pacte de confiance passant par une Conférence des collectivités territoriales, installée auprès du Président de la République et du Premier Ministre. Elle absorberait Comité des finances locales, Conseil supérieur de la fonction publique territoriale, Comité consultatif d'évaluation des normes, etc.

Alors que l'Etat avait affirmé vouloir privilégier la région comme « échelon de la cohérence et de la stratégie » (28 février 2003), il a de fait renforcé les départements et intercommunalités. Les compétences d'aménagement du territoire réservées à la région sont donc restées assez floues, pendant que le rôle des départements est devenu, lui, assez clairement définissable.

Actuellement, avec la loi du 12 juillet 1999, l'intercommunalité a trois formes : communauté de communes ; communauté d'agglomération (au-delà de 50 000 hab.) ; communauté urbaine (au-delà de 500 000 hab.). Cette intercommunalité à fiscalité propre couvre près de 92% du territoire et concerne 54,2 millions d'hab. On peut donc prévoir la transformation de l'intercommunalité en collectivité territoriale. Mais il existe encore 169 communautés de moins de 2000 hab., 1490 communautés de moins de 10 000 hab., 1231 communautés de moins de 10 communes.

Les intercommunalités constituent des établissements publics administratifs. Elles sont soumises au principe de spécialité. Leurs dirigeants sont désignés par les équipes municipales et non pas élus directement. Or, leurs compétences s'étendent de plus en plus. En faire des collectivités de plein droit les conduirait à élire leurs dirigeants et à doter les intercommunalités de la clause générale de compétence.

Enfin, les intercommunalités pourraient déléguer à leur tour certaines de leurs compétences aux communes, notamment dans les grandes villes. Il y aurait ainsi un mode de dévolution des compétences fondé sur l'initiative des communautés pour prendre en compte la diversité des territoires.

Les gens de gauche admettent que des situations locales différentes appellent des réponses différentes pour atteindre l'égalité, en outre-mer et dans l'Hexagone. Le droit de diversité qui répondrait à cette exigence signifie que, sous réserve de consultation de la population, des régions pourraient exercer une partie des compétences des départements, voire la totalité (ce serait alors une région-département) ; des communautés de communes pourraient exercer une partie des compétences des départements (voire la totalité : on aurait alors une communauté-département). La fusion département-région serait possible après consultation de la population. L'interrégionalité ou l'interdépartementalité (déjà possibles, mais inutilisées) seraient encouragées pour certaines compétences.

Cette prise en compte de la diversité ne fait que manifester le besoin d'une autre gouvernance ne reposant plus sur la stratification verticale.

Enfin, les progressistes soulignent à juste titre qu'il ne peut y avoir de réforme des collectivités territoriales sans renforcement de la démocratie locale : par la séparation des fonctions de président des assemblées locales et d'exécutif des collectivités ; par l'interdiction du cumul d'un mandat de député avec celui d'un exécutif local ; par le renforcement des droits de l'opposition dans les assemblées territoriales.

Au total, « force est de constater qu'aux questions simples posées par le citoyen 'qui fait quoi et combien cela coûte ?', il reste encore après la réforme de 2004 mal aisé de répondre » (CC, p. 128). Comment progresser sur ce dossier ?

Traiter aménagement et gouvernance

Pour l'heure, la décentralisation de nos territoires est encore loin d'être achevée. Les projets de 2009 venus de tous horizons sont encore préoccupés uniquement du « mille-feuilles » vertical et soucieux de préciser le découpage des compétences aux différents niveaux, accompagné parfois de préoccupations clairement politiciennes. Or, les grandes questions ne sont pas posées.

La première question concerne l'aménagement global du territoire, qui doit présider à toute réforme. On ne pose pas la question de l'avenir des territoires ruraux et urbains, laquelle concerne jusqu'à la question de la conception et de l'implantation des métropoles On ne voit pas réintroduire dans la stratégie la question de la nécessité d'une vision du long terme. On ne sent aucune pensée de la diversité des territoires dans l'unité de la Nation.

La seconde question est celle de la conception de la gouvernance. Depuis trente ans, on reste de fait dans la conception traditionnelle, alors qu'à l'heure de l'Europe, les prises de décision et les réalités deviennent plus complexes et obligent à repenser cette gouvernance. Comment passer de la notion de compétences segmentées par niveaux à celle de « cœurs de métiers » à définir et à manifester ensemble ? Comment fonder l'unité et la diversité, unité de la stratégie et diversité des réponses de terrains ?
On peut attendre de la gauche qu'elle avance un projet comprenant plutôt des « cœurs de métiers », des réseaux de solidarités fonctionnelles pour co-élaborer les projets et des modalités de délibérations multi-niveaux.

Abandonner la vision rationnelle de la décentralisation

Chacun semble s'accorder à penser qu'il est nécessaire d'achever le travail commencé, c'est-à-dire de démêler l'enchevêtrement des compétences, de clarifier la répartition des compétences en blocs homogènes entre échelons territoriaux, d'imposer ainsi une spécialisation accrue des différents échelons. On doit à présent penser que cette manière dominante, voire exclusive, de raisonner n'est pas pertinente. Cette distribution selon des blocs homogènes nettement distincts affectés à des niveaux de collectivités est de fait trop rationnelle et riche de difficultés.

La notion de territoire est-elle de nos jours la même qu'en 1980 ?
Hier, le territoire était une surface physique délimitée par des frontières administratives et politiques. Chaque type de problème avait son territoire « pertinent » : zone d'habitat pour le logement, réseau routier pour le transport, bassin d'emploi pour l'économie, bassins versants pour l'eau, etc. La décentralisation qui en découlait pouvait se fonder sur des compétences, des règles et des institutions.
De nos jours, le territoire devient un réseau complexe de relations et d'échanges, qui se superposent et s'entremêlent. Cela implique de bien connaître le local pour aller progressivement vers le global, d'y réinventer les outils pertinents d'analyse et de gestion.

La décentralisation qui devrait en naître doit être fondée autrement : des objectifs clairs, des principes solides, des dispositifs concrets et complexes. Cela ne supprime en rien les compétences, les règles et les institutions, cela les met en perspective et en réseau. Partir d'objectifs poursuivis en commun ; expliciter les critères éthiques de référence qui devront guider l'action et assurer l'unité ; désigner les règles de relations et coopérations entre les différents niveaux appelés à collaborer ; privilégier le principe de moindre contrainte qui conduira au succès en évitant de trop compliquer. A tout niveau, la responsabilité est permanente. Travailler ainsi en commun dans l'échange implique de toucher à la culture des acteurs, des institutions et des administrations, donc à l'ingénierie institutionnelle, pour la faire évoluer. Et cela nécessite de cesser la tyrannie du court terme qui privilégie toujours la prise de décision sur le temps plus long de l'élaboration.

Changer de gouvernance

Il manque à l'évidence une vision globale et un pilotage global des relations entre Etat et collectivités locales. La Cour des comptes le mentionne dans ses conclusions (CC, p. 124-129) qui ne sont pas contestées par F. Fillon. Que dit-elle ?
Que l'organisation gouvernementale n'a pas été configurée pour piloter de façon spécifique, continue et ordonnée le processus, ce qui produit l'impression d'absence d'unité de vues et de conduite. Il manque une « doctrine unifiée de la décentralisation » (p.59), ce qui explique le « refus d'arbitrages clarificateurs » (p. 60). C'est en fait tout l'aménagement du territoire qui est concerné, quand il

s'agit notamment de penser, programmer et implanter les grands équipements structurants.

Que la deuxième vague de décentralisation n'a pas bénéficié au départ d'un bilan approfondi et critique de la période précédente. La Cour des comptes 2009 suggère de bâtir « les instruments méthodologiques nécessaires au consensus entre l'Etat et les collectivités » (p. 59).

Le plus grand risque de toute réforme des collectivités territoriales est d'aggraver encore la confusion, alors qu'il faut sans aucun doute restaurer la confiance à travers un nouveau pacte territorial qui rompe avec les vieilles conceptions jacobines. Dans cette question se lit la nécessité de passer du vieux pouvoir hiérarchique au pouvoir en réseau, grâce auquel on peut combiner, croiser ou mélanger ses compétences, ses moyens, ses droits et ses devoirs avec ceux des autres. La complexité est bien le nouveau défi politique. Pour les territoires, elle réclame une pratique de la gouvernance territoriale comportant négociation, coélaboration, codécision, délibération multi-niveaux. Il faut donc recentrer l'Etat sur sa mission de garant ou stratège. La question est moins celle de ses missions que celle de la redéfinition précise de leur contenu autour de « cœurs de métier » et de l'articulation entre niveaux : « Aucun problème sérieux ne peut être traité à un seul niveau…..la clé de la gouvernance de demain, ce n'est plus le principe de répartition des compétences entre niveaux, mais au contraire celui de coopération entre niveaux » (Calame, 2003, p. 124).

En fait, dans le domaine de la décentralisation, la question « qui fait quoi ? » est loin d'être simple. La question de la clause générale de compétence est une question centrale. Mais deux directions semblent se présenter : définir des compétences spécifiques strictes aux différents niveaux ; ou autoriser le partage des compétences de façon optionnelle, dans un cadre minimal défini par la loi. « Le réalisme conduit plutôt à rechercher des périmètres possibles de compétences homogènes sans embrasser la totalité du champ des compétences sociales « (CC, p. 67).

En fait, la clause générale de compétence ne joue pas lorsqu'un texte reconnaît clairement à une autorité une compétence précise dans un domaine déterminé : une jurisprudence récente vient de le confirmer (Conseil d'Etat, 27 octobre 2008, département de Haute Corse). Donc, la clause générale de compétence n'est pas en réalité une source de confusion. Ce qui provoque la confusion est l'imprécision dans les attributions de compétences spécifiques ou de métiers.

La notion de « chef de file » est un compromis entre le respect de l'autonomie et la nécessité « d'ordonner au mieux la mise en œuvre opérationnelle des compétences réparties entre plusieurs échelons » (CC, p. 64). Elle permet à une collectivité d'organiser les modalités d'exercice d'une compétence partagée entre plusieurs niveaux. Ainsi, la loi du 13 août 2004 attribue ce rôle à la région pour le domaine économique, au département pour l'action sociale ; mais la loi

ne prévoit pas de pouvoirs de contrainte. Or, cette notion devrait logiquement donner un rôle plus important à la collectivité régionale.
Mais la notion de chef de file n'a guère fonctionné jusqu'à présent. Toutes les collectivités sont intervenues dans le champ économique et ont partagé ces compétences avec l'Etat, ce qui a accentué le foisonnement institutionnel. Le bilan de vingt-cinq ans de décentralisation dans ce domaine est clair : « nécessité d'une redéfinition profonde d'une compétence frappée d'inefficacité et de réelle obsolescence, sans que la responsabilité de chef de file confiée par la loi aux régions ait réussi à ordonner le système » (CC, p. 73).

Il faudrait donc confier à la région le rôle qui est logiquement le sien, au double titre de collectivité territoriale et de niveau d'organisation de l'Etat déconcentré. Ainsi, sans exercer de tutelle, la région animerait et coordonnerait l'action des départements et intercommunalités, comme le préfet de région anime et coordonne l'action des préfets de départements de la région. Comme collectivité, la région deviendrait ainsi le chef de file des collectivités territoriales de région et le préfet de région le « niveau de droit commun du pilotage des politiques publiques ». Pour les administrations de l'Etat, la Cour des comptes note que l'on n'a pas cherché un fonctionnement horizontal « par niveau territorial et selon un pilotage interministériel » (p. 122). Il a manqué « une doctrine stable, éclairant sur le moyen et long terme ce processus délicat » (p. 122).

Les expériences « originales » sont celles où intervient la mutualisation des tâches entre plusieurs collectivités et où la région garantit la cohérence d'ensemble : mais elles sont l'exception quand règne le présupposé idéologique « un bloc de compétences pour un niveau ». Or, la voie d'une meilleure gouvernance passe par la mutualisation !

Evaluer ce processus hypercomplexe

La décentralisation apparaît comme un processus hypercomplexe, que nous avons d'ailleurs simplifié en laissant de côté la question des métropoles et du Grand Paris. Il manque cruellement une vision globale, une doctrine stable qui permettrait la complémentarité entre les deux composantes de la décentralisation politique et de la déconcentration administrative; doctrine qui prendrait en charge résolument et continûment l'aménagement du territoire ; qui faciliterait le pilotage du processus sur le long terme.
Pour dépasser la situation actuelle, il peut sembler indispensable de changer de logiciel. Celui pratiqué depuis trente ans est le logiciel rationnel de la verticalité, « à chaque niveau de collectivité, ses compétences ». Il faudrait raisonner par métiers, privilégier à présent le logiciel plus horizontal de la réticularité, « à chaque métier, son réseau de collectivités ». Ce logiciel pourrait bien être la seule méthode pour répondre à la diversité des situations territoriales tout en

restant dans l'unité des principes directeurs. Il pourrait aussi être la seule manière d'autoriser des financements clairs et cohérents.

42.5 Appliquer le droit au logement comme droit fondamental

Le citoyen peut ressentir un véritable bien-être dans sa relation aux lieux vitaux s'il sait la nature respectée et protégée, le territoire débarrassé de non-lieux, les villes traitées comme des territoires urbains au développement harmonieux, et l'ensemble des collectivités territoriales engagées dans un fonctionnement solidaire. Il lui faut encore pourvoir bénéficier du droit à un logement décent, car le logement est finalement le lieu de vie privée dont la jouissance est indispensable.
Pour évoquer ce point, nous traiterons la question au niveau – certes limité, mais exemplaire – de la catégorie des jeunes, qui est l'une de celles où le problème se pose de façon cruciale.

Dénoncer la crise persistante du logement

La situation du logement pour les étudiants est particulièrement inquiétante : c'est ce qu'a établi le député Jean-Paul Anciaux dans le second rapport au gouvernement qu'il a remis en février 2008, rapport qui a fait suite à celui qu'il avait déjà établi en octobre 2003 et qui tirait déjà la sonnette d'alarme. C'est donc un problème récurrent, une crise profonde et durable.

La question du logement étudiant est emblématique à plus d'un titre. Le même député est chargé de deux rapports sur la question à cinq années de distance (2003 et 2008). Il relève avec sévérité deux réalités inquiétantes : retard persistant dans les constructions et mauvaise gestion des relations entre les différentes institutions impliquées. Il n'hésite pas à souligner la carence de l'Etat qui ne tient pas ses engagements financiers. Il obtient le consensus. Il fait de l'année 2009 une année témoin de l'engagement du gouvernement en place. Cela aboutit à une nouvelle promesse de ministre (Valérie Pécresse) qui déclare vouloir atteindre les objectifs du plan Anciaux II avec un effort budgétaire sur 4 ans évalué à 620 millions d'euros.
Bref : nous avons un rapporteur compétent et rigoureux ; des rapports sévères, sans complaisance ; un large consensus sur les préconisations faites ; un Etat qui ne tient cependant pas ses engagements ; un retard qui ne se rattrape pas assez vite ; de nouvelles promesses, etc.

Le nombre d'étudiants en France a doublé en 15 ans. En 2002-2003, il y avait 2 209 171 étudiants. Parmi eux, 382 962 avaient fait une demande de logement auprès du CNOUS, le parc immobilier étant alors de 148 788 (39%). Au plan national, l'offre CROUS était en 2003 de 6,7 logements pour 100 étudiants.

Les facteurs de cette crise violente sont connus. Il y a le secteur du marché locatif, où les loyers ont fortement augmenté, ce qui a ramené une bonne partie des étudiants vers le CROUS. Il faut ajouter l'insuffisance d'offre de logements et le caractère indécent de certaines chambres (4000 sur 100 000 selon le CNOUS). Enfin, n'oublions pas la mobilité croissante des étudiants, notamment de ceux issus de l'étranger, dont la venue n'a pas été anticipée.

Les gouvernements successifs n'ont pas pris suffisamment en compte certaines contraintes : créer des logements nouveaux en suffisance, rénover les chambres gérées par les CROUS, prévoir des aides au logement adaptées.

Constater l'inefficacité des préconisations (rapport Anciaux II)

Cette inefficacité se présente à plusieurs niveaux.

Les études disponibles ont chiffré à 50 000 le nombre de nouvelles places nécessaires pour simplement répondre à la mission de service public confiée par la loi au réseau des œuvres universitaires et scolaires. Et ces besoins n'ont cessé de croître en raison du développement de la mobilité interne des étudiants en France, de la tendance à la décohabitation d'avec les parents, de l'accueil croissant d'étudiants étrangers.

Or, un retard important a été pris, dès le plan Anciaux I dont les causes multiples sont connues : difficultés à trouver du foncier gratuit ou à faible coût, surtout en Île-de-France ; nombreux marchés infructueux, les entreprises privilégiant les appels d'offre privés ; défauts de coordination entre acteurs (collectivités, universités, recteurs, CROUS, entreprises du bâtiment, bailleurs privés, organismes de logement public..), ce qui pénalise les opérations à financements multiples ; délais naturels incontournables ; affichage incertain des priorités du gouvernement ; difficultés pour les communautés d'agglomération de prendre en charge la compétence « logement étudiant » en raison du coût élevé de remise en état du patrimoine.

Le rapport Anciaux II préconise un transfert des APL (aides personnalisées au logement) du Ministère du Logement à celui de l'Enseignement supérieur, sachant que 692 000 étudiants (sur 2,2 millions) bénéficient de cette aide. Par ailleurs, les rentrées sont financièrement lourdes à gérer pour les étudiants qui ne bénéficient pas de l'ALS (allocation logement sociale) le premier mois. Une autre difficulté bien connue est dans les garanties et cautions exigées par le propriétaire. L'accès au dispositif Locapass a été modifié et simplifié en 2004, le rapport de 2008 propose de l'étendre à tous les étudiants.

Lutter contre la persistance d'inégalités sociales de logement

On peut se soucier des lieux vitaux, il faut avant tout que les citoyens puissent y accéder et y vivre décemment. La question du logement étudiant illustre parfaitement les graves carences de la situation actuelle sur le plan du logement. Décréter le droit fondamental au logement est une priorité du socialisme. Dans le maquis actuel des lois et les pesanteurs de tous ordres, il conviendra de mettre à plat la situation sociale des intéressés et de ne pas sous-estimer les délais inévitables qui freineront l'action.

Il faut donc repenser les lieux vitaux de notre société pour les rendre habitables et désirables. Le développement territorial, privé de planification et même de tête pensante, est trop livré aux aléas des décisions chaotiques. Si la fonction de proximité peut aisément se comprendre et se déployer, il n'en va pas de même avec celle de la stratégie. A ce niveau, l'on ne perçoit plus très bien la logique pratiquée dans la décentralisation. En passant par la prolifération des non-lieux, le capitalisme marque trop les territoires par un anonymat dangereux. Nos métropoles se mettent à ressembler à des mégalopoles, avec leurs processus archaïques de socialisation. Nos villes, qui dispensent des mécanismes plus tranquillisants, doivent être réinvesties.
Pour manifester une plus grande solidarité dans les territoires, le logement pour tous sera en excellent déclencheur.

43. Renforcer le lien social

« Liberté, égalité, fraternité » sont essentielles dans notre République. Les bafouer, c'est détruire le lien social. Or, ce lien a besoin d'être consolidé.

43.1 Lutter contre l'exploitation économique et l'exclusion sociale

L'égalité est souvent convoquée sans rien changer aux situations réellement inégalitaires, qui perdurent et s'aggravent. Et la solidarité, exigence qui s'est maintenue lors du passage des sociétés traditionnelles aux sociétés modernes, y compris lorsque les individus deviennent de plus en plus autonomes, est indispensable pour maintenir et renforcer le lien social. Or, égalité et solidarité demandent à être confortées d'urgence !

Défendre une nouvelle politique socialiste de l'égalité

L'égalité est-elle une exigence toujours aussi forte en France, lorsqu'on voit les inégalités se creuser au point d'apparaître parfois comme le moteur de l'économie capitaliste ? Ascenseur social en panne, stagnation professionnelle, dévalorisation des diplômes, remise en cause du système de protection sociale.

Bref, les discriminations de toutes sortes se sont installées et les socialistes doivent proposer une grande politique sociale capable de réinstaller le bien-vivre ensemble. Il leur faut alors repenser le concept d'égalité au cœur du modèle social français.

Une nouvelle approche de l'égalité consiste, non pas seulement à agir « abstraitement » contre les discriminations, mais à agir pour les exclus de toutes sortes, en déployant des moyens importants de correction des situations inégalitaires. Dans le premier cas, l'essentiel repose sur la loi qui interdit pour tous ; dans le second cas, il s'agit de développer des actions ciblées sur les membres de certaines catégories. Cela revient à passer d'une justice distributive à une justice réparatrice et compensatrice. Il convient en effet de traiter différemment ceux qui sont différents et de donner davantage à ceux qui souffrent depuis longtemps d'injustices : inégalités d'accès à la culture, à l'emploi, à la formation, etc.

Or, il peut s'agir de droits individuels ou de droits collectifs pour des catégories, groupes, communautés. Et on peut réparer en ciblant des groupes exclus de l'égalité sans tenir compte des mérites individuels. Une politique de quotas recourt clairement à la notion de groupe sans s'occuper des individus. On peut lui préférer une autre orientation.
Ainsi, la politique des ZEP (Zones d'éducation prioritaire) développée dès 1982 n'inclut pas les quotas. De même pour les expériences d'enseignement supérieur à Sciences Po ou à l'ESSEC qui rendent accessible l'entrée à des candidats défavorisés.
En ce sens, une politique préférentielle ne porte pas atteinte au concept républicain du sujet de droit et ajoute à la justice distributive qui peut perpétuer des injustices une part de justice réparatrice. Elle distingue le droit fondamental pour chacun d'être traité avec le même respect que tous les autres du droit à accéder à des ressources, à exercer des fonctions sans considération de sexe, de couleur de peau, de consonance de son nom. Le droit à l'égalité formelle n'est donc que la condition nécessaire à une certaine égalité des chances. Nous disons « une certaine » parce qu'il faut prendre en compte la part de l'utopie, la part du talent individuel, la part des inégalités de départ.

Définir assurance et assistance sociales, pari et don

Un bon système de protection sociale doit concerner l'assurance et l'assistance. On a pu penser dans le passé qu'apporter l'assurance sociale la plus universelle réduirait et même éliminerait l'assistance. Or, on est bien obligé de constater à présent que l'on a augmenté de plus en plus l'assistance et que l'on a dû en même temps développer l'action sociale de façon catégorielle. On a dû inventer un ensemble de mesures catégorielles pour aider les plus défavorisés dans l'action sociale, le logement, l'emploi, la santé. De cette façon, on a assisté de plus en plus de pauvres en prenant en compte l'ensemble des minima sociaux

Du coup, on a perdu de vue la vision globale du traitement de la pauvreté et de la précarité. On a agi de manière réparatrice ou curative en oubliant d'agir en amont de manière préventive.

Agir de façon préventive, ce serait opter pour un système de protection sociale fondé sur la redistribution dans le domaine de l'assurance et la protection la plus universelle possible, de façon à limiter la prise en charge de l'assistance. La lutte contre la pauvreté et la précarité pour rétablir le lien social passe donc par des politiques globales de prévention : une protection sociale universelle, et des politiques préventives de qualité dans l'éducation/formation, le travail, la santé, la famille et le logement, la sécurité. Ces politiques, quand elles réussissent, ont le grand avantage d'émettre des signes forts de bien-vivre pour la société tout entière.

Reste la grande question du traitement individuel des détresses psychologiques. Celui-ci est essentiellement curatif. Comment aider les chômeurs à reprendre confiance en eux-mêmes ? Il faut ici penser à la formation professionnelle, à l'accompagnement dans la recherche d'emploi (voir les pays scandinaves), à la lutte contre les formes dégradées d'emploi.

Qu'y a-t-il au cœur d'une grande politique socialiste de la solidarité, sinon les notions de pari et de don ? Le pari tient en ceci : la société solidaire donne à chacun les moyens de s'éduquer, de travailler, de faire vivre une famille, de se soigner, d'être en sécurité ; elle fait don de ces moyens à tout individu ; elle fait le pari que ces dons pourront être retournés par chaque individu qui les reçoit à la société qui les a garantis. En ce sens, la société peut espérer en la contribution personnelle de chacun pour enrichir la vie de tous. La solidarité sociale donne des droits, et l'individu a le devoir de rendre à sa manière à la société. Face à ces positions morales, l'idéologie du mérite défait la dimension du pari et du don, elle met à mal la solidarité républicaine et le sentiment d'appartenance collective, car elle n'entretient en rien le devoir de chacun de ménager une contrepartie pour tous.

Ré-enchanter le monde

Il faut en appeler à un grand projet social de la gauche, un projet de solidarité qui
- certes, concerne l'emploi et l'entreprise, condition nécessaire de toute vie sociale possible ;
- mais l'inscrire dans un resserrement du lien social et du « vivre ensemble » sur tous les autres pôles (école, hôpital, ville, relations intergénérationnelles) ;
- et en même temps permette à chacun de cultiver son identité personnelle.

A l'heure où les grandes utopies et les grands systèmes de sens collectif ont perdu la partie, les substituts actuels que sont les droits de l'homme, la protection de l'environnement, l'engagement humanitaire n'ont pas cette force entraînante qui leur permettrait de proposer un système d'explication du monde. Ils n'œuvrent que sur une seule dimension, le droit, la nature, l'éthique respectivement. Or, pour refonder la société, la politique doit donner un sens à la vie qui articule toutes les grandes dimensions concernées. En somme, il convient de chercher un nouvel équilibre entre déploiement de l'initiative individuelle, désir de solidarité, refus de l'intolérable, devoir d'agir à l'échelle de la planète, de la nation, du groupe. C'est ce nouvel équilibre qu'il faut proposer.

Traiter les deux grands champs politiques de la cohésion sociale

Dans une société en développement constant, la cohésion sociale consiste à permettre à chacun, sans exclusive ni exclusion, de participer et de contribuer au développement humain. Nous avons connu dans le passé un monde que l'on a qualifié de « fordiste, keynésien et national » où se sont conjugués le dirigisme économique, le corporatisme et l'Etat-providence. Ce monde ancien est révolu. Un autre monde se met en place, plus diversifié et plus complexe.

Sur la question du malaise social, deux grands champs coexistent, qui ne s'excluent pas, qui se chevauchent partiellement et qui réclament chacun des politiques adaptées : celui de l'exploitation économique – héritage du passé comme de la mondialisation actuelle – et celui de l'exclusion – fléau plus actuel, du moins dans son ampleur. Il faut donc proposer un message global clair, cohérent et ambitieux sur ces deux points.

Le champ de l'exploitation et de la domination est celui du travail, marqué par le chômage, plus important en France que dans les autres pays de l'Europe, dans le cadre de la mondialisation non régulée de l'économie.

Celle-ci ne connaît pour l'instant aucun pilotage d'ensemble et repose sur l'absence totale de règles communes. Trop d'appât du gain, trop de concurrence, pas assez de coopération entre entreprises et Etats ! Il est clair à présent que les progrès économiques dans le cadre du marché libre aggravent partout les problèmes sociaux des inégalités et de la pauvreté et les problèmes environnementaux. Une action au plan mondial s'impose donc.

A cette réalité qui surdétermine tout, il convient d'en ajouter une autre : la question du « déversement », c'est-à-dire de la suppression de certains métiers anciens et de l'apparition de métiers nouveaux, découlant des innovations technologiques. Ce mécanisme inévitable causé par le progrès ne fonctionne plus très bien actuellement. L'emploi se détruit en masse dans les grandes unités industrielles et il ne se reconstitue que difficilement dans certains services publics et privés, au niveau de petites unités, de marchés plus étroits, dans un tissu hétérogène. Nous assistons en effet à une plus grande « tertiarisation » des emplois. Or, les doctrines socialistes passées ont pensé surtout l'économie productive des grandes unités industrielles et peu pensé l'économie de services, qui se situe sur la dimension plus personnelle de l'action. Les métiers de services exigent beaucoup d'initiative de la part de ceux qui s'y engagent et prennent des risques : une requalification professionnelle ultrarapide et quasi permanente ; une compétence relationnelle plus forte réclamant des qualités d'adaptation à autrui et de contact facile. Or, l'aide à ceux qui s'engagent dans ces métiers est en retard ! Enfin, il y a une contradiction évidente à prétendre développer ces métiers de services à forte dimension relationnelle et à encourager la flexibilité imposée. Les contacts humains exigent des temps communs et un système de solidarité collective, quand la flexibilité imposée produit en fait la vulnérabilité sociale et le repli individualiste.

Actuellement, le débat entre la gauche et la droite sur la flexibilité est limité aux questions de la sécurité, caricaturée en droits acquis et immobilisme, et de la précarité. Si notre société a du mal à distribuer équitablement la flexibilité, c'est parce que cette dernière est imposée et subie. Or, le nécessaire et inévitable « déversement » des métiers impose une flexibilité organisée. Il est impératif de changer les valeurs attachées à la flexibilité, ce qui revient à faire l'inverse de ce qui est fait aujourd'hui. C'est aux salariés jouissant de la stabilité de l'emploi à connaître des contraintes d'adaptabilité, dans une flexibilité interne : mobilité dans l'établissement, formation permanente, ajustements salariaux, organisation du temps de travail. Et c'est aux salariés n'ayant que des emplois épisodiques à bénéficier d'éléments de stabilité. Ce qui conduit plus généralement à substituer au temps partiel subi le temps partiel choisi, inscrit dans un plan de carrière, avec possibilité de retour au travail à temps plein et maintien des droits sociaux.

Il en découle qu'il faut interroger avec courage les politiques de gauche de redistribution du temps de travail. La gauche a proposé avec Lionel Jospin une réduction de la durée individuelle du travail. Mais a-t-elle proposé une explication suffisante du sens de ce partage du travail ? Aménager le temps de travail ne conduit pas automatiquement à partager le travail. Il y a à cela deux raisons : économique et symbolique.
Sur le plan économique : il ne faut pas avec cette mesure affecter la compétitivité de l'économie, donc le volume de production. Il faut rester dans un coût horaire constant de la main d'œuvre. Toute diminution imposée de l'horaire de travail doit être compensée par un gain de productivité. Il faut donc à l'évidence réorganiser le processus de production : mettre un travail posté là où il n'y en avait pas, passer à trois équipes là où il n'y en avait que deux, etc. Cela ne peut donc se faire facilement que là où on peut installer une décomposition rationnelle des tâches et si, dans l'objectif de redistribution, on

traite tout à la fois l'emploi, les salaires, l'organisation des tâches, la formation professionnelle.

Sur le plan symbolique : quel sens les intéressés mettront-ils dans la démarche de réduction du temps de travail ? Une urgence économique ? Une solidarité à l'égard des chômeurs extérieurs ? Une aspiration à un temps libre choisi ? On voit bien que peut surgir un conflit entre action de solidarité collective et projet personnel. Déployer le travail pour tous oblige à expliciter du même geste le sens du non travail dans le temps librement choisi. La réduction du temps de travail impose une réévaluation du temps libre – culture de l'initiative – et de la nécessaire solidarité collective – culture du partage. Cette évolution sociale passe par une évolution des mentalités pour la promotion du temps choisi, temps du bénévolat et de la solidarité, temps du développement personnel. A l'évidence, la mise en place des 35h n'a pas tenu compte de toutes ces précautions !

Il est à présent visible que l'exclusion ne se combat pas strictement comme l'exploitation. Il peut certes y avoir des chevauchements entre les deux, car chômage, pauvreté et exclusion s'épaulent en quelque sorte. Mais, si exploiteurs et exploités forment un couple qui cohabite forcément dans le travail, dans le conflit ou la coopération, par contre, excluants et exclus ne cohabitent pas. Les exclus du travail, de l'échange social, de l'identité sont dispersés, plus ou moins invisibles, sans projets individuels le plus souvent, difficilement représentables. L'exclusion est non-sens et inaction.

Dans la société libérale, les solidarités institutionnelles se perdent. Déclin des grands appareils intégrateurs : religieux, syndicaux, politiques. Déclin parallèle des solidarités villageoises. Dilution de la structure familiale, où la parentèle mêle à présent liens du sang et réseaux d'alliances des familles recomposées. Ne subsistent que des solidarités mouvantes de groupes, clans, tribus et des relations sociales plus fluctuantes.

Tout projet politique de gauche est donc sommé de retrouver un équilibre entre la socialité de l'Etat-providence, la socialité professionnalisée, la socialité des relations d'entourage.
L'Etat-providence a de plus en plus de mal à agir du même geste pour l'emploi et l'insertion sociale et contre l'exclusion. Il sait bien dispenser des prestations concernant famille, logement, santé, vieillesse, chômage, prestations qui peuvent être utiles contre la pauvreté mais qui ne réussissent pas contre l'exclusion. Car celle-ci réclame l'implication personnelle et le lien relationnel. Il faut donc passer vite de la logique de guichet dans laquelle on se cantonne à une logique de relation, de lien personnalisé avec les exclus, de cas par cas. Les prestations doivent donc être très personnalisées, gérées au niveau local, avec un fort accompagnement individuel, une forte implication personnelle de

l'accompagnant, qui soit encore différente de l'attitude caritative ou froidement administrative. L'Etat-providence doit être redéployé en ce sens.

Par ailleurs, il devient impératif de voir se mettre en place des comités d'exclus pour que s'organisent l'expression et l'écoute des besoins des exclus, dans le cadre de consultations régulières débouchant sur des inventaires de besoins. Il y faut un accompagnement au cas par cas des exclus, la création de commissions locales d'insertion et d'un service civil de solidarité. Le faire serait se différencier fermement de l'idéologie d'une partie de la droite, pour qui l'exclu n'a que ce qu'il mérite, n'est qu'un paresseux et un parasite, peut-être même génétiquement !

Sur le plan plus clairement économique, il serait temps de réfléchir à certaines expériences qui cherchent à présent à créer de nouvelles institutions capables de résoudre les problèmes des plus démunis : par exemple celle de Muhammad Yunus (Prix Nobel de la Paix) avec le social-business. Yunus constate que la régulation publique gouvernementale ne peut pas tout ; que les organisations à but non lucratif, très souvent caritatives, ne peuvent pas tout ; que les institutions multilatérales – Banque mondiale et banques régionales de développement – ne peuvent pas tout. Il propose alors de déployer un nouveau type d'activité économique qui ne viserait pas la maximisation des profits ni la charité compassionnelle, mais le bien-être social en donnant aux plus démunis la possibilité d'exprimer leur dignité et leur capacité créatrice.

Le social-business qu'il expérimente est une entreprise sociale où le propriétaire peut récupérer son investissement, ne doit faire ni perte ni redistribution de dividendes, réinvestit tout profit dans l'entreprise ; bref où la philanthropie est au poste de commandement. Yunus voit de telles entreprises notamment dans les secteurs des produits alimentaires de qualité destinés aux démunis, les polices d'assurance pour l'accès des pauvres aux soins médicaux, la production d'énergie renouvelable à prix raisonnable, le recyclage des ordures et déchets.

Dans les pays occidentaux du capitalisme actuel, les doctrines socialistes modernes auraient sans aucun doute intérêt à penser l'implantation d'entreprises sociales et solidaires de ce genre capables de refuser le profit sans cesse renouvelé et la charité sans cesse mobilisée. Ne disons pas que cette économie sociale et solidaire doit remplacer toute l'économie productive ; ce serait irréaliste. Mais veillons à la développer partout où cela sera possible, en en faisant un moyen de lutte contre l'exclusion sociale !

43.2 Développer le « bien-vivre ensemble »

Commencer par le commencement, c'est poser les questions de la solidarité et de la fraternité dans le lien social. Nous allons les évoquer en partant de la grande leçon à tirer des totalitarismes du 20ème siècle, telle qu'elle a été magistralement dégagée par Marcel Gauchet (2005, p. 433-464) que nous suivrons et citerons patiemment.

Tirer la leçon des totalitarismes du 20ème siècle

Réfléchissant sur le totalitarisme, Gauchet met le doigt sur l'essentiel. L'Etat totalitaire du 20ème siècle nous révèle une « réalité sans précédent » dont il faut « tirer radicalement l'impitoyable leçon ». Il dévoile « des lois jusque là invisibles du fonctionnement social, un aspect méconnu de l'organisation profonde de la société ». Il met à jour « le retour du refoulé politique ».

Dans la vision de Marx existe « le présupposé de l'unité sociale ». Marx part de ce présupposé d'évidence, il pose ensuite que la société est divisée, et il vise au final l'unité retrouvée ; en somme, il part du conflit social pour le dissoudre aussitôt. Pour lui, il y a certes conflit de classes, scission entre capital et travail ; il y a claire conscience de la lutte des classes chez les acteurs sociaux, lesquels ont aussi une claire conscience de leur mission historique ; tout est donc manifeste et conscient ; et il ne peut advenir qu'un « dépassement définitif de la scission sociale ». Le communisme sera donc une « société une et même » !
Le point aveugle de Marx est là : « le postulat du caractère second et réductible de la division sociale ». Or, c'est sur ce postulat que repose tout Etat totalitaire, car le caractère décisif de tout totalitarisme est « l'affirmation de l'unité sociale » : suppression de l'existence de classes, affirmation de l'identité de l'Etat et du peuple.

Le recul historique nous apporte aussi cette leçon. Le fascisme a son origine dans l'idéologie bourgeoise qui veut masquer la division sociale : « l'idéologie bourgeoise est un discours de dénégation de la dimension conflictuelle de la société capitaliste ». Et le fascisme veut qu'il y ait harmonie et collaboration entre groupes sociaux au sein de l'Etat ; il se met donc à transformer la réalité dans le sens de l'unanimité politique, par des structures corporatistes qui matérialisent l'unité générale. Voulant éliminer tout conflit, il est bien complémentaire du communisme.

Le projet totalitaire est donc double : « ambition d'une identité Etat-société, volonté d'abolir l'opposition de la société à elle-même au travers de la division de classes ». Cette tentative, qui a échoué, passe par la terreur, laquelle surgit lorsque la réalité apporte le démenti à la doctrine et que les gouvernants veulent effacer ce déni par tous les moyens de la violence. Ces tentatives de démenti passent par la mobilisation permanente, l'embrigadement, les appels répétés aux manifestations d'unanimité.

Mais la division sociale ne cesse de se recréer. Le communisme n'a pu empêcher que le capital privé ne cesse de se reconstituer, que la bureaucratie politique ne se fasse nouvelle classe dominante soutenue par l'Etat, que l'Etat ne s'approprie la société. L'échec du communisme n'est donc pas dans la réalisation incomplète de ses ambitions, il est dans ce qui n'a cessé de le contredire aussitôt de l'intérieur. Et c'est sur ce point qu'il faut méditer !

Assumer le rôle de la division sociale dans la démocratie

Une société démocratique est une société qui accepte de fait, même si elle la dénie dans ses discours, la division sociale comme « processus dont nul n'a la maîtrise ». Cela relève d'un réalisme.

La société démocratique laisse en effet la division sociale s'exprimer et se déployer : « la société démocratique est société qui repose sur une secrète renonciation à l'unité, sur une sourde légitimation de l'affrontement de ses membres, sur un abandon tacite de l'espoir d'unanimité politique ». Il lui faut cependant charger « invisiblement de sens son déchirement intérieur ». D'où la vertu de la lutte politique, qui est de gagner les droits citoyens. En s'exprimant ainsi, on ne fait pas preuve de cynisme ni de défaitisme. Il s'agit de comprendre que la division sociale n'est pas réductible ni même dérivable. En effet, si l'on se demande où résident les causes de la division en dominants et dominés, exploiteurs et exploités, on se trouve gêné pour répondre, sauf si l'on postule la méchanceté originelle de l'homme. Il faut assumer le fait que la division est à l'origine de la société.

Le pouvoir intervient alors en possible instance régulatrice. Pour les sociologues, il a trois fonctions : la loi qui fixe les buts et l'évolution possible ; la violence légitime qui fonctionne par la coercition, l'universel dans la gestion des secteurs d'intérêt collectif. Il est donc pouvoir de régulation et instituant symbolique.

C'est cette institution symbolique en régime démocratique qui est décisive. Le pouvoir construit symboliquement l'identité sociale, qui signifie pour le citoyen appartenance à la société, c'est-à-dire le fait que l'individu est bien dans la société et que la société travaille bien pour lui. Le lien social – lien symbolique s'il en est – dit que l'appartenance a bien un sens ; le contrat décline ce sens comme « possible conscience rationnelle de l'être-en-société ». Le totalitarisme vise la perte de conscience de ce lien de citoyenneté au profit d'un lien fusionnel et coercitif noyé dans une puissance totale. Mais le pouvoir démocratique est « le deuil de la toute-puissance ».

Produire le lien social dans la division sociale

Revenons à présent au conflit et à la division de classes ! On croit communément que cette dernière va désagréger la société. Or, elle a le même rôle d'instituant symbolique que l'Etat et son pouvoir. Elle est un agent de cohésion sociale.

Elle est surtout la mise en débat de l'organisation sociale. Plus il y a conflit d'intérêts et de valeurs, plus il faut débattre du fonctionnement de la société, plus les individus se positionnent comme citoyens de la communauté. En effet, les opposants postulent consciemment ou non un but commun entre eux, un espace collectif de référence, une société plus harmonieuse : la lutte des hommes est productrice d'appartenance et restauratrice d'une dimension de communauté.

Dans cette communauté, l'espace social reste constamment à instaurer ; personne ne détient la vérité ; tout peut être matière à débat inépuisable ; il n'existe plus de « maître du sens ». Il faut éprouver un minimum de fraternité entre membres de la même communauté et déployer des formes de solidarité. Le sens de la société se décide entre individus qui en sont membres, dont l'organisation collective est toujours immaîtrisable.

Le totalitarisme aura été porteur à son insu de cette grande leçon pour les démocrates : la division sociale peut être aussi bénéfique. On ne doit jamais s'accommoder de cette division, et elle a cet intérêt décisif de permettre au socialisme démocratique de s'appuyer sur elle pour engager à la résorber dans la visée d'une société du « bien-vivre ensemble ». Moins d'utopie, plus de raison et de démocratie !

43.3 Cultiver la solidarité

La solidarité est omniprésente dans la réflexion politique. Elle est portée par une double dimension, philanthropique et démocratique. Elle a une histoire.

Développer l'exigence de solidarité

C'est le socialiste Pierre Leroux qui, dès les années 1840, a insisté sur la notion de solidarité. C'est le socialiste Constantin Pecqueur qui a fait de la solidarité la matrice de l'Association universelle, dans la lignée de Saint-Simon et Fourier. L'histoire française a connu encore le solidarisme de Léon Bourgeois (*La Solidarité*, 1896), qui redéfinit les rapports entre l'individu, la société et l'Etat. Selon ce radical président du Conseil en 1895, l'individu n'est jamais isolé, ce qui contredit le dogme libéral de l'antériorité de l'individu sur l'organisation sociale ; l'individu naît en société, il s'épanouit à travers la société. Le solidarisme a inspiré le système de protection sociale ébauché sous la IIIème République, qui conduisit à la Sécurité sociale de 1945. Il a donc aidé à mettre en place des dispositifs qui cherchent à produire de la cohésion sociale. L'Etat-providence n'est jamais que le plus puissant de ces dispositifs, celui qui généralise la protection et l'assurance sociale. Le socialisme français moderne ne peut que le pratiquer, en présentant sa conception de la solidarité comme une alternative à l'individualisme libéral et au collectivisme absolu.

Depuis Durkheim, on mobilise la distinction célèbre entre solidarité mécanique et solidarité organique : la solidarité mécanique procède de la ressemblance d'humains entre eux, dans l'ordre naturel ; la solidarité organique procède d'une intentionnalité entre membres d'une société qui aspirent à une interdépendance et à une justice sociale.

La gauche retient surtout la seconde signification qui privilégie l'égalité, mais ne se pose pas assez la question de la fraternité. La solidarité socialiste sera toujours, organisée par l'Etat et la loi, un système de mutualisation des avantages et des risques sociaux, un contrat social d'assurance reposant sur la perpétuelle tension entre les registres individuel et collectif. La solidarité socialiste doit conjuguer la qualité de vie personnelle (l'être-soi) et la qualité des liens sociaux (vivre ensemble). C'est la conception de la justice dont parlait Jaurès dans sa conférence « La justice dans l'Humanité » en 1919 : « l'universelle fierté humaine dans l'universelle solidarité humaine ».

Les vingt dernières années du 20ème siècle, celles de la gauche au pouvoir, permettent de comprendre la double dimension des dispositifs de solidarité : protection des individus d'une part, reconnaissance de la collectivité d'autre part. Ces deux dimensions définissent parfaitement le lien social comme la construction sociale d'une relation aux autres et à soi, où chacun peut compter sur un système qui le protège et qui l'aide à construire avec les autres son identité sociale de citoyen valorisé et utile.

Ce que l'on nomme « nouvelle pauvreté » et « précarité » possède donc le double visage de la disqualification sociale : celui du dénuement matériel résultant de la perte de protections sociales et celui de la souffrance individuelle intérieure, liée au sentiment de grande insécurité sociale dans la perte d'emploi stable, la rupture de liens familiaux, le sentiment d'incompétence.

Au fil de l'histoire, la solidarité serait passée par différentes phases (Laville, in Caillé et Sue, 2009) mettant en scène gens de gauche et gens de droite, associations ouvrières et Etat-providence, dette sociale et contrat, philanthropie et capitalisme.

Avec la mise en place du RMI en 1988, les socialistes ont cru posséder l'instrument majeur (unique ?) de lutte contre le dénuement matériel. Aujourd'hui, les limites du RMI sont devenues flagrantes, et l'explication de la pauvreté par la seule injustice sociale apparaît toute relative. Du coup, la droite a poussé en avant une autre explication s'adressant aux seuls individus et dédouanant la société du processus d'exclusion : la pauvreté et la précarité frapperaient les individus peu courageux, insuffisamment responsables d'eux-mêmes, peu actifs dans la recherche d'emploi, victimes de leur personnalité et de leur incompétence, voire même profiteurs sans scrupules. Les causes de l'exclusion seraient ainsi strictement individuelles. Ce faisant, la droite substitue à l'impératif de solidarité l'idéologie du mérite personnel. Les socialistes ont donc évidemment à répliquer à cette caricature pour promouvoir un double système, un système de protection sociale adapté aux réalités contemporaines, corrigeant les lacunes du RMI, et des dispositifs de traitement réel de la détresse psychologique des victimes, dans les réalités du chômage de longue durée et dans la relation d'assistance.

Toutes les sociétés contemporaines vont avoir à affronter les mêmes défis écologiques, économiques et sociaux qui risquent de mettre à mal la solidarité. Les politiques économiques, de gauche comme de droite, n'ont pas posé la question du modèle de production/consommation et de ses implications écologiques. Il va falloir à présent le faire.

La gauche du 21ème siècle est mise au défi de repenser la solidarité de fond en comble. Elle ne peut le faire qu'avec les moyens qui sont les siens, ceux des droits. Il est indispensable pour elle de redéfinir les droits politiques et sociaux fondamentaux qui garantissent la solidarité, en ce début de 21ème siècle. Et il ne paraît pas pertinent de substituer à la logique de solidarité une logique « marchande » des droits et des devoirs. Il importe de cultiver le sentiment d'humanité, le sentiment d'appartenance à une nation, en instituant des droits qui portent les citoyens à la pratique concrète du respect des différences.

Les droits de la solidarité démocratique nous paraissent de deux sortes :
– un droit d'existence garantie dans un bien-vivre durable ;
– un droit d'association citoyenne volontaire dans l'action publique.

Le droit d'existence garantie, passant notamment par la solidarité assurancielle et la solidarité fiscalisée, comporte le droit au travail, au revenu, à la sécurité sociale professionnelle ; le droit au logement ; le droit à la santé défini par la couverture maladie universelle ; le droit au régime de retraite par répartition.
Ces droits passent par la redistribution des revenus par l'Etat, dans le sens de l'intérêt général. On peut distinguer trois façons de le faire.
On peut tenter de compenser les inégalités déterminées par la famille d'origine, les prédispositions génétiques, les difficultés frappant certaines régions, certains métiers, certaines entreprises. Dans ce cas, la redistribution des revenus tente de répondre à un besoin d'équité.
On peut tenter d'accomplir une fonction d'assurance en soulageant l'incertitude de ceux qui ne savent pas s'ils vont gagner de quoi vivre correctement. Dans ce cas, on diminue l'inégalité des pouvoirs d'achat. Rappelons que Jaurès fut un des ardents défenseurs des assurances sociales, qui étaient pour lui au principe de la solidarité de tous envers chacun et de l'égale citoyenneté de tous.
On peut limiter le plus possible les inégalités de façon à ménager la paix sociale et la démocratie.

Il faut aujourd'hui dénoncer avec force ceux qui conçoivent la protection sociale comme une tare au service de certains parasites qui recevraient sans donner. C'est toute la question cruciale des contreparties, qui révèle la difficulté – chez certains, le refus – de trouver les moyens d'obliger chacun envers tous, et donc la tentation de crier haro sur les victimes.

La droit d'association citoyenne volontaire comporte à nos yeux : le droit de mixité sociale dans l'habitat, les villes, les territoires ; le droit d'engagement citoyen dans l'économie solidaire : développement local, finance solidaire, commerce équitable, services de proximité ; le droit de participation démocratique aux décisions qui engagent le sort de tous. La solidarité relève davantage ici d'un engagement citoyen.

Répondre aux évolutions contemporaines de la solidarité

La protection sociale française a été pensée sur un modèle ancien, dépassé à présent. Il repose sur la structure familiale stable, autour du travailleur mâle, conservant son emploi toute la vie, couvrant l'ensemble de ses ayant-droits. Or, le salariat est à présent flexible, l'accès des femmes au marché du travail a modifié la donne, la structure familiale a éclaté.

La prévisibilité des risques s'impose, au niveau collectif et individuel à la fois. Hier, on indemnisait a posteriori, sans prévoir. Aujourd'hui, l'évolution des technologies pourrait permettre de prévoir le risque attaché à une personne, car on peut dire que certaines personnes seront plus exposées à un type de maladie ou pathologie dans 10 ou 20 ans. Il faut donc tenter de penser la protection sociale en termes d'individualisation et les solidarités à partir de la personne et non du seul travailleur.
Pour la prévision, il faut que la société soit mieux préparée à assumer collectivement la solidarité avec les personnes supportant un plus haut niveau de risque.
Pour un individu, l'un des risques principaux est la perte de la capacité à travailler, à cause du marché de l'emploi ou à cause de sa santé. Prévenir ce risque, c'est d'abord développer des dispositifs de formation, prévoir les évolutions de certains emplois, adapter les carrières à ces évolutions d'emplois.
Les catégories les plus exposées aux risques sont les catégories dépendantes – personnes âgées, petite enfance – et les catégories discriminées comme les femmes au travail.

43.4 Pratiquer l'indispensable fraternité

Morin (1980) a insisté à juste titre sur le caractère fondamental de la fraternité dans le lien social et loué « l'espoir d'une régénération fraternitaire de l'organisation sociale ». Pour lui, la pensée conservatrice fait relever les valeurs filiales de l'autorité paternelle-maternelle (Etat-nation) quand la pensée

progressiste insiste sur les valeurs de fraternité, fondamentalement génératrices/ régénératrices de toute société (1980, p. 442). Il en appelle à une nouvelle fraternité qui doit affronter un double problème : surmonter l'inévitable processus de rivalité qui risque de détruire cette fraternité de l'intérieur par la domination et exploitation ; ouvrir la fraternité sur l'inclusion de l'étranger.
L'idéal révolutionnaire du 19ème siècle et du début du 20ème siècle a tenté de résoudre ces deux problèmes ensemble, en proposant les trois internationales pour unir l'humanité. Mais il a échoué. La question nous est à nouveau posée. Comment faire aboutir une fraternisation « active, renaissante, ouverte » ?

Avec Régis Debray (2009) et Jacques Attali (1999), il faut rappeler que ce concept-clé de notre République laïque relève quasiment d'une sacralité sécularisée. La fraternité est cette part de sacré laïc qui fonde la société, un idéal transcendant. Car elle propose une image de la société fondée sur un idéal éthique : justice, bonheur, responsabilité. Ce n'est pas pour rien qu'Hugo y voyait « la vérité de demain » et Lamartine, « une vérité prématurée ».

Présente de longue date dans les textes anciens, textes bibliques et philosophiques, la fraternité fondatrice est née en 1789 puis en 1848 dans notre devise républicaine, et on la retrouve dans les grands moments de l'histoire de notre pays, comme la Résistance. Selon le témoignage de ceux qui ont souffert dans les camps d'extermination – Jorge Semprun en parle dans *L'Ecriture ou la vie,* Robert Antelme le mentionne dans *L'Espèce humaine* – la fraternité est plus forte que la déshumanisation. Elle habite les profondeurs de l'humain et, de ce point de vue, précède le politique. Mais il faut bien avouer que ce concept est le parent pauvre de notre devise républicaine. Notre époque semble lui avoir préféré les droits de l'homme et les engagements humanitaires, qui peuvent paraître plus concrets. Liberté et égalité passent par le juridique. Mais la fraternité semble plus difficile à incarner et peu soumise au juridique. Elle n'ouvre pas à la fusion avec l'autre, mais au respect de son altérité.

Attali nous propose de classer les utopies en quatre grandes catégories : éternité, liberté, égalité, fraternité. Au nom de l'éternité, les religions restreignent les libertés. Les libertés ne parviennent pas à empêcher l'aggravation des inégalités. Aucune utopie n'atteint donc vraiment son objectif. Mais la fraternité a-t-elle été suffisamment revendiquée ?

Elle fonde sans aucun doute le vivre-ensemble, réunissant les individus dans le respect des différences. On peut s'appuyer sur elle pour développer ce que Morin et Naïr nomment une « nouvelle civilité » (1997).

Solidarité et fraternité sont en relation depuis 1848, au point qu'on les confond souvent. Or, on peut considérer que la fraternité englobe la solidarité. Cette dernière est un engagement juridique de la société envers les plus défavorisés, et cet engagement est passé peu à peu de l'assistance charitable à la reconnaissance de véritables droits – comme la CMU, l'APA – dans le système de la protection sociale, avec ses dispositifs et ses normes.

Mais une solidarité de droits peut-elle à elle seule faire société ? Attali semble le penser quand il propose d'inscrire dans la loi des droits et devoirs de solidarité, concernant l'enfance, l'hospitalité par exemple. Il faut peut-être surtout encourager une fraternité plus concrète, qualitative, fondée sur le rapport aux autres, qui peut inclure sans confondre.

Enumérons quelques-unes de ses manifestations souhaitables : lutter contre l'isolement, la solitude, l'exclusion ; promouvoir l'entraide ; précéder les risques de précarité relationnelle et identitaire ; redynamiser le lien social, valoriser la convivialité ; renforcer la solidarité intergénérationnelle ; encourager l'engagement citoyen (créer un service de promotion du bénévolat ?) ; développer les solidarités de proximité, etc.

On voit donc que la fraternité se développe mieux si le socle de la solidarité de droits est solide et si une solidarité d'implication est encouragée, développée, consolidée. Fraternité et solidarité sont donc indispensables. La fraternité est le « sentiment d'humanité » (Tolstoï) qui ne suffit pas à constituer une communauté politique mais en est la condition nécessaire. Il n'est aucun besoin de croire en Dieu pour lier la fraternité à une transcendance, en faire le fondement de la justice et de la paix.

43.5 Fortifier la citoyenneté

« Dans sa pureté originelle, le libéralisme ne connaît pas la citoyenneté » (Magnette, 2001, p. 161). Le libéralisme met en avant l'individu, il réduit le lien social à la recherche de relations apaisées entre membres du même corps, il substitue ainsi la civilité à la citoyenneté.

Au sens premier, la civilité est une forme de bienveillance ou de sociabilité entre citoyens, toutes qualités permettant de vivre en commun dans la cité. Au 16ème siècle, elle devient qualité morale ou psychologique synonyme de politesse. Avec Hobbes (*De cive*, 1642), les hommes sont naturellement égoïstes et querelleurs, ils relèvent de la discipline (ordre, loi, commandement, sujétion) qui leur permet de vivre en société.

Dans le capitalisme, tout gravitant autour du marché, l'échange est fondé sur l'intérêt et le calcul. Et même quand on parle d'entreprise citoyenne, de patriotisme économique dans la « bonne gouvernance », on se donne souvent bonne conscience à bon compte.

La citoyenneté dépasse la civilité, elle marque le primat du politique parce qu'elle vise « la constitution du sujet en citoyen » (E. Balibar, 2001). Elle est d'abord un phénomène juridique, c'est-à-dire un statut personnel régi par le droit étatique et le droit international. A ce titre, elle est faite de droits et obligations qui participent d'un double processus : unification des statuts par soumission à une loi commune, laquelle rend le citoyen différent du privilégié ; émancipation politique par laquelle le citoyen n'est plus un simple sujet. Ensuite, elle est une activité politique de participation aux affaires publiques, avec la protection de l'Etat qui octroie une nationalité. C'est donc dans le cadre de la citoyenneté et de la Nation que se posent les questions de l'intégration, de l'identité nationale, ainsi que les discussions sur le voile islamique, le multiculturalisme et le communautarisme.

La citoyenneté s'exerce donc dans le cadre de notre République et notre démocratie (Desmons, 2009). Elle est citoyenneté juridique, passant par des droits, et citoyenneté politique, passant par des actions.

Depuis Aristote, la citoyenneté politique est le fait de participer librement à la vie de la cité. Mais le principe de représentation encourage de fait la passivité. Or, tout citoyen est en relation avec des semblables, au sein d'un espace public, avec la possibilité d'une égale participation.

La citoyenneté juridique dans le monde moderne opère des disjonctions entre société civile et Etat, public et privé. Elle garantit les droits fondamentaux de l'individu et lui permet de jouir de sa sphère privée, que l'Etat doit protéger. Elle est droit de jouir d'un statut protecteur de droits et de libertés dans un contrat social. Du coup, le primat est donné à l'autonomie de l'individu, en conservant la nécessité de l'engagement public, réduit souvent à la faculté d'élire ses représentants. On pourrait alors parler de citoyenneté de « faible intensité ».

On comprend donc que la citoyenneté peut être écartelée entre activité et passivité. Passivité devant des représentants élus ; mais s'ils déméritent, s'ils deviennent des dévoyés, alors il faut l'activité, le droit de résistance à l'autorité, la « désobéissance civile » venue du 19ème siècle et qui autorise à « désobéir en citoyen ». John Rawls la définit ainsi : « un acte public, non violent, décidé en conscience contraire à la loi et accompli le plus souvent pour amener à un changement dans le droit positif ou bien dans la politique du gouvernement » (1987, p. 405). On pourrait la considérer comme une dimension nouvelle de la citoyenneté active. Mais on sait qu'en France, le citoyen n'a pas toujours la possibilité de contester un acte réglementaire et que le recours individuel par voie d'exception contre les lois, autorisé par la révision constitutionnelle du 22 juillet 2008, est conditionné par l'existence d'un recours juridictionnel préalable. Antoine Garapon a fait remarquer avec justesse à ce propos : « on est passé d'une représentation active, politique et délibérante, à celle, négative, qu'incarne la posture du plaideur pour qui agir, c'est se défendre. L'agir devient essentiellement privé … » (1999, p. 48).

Il faut ajouter que, de nos jours, se pose la question d'une éventuelle citoyenneté européenne, entendue d'abord comme statut juridique. La démocratie européenne se veut représentative (article 8A du traité sur l'Union européenne), les représentants étant le Parlement européen et la Cour de justice des Communautés européennes. Cette citoyenneté juridique, conditionnée par le droit de nationalité, protège les droits fondamentaux des ressortissants des Etats membres depuis le traité de Maastricht (1992). Il faut avouer qu'elle a une dimension politique mineure : droit de vote, droit de pétition, appel au médiateur. De fait, il n'existe pas d'accès direct à la citoyenneté européenne, pas de frontières de l'Europe, alors qu'il existe une société civile européenne. Pensée d'abord comme un marché, l'Europe n'a pas encore de peuple européen.

On est porté à craindre que la démocratie représentative n'affirme deux choses à la fois : l'égalité des citoyens pour la citoyenneté active s'ils le désirent et une sorte d'élitisme dans le représentant compétent et capable, qui produit de fait une citoyenneté passive. Mais la citoyenneté politique se recompose de nos jours hors des circuits classiques, dans des formes moins conventionnelles. Elle verse dans le contrôle des représentants par les représentés, s'organisant ainsi en contre-pouvoirs correctifs, parfois révolutionnaires. Avec l'écologie, elle se veut citoyenneté continue ; avec l'humanitaire, elle devient citoyenneté éthique. Bref, elle semble exprimer un impérieux besoin d'identité collective. Il va des repas de quartiers aux réseaux d'échange de savoirs et à l'économie solidaire.

43.6 Tirer parti de la diversité

Les initiatives françaises en faveur de la diversité « ne sont pas d'abord et avant tout le fait de la gauche » (Wieworka, 2008) ; « l'entrée de la diversité dans le débat public doit beaucoup à l'univers de l'entreprise et de ses dirigeants ». Pour les socialistes, il y a donc de quoi réfléchir sur une telle lacune dans leurs programmes politiques.

La diversité est une notion vague, « à géométrie variable », qui se précise seulement quand elle est complétée : linguistique, culturelle, religieuse, ethnoraciale, etc. Elle peut inclure ou non les handicapés, les personnes âgées, les orientations sexuelles…ce qui rend délicat le projet d'en faire une catégorie juridique pour l'inclure dans le préambule de la Constitution.

En France, le terme regroupe deux grandes préoccupations ou dimensions. Celle des identités (culturelles, religieuses, d'origine nationale..) à reconnaître dans l'espace public. Celle des discriminations qui frappent notamment les « minorités visibles ». La liste interminable en est donnée dans la loi de novembre 2001 : l'origine, le sexe, les mœurs, l'orientation sexuelle, l'âge, la situation de famille, l'appartenance à une ethnie, à une nation, à une race, les opinions politiques, les activités syndicales ou mutualistes, les convictions religieuses, l'apparence physique, le patronyme, l'état de santé, le handicap.

La question des identités a été privilégiée dans les années 1970-80. Depuis les années 1990, c'est celle des discriminations qui l'est.
D'une longue liste de discriminations, on est passé à la convergence sur un seul mot : celui de diversité.

Traiter les résistances à la notion de diversité

Les catégories de la diversité ne font pas unanimité parce qu'elles sont perçues comme des risques et des facteurs de désagrégation sociale.

Certaines résistances se réclament de l'idéal républicain, craignent les dérives communautaristes et donc l'entorse à l'obsession égalitaire. D'autres résistances tiennent à la prégnance de l'idée nationale et de l'histoire : tout ce qui touche à l'esclavage, à la colonisation constitue en France un point aveugle. Il faut citer encore, au titre des difficultés, le racisme, la xénophobie, la tentation de faire de la France le centre du monde.

Le mot diversité présente cependant certains avantages : contraire à l'uniformisation, il est connoté positivement ; il ne gomme pas les injustices ; il est toujours qualifié (linguistique, etc). La grande question est de savoir comment vivre ensemble avec nos différences.

Les entreprises sont de plus en plus nombreuses à se saisir de la question de la diversité. Elles diversifient les embauches, surtout au niveau de l'encadrement : c'est le management culturel. Elles veillent à ne pas être accusées de discriminations. Elles proposent des produits adaptés à des marchés « ethniques » : c'est l'ethnomarketing. Elles lancent des équipes composées d'une grande variété d'individus, l'hétérogénéité étant tenue à présent pour une richesse. Mais les recherches scientifiques sur la question de la diversité dans l'entreprise manquent.

A l'université, la question sociale des injustices reste première et marginalise les préoccupations liées à la diversité. Le système universitaire français ne valorise pas assez la diversité culturelle, accueille mal les étudiants étrangers, ne s'occupe pas assez de l'outre-mer, ne collabore pas assez avec les pays étrangers.

Prendre des mesures en faveur de la diversité

Pour être concret, Michel Wieworka a formulé un ensemble de recommandations utiles.

Il s'agit d'abord de produire des connaissances par la recherche et de mieux informer sur la diversité. Il faut sensibiliser les médiateurs qui imposent images et représentations stéréotypées de la diversité. Les mesures doivent concerner les entreprises, les gouvernements préparant les lois, les personnels des ministères régaliens que sont police et justice, les soignants (santé, pharmacie) et la Haute autorité qu'est la HALDE, qu'il faut doter d'un conseil scientifique.

Dans l'enseignement supérieur, les études doivent devenir accessibles à la diversité. Il faut aussi penser à l'introduction de la diversité dans la haute fonction publique, au développement d'instruments juridiques de lutte contre les discriminations, à la ratification conseillée de la convention 169 de l'OIT (organisation internationale du travail) concernant les peuples indigènes et tribaux, et à la Charte européenne des langues régionales et minoritaires.

Un mouvement d'ensemble s'est mis en place en France au début des années 2000. Le « label diversité » fait son chemin, touchant à présent la nomination de ministres : on pense à Azouz Begag, Fadela Amara, Rachida Dati, Rama Yade etc. La Halde traque les discriminations, même si elle le fait timidement. Mais la loi sur la parité homme/femme n'a pas produit l'égalité attendue. Et il reste encore beaucoup à faire dans de nombreux domaines. Aux politiques, notamment de gauche, de suivre maintenant l'exemple initié par les quelques pionniers de la diversité !

43.7 Protéger les droits humains fondamentaux

Le socialisme à venir doit préserver les biens humains fondamentaux et la possibilité de la gratuité pour certains d'entre eux.

Promouvoir les biens et droits fondamentaux

Empruntons à Jacques Testart (2003) l'expression qu'il nous propose pour nommer le mieux universel que l'on pourrait viser : « l'épanouissement équilibré et solidaire ». Et essayons de le définir quelque peu !
Selon les époques et les écoles de pensée, le progrès viendrait de l'avancée des sciences et techniques ; ou bien il serait dû à la mise en croissance généralisée et durable de l'économie du pays. L'économie libérale repose sur la technoscience, victime de cette vieille illusion que la technique et la science conjuguées sont sources des vérités, des richesses et du bonheur humain.

L'humanité est confrontée à présent à des événements inédits avec risques d'irréversibilité dans certains cas : la surpopulation ; la destruction des ressources fossiles, des écosystèmes et de la biosphère ; la mondialisation ; l'artificialisation du vivant. Croire un peu trop en la technoscience pour dominer l'intervention de l'homme sur la nature et sur sa propre évolution est sans doute risqué, sauf pour les scientistes béats.

Nous avons à présent assez de recul pour comprendre que la science est en proie aux marchés, qu'elle devient moyen d'action politique. Un minimum d'attitude critique nous permettrait d'entendre ce que dit Jacques Prades : « La technoscience est la seule machine capable de répondre aux problèmes qu'elle crée elle-même par les moyens qu'elle déploie en déplaçant les problèmes sans les résoudre » (2001). En effet, la technoscience crée des problèmes – voyez les plantes génétiquement modifiées, les fichages informatisés, le tri des humains dès l'origine – elle oriente la vie des hommes sans résoudre ces problèmes.
Il est donc urgent que les grandes questions des progrès scientifiques et sociaux soient soumises à la discussion démocratique qui doit se pencher sur les choix de recherche, sur les besoins non marchands de la société.

On nous parle de biens communs, biens sociaux, biens publics, en tentant de faire des distinctions entre eux. L'économiste Samuelson a défini un bien public ou collectif par deux critères : c'est un bien de l'usage duquel on ne peut exclure personne (principe de non exclusion) et dont l'usage par un individu n'empêche pas celui d'un autre (principe de non rivalité). On y ajoute parfois l'obligation d'usage qui permet de définir un bien « pur » (la justice) et l'absence d'encombrement.

La présence de la notion de bien commun révèle la prise de conscience qu'il existe un patrimoine de l'humanité qu'il faut à tout prix préserver. Il peut être constitué de biens matériels comme l'eau, l'air, les matières premières, et de biens immatériels comme le climat, la culture, les connaissances.

La typologie que Calame propose (2005) nous semble la plus éclairante. Reprochant à la distinction biens marchands/non marchands d'être réductrice en ce qu'elle ne saisit qu'une catégorie de biens et services, il relève quatre catégories au total.

Il existe les biens qui se divisent en se partageant et impliquent une activité et ingéniosité humaines : les biens industriels de consommation et d'équipement, les services aux personnes. Reproductibles, ils relèvent du marché et de nombreuses régulations. Il apparaît maintenant qu'il faut assurer à l'humanité un bien-être minimal tout en préservant la biosphère. Au minimum, il convient d'imposer la traçabilité qui fournit l'information nécessaire sur le produit. Par ailleurs, il est important de savoir la quantité de matière incorporée dans un produit : par exemple, savoir si un litre de jus d'orange a nécessité mille litres d'eau d'irrigation et deux litres de pétrole (Erkman, 2004). Autre exemple : pour produire dans le monde 750 tonnes par an de silicium pour les puces électroniques, il faut 800 000 tonnes de silicium de qualité métallurgique, 100 000 tonnes de chlore, 200 000 tonnes d'acides et solvants. On sait par ailleurs que l'offre est de plus en plus organisée, et la demande de plus en plus individualisée, de sorte que les préférences collectives nous échappent de plus en plus. Le service rendu est sans rapport avec l'ampleur du profit réalisé : « conception, organisation, recherche-développement, comptabilité, gestion publique, finance, contrôle de qualité, marketing et frais commerciaux, organisation de la distribution, assurances et gestion des risques, l'activité économique est pour l'essentiel associée à des coûts de transactions » (Calame, 2009, p. 287). On est très loin de l'ajustement de l'offre et de la demande.

Puis, il y a les biens qui se détruisent en se partageant : les biens communs ou publics, locaux et mondiaux, appelant une gestion collective de proximité (les zones côtières et océans, la forêt tropicale, les écosystèmes steppiques) mais relevant d'un intérêt souvent mondial (la biodiversité, les écosystèmes interdépendants, le patrimoine mondial). Ils contribuent à l'équilibre de la biosphère. Il existe l'inventaire de l'Unesco pour les sites, le protocole de Carthagène sur la biodiversité, etc...La gestion de ces biens demande une combinaison de mécanismes de régulation. Certains réclament la fixation d'un plafond (gaz à effet de serre, quantité de poisson pêchée) qui appelle des quotas et droits d'usage, parfois problématiques dans leur mise en œuvre, et un devoir de protection.

En troisième lieu, viennent les biens qui se divisent en se partageant, mais n'impliquent pas essentiellement l'activité humaine : les ressources naturelles, l'eau, les sols, l'énergie. Ils sont en quelque sorte donnés, en quantité limitée, localisés sur un territoire, donc relevant d'un régime de propriété et d'un régime de souveraineté des Etats ; et leur gestion peut convoquer des acteurs privés. Ils sont à la jonction de la répartition pure et de l'activité économique. Il faut chercher à les économiser, les protéger, car on ne parvient plus actuellement à satisfaire les besoins élémentaires. Les difficultés sont dans leur inégale répartition, dans leur gestion dominée par des politiques d'offre, dans la tension entre classes sociales et pays, dans la concurrence entre usagers. Il faut leur appliquer une gestion intégrée prudente et économe, qui remette absolument en cause le caractère absolu de la propriété des ressources naturelles.
Gérer la rareté en ce qui concerne ces biens peut relever de plusieurs hypothèses : la nationalisation, la répartition autoritaire, la relocalisation, la gratuité. Aucune n'est pleinement satisfaisante. La première peut déboucher sur la bureaucratisation. La deuxième peut révéler l'incapacité des bénéficiaires d'une réforme agraire à cultiver la terre et à accéder au marché. La troisième peut négliger certains financements nécessaires et certaines limites administratives. La dernière peut relever de l'utopie. Ce qui semble par contre réalisable est le principe de quotas négociables à différentes échelles.

Enfin, il y a les biens qui se multiplient en se partageant, et relèvent de la mutualisation, comme l'intelligence, l'information, la connaissance, la beauté, l'amour, l'expérience, etc. Pour la gouvernance mondiale, ce dernier type de biens est prioritaire. Mais les tentatives de privatisation de la connaissance vont bon train, dans la logique des brevets qui visent à créer une rente et une rareté artificielles. On en a des exemples avec le code génétique, les semences paysannes, les logiciels libres. Du coup, il convient de revoir les modalités de développement de la connaissance (la propriété intellectuelle), de l'innovation (les brevets, dont ceux sur le vivant), de la diffusion (la privatisation des contenus culturels). A ce niveau s'impose la notion de capital social, ni bien public ni bien privé, qui se multiplie en se partageant. Nés à Evry, les réseaux d'échanges réciproques de savoirs en sont un bon exemple. Plus globalement, considérer ces biens à leur juste valeur conduit à un vaste mouvement de redistribution de la richesse au profit des pays en voie de développement.

Cette typologie a le mérite d'intégrer la valeur des systèmes de relation (relation sociale, échange non marchand, échanges entre société et écosystèmes) et de distinguer des catégories qui relèvent de logiques différentes de production et de distribution. Elle exclut la réduction de tout bien à une marchandise et, en ce sens, devrait figurer dans la charte constitutive de l'OMS.
Le marché s'intéresse à la première catégorie de biens, la gouvernance s'intéresse surtout aux trois autres catégories. On sait que les outils actuels de mesure de l'activité humaine comme le PIB oublient l'évolution des stocks et la qualité du système, ce qui est cependant l'essentiel. La nécessaire création d'indicateurs de développement humain n'est que la réintégration, dans la question du développement, de tous les biens qui sont immatériels, humains et naturels.

Cette typologie en appelle à des interventions de la communauté mondiale dans la question des grands écosystèmes mondiaux comme l'océan, la haute atmosphère, les grandes forêts, dont certains relèvent des pays pauvres. Il s'agit là de l'une des plus grandes causes mondiales. Elle exige des règles mondiales communes concernant la gestion des ressources naturelles, car le droit de chacun à avoir sa part de ressources naturelles doit être instauré.

Sur le plan des modalités, cela revient à garantir un minimum à bas prix et à mettre en œuvre une tarification progressive. Cela signifie aussi que ceux qui sont privés de ces biens ont créance à l'encontre de ceux qui en abusent. La maîtrise de la consommation de ces biens doit être assurée pour prévenir tout conflit lié à la pénurie de ressources. La consommation des ressources naturelles devrait être à court terme dissociée de tout calcul de la croissance économique.

Les biens communs relèvent de considérations politiques et font donc l'objet de droits universels qui visent avant tout à n'exclure personne de leur usage, à abolir toute compétition pour leur possession. Le vivant doit rester un bien commun.
Dans le socialisme que nous décrivons, des droits fondamentaux sont mis en avant : autonomie alimentaire ; emploi et revenu ; droits politiques et syndicaux ; égalité entre hommes et femmes ; protection sociale ; éducation et

culture ; environnement sain ; accès aux biens publics mondiaux (eau, air, ressources naturelles, connaissances scientifiques) ; sécurité. La liste peut paraître impressionnante, mais il faut la considérer comme une impérieuse nécessité.

Ménager droit de propriété et gratuité

La question de la propriété est centrale pour la gauche. Elle sera peut-être l'une des plus importantes dans l'avenir.

La concentration actuelle de la propriété financière n'a jamais eu de précédent dans l'histoire : la capitalisation boursière mondiale représente 90% du PIB de la planète, les actionnaires possèdent les ¾ du patrimoine marchand de l'humanité. Et cette richesse est concentrée essentiellement dans les pays développés.
Les privatisations et marchandisations concernent aussi les savoirs (propriété intellectuelle, brevets), la recherche, avec quête du monopole sur les rentes de matière grise et culture du secret. Les batailles autour de la propriété intellectuelle servent ainsi de révélateur aux contradictions de la notion de propriété privée. Si hier la propriété était liée étroitement à la liberté, à présent les brevets viennent contrarier cette liberté. Hier, les savoirs médiévaux étaient confisqués par le clergé ou une caste ; avec la grande industrie, ils étaient mis au service du capital. A notre époque, des extensions dangereuses ont cours concernant la privatisation du vivant. Ainsi, une déclaration de l'ONU de 1998 assimile le génome humain à « un patrimoine commun de l'humanité » et le G8 de 2000 interdit le brevetage de séquences de gènes ; mais …en juillet 1998, l'Union européenne autorise la délivrance de brevets sur du « matériel biologique » et engage la confusion entre inventer et découvrir un gène. Or, breveter un gène revient à empêcher bon nombre de chercheurs de travailler librement sur lui.
La controverse sur les formes de brevetage pose d'abord la question de la distinction entre découverte et invention, puis surtout celle de la logique d'appropriation privative de biens publics, les biens intellectuels. Le brevetage renforce le secret industriel et freine l'innovation. Après l'accaparement privatif des terres, voici celui des connaissances et des savoirs : conflit entre développement social, bien public, bien social et intérêt privé. Et la crise écologique actuelle oblige à reconsidérer la question d'autres biens communs inappropriables, comme l'eau et l'air.

La globalisation capitaliste actuelle est bien une nouvelle phase « d'accumulation par dépossession » (David Harvey). Elle ne se limite pas à l'appropriation de matières premières, de ressources énergétiques, de main d'œuvre à bon marché ; elle s'étend à l'appropriation de biens communs, de savoirs, du vivant. « La question cruciale n'est pas de savoir si l'on fera jouer le marché ou pas. Toutes les sociétés – communistes, socialistes, capitalistes – se servent du marché. La question cruciale est celle de la propriété privée » nous dit Milton Friedman (*Le Monde*, 20 juillet 1999).

Il est donc grand temps que la gauche arrête l'appropriation généralisée des biens humains fondamentaux pour remettre l'accent sur les besoins ressentis par la communauté et le respect du principe d'équité. C'est surtout par la gestion des biens non marchands que l'on pourra contribuer à l'épanouissement de tous et à l'édification d'une société durable, en se mettant à distance de la tyrannie de l'économie et du court terme. Pour cela, il convient d'aborder de front la question de la gratuité. Face au productivisme et au consumérisme généralisés, le temps est sans doute venu de défendre la cause de la gratuité (Ariès, 2009). Certains progressistes font de la gratuité « un nouveau paradigme permettant de refonder un projet émancipateur ». Le socialisme doit donc s'y intéresser.

Dans le champ de l'accès aux biens, la gratuité peut être un dessein d'émancipation parce qu'elle démarchandise les biens qui sont excessivement et parfois indûment marchandisés. Elle conduit à s'écarter des formes capitalistes de propriété et d'organisation, de la logique marchande, en imposant l'intérêt général et l'égalité.

On a un peu oublié que la sécurité sociale et l'assurance maladie, inventées à l'issue de la Résistance, relèvent aussi en partie de l'utopie exprimée dans la formule « à chacun selon ses besoins », car elles répondent à la formule « à chacun selon ses besoins de santé et ses capacités de cotisation ». Il en va de même avec l'école gratuite ou l'éclairage public ou les congés payés ou le recours à Internet.

Certes, il ne s'agit pas toujours de gratuité totale, mais de prise de distance relative avec la marchandisation, car la gratuité ne peut couvrir tout le champ de l'émancipation. Evidemment, certains biens devant être produits, il convient de ne pas oublier qu'il en coûte pour les faire exister et que certaines limites sont impératives pour d'autres. Ainsi, la gratuité de l'accès à l'eau ne peut nous faire oublier que l'eau est une ressource limitée et qu'on ne doit prudemment assurer que la gratuité d'un quota d'eau pour tous et réguler par le marché ce qui dépasse ce quota.

Il faudrait songer à présent à une forme de gratuité des musées ; de gratuité des transports publics urbains pour certaines catégories d'usagers ; de gratuité provisoire et de sécurité sociale du logement pour ceux qui ne peuvent plus assumer le paiement de leur logement à certains moments.

La question du revenu universel garanti mérite aussi un examen sérieux. Il s'agirait de verser une allocation forfaitaire à chaque citoyen, sans condition ni contrepartie, pour lui garantir un niveau de vie égal au seuil de pauvreté, soit la moitié du revenu médian.

Dans le domaine essentiel de la recherche, il faudrait en finir avec cette conception de la recherche-marchandise qui conduit à réserver près de la moitié des budgets à des objectifs de puissance (défense, espace) en dédaignant les besoins des citoyens (médecine, énergie, environnement).

Evidemment, il faut veiller à ce que la gratuité ne conduise pas au gaspillage, à la déprédation, à l'assistanat et à la déresponsabilisation. Il importe donc de développer une culture de la gratuité fondée sur le rapport d'usage.

Plus généralement, on en revient à une conception de la vie où l'on reconnaît le droit de vivre en collectivité sans avoir toujours à fournir en contrepartie une quantité de travail équivalent. Et, face à une économie de la privatisation généralisée du monde – produits, savoirs, vivant, espaces, etc. – on doit assumer la nécessité d'une certaine économie de la gratuité fondée sur la valeur d'échange, la démarchandisation de certains rapports sociaux. Mais la gratuité, sous ses diverses formes, est-elle pour autant généralisable à l'ensemble des biens communs et serait-elle absolument révolutionnaire ? Avant de le décréter, il convient d'expérimenter et de ne pas brandir à nouveau une utopie.

44. Elargir la notion d'activité sociale

Les changements majeurs à l'œuvre dans les réalités démographiques, les bouleversements de la situation de l'emploi, l'individualisation croissante des options de vie, l'attention aux solidarités intergénérationnelles conduisent à postuler des évolutions significatives entre emploi et activité, activité et inactivité. La gauche doit les préparer et les inscrire dans l'optique d'une solidarité active.

44.1 Reconsidérer la notion d'activité vitale

La question du travail est revenue sur le devant de la scène, poussée par le chômage de masse, la précarité, la flexibilisation, les atteintes au droit du travail, les heures supplémentaires, la marchandisation de la nature et du vivant. Se croyant ou se sentant dépossédée de l'un de ses thèmes de prédilection, la gauche est sommée de repenser la totalité de la question, dans un contexte où le modèle de développement poussé par le capitalisme est remis en cause. Il lui faut donc reconceptualiser le travail.

Sur le plan socio-économique, l'activité de travail consacrée à la production reste anthropologique, tributaire du marché et de l'économie. Mais il faut avoir conscience d'un fait important : le discours politique privilégie l'activité humaine de travail et laisse trop souvent dans l'ombre les temps de loisirs ainsi que la question centrale pour chaque individu de la répartition de ses temps de sa vie. Or, si l'on tient compte de la totalité des activités déployées, le temps de travail a diminué d'un tiers au cours du 20ème siècle, il n'est plus que de 11% du temps de la vie, alors qu'il était de 25% au début du siècle.

Les jeunes actifs (25-39 ans) semblent souhaiter de plus en plus une nouvelle organisation du travail qui soit plus adaptable à chacun, plus flexible. La cause n'en est pas seulement dans le fait que les innovations technologiques apportent cette opportunité de mieux concilier vie professionnelle et vie personnelle. Il s'agit plutôt d'une aspiration à vivre autrement, sans réduire sa vie à l'activité professionnelle.

Comment concevoir alors la vie active d'un individu dans le cadre d'une politique socialiste ?
Certes, elle comporterait une activité professionnelle portée par des stratégies de formation tout au long de la vie, de façon à pouvoir envisager et assumer des infléchissements et des réorientations ; une qualité d'environnement de travail ; la perspective d'un vieillissement actif et la capacité d'être actif le plus longtemps possible si on le désire et bénévole si on le souhaite.
Mais évidemment, la vie ne se résume pas uniquement à l'activité professionnelle. Le temps des loisirs et de la culture doit y trouver sa place, tout comme le temps de l'amitié, de l'amour, des voyages et des rencontres.

Certains faits sociaux contemporains ont de puissantes répercussions chez l'individu. Il faut d'abord citer les transformations du capitalisme, qui ébranlent les groupes sociaux traditionnels : classes sociales, statuts professionnels, communautés religieuses, familles. Elles effritent aussi l'Etat-providence. Elles déstabilisent enfin les identités en opérant une « instrumentalisation des exigences de réalisation de soi » (Honneth, 2006). D'un côté, elles portent tout individu à rechercher la réalisation de soi ; de l'autre, elles détournent ces aspirations au seul profit de la force productive du capitalisme.

Cette société valorise à l'extrême la mobilité, le nomadisme, l'éphémère, le jetable. Son maître mot est la flexibilité. Dans la sphère du travail, au nom de l'autonomie, on réclame de chacun productivité, performances, mérite. La vie professionnelle, et bien au-delà, la vie entière en est changée.
Le socialisme doit opposer à ces tendances lourdes un autre style de vie, repérable dans les secteurs importants de la vie sociale et privée, là où les inégalités se perpétuent en dissolvant le lien social.

Il faut à cet effet distinguer à présent deux types d'inégalités : les inégalités économiques de fait et les « inégalités des possibles » (Maurin, 2002) ou inégalités des chances, toutes deux résultant de la même cause, la pauvreté, phénomène extrêmement stable dans le temps en France, et même en accroissement. Les premières sont concrètes, les secondes sont plus abstraites mais réelles.
Inscrites dans les structures économiques, attachées aux conditions de travail, les premières sont constatables grâce aux statistiques sur les salaires et revenus, elles peuvent être corrigées par des politiques de redistribution.

Inscrites dans les condition de vie familiale (revenu, logement, santé), dépendant aussi des premières inégalités (salaires, formation), les secondes résultent d'une sorte de pari : celui qui dit que corriger le système éducatif pour lutter contre l'échec scolaire, repenser le système de formation continue pour donner des capacités intellectuelles et pratiques plus générales, améliorera les conditions de vie future d'un individu en diminuant les inégalités de chances. « Accroître l'effort de redistribution en direction des familles les plus modestes, ce n'est pas seulement contribuer à corriger les principales distances de classes de la société contemporaine, c'est également investir dans le capital humain – et donc sans doute aussi dans la cohésion – de la société à venir » (Maurin, p. 62).

Le socialisme doit d'abord s'attaquer aux phénomènes de surproduction, surconsommation, hyper-individualisation pour garantir le droit d'être soi dans le « bien vivre ensemble ». A ce niveau, c'est un autre régime économique qui pourra permettre d'aller vers une société plus humaine.
Combattre les inégalités économiques, c'est garantir de meilleurs salaires, lutter contre le chômage de masse, empêcher le délitement des solidarités de classes et professionnelles. C'est imposer le retour des solidarités collectives – être soi pour autrui – dans le respect du droit d'être soi pour soi.

Si le socialisme ne peut faire cesser les recompositions familiales, il peut intervenir dans les mutations qui frappent depuis trente ans la famille (divorces, concubinages, Pacs, dispersions). La gauche a beaucoup fait pour prendre en compte cette réalité en adoucissant sa charge dramatique. Le constat est simple : la famille moderne est concernée elle aussi de l'intérieur par l'individualisation. La régulation familiale ne repose plus à présent sur la domination masculine, ni même parfois parentale. Il s'agit d'un effritement des rôles familiaux, tout comme de la recherche de nouveaux rôles et de nouveaux équilibres. Se redéfinissent ainsi les rituels de la régulation familiale actuelle : statuts de la parole et du silence dans les échanges ; caractéristiques des marques d'autorité ; labilité de la distribution des places ; négociation des espaces individuels et collectifs dans la gestion des « territoires » privés ; formes de gouvernance ; modalités d'accès aux objets communs ; possibilités d'avoir amis et sorties. Il ne s'agit pas de régenter politiquement ces transformations, mais d'en faciliter le bon fonctionnement.

De la même façon, le socialisme doit accompagner l'incidence de l'individualisation dans les relations égalitaires entre hommes et femmes. A l'échelle de l'histoire, les femmes ont été dominées et délaissées depuis des millénaires. A l'échelle du monde, elles le sont encore très largement. Le féminisme de la fin du 20ème siècle a eu le mérite d'imposer le droit de la femme à exister hors de la famille, la libre possession de son corps, la maîtrise de la procréation : « le féminisme conjugue émancipation universaliste et droit à être soi » (Le Bart, p. 168). Cette émancipation de la femme est loin d'être achevée, tant les injustices et discriminations la frappent encore.

44.2 Améliorer le statut de l'activité professionnelle

Le travail a sans aucun doute une place centrale dans la vie humaine, c'est pourquoi il ne faut pas laisser la droite s'accaparer le concept. Le travail est-il le seul responsable de la destruction de la nature ? On ne peut pas l'affirmer. Il existe de par le monde des sociétés peu développées techniquement, ne connaissant pas le capitalisme ou la loi du profit, qui ont des pratiques agricoles épuisant les sols. Il existe aussi des sociétés techniquement très avancées qui ne sacrifient pas la nature. Mais il reste vrai que capitalisme et marché conduisent de façon générale à un pillage de la nature.

La gauche doit réinvestir la question du travail, qui reste la seule force productrice de valeur économique, même si de nos jours, cette force est plus exploitée que jamais. Elle doit assumer avec clarté les valeurs positives du travail : création de liens jusqu'à l'inclusion sociale, contribution au bien-être, apprentissage de l'équité.

Il y avait en France, en 2006, 12 millions d'entreprises pour 16 millions de salariés dans le privé et 22,2 millions de salariés au total. La quasi totalité de ces entreprises (97%) était à moins de 50 salariés. 1 million d'entreprises (8%) et donc de petits patrons avaient moins de 10 salariés. Les employés ou « cols blancs » sont devenus majoritaires par rapport aux ouvriers, les « cols bleus » : 8 millions pour les premiers contre 6 millions pour les seconds. Mais employés, ouvriers et cadres se rapprochent juridiquement, statutairement et économiquement. Les salaires des cadres représentent à peine deux fois plus que ceux des ouvriers et employés et 40% des cadres sont en dessous du plafond de la Sécurité sociale. Les femmes connaissent une situation salariale toujours aussi injuste : de 18,9% inférieure à celle des hommes. Les groupes professionnels sont travaillés par la mobilité, l'instabilité, la précarité. Telles sont quelques-unes des réalités du travail en France, en ce début de 21ème siècle : énorme majorité de PME/PMI, diminution importante des ouvriers, situation injuste des femmes, éclatement considérable du travail. Que doit alors proposer la gauche ?

Prôner une autre flexibilité

La flexibilité « remet profondément en question la fonction intégratrice de l'entreprise » (Castel, 1995, p. 650).
La modernité a apporté des transformations qui rendent le travail plus complexe. La flexibilité est la réponse actuelle proposée par les libéraux à la compétition sur les marchés.

Pour la définir de façon simple, on dira que la flexibilité regroupe toutes les techniques permettant aux entreprises de s'adapter de mieux en mieux à la demande variable des marchés. On peut citer : la variabilité des horaires, la montée des contrats à temps partiel, la polyvalence des tâches, le recours à la sous-traitance.

Idéalisée par les uns, diabolisée par les autres, la flexibilité est un changement important des systèmes industriels et productifs des années 1970 et 1980, elle mérite un examen critique attentif. Dans la littérature abondante qui la concerne, on distingue au moins quatre courants : le courant marxiste de l'école de la régulation, le courant des « alternatives historiques », le courant managérial, le courant déterministe du paradigme technologique. Fondamentalement, la flexibilité est un ajustement, quantitatif et qualitatif, de la production à la demande, pour minimiser les frais et maximiser les profits. Et la réalité contemporaine du travail est de plus en plus celle des modèles flexibles et de la relation à la « clientèle » : clients de supermarché, patients de l'hôpital, étudiants de l'université, contribuables de l'administration fiscale, etc. Le point commun est bien dans le lien social.

Techniquement, cette recherche de souplesse concerne tous les niveaux, des modes de gestion financière aux modes de production et d'organisation, y compris les modes de décision. Sur le plan qualitatif, elle veut maximiser l'investissement du travailleur dans ses tâches, donc sa motivation, sa disponibilité, sa polyvalence entre tâches simples et doit s'accompagner normalement de formation. Sur le plan quantitatif, elle cherche à adapter la force de travail aux besoins de la production, ce qui a débouché sur les contrats à temps partiel ou à durée déterminée, la sous-traitance, le recours au travail temporaire, etc. mais, dans la réalité, le quantitatif l'a emporté sur le qualitatif.

Gadrey (2000) propose de distinguer à présent deux modèles de développement de nos sociétés où l'industrie des services devient prépondérante : la « société des services » et la « société des serviteurs » :
– la « société des services » est celle des entreprises soumises à un environnement concurrentiel en fluctuation permanente, commencée dès 1970, omniprésente depuis les années 1990 ;
– la « société de serviteurs » repose sur des bassins d'emplois stables et un réservoir d'emplois atypiques, précaires.

L'évolution historique du travail ne gagnerait-elle pas à imposer le modèle des services assorti de garanties et de protections fortes ?

Redonner du sens au travail

Le travail est « un fait social total » (Mauss). Certains limitent le travail à sa valeur instrumentale : le travail pour le salaire. Le rapport salarial a été codifié par les lois de Napoléon – Code civil en 1804, Code de commerce en 1807 –

ces deux textes mettant en place le rapport salarial capitaliste. A ce niveau, le travail n'est qu'un acte technique relevant de la seule nécessité.

Or, le travail a une valeur expressive, c'est-à-dire qu'il est une expérience sociale complexe qui a avant tout du sens.
Pour Marx, ce sens était une logique de l'aliénation portée par la société libérale, bourgeoise, capitaliste, et cette lecture réductrice a gouverné longtemps les cerveaux des analystes. Mais la sociologie du travail a peu à peu posé un regard plus complexe sur les réalités du travail. Touraine fut sur ce point un précurseur, traquant les situations de travail, les acteurs collectifs (patronat, Etat, syndicats) et les rapports politiques.

Le travail s'est émancipé de la sphère privée où le capitalisme voulait le cantonner. Au 19ème siècle, il est sorti de l'espace domestique pour entrer dans les ateliers d'usines et les ateliers des villes. Au 20ème siècle, il est d'abord devenu véhicule de la citoyenneté ; maintenant, avec l'avènement de l'économie des services, il affronte les nécessités du régime d'interaction civique dans la sphère publique. Le travail a donc pris une dimension publique, que l'économie des services ne fait qu'afficher plus nettement : travailler, c'est entrer en relation avec l'autre sur une scène publique où interviennent les collègues, les supérieurs et inférieurs hiérarchiques, la clientèle.

Résultat de luttes sociales incessantes, le droit du travail s'est donc émancipé du droit privé, que les libéraux n'ont cessé de préférer. De nos jours encore, en tentant d'installer des contrats de gré à gré, ces libéraux trahissent leur nostalgie des relations directes et privées d'employeur à employé. Mais c'est la sphère publique qui a imposé les règles de fonctionnement (le droit du travail) et les catégories indispensables à la cohésion sociale que sont les prestations de l'Etat-providence, le droit au chômage, le droit à la retraite.

Le travail a une dimension fondamentalement politique. Il pose la question des rapports entre économie, capitalisme et démocratie. La droite met en avant la notion de rentabilité économique, la gauche mobilise celles de justice sociale et de justice démocratique d'entreprise. En ce sens, « la flexibilité, en individualisant les parcours, les horaires, les responsabilités se mue en une expérience ininterrompue de positionnement dans et par rapport aux collectifs » et « la question du juste en référence au collectif constitue l'essence même du politique » (Ferreras, p.11).
Toutes les notions mises en avant dans le travail – mérite, égalité, performance, ancienneté, situation familiale – relèvent du régime civique de la justice démocratique. La gauche considère comme juste que les personnes travaillant ensemble puissent avoir un rôle dans l'élaboration des règles organisant le vivre ensemble dans une culture démocratique. A cela, la droite oppose un pouvoir fondé sur la domination de type domestique. On ne reviendra évidemment pas en arrière : le travail est une question définitivement publique et politique.

Le sociologue Friedmann a posé deux questions majeures : celle de l'organisation de l'entreprise où se développent les relations d'affrontement et de coopération ; celle de l'action syndicale comme « un symbole concret de solidarité, un réseau de liens humains dans la jungle industrielle » (1956, p.154). La tradition sociologique a bien aperçu la signification complexe du travail. Elle a proposé des systèmes explicatifs qui valent d'abord pour la période industrielle. De nos jours, il est devenu indispensable d'enrichir la notion de « situation de travail » en y faisant entrer toutes les caractéristiques de l'histoire personnelle du travailleur, avec ses intérêts privés, professionnels et familiaux ; indispensable d'analyser finement le milieu de l'entreprise, les modalités d'organisation des tâches, les caractéristiques de la société et même de la mondialisation. Le travail reste « la plus importante machine à produire de l'identité sociale » (Sainsaulieu), « l'emploi conditionne la construction des identités sociales » (Dubar, 1991, p. 8).

Si l'on veut décliner les registres expressifs qui confèrent au travail son sens, on doit mentionner que travailler, c'est « être inclus » dans un tissu social extérieur au foyer ; c'est « être utile » à la société ; c'est « être autonome » dans sa capacité à mener sa vie ; c'est « faire un travail intéressant » (Ferreras, p. 71).
Dans l'expérience taylorienne-fordiste, ces registres fonctionnaient peu ou prou dans le milieu social constitué des collègues et dans des relations collectives ; dans l'industrie des services, le milieu est celui de la clientèle et du rapport personnel.

On connaît de longue date l'objet du travail dans les secteurs primaire de la production agricole et secondaire de l'industrie extractive, de la transformation, de la production de biens et de la construction ; on connaît moins celui du secteur tertiaire. On sait que « le secteur primaire confrontait l'humain à la nature, le secteur secondaire confrontait l'humain à la machine, le secteur tertiaire confronte l'humain à autrui » (Ferreras, p. 91). Quel que soit le type de secteur envisagé – « serviteurs » ou « services » – il peut paraître indispensable à présent de garantir le statut du travailleur, le type de relation de subordination, les possibilités de qualification et de formation continue, l'organisation valorisante des tâches exercées. En somme, il faut faire du milieu de travail un milieu social total fondé sur le lien social.

Il faut sortir ce milieu du travail du domaine privé, domestique, dans lequel un certain patronat cherche encore à le cantonner. Dans la théorie politique occidentale, il existe alors à notre disposition plusieurs versions de la sphère publique. L'une, proposée par Marx comme par Hannah Arendt, est de type agonistique, elle repose sur la domination et le conflit. Une autre, portée par la tradition libérale, fait de la scène publique un espace neutre, réglementé, passant sous silence les inégalités. Une troisième, mise en avant par Habermas, y voit un espace de délibération citoyenne distinct de l'Etat et de l'économie. Il faut emprunter à Habermas son idée de scène délibérative, mais la rattacher à l'économie et à l'Etat, donc à la politique.

Discuter au sein des lieux de travail des problèmes de salaires, de pouvoir d'achat, des limites de l'actionnariat, des relations de pouvoir dans l'entreprise, des inégalités, de la redistribution, des retraites, tout cela qui existe en permanence dans la réalité a une dimension politique qu'il faut cesser de dénier. L'entreprise sera authentiquement citoyenne à cette condition, qui consiste à intégrer le monde du travail dans les institutions politiques et à voir dans le travail un approfondissement de la culture démocratique. Ce monde est conflictuel et doit rester ouvert au changement social, au respect de l'égalité, à la nécessité de délibérer, argumenter et débattre, au statut relationnel.

Cependant, deux obstacles retardent cette progression des valeurs démocratiques dans le travail : la flexibilité et le rôle des actionnaires, deux réalités qui ont bousculé les relations anciennes de pouvoir dans la structure hiérarchique.

La flexibilité horaire et la flexibilité fonctionnelle, ajoutées à l'individualisation, dissolvent les anciens collectifs si elles ne fonctionnent pas dans le cadre démocratique. La flexibilité y gagne si l'enjeu entre dans le bien collectif, donc si les horaires variables et les glissements fonctionnels sont gérés sur le mode participatif et si les problèmes rencontrés sont discutés en commun. Elle y perd si le seul objectif est d'ordre quantitatif et s'accompagne du désintérêt des dirigeants pour la situation humaine et démocratique des salariés.

L'une des caractéristiques modernes du management, du moins en ce qui concerne certaines grandes entreprises multinationales, est l'affichage du concept « entreprise citoyenne » avec sa « responsabilité sociale ». On entend par là l'affichage du respect de l'environnement ou de la mission humanitaire, pour signifier qu'il s'agit du désir de diminuer les dégâts et de participer à des missions de bienfaisance. Cela passe par des chartes, des partenariats, parfois des fondations, des engagements à respecter les droits des travailleurs : suppression de l'esclavage des femmes, refus d'employer des enfants, liberté syndicale, bonnes conditions de travail et de rémunération, etc... On aurait envie de dire : rien que de très normal !

C'est à l'intérieur de l'entreprise que tous ces engagements doivent avoir force de loi, tout particulièrement dans le respect de la législation du travail, la relation avec les syndicats et les salariés. Une contradiction évidente existe entre les pratiques internes de gouvernance et les affichages externes de la stratégie marketing. Car les premières privilégient en fait la pression à la baisse des frais de personnel, la surcharge de travail, elles sous-estiment le stress des salariés.
De plus, les syndicats français sont aujourd'hui prisonniers de la législation et affaiblis. En témoigne la « loi de rénovation de la démocratie sociale » qui

devait concrétiser la volonté du candidat Sarkozy d'aider à la création de syndicats « forts et responsables », semblables à ceux des pays scandinaves. Ces pays scandinaves apportent la preuve qu'il n'y a de syndicat puissant que si les non-syndiqués ne peuvent bénéficier des mêmes avantages que les syndiqués ; donc que s'il y a incitation matérielle à adhérer à un syndicat. Ils montrent encore que, plus le salaire minimum du pays est élevé, moins on se syndique. Or, ces deux points ne correspondent pas à la situation française, qui propose l'inverse.

Les syndicats français déclarés représentatifs depuis 1966 étaient au nombre de huit : CFTC, CFDT, CGC, CGT, FO pour les salariés ; MEDEF, CGPME, UPA pour les patrons. Ils ont un triple monopole : participation à la gestion de services d'intérêt général ; exclusivité de présentation des délégués du personnel au premier tour des élections professionnelles ; participation aux négociations interprofessionnelles. Tout cela rend de fait inutile la recherche d'adhérents, le pouvoir du syndicat ne venant pas de ses effectifs, ses ressources ne venant pas principalement des cotisations, ces dernières ne représentent que 15 à 20%. De plus, les syndicats ne sont pas obligés de publier leurs comptes. Enfin, les mises à disposition de personnel au profit du syndicat sont restées très intéressantes.

La réforme de la représentativité des syndicats votée le 20 août 2008 voulait donner une nouvelle définition de la représentativité et réfléchir aux conditions de validité d'un accord collectif. Elle ne pose jamais la question du financement des organisations syndicales et de la transparence des comptes. Seuls, CGT et CFDT ont signé. Les trois autres syndicats de salariés voient donc leur existence mise en danger. La loi a finalement changé le rapport de forces entre syndicats au lieu de rendre tous les syndicats puissants et forts (Cahuc et Zylberberg, 2009)!

Le temps n'est donc pas encore venu du fonctionnement démocratique de l'entreprise. Pour cela, il faudrait faire des syndicats les opérateurs privilégiés de construction de ce fonctionnement politique de l'entreprise, qui engage aussi salariés et managers.

Il s'agit d'abord de perfectionner les droits collectifs du travail, droit à la représentation collective et à la liberté syndicale.

Il s'agit ensuite de la question de la reconnaissance, posée conjointement à la question de la redistribution : « l'enjeu de la reconnaissance, qui est identifié au travers de la demande d'égale dignité, se vit et se réclame dans une sphère du social qui a toujours été pensée comme animée par les luttes pour la redistribution » (Ferreras, p. 247). Les enjeux de reconnaissance sont présents dans toutes les sphères du social, donc aussi dans la sphère économique du travail. Pour les travailleurs peu qualifiés comme pour les autres, au nom de la justice sociale, il faut traquer l'absence de juste rémunération et le déni de reconnaissance.

Il s'agit encore d'abandonner l'idée qu'il existe en société des systèmes sociaux fonctionnant chacun dans la « différenciation fonctionnelle », c'est-à-dire selon une différence de valeurs. Cela voudrait dire que l'exigence démocratique en concernerait certains et pas d'autres. Que la sphère économique, polarisée sur la rentabilité, ne pourrait s'accommoder de l'exigence démocratique, que le marché serait autorégulateur. Contre le libéralisme économique, le socialisme doit soutenir que le travail est toujours une quête de sens, sa nature est politique, son orientation est démocratique.

Il faut poser aussitôt la question des actionnaires et de la firme, qui ouvre sur l'opposition possible entre deux rationalités : « la rationalité portée par les investisseurs en capital, de nature instrumentale, et celle qui anime les investisseurs en personnes, ceux qui travaillent, de nature politique » (Ferreras, p. 251). Doit-on penser que l'opposition entre ces deux rationalités est incontournable dans l'économie marchande, et que par extension, l'économie « plurielle » du pays ferait cohabiter deux secteurs différents, le secteur marchand à rationalité instrumentale, le secteur non marchand, à rationalité expressive ? Ou bien doit-on chercher à confier la gouvernance de la firme conjointement aux investisseurs en capital et aux investisseurs en personnes ? La seconde option nous semble préférable. Le $21^{\text{ème}}$ siècle pourrait faire triompher ainsi la norme démocratique à tous les niveaux de l'entreprise.

Affirmer une politique de gauche du travail

A l'évidence, les politiques passées de la gauche ont leur part de responsabilité dans la situation alarmante actuelle : elles n'ont pas réussi à enrayer et retourner vraiment la tendance. De plus, la mise en place de la réduction du temps de travail à 35h hebdomadaires décidée par le gouvernement Jospin a suscité polémiques, dysfonctionnements et inquiétudes. Une mise à plat critique de cette politique de gauche du travail s'impose et apparaît comme la condition d'une avancée dans l'avenir.

« *Travailler moins* » a été l'une des pistes suivies pour améliorer la situation du travail en France. La politique de gauche des 35 h a été présentée en son temps comme l'instrument majeur de la lutte contre le chômage. Or, la baisse de la durée du travail n'a pas été uniforme, elle n'a pas eu lieu partout et dans les mêmes proportions, elle n'a pas suscité tous les emplois attendus. Entre mars 1995 et mars 2001, la durée hebdomadaire de travail a baissé en moyenne de 1h 20 pour les salariés à temps complet et à horaires réguliers : mais, elle a plus baissé pour les hommes que pour les femmes, pour les ouvriers (2h) que pour les cadres (inchangée), bref elle a suivi une sorte de hiérarchie à rebours. Les modalités de cette baisse ont été très variées : modulation d'horaires sur la journée, réduction du nombre de jours travaillés, travail intermittent, compte épargne-temps, pré-retraite progressive. Certains secteurs, qui pourtant le devaient en raison de leur pénibilité, n'ont guère été touchés : agriculture et industrie agricole, construction, commerce, transports, services aux particuliers. En fait, le travail à 35h semble avoir creusé l'écart entre cadres et non cadres, professions pénibles et moins pénibles. Il faut regarder ces réalités et y réfléchir. Et se demander si le bon logiciel est celui de la réduction obligatoire du temps de travail ou celui du temps individuellement choisi dans un cadre réglementaire, avec minima et maxima de temps de travail, et dans une logique de sécurisation des parcours professionnels.

L'objectif principal de la gauche reste de créer un rapport de forces plus favorable au travail qu'au capital et de réorienter en même temps l'activité vers une production socialement utile et écologiquement soutenable. Deux stratégies dominent.

La première est la réduction des inégalités. La liste de ces inégalités est copieuse : inégalités d'accès aux biens communs, inégalités environnementales, inégalités de revenus et patrimoine. Tout ce qui est d'intérêt collectif est à sauvegarder et développer : services publics et protection sociale. Au niveau européen, aller vers l'Europe sociale consistera notamment à imposer un salaire minimum dont les niveaux entre pays convergent. Au niveau mondial, il s'agit d'appliquer les conventions de l'OIT et de changer les lois du commerce international au sein de l'OMC.

La seconde stratégie concerne le temps de travail. En utilisant les gains de productivité, il convient d'aller vers une réduction significative du temps de travail également répartie sur tous. La valorisation du travail précarisé n'est pas acceptable par la gauche.

La première des difficultés que la gauche a à affronter est de rendre possible l'accès à l'emploi. Cet accès ne pourra redevenir possible que si l'on tire parti de l'expérience de près de quarante ans dans l'insertion par l'activité économique, et si l'on décide de relativiser le traitement social du chômage au profit d'une véritable politique de lutte contre l'exclusion au moyen de l'investissement social par le travail.

Le nombre de personnes en très grande difficulté sur le marché du travail a progressé. Les situations personnelles se sont davantage fragilisées en raison d'une insuffisance de formation, d'une fragilité personnelle plus grande (Ehrenberg, 2010) et d'une explosion de la monoparentalité.

Le retour à l'emploi doit être le fer de lance de l'insertion sociale, du retour à la citoyenneté, de la formation et finalement du développement économique. Ce n'est pas ce que pense la droite quand elle fait disparaître le Ministère de la Cohésion sociale en 2007 et rattache la DGEFP (délégation générale à l'emploi et à la formation professionnelle) au ministère des Finances, ce qui ne peut qu'éloigner l'insertion économique de la lutte contre l'exclusion. Or, il faut au contraire opter pour l'ancrage de l'insertion économique dans l'économie sociale et solidaire qui lui apporte « une finalité sociale, une gestion éthique, une gouvernance démocratique, un ancrage territorial, la prise en compte de l'humain avant tout, la volonté de redonner du pouvoir économique aux citoyens » (Claude Alphandéry, 2010).

Les conseils généraux sont à présent confirmés (loi du 1er décembre 2008) dans leur fonction de pilote de l'insertion pour les bénéficiaires du RSA. Il faut que les conseils régionaux, les intercommunalités et les communes le soient de plus en plus, que l'on change d'échelle, que le niveau territorial devienne en somme le moteur de la politique d'insertion, dans le cadre de cette autre gouvernance territoriale que nous avons décrite.

La gauche doit surtout mettre en œuvre une politique de défense des salariés. Libérer le travail, c'est protéger tous les salariés du travail pénible ; établir beaucoup plus vite l'égalité salariale et professionnelle entre hommes et femmes ; faire payer tout le temps de travail (trajet imposé, temps d'habillage, temps de pause, temps de restauration), respecter les maxima journaliers et hebdomadaires, payer les heures supplémentaires intégralement. Défendre les salariés aujourd'hui, c'est prioritairement lutter contre l'impossibilité d'accès au premier emploi pour les jeunes, contre l'abus du temps partiel imposé aux femmes, contre l'exploitation des travailleurs immigrés (3,5 millions, soit 5,8% de la population active et 13% des chômeurs) qui ont construit nos autoroutes, 1 logement sur 2 et 1 machine sur 7. C'est encore réformer la formation professionnelle qui profite de nos jours d'abord aux salariés les plus formés : 22% aux chômeurs de niveau supérieur au Bac et 9,4% aux chômeurs sans qualification, niveau BEPC et en dessous. L'urgence en ce domaine est d'établir le lien formation-grilles de rémunération-carrière en renforçant le droit individuel à la formation et le congé individuel de formation. C'est enfin baisser les profits que le capital fait sur le travail. L'immense richesse des entreprises du CAC 40 ne va pas aux impôts, ni aux salaires, mais aux dividendes, car 50% de ces profits sont reversés aux actionnaires. L'Etat accroît sa dette en empruntant à taux élevé aux riches qui prêtent à l'Etat ce qu'ils payaient hier en impôts. Or, les profits accaparent en France 40% de la richesse créée. Il y a urgence à rééquilibrer !

Il faut encore examiner avec courage les relations entre coût du travail et emploi. La majorité des emplois nouveaux se crée dans le secteur tertiaire des services, où le coût du travail est plus élevé. Or, une hausse trop rapide du coût du travail (dans les salaires) influence immédiatement le prix du service, lequel agit sur le nombre de clients, donc d'emplois et d'embauches. Dans les services, les salaires ne doivent donc pas augmenter très vite, ce qui risque de créer des écarts avec les autres secteurs, ceux de l'industrie. Pour la gauche, il est donc plus délicat de réclamer des salaires élevés pour le tertiaire, car cela revient à jouer contre l'emploi et à n'en faire profiter que ceux qui réussissent à voir leur emploi conservé. Être juste peut signifier aussi tenir un peu compte du marché ! Et d'ailleurs, des marges peuvent être trouvées dans la professionnalisation des services – ceux qui se professionnalisent plus gagneraient plus – et dans une certaine péréquation à installer entre hauts et bas salaires, ces derniers en profitant davantage.

Une politique de bien-être dans l'entreprise réclame à l'évidence un nouveau mode de management de l'entreprise. En ce domaine, les pays européens du Nord peuvent inspirer la gauche française, avec leur équilibre trouvé entre réussite financière et maintien de la cohésion sociale. Cette cohésion fait cruellement défaut à certaines entreprises françaises qui ont un peu trop perdu le chemin de l'humanisme. On ne sort guère de ce capitalisme familial peu démocratique. Il faudrait conjuguer intervention régulatrice de l'Etat et des collectivités, protection sociale, intégration, dialogue social et valeurs de solidarité, au lieu de privilégier le modèle anglo-saxon fondé sur l'initiative et la responsabilité individuelles. Nouveau management certes, mais aussi diminution de la pénibilité, renforcement de la médecine du travail, à entrer dans un service de prévention en santé publique, avec 1000 médecins du travail en plus. Et encore, amélioration importante de la situation des femmes salariées, cantonnées dans les métiers les plus pénibles, les plus précaires, les moins qualifiés.

Il faut encore évoquer l'ouverture aux métiers émergents. Le progrès aidant, on ne reviendra pas sur la substitution des machines aux travailleurs, et il faut repenser le rôle des êtres humains dans la société : redistributions des activités et perspectives de vie. L'automatisation croissante fait déjà émerger de nouveaux secteurs.
Au titre de ceux-ci, émerge une nouvelle gamme d'industries et de champs professionnels du savoir, fondés sur les technologies de l'information-communication. On les rencontre dans les sciences, l'ingénierie, la gestion, le conseil, l'enseignement, la mercatique, les médias, les loisirs. Toute une économie de l'information fondée sur le savoir en découle, qui va entraîner une transformation importante de l'emploi : exclusion de nombreux travailleurs, promotion de cadres hyperspécialisés et de haut niveau, décentralisation de la gestion, personnalisation des marchés, individualisation des tâches.
Autre exemple : le e-commerce, qui représente 12 milliards d'euros de chiffres d'affaires en 2006, 22 000 sites de vente contre 5800 en 2003. Vente de produits culturels, tourisme, habillement, informatique, etc. Une perspective de développement évaluée à 263 milliards d'euros en Europe en 2011 !
Dernier exemple : le travail à domicile ou télétravail, qui représente 7% de la population active en France contre 13% en Europe. Téléprospection, formation, secrétariat, métiers de l'édition, traduction, graphisme, communication, conseil en droit du travail. Partout, des métiers en solo, qui conduisent vite au dépassement d'horaires sans primes ni promotions !
La gauche devra se demander comment contacter et défendre tous ceux qui seront engagés dans ces métiers émergents qui individualisent considérablement les activités.

Par dessus tout, il faut promouvoir de grandes mesures structurantes d'une politique de gauche du travail. En s'appuyant sur certaines propositions (Foucauld et Piveteau, 2000), on doit citer :

- Engagement national coopératif pour l'emploi : pris par l'Etat, les acteurs sociaux, syndicaux (employeurs et employés), politiques ;
- Charte de l'entreprise solidaire : à passer au niveau de chaque entreprise volontaire. Engagements sur l'innovation créatrice d'emplois, la formation pour tous, l'emploi des jeunes, des peu qualifiés, des chômeurs de longue durée ; lutte contre les licenciements ; accompagnement des mises en retraite, etc. ;
- Protocole de temps choisi, dans le cadre d'une Caisse nationale d'assurance -temps qui garantirait le temps égalitaire de travail sur la vie. Dans ce cadre, chacun construirait son temps choisi à partir de ses besoins personnels en temps d'activité, temps de formation, temps de service citoyen, temps de retraite ;
- Capital initiative ou somme offerte à tout employé désirant réaliser un projet personnel validé ;
- Année sabbatique autorisée ;
- Contrat de bénévolat avec clauses minimales et engagements (formation, couverture assurance, prise en charge de certains frais).

Une grande politique de gauche du travail lui redonne du sens : non pas amasser argent et capital symbolique (mérite, domination), mais en faire l'un des instruments d'un projet de vie qui convienne à soi et aux autres. Il faut donc ré-enchanter le travail en lui donnant toute sa place, mais rien que sa place, dans les parcours de vie de chacun.

44.4 Faciliter les parcours de vie

Si l'on veut aider chacun à pouvoir construire sa vie, y tracer les parcours qu'il souhaite, il importe de lutter contre les inégalités de départ, et de lui offrir un système d'éducation et de formation qui le conduise le plus loin possible dans l'existence.

Assurer l'égalité des possibles

Tout comme le développement durable, l'égalité des chances, principal instrument de justice sociale, est parfaitement consensuelle. Cependant, il faut s'en méfier et regarder de plus près ce que ce slogan recouvre.

En apparence, au niveau de la définition, il n'y aurait pas de problème. Mais on est dans le domaine de l'utopie. Peut-être faut-il alors parler d'une « égalité des chances soutenable » (Savidan, 2007)! Elle marie l'objectif d'égalité à celui de liberté et prône une conception intégrationniste de la justice sociale : par l'égalité des chances, on veut que tous les individus s'intègrent à la société.

A supposer qu'une société puisse l'installer réellement, l'égalité des chances poserait tout de même problème.

Il y a en effet nécessité d'examiner les situations ou conditions de départ, le problème des inégalités d'origine, qu'elles soient économiques, de patrimoine, culturelles, d'éducation. Ce sont les inégalités originelles de ressources. Or, ces inégalités ne cessent de croître en France. Lutter contre ces inégalités à la base, c'est alors opter pour la justice compensatrice corrigeant les handicaps sociaux pour créer des conditions de l'égalité. Quelques mesures d'aides sociales vont en ce sens, à condition qu'elles visent des inégalités économiques (prestations sociales pour les plus démunis) et territoriales (quartiers les plus défavorisés, zones franches urbaines). On doit y éviter soigneusement les considérations ethniques.

Par ailleurs, il y a le contexte de la société libérale, avec ses impératifs de compétition, son culte de l'inégalité, sa conception méritocratique de l'accès aux fonctions. Louer l'égalité des chances en droit revient vite à avaliser la société capitaliste et l'existence d'inégalités de départ que l'on ne surmonterait que par des qualités individuelles, dans l'inégalité des résultats. En, ce sens, l'égalité des chances est doublement menacée.

On doit distinguer dans la question l'état de la société sur le plan de la justice sociale, et la possibilité d'intégration des individus dans cette société.

Le premier problème met l'accent sur le collectif et la solidarité, le second s'en tient au niveau individuel. Le premier suppose un contexte social mettant à distance les hiérarchies, leurs écarts et les risques qui en découlent, nécessitant la lutte contre l'exclusion et les discriminations ; entretenant le vœu d'une société fraternelle et solidaire ; bref un ensemble où la chance n'a pas un rôle majeur. Le second problème nécessite des systèmes d'évaluation du mérite individuel (capacités, valeur, talent, compétences) qui cachent les inégalités, les castes, les privilèges, les phénomènes de stigmatisation des « malchanceux ».

La gauche ne peut que choisir l'option qui va travailler la perspective de l'action sur le contexte social. On connaît certains constats : 15% seulement des enfants d'ouvriers accèdent aux classes préparatoires des grandes écoles, 30% des enfants d'ouvriers accèdent à l'université contre 80% des enfants de cadres ; une personne d'origine maghrébine a cinq fois moins de chances d'obtenir un entretien d'embauche à CV équivalent (Observatoire des discriminations) ; le taux de chômage des jeunes de zones urbaines est de 38%.

Agir sur le contexte revient à agir par la fiscalité, la redistribution, la réforme des droits de succession, l'éducation dès la petite enfance, la formation professionnelle « tout au long de la vie », le renforcement de la mixité sociale, la protection sociale la plus effective et durable. On peut appeler cette voie celle de « l'égalité des possibles » (Maurin). Elle est difficile et indispensable.

Travailler les chantiers de l'égalité des possibles

Pourquoi agir sur plusieurs dimensions à la fois ? Les destinées sociales de chaque individu sont liées à sa petite enfance, à ses conditions de vie dans la famille au gré de ses recompositions, aux difficultés d'entrée dans la vie professionnelle et à l'instabilité éventuelle de celle-ci, aux distances et positions dans la hiérarchie sociale, à la persistance des inégalités économiques le frappant dans le temps. Notre société semble bloquée sur les questions de mobilité économique et fonctionnelle, de pauvreté et non-pauvreté, de fluidité.
Réduire les inégalités revient plus facilement à réduire l'injustice de fait du système économique et à considérer que les positions sociales relèvent plutôt d'un processus méritocratique, donc que les inégalités découlent d'échecs personnels dans la course généralisée à la performance. Les politiques redistributives les plus visibles ne sont pas celles qui s'attaquent aux situations d'amont, car celles-ci paraissent trop abstraites : « il est plus simple et a priori bien plus payant politiquement de défendre un programme de correction des inégalités de fait plutôt qu'une énième réforme du système éducatif visant à améliorer l'égalité des chances entre les générations futures » (Maurin, p. 57).

On a compris à présent que, dans le domaine de la formation initiale, l'école renforce de fait les inégalités sociales et crée de plus ses propres inégalités. Du coup, la grande question devient : comment passer de la revendication sempiternelle d'augmentation des moyens à la réforme en profondeur d'un système scolaire par trop inégalitaire, puisqu'il renforce et aggrave de fait les inégalités sociales ?

Au tournant des années 1960, l'école a connu le choc de la massification. Aussitôt, des chercheurs comme Bourdieu et Passeron ont révélé que cette école répétait les inégalités sociales sans y remédier vraiment (*Les Héritiers*, 1964). Le message a donc été délivré, il y a près de 45 ans !

En 1963, Christian Fouchet instaure la carte scolaire pour promouvoir la mixité sociale. Or, aujourd'hui, 45 ans après, la droite au pouvoir a fait de la suppression de cette carte scolaire ou de l'allègement de ses contraintes l'une de ses priorités. En 1975, René Haby met en place le collège unique pour démocratiser l'accès à l'éducation et offrir à tous le même enseignement. A présent, un spécialiste comme Philippe Mérieu parle de la nécessité de rééquilibrage disciplinaire au collège. En 1981, la gauche met en place les ZEP (Zones d'éducation prioritaire) pour renforcer le niveau des élèves en zones défavorisées. A présent, le bilan des ZEP est pour le moins mitigé, selon un rapport de l'Inspection générale de l'Education nationale.

Qu'elles soient donc venues de la droite ou de la gauche, ces réformes inspirées par la démocratisation sont loin d'avoir eu les effets bénéfiques escomptés.

Prenons le seul exemple du collège ! Il y eut la division en filières, qui produisit un effet de ghettoïsation ; le cursus unique, avec pédagogie de soutien qui fut détournée en soutien pour classes complètes ; le travail indépendant, qui révéla bien des difficultés (monotone, lassant...) ; les groupes de niveau-matière qui donnèrent vite des classes de niveau ; les classes spéciales – 4ème et 3ème techno – qui orientaient prématurément ; l'aide au travail personnel qui surchargea les élèves déjà saturés et posa des problèmes de compétence généraliste aux enseignants ; les cycles en 3 ans, qui restèrent rares….Bref : les obstacles récurrents ont semblé se situer dans trois domaines : l'absence réelle de moyens pour le suivi personnalisé des élèves ; la réticence à faire éclater le groupe classe ; la non-préparation des enseignants à de nouvelles missions plus individualisées et plus généralistes.

Au total, l'école a vécu depuis 45 ans une succession de réformes qui n'ont rien changé fondamentalement à la reproduction des inégalités. Elle s'est massifiée, a conduit 80% des élèves au succès au Bac et a rempli les universités. Mais les fondamentaux – savoir lire, écrire, compter, communiquer en langue étrangère – ont beaucoup souffert. Le clivage entre culture générale et culture manuelle, technique, professionnelle perdure. Il est temps de revoir l'ensemble pour aboutir à un développement durable de l'action éducative. Mais alors, que faire ?

Il existe au moins trois grandes séries d'impératifs pour réformer profondément le système éducatif.
Il faut d'abord penser le système scolaire sur le long terme et donc engager des politiques scolaires du long terme. Trop de ministres n'ont proposé que des réformettes de court terme. Or, on peut constater avec le LMD (Licence, Maîtrise, Doctorat) à l'Université que 4 ministres successifs, de droite comme de gauche (Allègre, Lang, Ferry, Fillon) y ont travaillé. On doit donc pouvoir aboutir à un consensus politique sur une réforme globale du système scolaire, à déployer sur le long terme. Quitte à la préparer et faire sortir d'une Conférence nationale, d'Etats généraux de l'Ecole ou de toute autre structure de réflexion représentative de la diversité française. Il faut y mettre du temps, rassembler les compétences indiscutables, chercher absolument le consensus sur les questions centrales.

Ensuite, l'objectif de base est de traiter la question de l'adaptation relative de l'éducation aux réalités. Pourquoi relative ? Parce qu'il serait imprudent d'adapter l'école à des métiers qui évoluent nécessairement et d'enfermer l'élève dans un seul métier pour la vie. Il faut au contraire lui donner une formation générale, culturelle et méthodologique, lui permettant d'affronter tout changement professionnel futur de son parcours de vie tout en proposant un contenu suffisamment pratique. Cela soulève le problème des statuts de l'Ecole -Université, des entreprises et tous lieux d'insertion professionnelle, de la recherche. Comment mettre cet ensemble en synergie ? Comment préparer pédagogiquement, et à un métier, et à une formation générale seule capable d'autoriser les nécessaires reconversions professionnelles comme la conduite d'un projet personnel de vie ?

Reste la question des moyens à la hauteur de ces exigences. Pour une réforme de grande ampleur, il faut déclarer une politique de grands travaux du savoir et de la recherche. Il s'agirait notamment des questions suivantes : devoirs de l'Etat moderne ; formation initiale et continue des enseignants ; équipements et moyens techniques des établissements ; statut des parents ; autonomie et ouverture des établissements, de l'école à l'université ; carte scolaire ; savoirs fondamentaux et savoirs spécifiques ; accompagnement des élèves ; orientation.

Au registre des grands chantiers à ouvrir d'urgence se trouve celui d'une politique à long terme de grands travaux du Savoir. Dans ce chantier majeur, un certain nombre de devoirs pris en charge par l'Ecole doivent être affichés par l'Etat. Ils se résument dans la définition d'un droit à l'éducation pour tous : droit à la scolarisation, droit au suivi et à l'accompagnement personnalisé, droit à l'accès aux ressources, droit à l'orientation, droit à la qualification. Pour que ces droits puissent être crédibles et constituer autre chose que des vœux pieux, l'Etat doit alors élaborer un cahier des charges national des tâches à entreprendre sur le long terme : programmer les équipements indispensables, définir l'organisation des classes, mettre en œuvre l'accompagnement personnalisé de élèves, assurer l'accueil des familles. Dans cette perspective ambitieuse, l'Ecole deviendrait la Maison des savoirs et apprentissages. Elle serait résolument ouverte.

Une des missions essentielles est de définir un jour une culture du 21ème siècle. Il s'agit en ce domaine d'une véritable révolution culturelle. Jusqu'à présent, la culture véhiculée par l'Ecole et l'Université a été classique, pour ne pas dire élitiste. S'il est juste qu'une part de tradition existe en ce domaine, il paraît impossible de continuer à ignorer la culture contemporaine et de faire comme si le fait que les enseignés baignent dans cette culture moderne rende inutile la mise en sens de cette dernière, la distance critique à son égard et la possibilité de se l'approprier correctement. Il existe des cultures de minorités que certains élèves connaissent et que certains enseignants ignorent. A l'heure de la multiculturalité, ce fossé ne peut perdurer. Partir du contemporain et le mettre ensuite en perspective historique serait nécessaire alors qu'on fait toujours l'inverse! Donner d'abord des clés pour le présent et engager ensuite l'approfondissement culturel éclairé !
Cette culture du 21ème siècle comportera toujours des savoirs transversaux de formation générale et des savoirs instrumentaux, mais certains ont été trop négligés :
– savoirs transversaux : savoir apprendre et penser (méthodologies de « l'apprendre à apprendre » qui traversent toutes les disciplines et sont trop

sacrifiées) ; savoir communiquer par l'oral, l'écrit, le corps (de l'éducation physique et sportive au théâtre et à la danse), les mathématiques, les technologies de l'information-communication, les langues vivantes ; savoir créer (extrêmement délaissé) ;
- savoirs instrumentaux : savoirs techniques, savoirs professionnels, découverte constante et progressive des métiers (beaucoup est à faire).

Réformer le projet éducatif ! Dans le statut de l'enseigné, il faudrait viser le sujet libre préparant le citoyen conscient de ses responsabilités. Pour trouver sa place dans la société du bien-vivre, le sujet libre répond aux deux impératifs : « être soi » et « être avec les autres ». L'école doit alors le préparer à être autonome (connaître ses potentialités, assumer le travail indépendant, savoir s'informer et s'orienter), être critique (prendre ses distances de façon éclairée), être créatif et être solidaire. Partenaires indispensables, les parents doivent être accueillis, engagés dans le projet et bénéficiaires, si besoin est, de formations à la parentalité. Parents, enseignés et enseignants doivent travailler ensemble sur les grandes questions de l'exercice raisonnable de l'autorité, l'usage des sanctions, l'accès à la lecture critique, l'usage distancié des médias et technologies de l'information-communication. Enfin, les enseignants ne peuvent que revoir certaines composantes de leur statut : définition du service (devant les élèves, dans l'école, hors l'école), construction de leur culture personnelle, place de leur formation continue.

La redéfinition d'un projet éducatif moderne suppose la mise en place d'un continuum éducatif. A la base se trouvent les notions de classe et d'établissement. L'enseigné doit-il encore et toujours rester dans une classe ? Philippe Mérieu avance pour le collège l'idée d'unités d'enseignement à taille humaine : 60 à 100 élèves confiés à des équipes d'enseignants pluridisciplinaires. Ces petites unités d'enseignement supposent de diversifier les modes de regroupement : groupes de niveau, groupes d'activités, groupes de suivi, travail en grand groupe et petit groupe, travail individualisé. L'idée ingénieuse est d'adapter et personnaliser le plus possible. On conserverait les classes hétérogènes (la classe actuelle) pour une partie seulement du temps scolaire (entre la moitié et les 2/3 de ce temps) et on ventilerait pour le reste les élèves en groupes diversifiés de besoins en « travail complémentaire ». Cela se ferait tous les 15 jours, par 1 à 2 jours de travail en groupe(s) choisi(s) par l'élève et l'équipe pédagogique, selon les besoins révélés. Cette pédagogie, plus délicate à organiser, mais aussi plus adaptée et plus active, permettrait de viser davantage la réussite et les progrès.
Du coup, on peut penser que l'école primaire serait fondée sur le principe de cycles dans les savoirs fondamentaux (on ne doit pas aller au collège sans maîtriser les bases) et que le collège serait donc fondé sur les unités d'enseignement évoquées. La classe de seconde pourrait devenir indifférenciée pour servir de pallier et déboucher sur le choix d'une voie par chaque élève.

L'université resterait organisée selon le LMD qui a besoin d'être expérimenté vraiment et évalué.

Le temps est venu de convoquer une Conférence nationale permettant d'éclairer la relation de l'Ecole-Université à la société et aux milieux professionnels. Il est navrant de constater que de longue date, les responsables d'entreprises et leurs organisations représentatives ne participent que très peu, dans les filières professionnelles, à la mise en relation du système éducatif et du milieu professionnel. Si bien que le débat, sur la sphère médiatique, se cantonne à la mise en cause rituelle de l'école, accusée sempiternellement de ne pas préparer à l'insertion professionnelle. Débat navrant car les vraies questions ne sont jamais abordées à fond :
- l'école doit-elle préparer à une culture professionnelle ? Doit-elle le faire seule ou en partenariat ?
- comment l'école peut-elle préparer à une culture générale moderne et à une culture professionnelle en même temps ?
- quel est le rôle des entreprises dans la question de la préparation à la culture professionnelle ? quel rôle dans les stages, du collège à l'université, sachant que les entrepreneurs n'aiment guère les stages d'observation ? Comment l'entreprise peut-elle assumer l'encadrement pédagogique pertinent de ces stages chez elle ? Comment peut-elle assumer la question de l'information sur les métiers et leur évolution ?
- comment fonder l'enseignement en alternance ?
- quelles limites donner à la relation école/entreprises ? Quelle logique d'apprentissage tout au long de la vie peut-on installer ? Unités capitalisables et validations d'acquis de l'expérience : comment les rendre vraiment opérationnels ?

Les politiques éducatives ont un rôle central dans l'égalité des possibles. Depuis Bourdieu et Passeron, il est de tradition de souligner la sélectivité du système scolaire et de démontrer qu'il aggrave les inégalités de départ. De ce fait, les inégalités scolaires chez les élèves ne relèveraient plus que du fonctionnement intrinsèque du système éducatif et de son incapacité chronique à s'adapter à l'hétérogénéité des élèves. Il est de tradition aussi de mettre en avant le poids du manque de capital culturel des parents de familles modestes dans les difficultés scolaires de leurs enfants. Or, il semble nécessaire de prendre à présent au sérieux les recherches qui évoquent aussi l'impact du revenu des parents et des conditions économiques de vie dans les familles (revenus, logement), bref certaines causes extérieures à l'école pesant négativement sur les résultats des enfants de familles modestes. Il faut l'admettre : les politiques éducatives à elles seules ne permettent pas de réduire les inégalités sociales. L'école ne peut seule égaliser les chances et constituer l'ascenseur social. Il faut des politiques complémentaires, économiques, familiales, d'insertion professionnelle, de la jeunesse.

L'allongement de la scolarité, la forte élévation du niveau d'instruction ont été pensés comme le meilleur moyen de réduire les inégalités. L'expérience a eu lieu : 5% d'une classe d'âge parvenait au bac en 1950, 21% en 1970, 36% en 1985, 69% de nos jours. Mais cette démocratisation n'a pas produit d'accroissement de la fluidité sociale. D'abord parce que les études plus longues ont reconduit des inégalités qualitatives en les déplaçant ; ensuite parce que ces diplômes plus abondants ont été aussitôt dévalués par le monde de l'entreprise. Ainsi, la distribution des meilleures places sociales échappe toujours au monde scolaire et reste du ressort du monde économique et professionnel. Et il n'est pas acquis que le monde professionnel aurait besoin en abondance et partout de gens de plus en plus diplômés, alors que le souci du citoyen responsable l'exige.

La relation entre monde éducatif et monde professionnel est donc très complexe. Le premier n'a pas dans ses missions d'être au service du second, qui plus est à court terme, et d'évoluer en fonction des changements du second, lesquels seraient aisément prévisibles. Le second n'a pas forcément de la formation une conception identique à celle du premier, sur le plan technico-pratique comme sur le plan général. Il ne maîtrise pas forcément ses évolutions internes, il ne peut pas toujours prévoir les nouveaux métiers à venir, il réagit au marché par ajustement de l'offre à la demande économique, sans considération automatique du niveau de diplôme.

Si l'éducation en France s'est fortement développée, elle n'a pas assez articulé les études et les expériences professionnelles ; l'entrée dans la vie active est trop tardive (48% de jeunes en recherche d'emploi à 20-24 ans) ; le niveau de chômage des jeunes est trop fort. La jeunesse ressent un fossé entre niveau d'éducation élevé et déclassement professionnel. Ce fossé est plus grand pour les jeunes de milieux populaires et les jeunes issus de l'immigration. Pour les deux notamment, il faut que le socialisme rectifie ces tendances lourdes du système éducatif en le sommant de mieux agir en concertation avec le monde professionnel.

Il faut évoquer aussi le chantier de la formation continue. La fragilisation des relations d'emploi ne peut être attaquée efficacement qu'en trouvant le moyen de protéger la possibilité future d'emploi, l'employabilité, et de ne plus s'en tenir au seul encadrement des primes de précarité et des indemnités de licenciement. L'instabilité professionnelle découle pour partie de l'évolution technique et organisationnelle du travail. Le moyen d'y faire un peu face est dans le système de formation professionnelle continue, qu'il convient de transformer.

Pour l'instant, les entreprises ont toujours privilégié les formations techniques s'adressant aux salariés les plus stables. A l'avenir, la protection des parcours professionnels et la nécessité de se former tout au long de la vie imposeront des formations générales et méthodologiques qualifiantes, permettant d'apprendre à apprendre, de valoriser n'importe où sur le marché du travail de nouvelles compétences. Ces formations relèveront notamment de l'université.

L'une des finalités qui n'est pas assez aperçue actuellement concerne la formation aux nouveaux métiers de l'environnement et de l'écologie. On peut en effet penser que l'écologie poussant à rechercher sans cesse qualité et sobriété, il sera nécessaire d'augmenter le nombre de travailleurs dans ce secteur pour y parvenir.

Il paraît donc indispensable de lutter sur les deux fronts des inégalités de fait et des inégalités des possibles. Les deux armes paraissent être la redistribution correctrice et la formation continue. Plus globalement, la société du « bien-vivre ensemble » réclame une attention particulière aux conditions démocratiques de la vie professionnelle, aux conditions matérielles et subjectives de la vie en cité et dans les territoires, dans la quête de cohésion et de lien social.

Devant l'aggravation considérable des conditions de vie dans nos sociétés modernes, la véritable protection à la mesure du danger encouru par l'individu est celle des parcours de vie, comprise comme engagement de l'Etat d'investissement social dans l'évolution sociale soutenable de chacun des citoyens. Il s'agit ainsi de contribuer à la maîtrise raisonnable de l'avenir en équilibrant les difficultés entre temps d'activité et temps dits d'inactivité (formation, recherche d'insertion, soutien à un proche, culture et loisirs).

C'est dans cette perspective qu'il faut placer la sécurisation des parcours de vie, sans tomber évidemment dans la surprotection !

45. Garantir la sécurité en société

Comment pourrait-on se sentir heureux en société si l'insécurité y triomphe ? Il faut donc à l'évidence déployer une politique de la sécurité dans tous les grands domaines de la vie sociale.
La droite a une part de responsabilité dans la persistance du sentiment d'insécurité en France. Supprimer les protections dont bénéficient les salariés au travail (CNE), en fournissant une sécurité maximale à l'employeur tout en accroissant l'insécurité de l'employé, démanteler le code du travail, réduire le droit des jeunes à entrer sur le marché de l'emploi, tolérer la précarité du travail : ces différents points sont des causes évidentes d'insécurité.
La gauche a certainement aussi sa part dans la persistance du sentiment d'insécurité, et d'abord par le refus idéologique d'examiner les questions d'ordre public qui pousseraient à réprimer ou sanctionner. Née de la volonté de changer l'ordre dominant, la gauche s'évertue depuis belle lurette à disculper

tout acte individuel de délinquance en mettant souvent la faute sur les conditions sociales.

45.1 Viser toutes les dimensions de la sécurité

La sécurité a trois dimensions fondamentales au moins : humaine, politico-militaire et environnementale. Il faut faire de la sécurité le complément indispensable du développement humain. Le socialisme ne peut donc que prendre en charge cette nécessité. Toute politique de la sécurité repose sur des plans d'actions mises en œuvre pour préserver l'intégrité des personnes et du groupe social dont elles relèvent. Elle définit des principes – éthiques, techniques, organisationnels – qui doivent inspirer l'action de responsables et d'organisations. Ses grands domaines sont :
- la sécurité nationale (politique de défense) ;
- la sécurité intérieure (politique de sécurité publique) ;
- la sécurité sectorielle (sécurité routière, sécurité de l'information, sécurité sanitaire, etc..).

Depuis 20 ans au moins, de nombreuses politiques de sécurité ont vu le jour, souvent reliées à un problème grave du moment (attentats, émeutes des banlieues, etc..) ou à un argumentaire destiné à gagner les élections. Avec le recul, on voit bien que droite et gauche s'opposent rituellement sur les deux impératifs de répression/prévention. Et on retrouve en profondeur les deux pôles individu/société. De façon un peu caricaturale, on dira que la droite focalise sur l'individu et la responsabilité personnelle, elle est donc pour la répression et l'incarcération ; et que la gauche focalise sur le contexte et la responsabilité sociale, elle préfère donc de loin la prévention et l'éducation. Pour l'une comme pour l'autre, changer de position est difficilement avouable.
D'autre part, les politiques de sécurité mobilisent plusieurs ministères (Intérieur, Justice, et même Immigration) et concernent plusieurs institutions. Les faire fonctionner en synergie n'est jamais facile.

45.2 Veiller à la sécurité publique

La sécurité est devenue, on nous le répète à l'envi, un enjeu déterminant pour le citoyen. Il est vrai que la sûreté est un devoir de l'Etat, aux termes de l'article 12 de la Déclaration des Droits de l'homme et du citoyen : « la garantie des droits de l'homme et du citoyen nécessite une force publique ; cette force est donc instituée pour l'avantage de tous… ». Le Livre blanc sur la défense et la sécurité nationale de juin 2008 effaçant le clivage entre sécurité intérieure et sécurité extérieure, on ne parlera donc plus que de sécurité nationale, abordée ici dans la période 2002-2009, sous la responsabilité de la droite. C'est la campagne présidentielle de 2002 qui a imposé dans le débat public le thème de l'insécurité comme « la première des inégalités » (JP. Raffarin).

Entretenir la continuité de la politique sécuritaire

Incontestablement, de nouvelles menaces ont surgi, au premier rang desquelles le terrorisme international et de nouvelles formes de délinquance dans les zones urbaines et péri-urbaines.

Pour répondre aux dangers des temps modernes, l'Etat français a mis en place :
- le Conseil de sécurité intérieure (décret du 15 mai 2002) sous l'autorité du chef de l'Etat ;
- les conférences départementales de sécurité (décret du 17 juillet 2002) ;
- la loi d'orientation et de programmation pour la sécurité intérieure (LOPSI) qui réorganise les forces de sécurité en fonction de l'évolution géographique de la délinquance ;
- une nouvelle « architecture de sécurité » qui comporte un allègement des structures de l'administration centrale, un développement de la fonction du renseignement, l'intégration de la gendarmerie au ministère de l'Intérieur, une mission ministérielle « Sécurité ».

On signalera encore des Groupements d'Intervention Régionale (2002) luttant contre l'économie souterraine – trafics de stupéfiants, immigration clandestine, grand banditisme, soutiens au terrorisme – la réorganisation de la police et de la gendarmerie, le renforcement de la police scientifique.

L'arsenal de lois votées dans cette période est impressionnant. L'enjeu est à présent dans le choix entre une société démocratique de bienveillance éclairée ou une société de surveillance.

Refuser la dérive d'une société sécuritaire

Depuis plusieurs années, surtout depuis 2001, sous l'impulsion de Sarkozy, s'est mise en place une société sécuritaire que l'on peut définir comme une société où la répression pénale devient le moyen unique de résoudre les problèmes, voire d'éviter de les poser. Elle passe par les multiples facettes de la répression :
- surveillance « intelligente » par la vidéosurveillance, la biométrie comme technique de pointe de la surveillance électronique, la lutte contre la cybercriminalité ;
- fichage (STIC, et fichier informatisé des empreintes génétiques) ;
- accroissement des peines encourues : juger les mineurs délinquants comme des adultes, ce qui rapproche le droit des mineurs du droit des majeurs ; instaurer de peines minimales obligatoires dès la première récidive ;
- invention de nouveaux délits : fraude dans les transports publics, racolage passif, entrave à la circulation dans les halls d'immeubles, mendicité agressive, insultes envers les dépositaires de l'autorité publique, outrages à l'hymne et au drapeau français ;

- détournement de la prévention : prévention de délinquance et rétention de sûreté (loi du 25 février 2008) qui permet de garder une personne enfermée à la fin de sa peine en raison de sa dangerosité supposée. Il y a là une remise en cause des fondements du droit pénal issu des Droits de l'homme et du citoyen.

Cette dérive sécuritaire opère la confusion entre délinquance, criminalité, terrorisme, immigration (loi du 26 novembre 2003), citoyenneté (identité nationale).

Assumer le débat « sécurité et liberté »

Ce débat oppose traditionnellement la droite et la gauche. La droite cherche toujours à déployer un arsenal judiciaire de plus en plus performant à ses yeux. La gauche s'inquiète alors du sort des libertés publiques.
Le lieu de fixation de cette opposition est notamment le débat entre police de proximité, instaurée par la gauche depuis la loi d'orientation et de programmation pour la sécurité (21 janvier 1995), et police d'investigation et d'interpellation, mise en place par la droite avec les lois de 2002 fondées sur la « culture du résultat ». A partir de 2006, les programmes Police nationale et Gendarmerie nationale (mission interministérielle Sécurité de la LOLF) contiennent des projets annuels avec indicateurs de performance.

La répression frappe particulièrement les pauvres, les jeunes, les immigrés et elle ignore explicitement d'autres délinquants comme les dirigeants d'entreprises « indélicats », qui bénéficieraient de la « dépénalisation du droit des affaires », alors que la délinquance en « col blanc » représente moins de 1% des condamnations pénales. Cette répression est donc foncièrement inégalitaire. Elle repose actuellement sur un risque majeur : elle permet d'étendre la rétention de sûreté aux délits, et du coup pourrait concerner tout citoyen qui « menacerait » l'ordre social en le contestant simplement. Elle privilégie l'emprisonnement, le « tout carcéral » et ignore les peines alternatives ; or, l'aggravation de toutes les peines tue les espoirs de réinsertion.
Il s'agit bien au total d'une régression liberticide, patente dans la façon dont on perçoit l'enfant (commission Varinard chargée de réécrire l'ordonnance de 1945). Plus l'Etat pénal grossit, plus l'Etat social régresse.

Tout n'est pas à rejeter dans les politiques mises en œuvre par la droite : notamment en ce qui concerne le regroupement et la coordination des acteurs sur le plan des réformes structurelles, la prise en compte des innovations indispensables sur le plan des moyens (informatisation, procédures scientifiques) et l'élargissement du cadre de pensée et d'action (niveau européen, coopération avec les pays d'origine des immigrés). Mais il conviendrait d'abord de mettre à plat ces politiques récentes pour bâtir une grande politique de gauche de la sécurité. Et donc d'expliciter d'abord les valeurs sur lesquelles repose cette politique de gauche. Dans le monde actuel, certaines notions doivent en effet être clarifiées et repensées dans le cadre de la solidarité de gauche.

Certaines questions concernent l'immigration. Qu'est-ce qu'être un immigré ? Peut-on lier immigration et identité nationale ? Comment penser la notion d'intégration ? Le citoyen ne doit-il être que celui d'un pays ou peut-il être citoyen du monde ? Qu'est-ce que le co-développement ?
D'autres questions concernent, dans l'acte de délinquance et la responsabilité individuelle qu'il présuppose, ce qui vient de l'individu et ce qui vient de la société ?
On doit s'interroger encore sur la sanction : peut-elle être envisagée de façon à éliminer les scandaleuses différences entre décisions concernant pauvres et riches et peut-être même les dérives dans l'adéquation entre faute commise et peine infligée ? Comment définir le cadre de la prévention et celui de la répression ?
Enfin, qu'est-ce que l'ordre public ? Le Conseil constitutionnel n'a jamais défini la notion d'ordre public, l'une des plus difficiles à cerner, parce qu'elle touche à la Nation, à l'économie, à la morale, à la paix publique, aux droits et libertés essentielles à l'individu ?
Sur toutes ces notions, un Haut Conseil de la sécurité travaillerait utilement avec les éclairages de penseurs, philosophes, sociologues et de tous ceux qui ont vocation à aider à penser l'action sécuritaire. Il compléterait le Conseil de la sécurité intérieure, dont la fonction est plutôt d'aider à agir efficacement.

Il est indispensable de placer la politique de sécurité intérieure et publique dans la perspective de la justice sociale et du bien-être collectif. La raison devrait conduire à admettre que la police de proximité est indispensable dans certains secteurs, qu'elle relève d'une formation approfondie et qu'à cette condition seulement, elle devient un bon agent de prévention.
Au « tout préventif » et « tout répressif », il faut substituer des stratégies mieux adaptées aux différents cas de figure. Le faire suppose une synergie avec la Justice et même l'Education nationale (rôle préventif des formateurs). Cependant, on ne pourra jamais affirmer que la suppression des inégalités sociales, si elle pouvait exister un jour, conduirait aussitôt à la disparition de la délinquance. Il y a dans l'individu une part d'ombre qui relève aussi de la médecine, qui ne peut-elle non plus tout guérir.

45.3 Apporter la sécurité sanitaire

A l'évidence, une grande politique de santé publique est le socle de toute politique sociale de gauche. Être bien dans son corps et sa tête doit aider à être bien en société. Or, un certain nombre de constats s'imposent actuellement.

Une dérégulation de type libéral de la médecine existe, encouragée par certaines politiques de droite et certains rapports (rapport Chadelat, 2003). Dérégulation de l'hôpital public, qui représente 46% de dépenses de santé et représente donc un secteur clé. On cherche à ouvrir l'activité hospitalière à la concurrence, à faire régner une rentabilité dont l'instrument sera la comptabilité analytique (identifier chaque acte hospitalier et agir sur son coût). Le financement de l'hôpital public serait alors régulé totalement par les recettes. La marchandisation des soins triompherait.
Le démantèlement de la Sécurité sociale est à l'œuvre depuis de longues années. La droite cherche le « juste équilibre entre ce qui relève du pacte républicain et ce qui relève de la responsabilité personnelle » (Raffarin). Ce qui signifie introduire l'assurance maladie privée par couverture complémentaire aux assureurs privés et installer une Sécurité sociale à deux vitesses.
La responsabilisation du médecin libéral français ne produit pas les effets attendus. Pour chaque euro d'honoraires reçus, il engage encore deux euros de dépenses. Il faut donc absolument responsabiliser les acteurs sur cette question des dépenses collectives de santé. La droite cherche à « responsabiliser » les assurés par un moindre remboursement de leurs frais de santé ; elle cherche aussi à donner des contreparties financières aux médecins qui ont un « bon usage » des soins et de « bonnes pratiques ». Tout est ici renvoyé à la volonté individuelle des assurés et des médecins. Il faudrait au contraire se tourner vers des contrats et conventions collectifs.
Le dysfonctionnement de certaines structures, certains services, certaines pratiques produit l'irrésistible ascension des services d'urgences totalement surchargés.
La politique de santé actuelle est trop faible dans certains secteurs, la recherche marque le pas sur certaines maladies et des fléaux nouveaux apparaissent, liés à la pollution généralisée. Au total, les inégalités sociales de santé ne semblent pas régresser.

Il est urgent de mettre en place un grand Hôpital public en France, qui ne pourra sortir que d'Etats généraux de la santé et d'une loi-cadre la plus consensuelle possible. Une grande politique de gauche ne peut que privilégier la structure majeure qu'est l'Hôpital public et déployer une politique où la santé des gens soit le plus possible prise en charge par l'Etat. Pour refonder l'Hôpital public, il faut évidemment redéfinir les places respectives Hôpital public /cliniques privées ; revoir les modalités de calcul des dotations ; programmer la rénovation des bâtiments et l'acquisition des équipements lourds, modernes et indispensables. L'effort est colossal !

L'Hôpital public ne peut fonctionner correctement que s'il ne souffre pas de pénurie de personnels qualifiés. Or, sur ce point, l'expérience des 35 heures à l'hôpital a été éclairante et doit nous apporter quelques leçons parce qu'elle visait à résoudre une bonne partie des questions d'emplois qualifiés à l'hôpital public. On a beaucoup parlé de l'échec des 35 heures à l'hôpital. Or, la Mission nationale d'évaluation qui a examiné l'état des lieux a pourtant confirmé le caractère indispensable du CET (compte épargne-temps), souligné les grandes difficultés de mise en œuvre du dispositif et proposé la mise en œuvre de dispositions amélioratrices.

La question de la RTT à l'hôpital est sans aucun doute emblématique. Mal anticipée, elle a été accueillie avec scepticisme et même hostilité dans certains cas. Imposée uniformément, elle a connu des difficultés d'application importantes. Pourtant, son intérêt était bien de permettre aux personnels de passer d'une logique du temps subi à une logique du temps choisi. Elle est apparue peu à peu comme le moyen de gérer son temps personnel de travail en fonction aussi de ses intérêts personnels (prolonger un congé maternité, accompagner un proche en fin de vie, prolonger un congé maladie, etc). Elle est aussi un moyen de sauvegarder des droits à congés et de passer, pour les médecins, au statut de praticien salarié. Elle est encore un moyen d'anticiper les départs en retraite. Les établissements y voient l'intérêt de gérer les ressources disponibles et de discipliner la gestion du temps de travail.
Il faut donc améliorer cette importante avancée : sécuriser le financement, harmoniser les règles d'applications, prévoir des possibilités de conversion, etc. Et il faut surtout être plus attentif à la méthode de préparation, explication, mise en application d'une grande réforme, pour éviter à tout prix de gâcher une telle avancée sociale. Enfin, les causes essentielles des difficultés d'application ont été la pénurie durable de certains personnels soignants. Pour y remédier, il faut s'attaquer aux questions des politiques de formation des personnels en amont et à la réactualisation des numerus clausus.

Les déficits de la Sécurité sociale sont abyssaux mais non inéluctables. Deux grandes causes peuvent être pointées.
Au niveau des recettes, la cause est l'absence ou insuffisance de politique de l'emploi et des salaires, car le bon indicateur en ce domaine est l'évolution de la masse salariale, principale assiette des recettes. Si la masse progresse, les ressources de la Sécurité sociale progressent.
Au niveau des dépenses, la cause est l'absence de politique de responsabilisation forte des médecins libéraux, seule capable d'agir sur le volume des dépenses. Il ne peut convenir de faire du clientélisme envers les médecins libéraux (toujours innocents ?), de ne jamais parler de responsabilité collective et d'en rester toujours au libre-arbitre. Pharmaciens, infirmières et

kinésithérapeutes ont compris cette nécessité. Les médecins doivent la comprendre aussi. Sans stigmatiser ce corps professionnel, il doit être possible de produire des faits incontestables sur la situation d'excès ou surconsommation et de gaspillage. On sait pourtant que la France est le pays qui a la plus importante dépense de médicaments au monde par tête d'habitant : 2579 euros (plus que les Etats-Unis ; 2,5 fois plus que le Danemark ; 2 fois plus que les Pays Bas et la Suède ; 50% plus que l'Allemagne). Il faut donc en passer par un examen critique de l'ensemble de la politique du médicament en France.

Cette politique du médicament repose sur les trois composantes : l'industrie du médicament avec ses labos et ses visiteurs médicaux ; les médecins avec leurs prescriptions ; les pharmaciens délivrant les médicaments. Concernant l'industrie du médicament : il convient de pratiquer le conventionnement strict des labos ; d'assurer des révisions régulières ; de développer considérablement les génériques ; d'interdire la publicité au bénéfice de l'information, car le médicament n'est pas une marchandise ; d'interdire aussi les formations offertes aux médecins par les labos. Concernant les médecins : on ne peut responsabiliser collectivement qu'en passant par une contractualisation de droits et devoirs par profession et par maladie. Concernant les pharmaciens : il faut consolider le droit de grande substitution donné par la gauche aux pharmaciens (droit de prescrire des médicaments dans certaines limites) au lieu de favoriser l'automédication.

Il est donc urgent de remettre en ordre cette situation de déséquilibres et de dysfonctionnements en tous genres.
Cela commence d'abord par le besoin de développement fort des établissements de médecine préventive, qui permettent de sensibiliser et former les familles de patients, de détecter les problèmes et de prévoir les solutions à rechercher.
Cela continue avec la prise en compte des secteurs négligés : médecine du travail (accidents du travail et maladies professionnelles reconnues enfin comme telles), médecine des jeunes.
Il y a à reconsidérer la question de la densité médicale (trop de médecins dans certains lieux et territoires) et de la rareté de l'offre médicale (pas assez de médecins dans certains disciplines comme la pédiatrie, la gynécologie, la psychiatrie, etc. ; refus de prise en compte de certaines spécialités).

Reste la question des inégalités sociales de santé qui perdurent. Certains pays en ont fait une priorité politique (Royaume-Uni, Suède). La loi du 09 août 2004 en France ne retient que deux objectifs de santé sociale parmi les 100 objectifs qu'elle formule. Du coup, que signifient vraiment les déclarations de lutte contre les inégalités sociales de santé ? Tout est fondé en fait sur la conception individuelle des comportements à risques. Pour avancer sur la prise en compte de la dimension sociale de la santé, risquons quelques suggestions : reformuler le rôle de la protection maternelle et infantile ; former les médecins aux repérages des situations sociales difficiles et à une meilleure prise en compte des problèmes qui y sont attachés ; suivre en termes de santé chômeurs et bénéficiaires du RSA.

Définir les priorités de la sécurité sanitaire

Une grande politique de santé doit veiller en permanence à la sécurité sanitaire. Or, ce type de préoccupation de santé publique a émergé bien tard, restant très longtemps marginal. Pour un pays à l'abri de la pénurie alimentaire et de la malnutrition, sécurité alimentaire signifie sécurité sanitaire des produits destinés à l'alimentation. Sur le plan des maladies, cela signifie veille sanitaire sur les questions à risques, comme par exemple le lien entre cancers et environnement.

La France est un pays de tradition agricole et gastronomique.
Son agriculture, qui occupe 54% du territoire national, représente 20% de la production européenne. Elle repose sur l'élevage (41%), les grandes cultures (22%) et la viticulture (14%). Il reste encore près de 900 000 agriculteurs dont la production est d'abord consommée en France, ce qui n'empêche pas qu'elle soit au troisième rang mondial pour les exportations.
Quant à la gastronomie, elle représente le premier secteur industriel en terme de chiffre d'affaires.
Pour la population française, pour le monde agricole et celui de professionnels de la restauration, la sécurité alimentaire est donc un impératif majeur.

A présent, toute la chaîne de production, transformation, commercialisation des aliments est touchée par les nécessités de sécurité alimentaire.
Le dispositif français était de longue date voué tout à la fois à la santé, à la répression des fraudes et aux services vétérinaires, et l'alimentaire relevait du seul ministère de l'Agriculture. La Direction générale de la Santé veillait surtout à la qualité des eaux potables ; les Directions départementales de l'action sanitaire et sociale s'occupaient surtout et insuffisamment de restauration collective et de toxi-infections alimentaires collectives.
Peu à peu, la transversalité s'est imposée pour protéger la santé du consommateur en prenant en compte enjeux scientifiques, économiques, environnementaux et culturels. De plus, outre l'objectif de qualité des produits, il faut tenir compte du droit communautaire (Office alimentaire et vétérinaire, Direction générale de la santé et de protection du consommateur) comme de la réglementation relative au commerce international (mesures sanitaires et phytosanitaires).

Ce dispositif a donc dû être modifié. Il est fondé à présent sur deux principes :
- séparer évaluation et gestion du risque, d'où la création de l'AFSSA en 1998 (Agence française de sécurité sanitaire des aliments) pour que l'avis d'experts objectifs fournissant des évaluations serve aux décisions politiques de gestion ;

- conduire une approche globale de la sécurité sanitaire des aliments, « de la ferme à la table » : responsabilisation des professionnels (méthode HACCP, d'analyses des dangers), Institut national de veille sanitaire, réglementation, contrôles, responsabilisation des consommateurs. L'obligation de traçabilité – depuis 2005, sous la norme ISO 8402 – y joue un grand rôle.

De la crise alimentaire, il faut passer à la crise sanitaire en général. Depuis une vingtaine d'années, nous avons subi des crises alimentaires et sanitaires répétées : sida et sang contaminé, affaire des années 1983-85 connue en 1991 ; maladie de la vache folle (1996) transmissible contre toute attente à l'homme ; fièvre aphteuse du mouton en 2001 ; canicule de 2003 avec 14 000 décès ; grippe aviaire en 2005 ; amiante, dioxine, listériose, dossier lancinant des OGM. Une décennie de problèmes ininterrompus !

Il est urgent de créer une orientation de soins attachée aux effets de l'environnement sur la santé. Donc de comprendre que santé et environnement sont liés. Cela revient à développer enfin et hardiment la prévention (seulement 5 à 10% du budget actuel de la Santé) pour intégrer l'épidémiologie et la toxicologie ; à s'attaquer aux maladies dites de civilisation, au premier rang desquelles le cancer (une grande quantité des cancers viendraient de la dégradation de l'environnement) ; à financer la recherche publique à un niveau plus fort, surtout sur les OGM qui présentent des risques en raison de l'utilisation majorée de pesticides par épandage externe.

L'approche des risques sanitaires ne doit faire aucune impasse, il lui faut croiser les disciplines, conjuguer approche épidémiologique et toxicologie, expologie (science de l'exposition aux agents à risque), sciences sociales et économie.
Les dispositifs d'alerte sanitaire en France comme ailleurs se sont développés par strates successives, depuis 1985, seulement. Ils sont donc assez récents et constamment perfectibles. Au départ, il s'agissait de médecins et de laboratoires, puis de comités de lutte dans les hôpitaux et cliniques et de cellules interrégionales. En 1994-95, l'apparition de nouvelles maladies (sida, légionellose, hépatite C) a imposé un Réseau national de santé publique, puis un Institut de veille sanitaire (1998) chargé de la vigilance sanitaire, de l'alerte puis de la « contribution à la gestion des crises » (2004). Car nous en sommes à présent à des crises sanitaires !

Ces crises ont des causes bien identifiées : changements de mode de vie, augmentation de la circulation des personnes et des biens dans le monde, vieillissement, évolution des agents pathogènes, développement des techniques médicales et apparition de résistance aux antimicrobiens, risques liés à l'environnement. Cela débouche sur des pandémies qui sont une menace globale. On ne peut lutter contre ces risques que par un système national et international, cohérent et très réactif, des systèmes d'alerte de santé publique surveillant des indicateurs et des événements, et une recherche de pointe. Dans le domaine de l'environnement, la recherche repose sur l'analyse en continu de l'environnement (biosenseurs), des outils d'appréhension de la qualité des milieux pour repérer les pressions de l'environnement sur la santé humaine et y répondre.

Ce n'est qu'en 2004 que la loi a affirmé la responsabilité de l'Etat dans le domaine de la santé publique, avec la mise en œuvre de groupements régionaux de santé publique (GRSP) qui doivent pratiquer l'alerte et la gestion des situations d'urgence sanitaire. A la gauche de donner une importance décisive à cette question de la sécurité sanitaire qui frappe plus durement encore la population défavorisée !

46. Proposer un Pacte démocratique

Le projet progressiste que nous souhaitons, résolument moderne, attaché à changer véritablement la vie de nos concitoyens, passe d'abord par des conceptions ambitieuses de la vie, de l'humanité, de la civilisation qui reposent sur la solidarité entre générations et le respect de la dignité humaine. Il se doit de proposer d'autres espaces vitaux respectant la Nature, repensant les territoires en organisant leur développement, visant la qualité des lieux et des habitats, décrétant le droit au logement comme droit fondamental. Il lui faut fortifier le lien social en fondant le « bien-vivre ensemble » sur la solidarité et la fraternité, sur la citoyenneté, sur les droits humains fondamentaux et la diversité. Enfin, il doit veiller à la sécurité de tous, notamment à la sécurité publique et sanitaire.
Pour être légitimée, l'action politique progressiste doit proposer un contrat et se fonder sur la démocratie.

46.1 S'inscrire dans la pensée contractualiste

Présent déjà chez Platon, le pacte social est l'offre d'un engagement librement établi par une communauté d'humains pour fonder société et y vivre. Sa fonction est cohésive et coercitive. Cohésive, elle propose un ensemble faisant sens, générant l'espoir si elle est crédible. Coercitive, elle décrète des référents, codes, normes, règles qui positionnent les individus en société et fixent ainsi des places.

Dès les $17^{\text{ème}}$-$18^{\text{ème}}$ siècles, il existe des théories du contrat social cherchant à fonder les relations entre individu et Etat, droit et politique.
Celle de Thomas Hobbes (*Léviathan*) met en avant la raison pour sortir de l'état de nature, donner à l'Etat le pouvoir de garantir la paix civile et la sécurité ; sa logique est clairement sécuritaire.

Celle de John Locke (*Second Traité du gouvernement civil*) affirme à l'inverse que l'état de nature garantit la liberté et l'égalité, et que le pacte social donne à un pouvoir législatif la responsabilité de protéger ces droits naturels, notamment celui de propriété ; sa logique est libérale et un droit de résistance à un Etat subversif y est ménagé.

Celle de Jean-Jacques Rousseau (*Du Contrat social*) concilie les deux points de vue dans le contrat social. L'Etat y assure sécurité et liberté. Le contrat social y rend l'homme souverain en l'engageant dans le sens de l'intérêt général. Et les citoyens, avec leur volonté générale, démocratiquement et souverainement, instituent ce contrat social.

Ces premiers théoriciens du contrat social interrogent d'abord la nature de l'être humain. Ils avancent des spéculations sur la nature profonde de l'homme, sa bonté ou sa cruauté et à partir de cet état de nature, ils pensent l'être humain en société. De cette façon, ils le soustraient de sa condition sociale et postulent aisément l'égalité fondamentale. Le seul statut social qu'ils envisagent est celui d'individu. Le rapport qu'ils décrivent entre individu et société en devient vite fusionnel. Rousseau y place un intérêt général, une volonté générale. Individualité d'un côté, tout social de l'autre, et contrat entre les deux ! Avec la raison et le libre-arbitre au poste de commandement !

Dans ce contractualisme originel, en quelque sorte, l'Etat prime sur les « droits naturels » pour assurer paix, ordre et prospérité, instituer droits civils, normes juridiques et institutions publiques. Le contrat social est donc d'abord l'adhésion à des droits et obligations déclarés légitimes.

Plus près de nous, John Rawls (1997) continue en quelque sorte cette ligne de pensée, revendiquant lui-même la filiation du contractualisme. Son contrat social est d'abord un contrat moral avec des valeurs, principes, priorités à privilégier contractuellement. Ce contrat s'adresse à l'intuition morale des citoyens (1993) pour concilier libéralisme moderne et pensée social-démocrate.

Rawls postule que la personne est d'abord « sous le voile d'ignorance » – reformulation moderne de « l'état de nature » – avant d'adhérer à la « fondation morale » des institutions. Dans sa proposition, il n'est rien de politique ou de démocratique. Tout repose sur l'éthique.

La pensée du contrat signifie l'adoption de règles et valeurs communes, sans nécessité de recourir à la transcendance ou à des mythes. Ensemble de principes visant le consensus et passant par la responsabilité, elle est fondement éthique. Avec Amartya Sen, il s'agit d'une éthique de la responsabilité mettant l'accent sur des « capacités » ; avec Habermas, il s'agit d'une éthique de la discussion passant par l'espace public et la délibération collective. Elle peut sembler un peu datée quand elle s'inscrit dans un système de pensée où le représentant politique propose des engagements (les promesses d'un programme) inscrits dans des droits et portés par une éthique. Dans ce cadre, le citoyen signifie alors son accord ou désaccord par l'acte unique du vote. On est dans le système de la démocratie représentative. Suffit-il de nos jours à répondre aux aspirations des citoyens ?

46.2 Parier sur la démocratie totale

Pour penser les liens en société, suivons d'abord Habermas (1997) qui parie sur les processus démocratiques sans mettre d'ailleurs en avant la nécessité d'un contrat. Il défend une conception de la démocratie qui aide les citoyens à choisir librement, moyennant toutes sortes de communications, leurs normes, droits et institutions, en se fondant sur des processus rationnels. Il remplace ainsi la référence au contrat social par la nécessité d'argumenter et de choisir démocratiquement. L'espace public de discussion crée la légitimité des décisions. L'état de fait démocratique remplace l'état de nature. Plus besoin de conception incarnée de la souveraineté de la Nature, de la Morale ou de l'Ethique ! L'égalité surgit des processus démocratiques, qui réclament des sujets, des compromis, des négociations, des arrangements toujours provisoires.

On peut sans doute reprocher à Habermas la trop grande importance donnée à la raison dans les processus de discussion, vite réduits à des actes rationnels d'argumentation. Mais il faut le suivre quand il propose que la légitimité de normes, droits et institutions doive toujours être tributaire des processus démocratiques, qui sont une quête incessante de légitimité.

Les contractualistes classiques et les économistes libéraux expulsent vite la délibération collective, donc la démocratie, pour postuler que le marché est autosuffisant et ainsi imposer le règne du pouvoir. Croire à l'état naturel et croire à la rationalité du marché se renforcent mutuellement en ce qu'ils expulsent le politique.

Le socialisme ne peut que mettre le politique au poste de commandement de tout, prôner la responsabilité élargie jusqu'au sort prévisible des générations futures et se fonder sur la démocratie en ses modalités les plus diversifiées, jusqu'à la démocratie participative. S'il recourt au contrat, il lui faut veiller à ne jamais faire régner en lui la dictature des normes.

Chapitre 5

Pour un développement humain

Le socialisme que nous envisageons est placé dans la perspective du développement humain, le plus équilibré et le plus solidaire possible. Nous ne reprenons pas à notre compte le concept de « développement durable », qui semble faire l'unanimité, parce qu'il paraît trop ambigu. Il nous faut donc d'abord préciser quelle conception du développement nous proposons, puis détailler les changements qu'elle entraîne dans l'économie, les principales orientations qu'elle suppose sur le plan écologique, le type d'Etat social qu'elle nécessite.

51. Imposer une autre conception du développement

51.1 Critiquer la définition dominante du développement durable

Dans l'état actuel de nos connaissances, nous ne pouvons prévoir l'avenir qu'à l'horizon de 50 ans à peu près. Même brève, toute histoire de l'avenir à la Jacques Attali reste une pure spéculation intellectuelle, ménageant toujours au moins deux scénarios possibles, l'un plus optimiste, l'autre plus pessimiste. Il est facile d'aimer les ruptures radicales et les transformations faisant table rase, mais il est plus responsable de penser l'avenir en gardant le sens des transitions nécessaires.

Pour remédier à ce système libéral livré à lui-même, la solution qui semble faire consensus actuellement est celle du développement durable. Le concept s'est construit petit à petit : conférence des Nations-Unies sur le développement à Stockholm en 1972 ; première utilisation de l'expression en 1980 ; reprise de l'idée en 1984 à Mexico ; rapport Brundtland en 1987 qui définit le mode de développement durable en intégrant le principe de responsabilité ou de précaution de Hans Jonas et l'idée d'éco-développement d'Ignacy Sachs ; Sommet de la Terre de 1992 qui considère le développement des pays riches comme insoutenable et met les êtres humains au centre des préoccupations.
Avec ce concept, il s'agit donc d'une autre conception du développement des sociétés, intégrant l'impact sur la nature et l'équité dans la distribution des richesses, et passant de l'action locale à la stratégie globale. Pourquoi un socialiste serait-il réticent ?
Parce que la notion reste ambiguë. Pour les uns, il s'agit d'un développement respectueux de l'environnement et, dans ce cas, la dimension écologique prime. Pour les autres, il s'agit d'un développement économique qui pourrait se poursuivre en supprimant les erreurs les plus graves et en stabilisant l'économie toujours libérale. Leur point commun se trouve donc dans les réparations et réorientations des excès du capitalisme.

Le terme appliqué le plus souvent à cette perspective est celui de « mutation » réclamant une régulation différente. Hulot parle de mutation économique, sociale et culturelle, mutation organisationnelle et comportementale, « nouveau paradigme civilisationnel ». A certains moments, N. Hulot parle même de révolution planétaire, qui générerait une fantastique créativité industrielle dans la quête de nouveaux instruments. Mais sa pensée se tient surtout dans le cadre d'une mutation importante dégagée des systèmes politiques connus et portée par un engagement citoyen fort.

Le mérite de N. Hulot, comme d'ailleurs d'Al Gore, est de proposer un cahier des charges ambitieux pour s'engager dans cette mutation. Tout est scellé par un pacte qui doit entraîner une mobilisation nationale, une dynamique collective. Des objectifs stratégiques et des mesures d'urgence sont énoncés. Pour N. Hulot, ils sont économiques : économie circulaire, économie de fonctionnalité, réduction de la consommation d'énergie fossile et promotion d'énergies renouvelables, changement des méthodes de production agricole en faveur de l'agriculture de qualité. Al Gore y ajoute la modification des règles économiques internationales pour prendre en compte l'impact des décisions sur l'environnement. Les objectifs sont aussi fiscaux : révision des politiques fiscales, instauration d'une taxe carbone. Ils concernent l'aménagement du territoire et la réduction du transport routier. Ils affectent la nature : protection du patrimoine naturel, de la biodiversité. Ils touchent à la protection de la santé. Ils envisagent la démocratie et l'engagement citoyen. Ils n'oublient pas l'éducation et la sensibilisation des citoyens aux questions d'environnement. Al Gore mentionne encore la stabilisation de la population de la planète, la négociation de nouveaux accords internationaux. Enfin, N. Hulot réclame que l'écologie devienne transversale dans toute action politique.

La belle unanimité qui règne sur le concept doit nous pousser à la vigilance, surtout quand on constate que les libéraux ne cessent de le louer en affirmant qu'il lui faudra une croissance économique soutenue ou que l'écologie est bonne à prendre parce qu'elle dopera la croissance. De ce point de vue, le concept de développement durable est ambigu parce qu'il permet de soutenir plusieurs conceptions différentes et même opposées de la durabilité.

Distinguer trois piliers, deux niveaux et des degrés

Dans l'acception la plus courante, le développement durable résulte des interrelations de trois piliers : l'environnemental, l'économique, le social. Il se joue à deux niveaux, global et local. Et il va de la « durabilité faible » à la « durabilité forte ».

Le pilier écologique a longtemps occupé l'avant-scène, sans conduire pour autant au consensus. Il engage les questions de la place de l'homme dans la nature, des modes de gestion de l'environnement, du respect des équilibres naturels. Lui associer le pilier économique et le pilier social engage à examiner la question des ressources énergétiques, de la croissance et du choix de société.

Prendre une perspective globale sur la question impose d'analyser les rapports Nord/Sud, la mise en place d'instances internationales nouvelles ou rénovées, la question d'une gouvernance mondiale. Examiner le niveau local conduit à privilégier les thèmes de l'aménagement des territoires et des économies plus localisées. La formule de R. Dubos « penser globalement, agir localement » se révèle alors plus complexe qu'on ne le pense.

Enfin, toute mutation qui se veut « durable » peut relever d'une « durabilité faible » qui privilégie les formules adaptées à la croissance, ou d'une « durabilité forte » qui conteste le capitalisme dans la décroissance, en passant encore par des formules de « développement alternatif » ou « autre développement ».

Telle est, brossée à grands traits, la carte mentale du territoire à parcourir.

Différencier croissance et développement

La notion de développement signifie au moins deux représentations étroitement associées : viser le bien-être des autres et mobiliser le progrès technique et économique. En ce sens, le développement est altruiste et modernisateur.

Les relations entre croissance et développement sont plus complexes qu'il n'y paraît.
Le développement correspond dans cette perspective à une transformation des structures sociales, économiques et mentales apportant le mieux-être. Il réclame espérance de vie, éducation, santé, démocratie, justice, etc. Il met en rapport des réalités hétérogènes – normes, cultures, valeurs, configurations de savoirs, systèmes d'action, logiques sociales – et mobilise des réseaux pour opérer une mutation globale, un changement des pesanteurs structurelles sous l'action des agents sociaux.
La croissance est une augmentation de la production, d'une durée assez longue pour tenter de transformer aussi les structures sociales. Elle n'est que la création d'un volume de richesse sous la forme de valeur ajoutée.

Les deux notions ne sont donc pas équivalentes. Si l'on tient à une distinction entre elles, il faut alors penser que l'amélioration du bien-être et l'épanouissement des individus sont possibles aussi hors de la marchandise et de la valeur d'échange, hors des conditions strictement matérielles, dans la qualité du lien et des relations sociales comme du respect de l'environnement. Dit autrement, le bonheur n'est pas ou pas seulement dans le matériel. En ce sens, les phénomènes économiques ne sont pas premiers, ils sont enchâssés dans la vie sociale et le contexte environnemental.

Le développement peut passer par une forme de décélération de la croissance : diminution des productions dangereuses pour la planète (armement, agriculture productiviste..), donc diminution de biens. Il peut passer par une augmentation des productions répondant à des besoins sociaux : augmentation de liens.

C'est dans cette perspective qu'il faut reposer la question des indicateurs de richesse et de bien-être.

Choisir des indicateurs de développement

Un indicateur est une représentation d'une réalité complexe que des instruments vont décrire de manière simplifiée, quantifiée, utile aux décideurs et connue de tous.

Les indicateurs sont produits par de grandes institutions en charge du développement humain. Celles-ci – Banque mondiale, PNUD (Programme des Nations unies pour le développement) – se font concurrence depuis 1990. Alors qu'il existe depuis bientôt 30 ans des indicateurs de développement variés – économique, social, environnemental – seuls les premiers servent de référence aux pays capitalistes avancés qui ne semblent jurer que par le PNB (produit national brut) et le PIB (produit intérieur brut) établis par la Banque mondiale. Or, à l'heure de la mondialisation, il paraît indispensable de s'entendre sur un ensemble d'indicateurs synthétiques pour comprendre le développement réel des pays et mieux le piloter, si possible.

Le rapport de la Banque mondiale sur le développement dans le Monde ne retient que le PNB. Celui-ci est la somme de la valeur ajoutée intérieure et extérieure attribuable aux résidents. Il comprend le PIB et le revenu net des facteurs reçus par les résidents à partir de l'étranger. Le PNB est un indicateur de revenu pour distinguer les économies à bas, moyen et haut revenu. On nous dit ainsi que l'écart entre pays riches et pauvres est passé de 1 à 30 à 1 à 60, et que les inégalités augmentent avec le développement du capitalisme.

La croissance du PIB sur la période 1980-1993 a été remarquable pour les pays asiatiques : Thaïlande (+ 8,2%), Chine (+ 9,6%), Hong Kong (+6,5%), Inde (+5,2%). Elle s'est très ralentie pour les pays africains (sauf Bostwana : +9, 6%). Elle a été négative pour les ex-pays socialistes. La croissance n'est donc pas harmonieusement répartie dans le développement.

On ne pratique en France que le PIB, indicateur très ancien, construit dans le contexte particulier des années 1930-40. Cet instrument ne pose jamais la question : croissance pour quoi ? pour qui ? Il ne tient pas compte des pertes de bien-être (inégalités de partage des richesses, pauvreté...), il ne prend pas en compte les activités non marchandes, sous-estime le rôle des activités de services, néglige la dégradation du capital écologique et ignore les richesses comme le bénévolat, les activités domestiques...A ne voir que lui, on en vient tout naturellement à oublier que l'augmentation du PIB peut tout à fait creuser les inégalités et diminuer le bien-être social. De ce point de vue, il ne peut être acceptable, pour des socialistes, de ne prendre en compte que cet indicateur.

Les indicateurs de développement social sont nombreux : espérance de vie en bonne santé ; part des ménages sous le seuil de pauvreté ; taux de dépendance vieillesse ; autosuffisance alimentaire, démographie, santé, éducation, etc. Le PNUD propose plusieurs indicateurs sociaux :
− Indicateur Développement Humain (PIB par habitant, espérance de vie à la naissance, niveau d'instruction, alphabétisation, scolarisation) ;
− IPF (participation des femmes à la vie économique et politique) ;
− IPH (pauvreté humaine : probabilité de décès avant 60 ans, illettrisme, % de personnes sous le seuil de pauvreté, % de chômeurs de longue durée) ;
− IDT (développement technique).

L'Observatoire des inégalités propose le BIP 40 (baromètre des inégalités de pauvreté) : emploi et travail (24 indicateurs sur le chômage, la précarité, les conditions de travail, les relations professionnelles) ; revenus ; santé (5 indicateurs) ; logement (5 indicateurs) ; justice (4 indicateurs).

L'un des problèmes sociaux majeurs est en France celui de la pauvreté et de la précarité. Sur ce point, il conviendrait de bâtir un indicateur de pauvreté humaine (IPH) qui tienne compte des multiples manques engendrés par la pauvreté : insuffisance ou absence de revenu, seuil de longévité de vie, analphabétisme, absence de logement, malnutrition, etc...

Une distinction importante est à faire entre satisfaction des besoins essentiels (calories, nutriments, santé, éducation, logement, salaire) et capacité à profiter du droit au développement. Si la première convient surtout et toujours aux pays sous-développés, la seconde regarde notamment les pays développés, où le problème se pose autrement. Ainsi, dans le domaine de l'éducation, l'alphabétisation des adultes suffit peut-être dans les pays sous-développés, mais il faut ajouter, pour les pays développés, la scolarisation dans l'enseignement secondaire et supérieur.

De même, le PIB convient pour les pays et les populations les plus pauvres ; pour les pays et populations plus riches, il faut mobiliser l'incidence de la pauvreté pour les catégories moyennes et le revenu national moyen pour les tranches les plus hautes.

Il faut donc bâtir des indicateurs permettant d'approcher le bien-être ou le mal-être de la population d'un pays précis.

L'écologie est devenue un domaine essentiel du développement humain. Elle fait comprendre la différence entre croissance économique et qualité environnementale. L'augmentation de la première met souvent à mal la seconde.

Si l'on prend la question de l'énergie, il est intellectuellement satisfaisant d'accepter la grandeur qu'est la quantité de carbone, à laquelle on ramène les pouvoirs de réchauffement des gaz à effet de serre. Il est ensuite facile de lui appliquer le prix relatif du carbone consommé. Mais lorsqu'il s'agit de biodiversité, les choses se compliquent. Manipuler des prix ou des comptages quand on parle de disparition de poissons ou d'oiseaux dans un système donné, est moins recevable. Il en va de même avec les indicateurs d'empreinte écologique qui font surgir les questions des cycles de renouvellement des écosystèmes, des seuils critiques.

Le tableau de bord du développement durable de Winnipeg comporte 46 indicateurs de la qualité environnementale. En France, l'IFEN a élaboré des indicateurs environnementaux, en se fondant sur des recommandations formulées officiellement à l'échelle internationale (Agenda 21, OCDE, Agence européenne pour l'environnement, Eurostat) : convention et protocole internationaux, directive et règlements européens, loi et décret français. L'IFEN propose 10 indicateurs clés de l'environnement illustrant la notion de développement durable : pollution en milieu urbain, nitrates dans les cours d'eau, quantité d'oiseaux communs, occupation des sols, consommation de matières, recyclage des emballages, émissions, énergies renouvelables, protection de l'environnement.

Les performances visées concernent donc surtout le climat, l'énergie, les sols, l'air, l'eau, les transports, la biodiversité. La difficulté est de bâtir un indicateur synthétique du développement environnemental, tant les variables à prendre en compte sont nombreuses.

Prenons par exemple la notion d'empreinte écologique, qui peut permettre de mesurer la pression exercée par l'homme sur la nature. Exprimée en hectares par habitant, elle évalue la superficie d'eau et de terre productive nécessaire aux besoins de la population mondiale. Un Français consomme en moyenne, selon WWF, 5,6 ha ; un Américain, 9,6 ha ; un Indien, 0,8 ha. Pour l'ensemble des habitants de notre terre, l'empreinte écologique excède déjà de 25% les capacités de la planète. Qu'en sera-t-il demain si la croissance démographique n'est pas ralentie ?

Sur le plan du bien-être social, il sera indispensable de mobiliser tous les indicateurs connus pour donner un vrai contenu à la nouvelle civilisation et aux gisements de bonheur qui devront naître de la crise écologique mondiale. La gauche doit substituer à la priorité au développement économique la priorité au développement humain, moral, mental, social et culturel. Découvrir les gisements de bonheur ailleurs que dans les biens matériels et la possession, donc dans la dimension éthique et solidaire, au plan national comme international : beau projet !

Ainsi, il va bien falloir un jour revoir les règles de l'OMC, du FMI, de la Banque mondiale sur les subventions que les pays riches accordent à leur propre agriculture pour encourager leurs surproductions, protéger leurs marchés intérieurs, défavoriser les pays du Sud. Ouvrir les yeux sur la transformation de l'Afrique en décharge des déchets venus des pays du Nord, comme le montre le cas du Nigéria. Créer une Organisation des Nations unies pour l'environnement, qui remplacerait les institutions existantes (Programme des Nations unies pour l'environnement, Fonds pour l'environnement mondial, Agence européenne de l'environnement) auxquelles restent hostiles les Etats-Unis, la Chine, l'Inde, le Brésil.

Pour approcher de ce bonheur soutenable, les actions à engager sont multiples : respecter le rendement des écosystèmes de base en abandonnant les sur-utilisations (pêches, forêts, pâturages, terres cultivées) ; passer d'une économie du carbone à une économie du solaire, de l'hydrogène, de la géothermie ; recycler au lieu d'enfouir ; changer les pratiques agricoles, les transports, les villes ; mieux gérer le capital naturel, nourrir tout le monde, stabiliser la population mondiale, etc. Sans doute cela ne se fera-t-il pas vite ni facilement.

L'intérêt le plus évident des indicateurs est de nous faire mieux connaître la situation globale d'un pays et de nous permettre de lutter contre de traditionnelles affirmations ou thèses qui deviennent erronées. Ils présentent aussi l'intérêt de mieux faire comprendre que l'amélioration matérielle du niveau de vie, condition nécessaire pour les pays les moins avancés, peut s'accompagner de problèmes croissants (détérioration de l'environnement, fléaux sociaux) dans les pays développés.

Mais comment combiner les trois séries d'indicateurs – économiques, écologiques, sociaux – de développement ? Le PNUD propose depuis 1990 un indicateur synthétique du développement humain (IDH) dont l'intérêt est d'instaurer une capacité de gestion du développement en la centrant sur l'homme. Du coup, il remet en cause l'attitude exclusivement macro-économique et aboutit à des différences entre IDH et PIB.
Il est intéressant de souligner que le PNUD en vient à présent à ajouter de nouveaux indicateurs : indicateur des libertés politiques ; indicateur sexospécifique de développement humain (ISDH) pour évaluer l'inégalité entre sexes, indicateur de participation des femmes, bonne gouvernance, etc.

Il existe au moins trois approches des indicateurs de développement : l'approche sectorielle ; l'approche « subjective » ; l'approche composite multidimensionnelle

Les indicateurs sectoriels se veulent unidimensionnels et objectifs. Ainsi, l'approche par conditions de vie mobilise de nombreux indicateurs du genre espérance de vie, mortalité, malnutrition, alphabétisation, scolarisation. Ils permettent d'aborder les phénomènes de destruction du capital naturel, social et humain. Mais si on les combine dans un indicateur composite, il devient difficile de savoir sur quelles populations et régions il faudrait œuvrer.

Les indicateurs subjectifs reposent sur des enquêtes et processus participatifs qui peuvent sembler insuffisants.

Le plus connu des indicateurs multidimensionnels est l'indice de développement humain déjà évoqué, très utile pour certains pays, même s'il ne procure que des moyennes et ne prend pas en compte certaines dimensions essentielles.

Le vrai problème auquel se heurtent tous ces indicateurs est celui de l'irréversibilité de la dégradation du capital, qu'il soit naturel ou humain. Si l'on dépasse le seuil de pollution de la nature ou de résilience des individus, ces indicateurs ne servent plus à rien. Ils ne font que sensibiliser. En fait, il est nécessaire de combiner indicateurs sectoriels et indicateurs synthétiques et de les approfondir pour éviter de dépasser les seuils d'irréversibilité dans chaque dimension cruciale retenue. Et c'est le rôle du politique de nouer des liens entre indicateurs pour définir les actions à impulser.

La question des indicateurs de bien-être est un enjeu social important. Il est évidemment très difficile de chercher une norme absolue et des critères universels pour définir le bien-être de façon normative. Le socialisme moderne doit cependant définir un développement humain fondé sur des séries d'indicateurs synthétiques. Il doit donc proposer des indicateurs synthétiques adaptés aux réalités de notre pays, bâtis avec les agents concernés.

Le bien-être étant aussi une réalité subjective, l'individu doit s'investir dans sa quête. Il doit être capable de lire, écrire, compter, avoir un travail, être respecté, être en bonne santé, avoir reçu une éducation, être en sécurité, avoir un toit, vivre en communauté, etc... L'action politique consiste à proposer un type de société permettant d'accomplir ces actions primordiales.

Les socialistes ont commencé à évoluer sur ces questions. Il a existé longtemps des résistances au niveau de l'Union européenne. En France, la commission avec Joseph Stiglitz, Amartya Sen et J-P. Fitoussi a remis en septembre 2009 son rapport sur les limites du PNB comme instrument de mesure du bien-être et sa proposition de douze nouvelles pistes pour évaluer le développement humain. Il faut profiter de cette prise de conscience collective.

Lier développement et écologie

L'écologie politique privilégie le thème du développement durable, mais l'écologie est loin d'être unifiée. Certains analystes distinguent dans la mouvance écologiste différentes conceptions qui dépendent des rapports à la nature que chacune révèle (Di Méo, 2006).

Le populisme environnemental ou attitude NIMBY (Not in my Back Yard = « pas dans mon arrière-cour ou mon jardin ») regroupe ceux qui défendent dans l'environnement leur « chez soi » et conçoivent la nature comme extension limitée de leur cadre de vie. C'est un conservatisme égoïste qui ne structure pas une lutte politique générale. Il s'exprime dans des luttes sporadiques.

L'écologie profonde est une conception écologique sacralisant la Terre, vue comme être sacré et vivant. Elle critique le monde moderne et la technique, destructeurs tous deux de la planète, et leur oppose un ordre naturel. Cette tendance spiritualiste (conservatrice) des décroissants met en avant la décadence du monde moderne, sous la pression de la technique et du développement. Elle déplore la disparition de l'authenticité, le passé mythique, l'âge d'or. Elle dénigre la culture de masse, l'intellectualisme, la démocratie représentative, les élites, etc. Elle ne peut intéresser les gens de gauche. On peut reprocher à Luc Ferry (1992) d'avoir trop vite assimilé l'écologie française à cette écologie profonde, qui n'existait pas en 1992 en France, mais qui est apparue depuis.

L'écologie libertaire se réclamant d'Elisée Reclus ou Pierre Kropotkine critique l'autorité, la hiérarchie, les institutions, donc aussi la domination de l'homme sur la nature et même la différence entre homme et animal. Elle prône l'auto-organisation, l'autogestion de collectivités, le mutualisme.

L'écologie libérale et technicienne voit la nature comme un capital ou une marchandise comme les autres. Elle la défend par des solutions techniques. Les pionniers de cette approche sont Ronald Coase (Prix Nobel d'Economie en 1991), Garrett Hardin. Pour eux, seules les avancées techniques peuvent résoudre les problèmes environnementaux.

Enfin, l'écologie environnementaliste pense que la nature (le milieu) dépend de représentations sociales et s'appuie sur des travaux sociologiques et philosophiques : Philippe Descola, Dominique Bourg. La défense de la nature y est le prolongement de la défense de l'être humain (droits de l'homme, humanisme). C'est celle qu'il faut retenir.

Cette classification n'est sans doute pas exhaustive ni indiscutable. Elle donne cependant un petit aperçu de la situation. La décroissance n'est que l'une des tendances, même si les « Objecteurs de croissance » ne se reconnaissent pas simplement comme écologistes. Par ailleurs, l'écologie libérale et les économistes libéraux prônent le développement durable, mais ils n'y voient pas le même développement que l'écologie environnementaliste. La conception libérale n'envisage qu'une durabilité (ou soutenabilité) faible et pense qu'on peut toujours remplacer les ressources naturelles épuisées. La conception environnementaliste (socialiste, altermondialiste) opte pour une durabilité forte.

51.2 Critiquer la croissance libérale

Une précision dans les termes ou concepts s'impose. Le capitalisme est un système économique et social dont les caractéristiques principales sont connues et constantes, malgré les évolutions au fil du temps : propriété privée des moyens de production ; liberté des échanges économiques ; recherche du profit, notamment pour la rémunération d'actionnaires et parfois l'accumulation de capital jusqu'à la spéculation ; rémunération du travail par le salaire. Le libéralisme est un mouvement intellectuel et philosophique né en Europe aux 17-18èmes siècles. Sous sa forme économique, il prône la non-intervention de l'Etat et peut critiquer à l'occasion les défaillances du marché. Le capitalisme s'accommode donc volontiers du libéralisme économique, au point de se confondre avec lui quand il se mondialise, dérégule et financiarise ; quand il privilégie donc exclusivement l'économie, le profit, la croissance à tout prix, le minimum de politiques étatiques à vocation sociale. Le libéralisme classique se change alors en ultralibéralisme ou capitalisme « sauvage ». C'est le cas du libéralisme actuel (néolibéralisme).

Le monde vit actuellement dans un système économique dominant : le néolibéralisme mondialisé. L'ancienne économie communiste a pratiquement disparu ou s'est convertie, dans le cas de la Chine, à un capitalisme d'Etat. La seule solution serait-elle alors d'étendre le néolibéralisme à l'ensemble des pays, en le corrigeant au besoin quand il devient ultralibéralisme ? On peut en douter vraiment.

Le capitalisme en est à sa 3ème étape historique : la 1ère a fondé la société de consommation ; la 2ème a prolongé la 1ère dans la société de consommation de masse ; le néolibéralisme actuel semble pousser depuis les années 1980 le capitalisme à sa 3ème étape et ses limites en même temps, la société de l'hyperconsommation. Nous en sommes donc à la globalisation économique, époque de la « civilisation du désir » et de l'ordre consumériste généralisé.

La globalisation n'est pas uniforme ou homogène. En réalité, il n'existe pas une seule forme de capitalisme ou une seule manière de gérer l'économie de marché. Les systèmes qui sont à l'œuvre actuellement dans le monde et qui s'en réclament dépendent de la culture, de l'histoire, des institutions, des conventions sociales des pays concernés, bref de leurs environnements respectifs. Certains ont su conserver des objectifs sociaux affirmés. D'autres les négligent davantage. Et une bonne partie du monde – les pays du tiers-monde – méconnaît l'économie de marché qui lui serait certainement inadaptée.

Un mystère ou paradoxe apparent existe : aucune instance nationale n'a imposé aux grands pays industriels le libéralisme et la dérégulation de leur économie, mais la globalisation économique gagne cependant la planète entière, alors que le modèle capitaliste que sont les Etats-Unis ne s'applique pas à lui-même toutes les prescriptions qu'il réclame pour les autres. Et peut-être même qu'il s'essouffle !

Même si elle ne se résume pas à des défauts et dangers, la globalisation actuelle s'accompagne de méfaits maintenant évidents.
Les tenants de la croissance infinie ne connaissent que la dimension économique des phénomènes, postulent que les réserves naturelles (notamment en énergie) sont inépuisables et que l'homme sait gouverner la nature par la technoscience. Leur cadre conceptuel est encore celui du 19ème siècle.

51.3 Critiquer la décroissance radicale

On peut situer les origines de la décroissance dans trois domaines : l'économie politique (Ricardo, Malthus), l'écologie politique, la thermodynamique associée aux théories de la complexité. Trois penseurs sont souvent convoqués : le Roumain Nicolas Georgescu-Roegen, le Français Jacques Ellul et Ivan Illich. Mais, sur maints aspects de la notion, les décroissants se trouvent un très grand nombre de prédécesseurs pour finir par se situer surtout dans « l'écologie profonde » (droite) et « l'écologie libertaire » (gauche). Si on ne part pas du seul critère écologique, mais du critère économique de la croissance, on distinguera, chez les décroissants, des tendances différentes. On peut dire en effet que l'écologie et la décroissance sont aussi bien de droite que de gauche ; que dans ces différentes conceptions, la nature est aussi bien un objet (écologie libérale et technicienne), un sujet (écologie profonde), un projet (écologie environnementaliste). Une partie des « décroissants » aiment se situer « à gauche de la gauche » quand ce n'est pas ailleurs (mais où ?). On parlera à leur propos de décroissants radicaux et d'écologie libertaire, au sens large.

Les décroissants disent qu'ils sont dans le politique, que cette notion est « plus que problématique », et ils traînent les pieds pour faire de la politique. Il en faut plus en effet que la fédération de ceux qui font « de petits actes de décroissance » aux marges pour abolir la société économique et le capitalisme! Ils valorisent, quand ils se situent à gauche, une sorte de radicalité libertaire. L'espace individuel et le petit groupe semblent être pour eux le meilleur espace de transformation sociale. Au fond, les Objecteurs de croissance se plaisent à être chacun des « jeteurs de sondes » en petits comités locaux, espérant que la relocalisation se fera « autant par le haut que par le bas » et qu'ainsi, universel et particulier se rejoindront. C'est peut-être vite dit !

On peut faire à la décroissance radicale certaines critiques.
La décroissance de gauche refuse l'idée de droits humains universels au motif qu'ils seraient une manière d'habiller les valeurs occidentales pour les imposer au reste de la planète sous couvert d'universalisme. Elle rejette le principe

d'universalisme des droits. Or, comment repousser comme universelle la qualité d'être humain ?

La décroissance radicale veut faire tendre la production vers zéro. C'est évidemment injuste pour les classes populaires, cela les pénaliserait dans l'éducation, la santé, les services publics. Et pour les pays pauvres, où sévissent de graves inégalités et où les besoins sociaux sont considérables, ce serait encore plus injuste. Ils ont droit à une croissance pour produire ce qui leur est indispensable.

Au sein des Verts français, une motion « décroissante » a été présentée le 21 nov. 2004 pour remplacer le concept de « développement soutenable » par la « décroissance sélective et équitable », motion adoptée. Aux Européennes de 2009, Daniel Cohn-Bendit a revendiqué la décroissance sélective.

Les socialistes ne peuvent camper sur la position uniquement favorable à la croissance, ils se doivent d'examiner avec distance critique les possibilités de décroissance sélective, et s'ils pensent que le concept de croissance doit être remplacé par celui de développement, il faut à l'évidence l'expliquer avec clarté.

51.4 Fonder une conception socialiste du développement

Devant l'énormité de la tâche à accomplir, qu'il s'agisse de produire les bons diagnostics sur les différentes crises qui frappent la nature et la civilisation en s'alimentant les unes les autres et qu'il s'agisse de déployer les bons remèdes, à différentes échelles, il faut avouer qu'il n'existe pas à notre disposition de pensée politique suffisamment assurée pour décrire les stratégies pertinentes. Il faut, semble-t-il, tout faire à la fois. Doit-on alors croire Louis Schweitzer quand il écrit (2004, Enjeux Les Echos) que « le développement durable est ...la condition de survie de l'économie de marché ». Doit-on écouter plutôt A. Einstein quand il affirme qu' « on ne résout pas les problèmes avec les modes de pensée qui les ont engendrés » ? Aménager le capitalisme ou sortir du capitalisme ?

Retenir le triptyque économie/écologie/social

La réflexion économique française s'est développée notamment dans le cadre souvent national de la relation de l'Etat et du marché. Il lui faut à présent se placer dans le cadre plus large des relations entre l'économique/le social/ l'environnemental, et toujours envisager l'incidence de la dimension mondiale des phénomènes, où les effets économiques vont pour l'instant bien plus vite que la visée du bien-être social et de l'équilibre environnemental.

La gauche française, trop marquée encore par le primat de l'économie et du productivisme, pense ou a laissé penser que l'économique entraînait le social et qu'agir sur l'économique, souvent par des mesures strictement défensives ou réparatrices, permettait de corriger automatiquement le social. Quant à l'écologique, il était cantonné au statut d'impensé. Or, le néolibéralisme sert de révélateur, de correctif, d'antidote : dérégulé, le libéralisme est évidemment une économie bien plus difficile à maîtriser ; et même régulé, il ne parvient plus à empêcher l'augmentation de la grande pauvreté dans les grands pays industrialisés ni l'aggravation de la crise écologique. L'économie ne peut donc être seule au poste de commandement. Nous savons à présent avec la plus grande certitude que la globalisation du capitalisme, le règne en lui de la financiarisation produisent la transformation de tous les composants de la vie humaine en marchandises, l'aggravation de la paupérisation sur le plan social, et le désastre écologique sur le plan environnemental. Pour penser et développer une alternative solide, cohérente, il faut inscrire l'économique et l'écologique dans le projet d'une autre société.

Certains se demandent si l'espoir de la métamorphose sociale ne serait pas à présent supplanté par celui de la transformation de la nature grâce à la révolution écologique. Cependant, il faudra toujours comprendre que la modification fondamentale du rapport à la nature est avant tout une transformation des rapports sociaux. Et sur ce terrain, le socialisme démocratique a encore beaucoup à faire.
Il est obligatoire de procéder à une double critique : la critique du capitalisme (chère aux marxistes) et la critique du productivisme (chère aux écologistes). Les deux peuvent se rencontrer, mais le handicap de la première tient aux faits que les pays dits « socialistes » ont commis de sérieux dégâts écologiques ; et le handicap de la seconde réside dans son oubli trop fréquent d'inscrire les rapports de l'homme à la nature dans des rapports sociaux. Il existe un marxisme simpliste et un écologisme simpliste. Il convient de les dépasser tous deux pour échafauder une théorie plus puissante.

Le social et l'écologique entrent de nos jours dans des rapports nouveaux au regard de l'histoire humaine. Il nous faut donc les penser ensemble. Mais comment ? Il faut encore bien voir qu'il existe une écologie libérale de droite et une écologie de gauche, socialiste ou non : ce qui les oppose est le type de « durabilité » recherchée dans le développement.

L'écologie libérale recherche une durabilité faible : elle veut résoudre les problèmes de durabilité par des avancées techniques, et les problèmes de pollutions par des externalités à réintégrer dans les mécanismes du marché. On en vient ainsi à considérer qu'il existerait une possibilité de remplacement infini de la nature par les techniques, que l'on peut sans limite substituer du capital artificiel au capital naturel, et que la quête du profit peut continuer.

L'écologie environnementaliste (socialiste) a une conception forte de la « durabilité », c'est-à-dire qu'elle cherche un développement subordonné à des contraintes environnementales élevées : des rythmes de reconstitution des ressources renouvelables, la substitution de nouvelles ressources aux ressources épuisables, des rythmes d'auto-épuration des milieux. Il y a donc une pluralité de critères à respecter. Par ailleurs, ce développement ne perd jamais de vue le social : impératif de transmission de ressources naturelles non épuisées aux générations futures, gestion collective des biens naturels, priorité des choix politiques et éthiques sur les décisions économiques. Cette recherche de durabilité forte remet profondément en cause, non seulement le libéralisme, mais aussi le marxisme avec son possible développement illimité des forces productives.

Les décroissants relèvent d'une durabilité très forte, et même certains d'entre eux (droite et extrême-droite) de la conservation intégrale de la nature, ce qui revient à nier toute activité économique. Pour la décroissance soutenable et équitable du type Ariès, il ne suffit pas de dire qu'il faut mieux répartir le gâteau (ce qu'il reproche à la gauche de ne pas faire), il faut en changer la recette. Problème bien connu entre réforme et révolution ! Mais quelle est la recette ? Ce n'est pas parce que la recette socialiste a pu avoir des faiblesses qu'elle est nulle, et que toutes les « robinsonnades » seraient bonnes parce qu'elles sont encore au berceau !

Le développement ne peut cependant devenir humain et écologique en restant dans le cadre du capitalisme dominé par la recherche du profit constant, avec explosion du chômage, des inégalités, de la pauvreté. On doit repenser la notion de « développement durable », trop facilement consensuelle, autour de la notion de bien-vivre garanti par la satisfaction des besoins essentiels, la recherche de la justice et de la solidarité humaine. Il doit donc être un développement qualitatif et pas quantitatif. Il faut donc savoir le penser différemment, différentiellement : croître au sein des pays pauvres ; décélérer au sein des pays riches, tout en réduisant considérablement les inégalités. C'est le rythme de cette réduction des inégalités qui dictera celui de la décélération de la croissance matérielle.

Cela implique une organisation économique, écologique, sociale radicalement différente. Cela relève d'une autre conception du progrès dans laquelle l'Etat joue son rôle.

Proposer un développement différent

Suivons un instant Pierre Calame, ce qu'il nomme « œconomie » et qu'il définit ainsi : « des règles du jeu de la production et de l'échange qui puissent tout à la fois assurer l'épanouissement des êtres humains, l'équité entre les sociétés, la sauvegarde de la biosphère et des droits des générations futures » (2009, p. 13). C'est bien l'espoir que nous nourrissons !

On nous parle à satiété de développement durable. Mais « le développement durable ne peut se concevoir seulement dans une optique de protection de la nature...il doit intégrer les modes de fonctionnement économiques, politiques et sociaux » (p. 19-20). Pour Calame, l' « œconomie » est une branche de la gouvernance et de ses principes. Cela le conduit à « mettre l'accent sur tout ce qui construisait et entretenait les relations entre les êtres humains, les sociétés et la biosphère ; à sortir des oppositions simples entre capital et travail ou entre biens marchands et biens non marchands ; à énoncer les conditions de légitimité de l'œconomie ; à redéfinir les liens entre œconomie et démocratie ; à substituer au couple central de l'économie actuelle, l'entreprise et l'Etat, un autre couple, la filière et le territoire ; à préciser ce que seraient des agencements institutionnels pertinents pour la première, qui forme la chaîne verticale du tissu économique, et pour le second, qui en est la trame horizontale ; à jeter, enfin, les bases d'un nouveau système monétaire et financier » (p. 13). Tel est le programme global.

Il existe, à n'en pas douter, des quantités de problèmes mondiaux dont on peut dresser le catalogue. Mais les questions essentielles sont celle de la vision d'ensemble des mutations à conduire, qui articule les problèmes en une construction les rendant intelligibles, et celle de la stratégie qui permettra de les attaquer avec quelque chance de succès. Il s'agit donc d'abord de repenser nos modes de production, consommation et échange, dans le cadre de la relation de l'humanité à la biosphère, et de la relation des hommes entre eux (organisation des sociétés).

La première relation a fait surgir au fil du temps le chasseur-cueilleur, l'agriculteur, le travailleur de la société industrielle, le manipulateur potentiel du vivant. Une bifurcation majeure a eu lieu au Moyen Âge, au 13ème siècle, où l'on est passé du respect de l'homme pour la nature à sa volonté de la maîtriser, ce que l'on a appelé « le programme de Roger Bacon et de René Descartes » (Bourg, 2003).
La seconde relation a produit l'habitat nomade, la ville, l'empire, l'Etat, la communauté internationale, avec leurs doctrines et institutions. Une bifurcation majeure a eu lieu quand s'est imposée l'accumulation des richesses dans le fonctionnement des sociétés, avec la bénédiction des moralistes de l'époque pour la passion de la possession, la vertu de l'accumulation : « la révolution économique et technique du 12ème siècle a commencé à développer l'économie monétaire. C'est cette société terrestre qu'il faut administrer » (Calame, p. 33).

Si ces deux relations fondamentales ont pu évoluer séparément dans le passé, il ne peut plus en être ainsi de nos jours, car la passion de l'accumulation a un impact destructeur sur la biosphère : « il n'est plus possible de séparer la vision de l'économie de celle de la gouvernance et plus largement de la conception de la société tout entière » (p. 35).

Il nous faut donc questionner le règne du scientisme et de l'économisme, attaquer en eux tout ce qui contribue à les fossiliser en agencements institutionnels. Or, l'économie est plus une idéologie qu'une science, qui fait voler à son secours les modèles mathématiques.

Un certain libéralisme français considère habituellement que l'Etat n'a pas à se substituer aux entreprises, seules maîtresses de leur stratégie. Mais, dans la crise de 2008, il s'autorise cependant l'action volontariste de l'Etat pour mobiliser les agents économiques et un certain protectionnisme quand la sécurité nationale est en jeu et quand les symboles de l'économie française sont touchés. Nécessité oblige !
La gauche française ne doit pas craindre de faire de l'Etat l'un des acteurs privilégiés du développement, dont la devise serait de mettre le développement économique au service de l'humain et de la nature. Il en découle un nombre non négligeable de rôles, qui ne peuvent être ceux du seul chef d'orchestre et du protecteur universel, le deus ex machina ou l'Etat-providence en somme ! Bien sûr, comme le dit P. Rosanvallon, l'Etat-providence subit la triple crise – crise financière, crise d'efficacité, crise de légitimité – et il est encore déshabillé vers le haut par l'Europe, vers le bas par la décentralisation. Mais il doit toujours conserver les fonctions qui permettent le vivre ensemble, constituent le socle de la solidarité, organisent le système de régulation sociale. Même s'il ne peut garantir le bonheur de tous ni s'occuper de tout, il importe qu'il demeure un acteur à part entière. En ce sens, il doit toujours intervenir dans les secteurs stratégiques qui se trouvent menacés. Quatre régulations en découlent : juridiques, économiques, sociales et environnementales.

Acteur parmi d'autres de la régulation juridique, l'Etat fixe les règles du jeu, définit le cadre réglementaire. Mais avec la mondialisation, il lui faut à présent davantage aider les entreprises fragiles à se protéger des acquisitions hostiles (OPA). La France est en effet vulnérable aux OPA lancées par des entités étrangères, et cela peut aboutir à des délocalisations subies ou à des prises de contrôle d'innovations, rapt d'autant plus facile à réaliser que nous n'avons pas une culture assez développée de la protection des brevets de propriété intellectuelle. Avec la gauche, l'Etat doit donc imposer loyauté et équité dans les relations économiques et mieux défendre l'intérêt du pays et de ses salariés. Il doit aussi empêcher que l'univers de la finance, notamment les fonds de pension, mette en péril les salariés des entreprises.

Nous détaillons ci-dessous les trois autres régulations, économiques, écologiques et sociales.

52. Expérimenter une autre conception de l'économie

A gauche, au sens large – c'est-à-dire jusqu'à l'extrême-gauche – on n'aime pas toujours le capitalisme, l'économie, le marché. Il en est, chez certains

« décroissants » par exemple, qui rejettent les trois. Or, le marché existera toujours, et avec lui la discipline qui l'étudie, l'économie. Il faut donc analyser comment, dans une perspective rejetant le capitalisme, on peut utiliser les mécanismes du marché et les analyses économiques (qui ne sont pas des lois) pour engager et entretenir le développement humain qui est visé. Il s'agit d'une question majeure sur laquelle règnent de nombreuses confusions chez ceux qui proposent de penser autrement la richesse, le marché, l'économie, le travail, le bien-être. Et beaucoup d'incertitudes aussi !

52.1 Pour une nouvelle conception de la richesse

La notion de richesse est plus problématique qu'il n'y paraît. Faut-il, comme Dominique Méda (1999), affirmer que les théoriciens de l'économie politique classique (Smith, Ricardo, Marx) en ont eu une conception étroite ou restreinte ? C'est discutable. Ils ont pu préférer parler de la richesse produite par le travail, destinée par le capitalisme à l'accumulation de marchandise et à l'argent, mais ils n'ont pas interdit de penser une autre richesse, la valeur qui est dans les biens de la nature.

Le concept de valeur est anthropologique. Il n'existe qu'en société, au sein des rapports sociaux qui le construisent et le font évoluer. Il dépasse les seules acceptions philosophiques et économiques.

Traditionnellement, la richesse est donc considérée seulement comme accumulation de marchandises et de valeurs d'échange rapportant des profits monétaires. Elle est liée au travail et au marché. Ainsi, chez Smith, la richesse provient du travail des hommes et l'enrichissement a trois causes : la division du travail, l'accumulation du capital et la taille du marché.

Mais il existe une autre valeur, ou richesse, celle qui n'est pas destinée à l'accumulation, qui se situe donc dans un autre registre que l'économique, dans celui de l'éthique. Elle ne se soucie pas de la valeur-travail, mais des besoins sociaux.

Il y a d'abord les biens naturels, qui fournissent une richesse. En elle-même, cette richesse n'a pas de valeur économique intrinsèque. Bien sûr, la nature peut être exploitée par un travail qui, lui, va produire de la valeur. Mais, la richesse des biens naturels relève de droits de propriété collectifs, ce sont des biens appartenant à l'humanité qui doit préserver les écosystèmes : air, eau, etc.

Toute vie en société doit aussi ouvrir des secteurs non marchands qui sont de la richesse sans valeur pour le capital :
– services publics à financement protégé, sans valeur marchande : éducation, santé, retraites ;

− rapports non monétaires à finalité sociale (travail domestique, bénévolat…). En termes marxistes, il s'agit de produire des valeurs d'usage qui nourrissent la richesse non matérielle de la collectivité, qui font la promotion de la gratuité partout où cela est possible et qui réduisent le temps de travail en fonction de la productivité.

Dans l'idéal, il faudrait protéger les biens naturels par une justice appropriée, des droits de propriété collectifs, ce qui n'est pas très facile. Il faudrait aussi affecter prioritairement les gains de productivité du travail à la qualité de vie garantie par ces biens publics.

Les deux termes de production et de productivité sont souvent confondus à tort. La production s'augmente ou se réduit, elle relève du quantitatif. La productivité est la relation de la quantité produite par rapport au travail nécessaire ; on peut donc améliorer la productivité sans augmenter le temps de travail nécessaire ni augmenter la production (ce qui relève du productivisme), et même tout en répartissant mieux le travail. L'amélioration de la productivité pourrait permettre à chacun de maîtriser son temps de vie, de chercher son épanouissement hors du travail marchand, sans succomber au mythe du progrès matériel infini, seule source de bien-être.

Calame énonce la solution du problème : « pour avoir plus de croissance et moins d'empreinte écologique, moins de pression sur les ressources naturelles, il suffit dans les produits d'incorporer beaucoup plus d'intelligence, de travail, d'échange social et beaucoup moins de matière et de transport ». Aussitôt, on se heurte aux outils de mesure, car l'économie actuelle est fondée sur les flux monétaires et elle distingue mal dans la notion de valeur ce qui relève des ressources utilisées, surtout des ressources naturelles non renouvelables, et ce qui relève du travail humain. Elle ignore ce qui, dans l'échange, est non marchand. « Il faudrait réunir le travail marchand et le travail non marchand sous le même chapeau de l'échange social et au contraire isoler dans l'échange l'empreinte écologique du travail humain incorporé… une telle démarche conduit à substituer des services à des biens » (Calame).

52.2 Pour une nouvelle conception du marché

Dans l'Europe ancienne, tout le monde marchandait, sauf les aristocrates, car c'était contraire à leur statut. De plus, pour eux, la valeur ne se négociait pas, elle s'imposait. La modalité première de l'échange aristocratique était le don, qui mettait en avant la valeur des personnes impliquées dans l'échange. Acheter au marché et marchander, c'était discuter, entrer dans une relation de personne à personne, ce qui supposait une égalité de statut ; et c'était discuter la valeur de la marchandise. Le marché était un ferment de démocratie, le lien entre démocratie et marché venant du fait que ce dernier suppose l'égalité de statut (Fontaine, 2009).

L'émancipation de l'économique, c'est-à-dire l'apparition du marché dans l'histoire occidentale, a eu ses penseurs : Quesnay, Smith, Locke, Mandeville. Il faut revenir instant à eux pour comprendre ce qu'elle nous enseigne (Gauchet, 2005).

Toutes les sociétés humaines qui ont précédé la société occidentale ont reposé sur l'idée de l'antériorité et de la prédominance du social sur l'individu, de la transcendance du social sur la relation entre les hommes, le plus souvent pensée sous la forme de la hiérarchie. Cette primauté de l'ordre politique, qui se dégagera peu à peu du religieux, aboutit au 18ème siècle à la primauté du contrat social.

Avec la société occidentale s'impose un nouveau type de relation : la relation avec les choses, et avec elle la propriété, le travail, le rapport à la nature pour se l'approprier et la transformer, la primauté de l'économie, l'avènement de l'individu fondamentalement propriétaire.

La représentation libérale de l'économie est alors celle d'un tout cohérent, infrastructurel, avec interdépendance de la production, du revenu, de la consommation ; un ordre économique centré sur la propriété et censé marcher tout seul, avec régulation et harmonisation automatiques. La valeur n'y naît plus de l'échange et de la relation entre hommes, elle surgit des choses produites. Cet ordre peut évidemment défaire la relation du sujet particulier au tout social.

On peut cependant avec Rosenvallon (1979) nuancer cette représentation en soulignant que le marché est aussi un principe autonome de cohésion du social, indépendant de la volonté des individus et fonctionnant pour les rassembler. Chez Adam Smith (1723-1790) déjà, père de la science économique avec son livre *La Richesse des nations*, l'un des textes fondateurs du libéralisme économique, le marché permet toutes les tâches de coordination entre les individus et, de ce fait, point n'est besoin de songer à un contrat social. En ce sens, le primat de l'économique dégagerait aussi une conception du social, qui nécessite la relation avec l'Etat-nation, instance gestionnaire d'administration pour le libéralisme.

Avec la crise de 2008, on ne peut plus s'en tenir à cela ! Le marché apparaît comme une forme de la « gouvernance de l'échange » des biens et services : « si on le regarde sous l'angle des principes de gouvernance, le marché, tant qu'il reste dans les limites de validité et de légitimité…répond aux exigences de subsidiarité, de décentralisation, de contrôle par les consommateurs, d'ouverture de l'éventail des possibles » (Calame, 2003, p 202). Il peut donc avoir des avantages.

Accepter les avantages du marché

Le marché est implicitement un ferment de libération des individus. Pour entrer dans le marché, il faut reconnaître certains droits : le droit de propriété, le pouvoir de gérer, le droit d'aller en justice pour intenter une action ou témoigner. Pour ceux qui sont privés de ces droits, le marché est un moyen de les acquérir. Ainsi, dans de nombreux pays, dans les sociétés patriarcales, en Afrique et en Inde, les femmes marchandes utilisent le commerce pour acquérir ces droits.

Le marché est un ferment d'évolution qui crée des espaces d'autonomie et d'initiative et aide à redéfinir les rôles sociaux. Pour les pauvres, le marché est au cœur des stratégies de survie. Dans les pays en développement, 61% des sorties de la misère résultent d'initiatives d'individus sur le marché, comme le montre Muhammad Yunus au Bangladesh.

Bien sûr, le marché réclame la mobilisation de capitaux. Dès le Moyen Âge, l'Eglise interdisait le prêt à intérêt ; mais des moines ont cherché des formes honnêtes de crédit distinctes du don. Ils comprenaient qu'un prêt pouvait aider à se préserver et à se relever de la pauvreté, c'est le sens des monts de piété. Aujourd'hui, face à la montée du chômage, on voit se multiplier les vide-greniers, le succès d'ebay et des sites de vente aux enchères sur Internet, le développement du micro-crédit.

Sur le marché, il ne suffit pas d'avoir du capital. Il faut aussi du savoir-faire et du pouvoir-faire, donc de l'instruction. Le passé en témoigne car les zones de migrations marchandes étaient les plus alphabétisées.

Connaître les limites du marché

Si l'on juge le marché actuel à l'aune des objectifs généraux du type paix, justice, développement humain, il est clair que le fonctionnement du marché n'est guère équitable.

Ce que le marché ne fait pas très bien – doux euphémisme – reste la gestion du long terme et des biens collectifs du type santé, éducation, environnement. Le marché ne comprend pas le manque ou l'absence de moyens qui résultent de la rareté du travail ou de l'incapacité des travailleurs à travailler. Il ne peut pas être le régulateur de la société parce que, comme le disait déjà Keynes, il règne en société une « incertitude radicale » comme la crise financière possible, ce que l'on nomme les externalités, les questions écologiques, les questions sociales. Le marché ne peut en effet énoncer les normes sociales et écologiques, qui relèvent du politique. Il convient donc de délimiter soigneusement les sphères de l'échange en économie capitaliste, et d'en exclure ce qui touche à l'homme (corps, organes, femmes, enfants).

Une politique socialiste tournée vers le développement humain n'a aucune raison de supprimer le marché ou l'économie, mais toutes les raisons de le surdéterminer par un Etat d'investissement social et des objectifs de bien-vivre collectif. Retour à la primauté du social et au respect de l'environnement !

52.3 Pour un droit du marché mondial

Ce retour passe par le juridique. C'est d'abord ou aussi au niveau international que le marché économique doit être surdéterminé (Garapon, 2009).

Il se prépare actuellement une grande transformation du droit qui met en place une « nouvelle sociabilité judiciaire internationale ». Il existe une mobilité accrue du droit, devenu en quelque sorte un produit d'exportation, une matière d'échange perméable aux influences étrangères.
En sa dimension fonctionnelle ou opératoire, la mondialisation du droit demande à celui-ci d'organiser la circulation des biens, des services, des capitaux, de l'information entre les continents, en opérant la mise en rapport généralisée des espaces économiques, sociaux et culturels.
De plus, cette mondialisation s'est étendue aux droits fondamentaux, aux droits de l'homme. Donc à la dimension opératoire s'est ajoutée une dimension éthique, dont quelques-uns des thèmes sont l'homosexualité, l'euthanasie, le financement des campagnes électorales….Cette dimension est appelée « conversation des juges », « mondialisation judiciaire », « auditoire mondial », « commerce des juges » (Garapon et Allard).

Certains craignent que ne se mette en place un « gouvernement des juges ». Mais plusieurs voies existent dans cette mondialisation, et la plus intéressante est celle du « pluralisme ordonné » entre un universel abstrait et des situations concrètes, entre la double menace de l'ordre hégémonique et du désordre impuissant. Elle représente une tentative pour articuler l'universel et le particulier.
L'ornière actuelle serait de confronter les hymnes à l'universalisme au repli souverainiste. Mais le commerce judiciaire dispose d'une force rationnelle propre. En encourageant les juges à utiliser des arguments présents dans des décisions étrangères, à comparer, on augmente la rationalité des décisions de justice, on renforce la qualité démocratique et on recompose le politique.

Réclamer un droit de la régulation financière mondiale

Pour avancer vers un authentique droit international de la mondialisation, il faut partir d'une réalité : le droit actuel a été écrit en grande partie par ceux-làmêmes à qui il s'applique, il concerne les acteurs individuels, et ne pense pas le collectif, donc la politique.

Dans le domaine économique, ce droit de la mondialisation est abondant, saturé de règles fragiles et souvent incohérentes entre elles, du fait de leur fragmentation. La réglementation diffère d'un pays à l'autre ; de plus, le droit bancaire a souvent été conçu indépendamment du droit boursier, lui-même conçu indépendamment des normes comptables ou des instances de supervision. Il faut donc constituer le champ unifié du droit de la régulation financière mondiale.

Les normes actuelles sont particulières pour le juriste. D'abord, elles n'ont pas d'auteur identifiable parce que faites par des acteurs privés, et sont trop proches de leurs destinataires. Ensuite, une norme doit avoir une fonction opératoire – permettre d'agir – et une fonction déclaratoire – affirmer valeurs et principes. Or, les normes actuelles de la mondialisation visent une efficacité à court terme et sont élaborées par les milieux concernés eux-mêmes, donc par des professionnels compétents mais qui fonctionnent sur le mode du club dont la légitimité est reconnue par les pairs : « Les mêmes acteurs sont ainsi auteurs, sujets et sergents de la régulation qui les concerne » (Garapon et Allard). On a donc des normes au service d'intérêts particuliers. Ce type de fonctionnement, justifié par la grande complexité des questions, est utilisé pour privilégier une autorégulation et éviter le niveau politique de la discussion.

Cet ordre juridique en place, échappant au législateur, évacuant tout arbitrage politique, trouve sa justification chez Friedrich Hayek : c'est un droit censé refléter l'ordre spontané du marché et s'autocorriger en permanence. Pour Hayek en effet, le marché fonde un ordre antipolitique, indépendant de toute finalité collective. Le marché est construit par des hommes, il est sur ce point artificiel, et il ne serait pas politique puisqu'il ne répondrait à aucune fin, laquelle relève de l'individu.
Il va de soi qu'il est urgent au contraire de réintroduire de la politique dans l'univers mondialisé du droit. Il faut engager un vrai débat sur les fins du droit de la mondialisation.

Actuellement, le consensus affiché consiste à parler de moraliser le marché à travers ses acteurs. Et de louer transparence, probité, intégrité, publicité, traçabilité ! Cette démarche laisse évidemment de côté la politisation du débat. On ne se demande ainsi jamais si le marché ne fait pas problème, si la régulation dite spontanée de la mondialisation économique ne fait pas problème, s'il y a des conséquences géopolitiques, sociales, humaines du marché. On présuppose que le niveau micro (individuel) suffit à produire le macro, alors que la moralité individuelle ne produit pas le bien commun. Il faut donc introduire d'urgence la question politique. Dans la perspective de la philosophie du droit de Ronald Dworkin, il faut intégrer le fait que le monde, comme collectivité, a besoin de politique pour satisfaire les exigences sociales, environnementales, ou en matière des droits de l'homme.

Il faut encore démocratiser les institutions internationales. Au moment où commerce et environnement ne peuvent plus être traités qu'à l'échelle mondiale, il est des réalités actuellement incompatibles avec la démocratie. Ainsi, au Fonds monétaire international, qui supervise le système financier mondial, les Etats-Unis seuls ont droit de veto en raison de leur puissance. Par ailleurs, le dirigeant de la Banque mondiale est encore nommé par le président des Etats-Unis. Enfin, l'OMC défend surtout l'intérêt des pays industriels avancés. Il importe donc de créer des institutions politiques mondiales qui soient véritablement démocratiques, donc qui suppriment ces faveurs, qui intègrent les pays en voie de développement et placent la mondialisation économique dans la double perspective de la justice sociale et du respect de l'environnement.

Imposer un droit qui responsabilise

Il reste qu'imposer un tel droit dans l'espace international actuel est difficile. Le monde n'est pas que la somme des nations et des Etats. Il faut trouver les instruments juridiques permettant de saisir l'altérité du monde, au-delà de l'économie, au-delà du système international des Nations-Unies, enfermé dans la représentation classique de la société internationale qui associe des Etats. Et comme le droit a deux branches, celle qui définit le cadre permettant d'agir et celle qui responsabilise les acteurs en leur faisant payer les conséquences de leurs actes, et que le droit actuel de la mondialisation se limite à la première branche, il faut donc introduire un droit qui responsabilise les entreprises industrielles, les institutions financières dont les comportements ont été désastreux.

La question se pose à l'évidence pour les opérateurs sur le marché, car un marché n'est jamais un espace vide où se confrontent offres et demandes. Il comporte toujours des opérateurs intermédiaires, assez souvent invisibles : les traders, les agences de notation, les agences de conseil en tous genres, etc.
Si on prend la question de la rémunération des dirigeants d'entreprises, on voit qu'il existe un marché des dirigeants d'entreprises qui a concouru à l'inflation des rémunérations. On a cru que la gouvernance des entreprises avait été de plus en plus régulée depuis 1995, par des codes de bonne conduite. Or, les appels à la modération ont tous été rédigés par des dirigeants du CAC 40. Les lois de 2001 et 2005 ont obligé à voter et divulguer les rémunérations, mais la surenchère médiatique a créé un concours permanent qui a distingué ceux qui étaient indignes de leurs revenus et ceux qui étaient supposés les mériter.

Toutes les entreprises cotées se sont dotées de comités de rémunération. Mais ceux-ci sont composés d'administrateurs issus de réseaux sociaux communs.

Immanquablement, il en est résulté un alignement sur les revenus les plus élevés !

Les cabinets de conseil en rémunération ont perçu le marché des dirigeants comme une opportunité de profit. Ils avaient parfois un pourcentage sur la prolifération des plans de rémunérations. Cela a contribué à l'augmentation générale.

La grande crise de 2008 a donc montré la nécessité de réexaminer la question de la gouvernance des marchés et plus généralement, d'accélérer la mise en place d'un ordre juridique international.

52.4 Pour une autre globalisation économique

Le système capitaliste permet d'entretenir la croissance économique mondiale, mais avec production d'inégalités fortes. On ne peut le réguler, le transformer, le remplacer que si l'on analyse dans son ensemble et si on propose des solutions adaptées, des changements institutionnels profonds.

Identifier les caractéristiques majeures de la globalisation

Avec la globalisation, les économies dépendent de plus en plus de l'extérieur. Les échanges se développent fortement, se polarisant pour l'instant sur trois zones : Amérique du Nord, Europe occidentale, Asie. En 2002, une entreprise française sur huit avait une relation importante avec un sous-traitant étranger et la France attire bien les investissements étrangers, investit surtout dans des pays développés.

Pour l'instant, la mobilité internationale des travailleurs reste relativement faible : les immigrants représentaient 35% de la population active à la fin du 19ème siècle, ils représentent 17% dans la seconde moitié du 20ème siècle.

Ce qui est le plus structurant dans la globalisation est l'émergence des firmes transnationales (firmes possédant au moins une unité de production à l'étranger). Les multinationales jouent un rôle majeur dans la globalisation : elles peuvent s'étendre sur la planète, relier marchés, technologies, capitaux et capacités de production des pays en développement. Le marché mondial des fusions de multinationales est d'ailleurs en hausse continue depuis 2002. Or, ces entreprises globales symbolisent pour l'instant ce qui ne va pas dans la globalisation. Très puissantes parfois (General Motors a des revenus supérieurs au PIB de 148 pays !), parfois à la limite de la légalité, elles aident rarement ou insuffisamment au développement du niveau de vie des pays d'accueil. Guidées encore par la pensée libérale d'Adam Smith, elles soutiennent qu'en agissant pour les intérêts personnels de leurs actionnaires, elles serviraient automatiquement les intérêts généraux. Or, ce capitalisme multiplie les « échecs de marché » : il ignore le bien-être social, il néglige la recherche, il pollue par surproduction, il verse dans la corruption pour financer les partis politiques, influencer le vote de lois. Réhabiliter la responsabilité morale des multinationales aiderait à contrebalancer les effets de la responsabilité limitée, par laquelle le seul risque dans le capitalisme est celui du montant des investissements et non celui des conséquences de ses actes sur la société et l'environnement d'un pays.

On affirme que certaines entreprises délocalisent pour tirer parti des écarts en coût du travail. Ces écarts existent bien. A ce niveau de raisonnement, il semble alors normal de plaider pour une harmonisation des salaires vers le haut en Europe.

La globalisation produit une « économie de petits mondes », le développement d'îlots de croissance localisés principalement dans les pays développés. Ainsi, Airbus ne profite pas à la France, mais à la région toulousaine. La réorganisation mondiale des activités se fait donc surtout pour l'instant au profit de territoires réduits. En ce sens, la globalisation appelle des politiques régionales et locales adaptées, par exemple celle des pôles de compétitivité.

Dynamiser le système économique français

L'économie française est marquée par un net clivage entre secteurs exposés à la concurrence et secteurs plus abrités, entre grands groupes d'entreprises globales et ensemble important de PME, avec tissu anémique de PME intermédiaires. Les entreprises globales françaises – 38 dans les 500 plus grandes firmes mondiales – se sont intégrées à la globalisation, en distendant leur lien avec le territoire national. En haut de la pyramide d'entreprises, il y a 1000 entreprises de plus de 1000 salariés (3,4 millions de travailleurs) qui produisent près de 50 % du PIB. Le million de TPE de moins de 10 salariés (3,4 millions de travailleurs) manifeste une existence très précaire et de réelles difficultés à grandir. Les entreprises moyennes, celles qui accomplissent les principales percées technologiques et devraient constituer le vivier et la relève des entreprises globales, sont à la peine.

Cela pose la question de la cohérence économique de ce système où les entreprises n'ont guère la taille critique pour résister à la mondialisation et se développer à l'international. Cela conduit à l'interrogation majeure : comment une politique économique de gauche doit-elle se comporter dans ce paysage clivé ?

En ce qui concerne la dimension financière, les sociétés de capitaux représentent une bonne part des entreprises : 54% en France en 2000. Elles concentrent l'essentiel des emplois (80%) et des richesses créées (80%). Cette forme juridique permet d'augmenter rapidement le capital social de l'entreprise, divisé en actions, et de limiter le risque pris par les actionnaires. Elle permet d'accumuler sans limite. Elle autorise une organisation qui dissocie les actionnaires (propriétaires de l'entreprise) et les dirigeants (gestionnaires). Or, cette dissociation fait problème et pose la question de la gouvernance de l'entreprise quand les objectifs divergent : l'actionnaire vise le profit immédiat, le dirigeant vise le haut revenu. La tentative pour éliminer cette divergence a conduit aux stock-options, possibilité pour le dirigeant d'acquérir des actions de l'entreprise, jeu qui pousse en fait à prendre le maximum de risques, à diminuer l'indépendance des conseils d'administration, des comités d'audit et de rémunération.

Dans l'entreprise française, il existe actuellement une dissymétrie des rapports entre actionnaires et managers dans la sphère financière, doublée d'une dissymétrie au sein de l'entreprise entre dirigeants et salariés (niveau élevé de chômage, faible poids des syndicats). Sous la pression des marchés, les employeurs compriment alors facilement les salaires, reviennent vite sur les « avantages acquis », délocalisent l'activité, ou menacent de le faire. Il y a là un système en place, mimant le modèle anglo-saxon du capitalisme, où la moralité de certains dirigeants est douteuse.

Pour le changer, il faut prendre en compte les intérêts de tous les acteurs, dans le cadre d'une gouvernance durable de l'entreprise attachée aussi aux données sociales et environnementales.
Il faudrait installer une médiation entre rapport financier et rapport salarial : faudrait-il développer l'actionnariat salarié ? Cela reviendrait à faire que les salariés disposent d'actions de l'entreprise, puissent s'impliquer dans les organes décisionnels de l'entreprise. Mais cela est risqué : en cas de faillite de l'entreprise, le salarié perd son emploi et son épargne. La gouvernance actionnariale, dérivée du modèle anglo-saxon, est donc loin de s'imposer.
En fait, les firmes familiales semblent avoir une politique plus active de fidélisation des salariés, une politique de rémunération moins inégalitaire, un plus grand investissement dans la formation. Mais elles ont une certaine inertie. Les entreprises familiales, mais aussi coopératives et mutualistes jouent encore un grand rôle. Il faudrait fonder dans toutes ces firmes un mode de gouvernance alternatif.

Préciser le statut des Etats et entreprises dans la globalisation

Acteur de la régulation économique, l'Etat doit absolument rester le défenseur de l'excellence des entreprises françaises, de leurs performances et de leurs cultures d'entreprises – cohésion des projets, motivation des équipes. Il a matière pour le faire.
Il doit être l'organisateur institutionnel des territoires où se développent les entreprises. Par le Plan hier, par la veille prospective et la concertation aujourd'hui, il lui revient de donner l'impulsion stratégique aux nouveaux

secteurs d'activités et aux mutations, de développer avec les Régions les pôles de compétitivité (66 en 2005, 71 en 2007) s'organisant en réseaux, de fournir les services collectifs et les infrastructures indispensables. Le développement du territoire, trop négligé actuellement, est à repenser d'urgence.

L'Etat doit être l'actionnaire efficace. Sur ce point notamment des participations de l'Etat, la gauche peut s'écarter du libéralisme. C'est la question des privatisations, capitalisations, recapitalisations et redistributions, question d'une politique cohérente de soutien à l'activité économique. Depuis 20 à 25 ans, notre pays a subi un comportement erratique de l'Etat en ce domaine. Sur cette période, le total des produits de cessions d'actifs s'est élevé à 81,7 milliards d'euros : 82 % ont servi à des capitalisations d'entreprises publiques, 12 % au désendettement et 6 % au fonds de réserve des retraites. Pour la gauche, il importe de rééquilibrer cette activité de soutien en redéfinissant les secteurs stratégiques majeurs que l'Etat doit accompagner, dans les activités à caractère public d'intérêt national et non dans le secteur concurrentiel ; en soutenant davantage la lutte contre le désendettement et la pérennité des retraites.

Le problème économique prioritaire de la France est le sous-investissement structurel. La priorité est de procéder au retour rapide et continu de l'investissement industriel public, l'Etat indiquant les priorités stratégiques à observer, les organismes compétents indépendants se chargeant de la mise en œuvre des projets et technologies. Deux impératifs s'imposent actuellement : l'économie de la connaissance (enseignement supérieur et recherche portés à 3% du PIB) et l'économie verte (sciences du vivant, énergies carbonées, villes durables, mobilité future, société numérique).

L'économie française actuelle semble trop fondée sur les seules valeurs de ce fleuron ou de cette élite qu'est l'entreprise globale, celle qui est passée lors des « Trente glorieuses » de l'entreprise d'Etat à l'entreprise de l'économie de marché, et qui, depuis les années 1980 et le néolibéralisme, est devenue la grande entreprise internationale. Rattachement territorial superficiel pour son centre de décision ; organisation productive avec un centre de gravité à géométrie variable, modulable à coups de délocalisations ; principes souples de hiérarchisation et spécialisation ; essaimage en fonction de la plus grande profitabilité : c'est bien le modèle du pouvoir en réseau dont parlent Foucault et Deleuze ! Il remplace le modèle mercantiliste ancien des frontières étatiques, des différences culturelles, des organisations intégrées et centralisées, des ressources et emplois concentrés dans un seul pays, de la structure pyramidale de décision sur un même site. Depuis les années 1980, la sphère financière en est devenue plus autonome, en raison du décloisonnement des marchés, de la déréglementation des barrières d'entrée et de la désintermédiation. Cette financiarisation de l'économie a propulsé ces nouveaux acteurs que sont les fonds communs de placement, les SICAV, les fonds de pension, les sociétés d'assurances, les fonds spéculatifs. Depuis les années 1990, l'unique stratégie est devenue celle de la création de valeur pour l'actionnaire. Elle passe par les recentrages, délocalisations et recours à la sous-traitance.

Une politique de gauche ne peut ignorer ces questions. Elle doit en comprendre les aspects négatifs, facteurs de tensions sociales, mais elle doit aussi les relativiser, car les entreprises globales sont loin de constituer l'essentiel du tissu économique français (elles concernent 5% des entreprises); et elle doit en repérer les aspects positifs, en termes de création d'emplois et quand les fonds d'investissements étrangers permettent de garder en France certaines PME familiales et certaines branches d'activités. La gauche doit à présent comprendre que les TPE/PME occupent une place centrale dans le dynamisme économique parce qu'elles sont un réservoir d'emplois. Il faut donc accorder à ces petites entreprises une attention toute particulière et tenter de les constituer en réseau dense, des zones industrielles des petites villes jusqu'aux pôles de compétitivité. Parce qu'elles conjuguent esprit créatif, volonté d'entreprendre, idéaux coopératifs et mutualistes, valeurs sociales, elles peuvent être fermement soutenues.

Les populations les plus touchées par la mondialisation sont les milieux les plus bas de l'échelle sociale. Il faudra un long temps pour aller vers l'égalisation des salaires dans le monde et d'abord en Europe. Les inégalités persistantes de salaire, peut-être les baisses de salaire des travailleurs moins qualifiés en Europe, nécessiteront de la part d'une politique de gauche une volonté de redistribution forte de l'Etat, un renforcement des dispositifs de sécurité sociale et une progressivité plus grande de l'impôt sur le revenu. Le néolibéralisme actuel opère une redistribution à l'envers, en ce qu'il favorise les plus riches en faisant payer les plus pauvres, qui assument ainsi presque tous les risques économiques. La croissance est maintenant tirée par la surconsommation des plus aisés. Et l'on se passe des travailleurs les moins qualifiés, soit de 20% de la population active.

Les faiblesses des politiques économiques de gauche en France sur le plan social sont à présent bien connues : on se cantonne dans des mesures défensives, palliatives, réparatrices et on n'évalue jamais assez les mesures prises au regard des impératifs sociaux (lutte contre les inégalités, la précarité, la pauvreté) et environnementaux (lutte contre les dangers sociaux de la pollution et du dérèglement climatique). En ce sens, on donne l'impression de ne rien pouvoir faire contre le néolibéralisme, ou de ne faire que tenter de l'adoucir.

52.5 Pour une économie plurielle

Où est l'essentiel pour demain ? Il est moins dans nos appétits de consommation que dans le besoin croissant d'une économie de la connaissance et dans la nécessité de gérer la rareté des ressources naturelles. Il en découle que l'économie doit être réorientée en ce sens.

Faire cohabiter secteur marchand/non marchand

Il existe deux grands secteurs économiques : marchand et non marchand. Si l'on en revient à la typologie des biens et services, on doit souligner qu'une seule catégorie de biens légitime le marché : les biens résultant de l'activité humaine et qui se divisent en se partageant. Les trois autres catégories nécessitent d'autres logiques que la logique marchande.

Le secteur marchand ne repose pas sur un corps théorique légitimant son existence. Il repose sur les entreprises privées. Il considère l'activité publique non marchande comme parasitaire. La théorie marxiste rejoint cet ostracisme en affirmant le caractère improductif du travail en services non marchands, qu'on ne finance que par prélèvement sur la plus-value capitaliste.

Aujourd'hui, avec les problèmes écologiques, certains responsables politiques et économiques considèrent les contraintes environnementales comme des opportunités économiques : s'attaquer à la pollution, ce serait selon eux stimuler l'innovation, créer de nouvelles filières et emplois. Ce raisonnement fondé sur le principe de l'éco-efficience subordonne une fois de plus l'écologie à l'économie, il reste à courte vue, il passe à côté de l'enjeu capital, celui des biens communs à l'humanité.

Le secteur non marchand produit des services qui sont financés socialement (éducation, santé, retraites..) et des rapports non monétaires qui entretiennent le lien social (travail domestique, bénévolat…). Ce secteur, qui est celui de la valeur d'usage, est de mieux en mieux cerné et doit être soutenu parce qu'il est producteur de richesse collective et renverse la logique globale du capitalisme. En son sein, les tentatives foisonnent pour augmenter la place à donner à la gratuité de l'usage.

Le socialisme doit affirmer que la définition du travail productif n'existe qu'en fonction des rapports sociaux. Il existe le travail productif de valeurs d'usage et le travail productif de valeur et de plus-value pour le capital. En secteur non marchand, le travail produit des biens et des services. Quand il est salarié et tourné vers les marchandises, ce travail produit du capital. S'il est salarié et tourné vers des services non marchands, il ne produit pas de capital. Bref : le travail en ce secteur produit les valeurs d'usage désirées par la collectivité, il produit de la valeur monétaire non marchande et du revenu distribué.
Le plein emploi doit être pensé comme la résultante d'une activité globale réorientée, marchande et non marchande.

Affronter l'opposition acteurs publics/privés

Une autre opposition structure depuis longtemps les mentalités : public/privé. Elle vient tout droit de l'ancienne rivalité entre « bloc communiste » et « bloc capitaliste », opposition qui a structuré le débat politique français jusqu'en 2000 au moins. Et l'économie mixte est celle qui mêle ces domaines, selon des partenariats, notamment dans la délivrance de services publics.

Il faut avoir le courage d'affronter l'opposition idéologique public/privé. Chargée d'analyser les réactions européennes aux initiatives locales de développement et d'emploi, Marjorie Jouen notait à propos de l'Europe : « l'expérience, y compris au Royaume-Uni, montre que la décision de supprimer un service public ou de le privatiser est rarement dictée exclusivement par une démarche idéologique. Elle résulte plus souvent d'un constat de mauvais fonctionnement et d'une absence de rentabilité liée à la désaffection des usagers. Dans nos économies mixtes européennes, un service public auquel toute la population est attachée ne risque pas de disparaître. C'est plutôt l'impossibilité de transformer les services organisés sur un modèle uniforme et tayloriste qui signe leur arrêt de mort » (2000). Calame (2003) voit à cette situation six causes : le monde politique impuissant fait porter à l'administration sa propre responsabilité ; la capacité de mobiliser les fonctionnaires dans la réforme reste trop faible ; on se retranche trop derrière l'illusion de modernité ; on ne donne pas assez de temps à la réforme ; l'investissement public dans le management reste trop faible ; enfin, on conduit la réforme en faisant l'économie d'une réflexion approfondie sur la gouvernance.

L'opposition public/privé est donc plus complexe qu'il n'y paraît. Ainsi, certains Etats sont dominés par des lobbies. Beaucoup d'entreprises ont des incidences importantes sur la vie publique. Beaucoup d'institutions publiques manifestent des fonctionnements de type privé, et des entreprises privées peuvent remplir des fonctions d'intérêt public.

Il existe une vaste sphère relevant de l'économie mixte : sociétés d'économie mixte, coopératives, entreprises de l'économie sociale, secteur associatif, fondations, régies, concessions, gestion commerciale de services publics. Ainsi, il existe 1900 SCOP en 2008, regroupant 50 000 salariés qui possèdent 51% du capital au moins, ayant un chiffre d'affaires de 3,7 milliards d'euros et un bénéfice de 191 millions d'euros.

Le partenariat public/privé mobilise le principe de responsabilité, celui de subsidiarité active, et la priorité accordée aux relations. En effet, tout acteur, public ou privé, doit rendre compte, être contrôlé et même justiciable de ses actes s'il le faut. Des institutions publiques peuvent choisir des acteurs, publics ou privés, appelés à respecter des principes communs et à trouver des solutions spécifiques sur le terrain. Tout partenariat impose d'entrer en dialogue, de pratiquer la bonne conduite et d'assumer ses responsabilités, ce qui passe par des capacités d'écoute.

Avoir une conception exhaustive de la production

Il nous faut une conception la plus large possible de la production. Empruntons-la à Pierre Calame (2009, p. 241). Il y voit la combinaison de sept facteurs : quatre capitaux (matériel, humain, immatériel, naturel) et trois ressources (travail humain, matière, information).

Le capital matériel est fait de biens publics (infrastructures, écoles, hôpitaux…) et privés (bâtiments, machines…).
Le capital immatériel est fait de savoirs et savoir-faire. Il est composé de biens publics (modes d'organisation de la société, gouvernance, modalités de coopération, systèmes de normes…) et privés (brevets et licences, réseaux d'information, modes d'organisation des entreprises).

Le capital humain est composé des savoirs et savoir-faire des membres d'une société.
Le capital naturel comporte la qualité des écosystèmes et l'importance des flux de prélèvement : fertilité des sols, qualité des eaux souterraines, biodiversité, etc. Sa préservation est le fait d'actions publiques et privées.

Ainsi conçue, la production de nos jours réclame une grande attention aux capitaux immatériel, humain et naturel, lesquels relèvent du public et du privé. L'essentiel du capital d'une civilisation n'est donc pas matériel. La production et l'utilisation des biens et services non matériels forgent la société et les relations avec la biosphère.

Clarifier la notion de services publics

La notion de services publics est l'une des plus difficiles qui soient. On y range les biens fondamentaux pour la dignité humaine comme la santé, l'éducation, l'environnement, l'eau, etc. On y met aussi des activités économiques dites publiques tout simplement parce qu'il n'y a aucune concurrence. On y met encore des activités où la puissance publique intervient comme les routes, les chemins de fer. On y met enfin des activités comme la recherche. De plus, on prétend vite qu'un bien est public quand sa gestion l'est. Bref, on mêle tout : la nature du bien, sa destination ou mission, sa gestion (monopole, entreprises publiques, Etat).

Une comparaison au plan européen montre à l'évidence qu'il y a une très grande diversité dans les termes utilisés, les concepts, les doctrines, les services et acteurs concernés. Même les pays libéraux ont des services publics en Europe et la plupart des pays européens ont une longue tradition dans ce domaine. Il existe une pluralité de modes d'organisation de ces services publics. Cependant, l'unité est dans le fait que certaines activités ne peuvent relever du marché et de la règle de concurrence.

L'adoption du Traité de Lisbonne par le Conseil européen donne à l'Europe une base pour les services d'intérêt général. On connaît les valeurs défendues par les services publics dans l'idéal : « égalités d'accès et de traitement, solidarités sociales, territoriales et générationnelles, adaptabilité aux besoins et démocratie, qualité, continuité et sécurité ». (Valin, 2007, p. 189).

A partir de la seconde moitié des années 1980, l'européanisation des services publics s'est faite sous la seule forme d'une libéralisation, c'est-à-dire de l'introduction de la concurrence et des logiques du marché. Cela signifie la polarisation économique, quelques grands groupes structurant le marché ; la polarisation temporelle, le court-terme exerçant sa tyrannie ; la polarisation sociale, la solvabilité favorisant les clients gros consommateurs. Cette libéralisation a concerné les secteurs de l'énergie, des transports, des télécommunications et des postes. Depuis 2000, la Commission européenne a privilégié une approche transversale et globale de ces services au sein de l'Union.

En juin 2007, les Pays-Bas, qui n'ont jamais été les plus chauds partisans du service public, ont pourtant proposé le Protocole sur les services d'intérêt général. Cela s'explique par le fait qu'une confusion existe entre service public/ monopole/propriété publique/Etat. Et il faut bien constater que les services publics présentent des défauts qu'il faut corriger : abus de position dominante, bureaucratisation, absence de démocratie, oubli de la finalité, régulation défectueuse, mépris des relations avec l'usager.

Il y a donc nécessité de clarifier les objectifs communs s'appliquant à l'avenir à tous les services d'intérêt général en Europe, et donc le corps de normes juridiques communautaires les concernant. Puis, selon la règle de subsidiarité, de préciser l'autorité publique (locale, régionale, nationale, européenne) qui aura compétence dans le mode de gestion et d'organisation. Enfin, d'évaluer régulièrement et démocratiquement les performances de ces services. Si l'Union européenne ne veut plus se limiter à une intégration économique, la question du bon fonctionnement des services publics est décisive. C'est celle du projet de société où cohésion, solidarité et citoyenneté ont toute leur place. Dans le monde, elle pourra devenir la principale référence pour la recherche d'un équilibre entre marché et services publics

De ce qui précède, il découle que l'on peut distinguer au moins trois types d'économie pour la France : l'économie de proximité, l'économie sociale et solidaire, l'économie marchande fondée sur le travail salarié.
Cette nouvelle économie sera davantage fondée sur la gouvernance des biens humains, naturels et immatériels que sur les seuls biens matériels, et elle aura trouvé des indicateurs pertinents pour en suivre la gestion. Son unité de base

sera le territoire. Elle sera engagée à un niveau européen et mondial, dans la recherche d'une équité entre les différentes régions du monde. Telle pourrait être la visée d'un socialisme du 21ème siècle sur le pilier économique du développement humain.

53. Conjuguer développement et écologie

L'étape actuelle de la mondialisation capitaliste nous impose trois crises en une : une crise économique produite par la financiarisation généralisée ; une crise sociale fondée principalement sur l'aggravation de la précarité ; une crise écologique remettant en cause les conditions de la vie sur la planète. La cause première de ces crises réside dans la surproduction confrontée à présent aux limites matérielles naturelles et dégradant les écosystèmes.

Fondamentalement, penser la gauche du 21ème siècle dans sa dimension environnementale aboutit à promouvoir un autre système économique. Il s'agit d'abord de changer l'actuel processus de production industrielle fondé sur la surproduction, la surconsommation, les mégaprofits et mégadéchets. Si la Terre était un système ouvert, nous pourrions penser que les dégradations actuelles, tout en étant graves, ne seraient pas irrémédiables. Peu de penseurs l'affirment : N. Goergescu-Roegen, Vladimir Vernadsky (1924) prétendent que, parce qu'elle reçoit de l'énergie venant du soleil, donc de l'extérieur, la Terre recèlerait des processus de croissance et de complexification à l'échelle du temps long. Mais qui vérifiera ? Par prudence, la majorité des penseurs redoute que l'énergie utilisée sans discontinuer ne disparaisse un jour. Depuis 1980, nous avons fait croître indûment les flux de matière et d'énergie incorporés dans nos importations. Depuis 1990, nous avons dépassé les capacités de reproduction de la biosphère. Dans ce contexte lourd de menaces, nous avons à édifier un véritable socialisme écologique pour pallier la crise écologique.

Le modèle écologique de production repose au contraire sur l'économie circulaire, la recherche du bouclage des flux de matière, la plus grande durée de vie des produits conçus pour être toujours récupérés et recyclés. Respectueux du métabolisme des activités économiques, il ne vise que la quantité de matière et d'énergie nécessaire. Sur le plan social, il cherche les synergies entre acteurs et entreprises, entre entreprises elles-mêmes, de façon à trouver de meilleurs et de nouveaux usages.
Il s'agit ensuite de changer le processus de conception des produits dans une économie de la fonctionnalité. On y conçoit les produits (biens, objets, outils) pour durer, en y incorporant des innovations. On réhabilite ainsi les métiers de la location et de la maintenance des produits, qui ont actuellement disparu, et on dynamise la recherche-innovation avec dépôt de brevets.
L'ensemble, économie circulaire et économie de la fonctionnalité, est porté par une stratégie de dématérialisation de l'économie. On ne produit plus pour créer

plus de richesses et de profits, mais pour inventer des produits fonctionnels, pour les faire durer, pour pouvoir les louer et les réutiliser, pour respecter l'environnement : « augmenter le bien-être social sans que celui-ci soit systématiquement relié à la comptabilité simpliste du PIB et à l'accumulation de biens privés, sans continuer de détruire les écosystèmes, sans compromettre le dynamisme scientifique, technique, économique des sociétés humaines » (Hulot, *Pacte écologique*, page 76).

53.1 Comprendre la gravité de la crise écologique

Les écologistes en leur totalité et la majorité des scientifiques affirment maintenant que notre écosystème planétaire, entré en crise depuis les années 1970, en est arrivé à un pic qui nous fait changer de niveau dans l'échelle des problèmes. Il s'agit pour eux d'une déstabilisation majeure qui, dans l'histoire humaine, est inédite et particulièrement brutale. Le socialisme à dimension écologique est donc urgent !

De multiples calamités se développent à grande échelle. La crise écologique présente trois aspects principaux qui se mêlent :
- le développement économique du capitalisme épuise les ressources naturelles ;
- les pollutions s'aggravent, celles de l'air, celles de l'eau buvable, celles des mers ;
- le réchauffement climatique est dû, non seulement à des cycles naturels, mais aussi à des causes anthropiques comme la trop forte émission de gaz à effet de serre dans les activités humaines (agriculture, industries, transports).

Dans le temps même où la révolution scientifique et technique a produit plus de découvertes importantes en 10 ans que depuis l'origine des temps, l'homme a mis en route l'érosion des « centres de diversité génétique », ces 12 zones du monde où poussent les 130 espèces de base de sa nourriture ; il a fait disparaître des ethnies sylvicoles au même rythme que les grandes forêts tropicales livrées à la déforestation ; il a lancé l'effondrement de la biodiversité marine, etc... L'alarme est à présent sonnée. L'état d'urgence est décrété par la communauté scientifique. Les scénarios catastrophes sont envisagés dès 2050 si rien n'est fait. Il faut s'attaquer à tous les problèmes en même temps, avec l'espoir de n'avoir pas franchi le seuil de l'irréversible !

Ce constat est fait par tous ceux qui réfléchissent sur la situation de le Terre et de ses habitants. Mais c'est au niveau des solutions que les divergences apparaissent. En gros, trois scénarios sont avancés :
- celui de la décroissance (Serge Latouche, Pierre Rhabi....) ;
- celui de la croissance zéro (N. Hulot) ;

– celui d'une nouvelle croissance (Claude Allègre, Amartya Sen....) qui conjuguerait développement et environnement dans une économie post-industrielle (D. Cohen).

Ces trois scénarios présupposent que la question de fond est celle du bien-fondé de croître ou non. Or, le progrès humain ne peut-il que reposer sur la croissance ? Et s'il faut encore croître, comment le faire, quantitativement et qualitativement ?

53.2 Choisir la priorité écologique et sociale

Personne ne conteste le fait que le responsable de cette crise planétaire inédite est le néolibéralisme. Cette économie de la croissance perpétuelle avec son modèle industriel a abouti à quatre crises majeures : crise environnementale, crise sociale avec montée des inégalités (20% de la planète consomme 80% des ressources), crise politique avec dérives de la démocratie, crise de la personne humaine avec perte de sens de la vie. D'où la nécessité de repenser le développement dans tous ses aspects – économique, scientifique, technologique, social, culturel, spirituel – en ne privilégiant plus uniquement le producteur-consommateur et l'ultra-individualisme.

Mais trois attitudes différentes existent : refuser le libéralisme (Pierre Rhabi) ; aménager le libéralisme, le réorienter (Al Gore, Claude Allègre) ; se situer « ailleurs » (N. Hulot). Quelques précisions sur ces trois attitudes sont nécessaires.

Africain et Français, humaniste, paysan et poète, Pierre Rhabi (Hulot et Rhabi, 2005) est le fondateur de l'agro-écologie, un développement agricole sans engrais chimiques ni pesticides qu'il expérimente dans sa ferme et en Afrique. Il fait une critique radicale de la croissance libérale, du développement durable, de l'économie occidentale. Il déplore l'idéologie matérialiste du productivisme, la civilisation hors-sol fondée sur la combustion, le travail ininterrompu, le peu d'engagement du monde religieux dans la problématique de la nature, l'économie comme système au nom duquel les nantis dévorent les plus démunis, la profusion de science qui n'est que pénurie de conscience. Il prône alors la décroissance, l'autolimitation, la « sobriété heureuse », la convivialité planétaire. Cela passe par la microéconomie, les microstructures, la relocalisation (produire en région), la production qualitative. Pour lui, il faut mettre l'humain au cœur des préoccupations. Croissance et développement durable ne seraient que des leurres issus de l'idéologie technico-scientifico-marchande.

AL Gore (2007) parle de l'intérieur du système capitaliste pour en signaler les erreurs et proposer des solutions. Pour lui, l'économie capitaliste de marché est « l'un des instruments les plus puissants de notre civilisation » et il convient d'assurer la victoire des idées occidentales – la démocratie, les marchés libres régulés, la civilisation planétaire – sur l'ensemble du monde. Où sont alors les causes de la crise écologique mondiale ? Dans la perte de vie spirituelle de notre civilisation judéo-chrétienne qui s'est édifiée sur le postulat de la maîtrise totale de la nature ; dans la « cécité partielle » qui nous a ainsi empêchés d'établir le lien entre macroéconomie et environnement, nous a conduits à ignorer le versant négatif de nos décisions économiques et poussés à mettre en place une « civilisation dysfonctionnelle ». D'où son désir de rétablir l'équilibre naturel en faisant à présent de l'environnement « l'épine dorsale de notre civilisation », d'engager ce qu'il appelle un « plan Marshall pour la planète » : un fonctionnement régulier de l'économie mondiale au sein d'un système économique nouveau, réellement général et universel, qui n'oubliera plus les pays émergents. Guerre contre nous-mêmes et rétablissement d'équilibre à l'échelle de tous les pays !

Claude Allègre (2007) critique fermement ce qu'il nomme « l'éco-intégrisme », la « secte verte », Al Gore et N. Hulot, dont les propositions de remédiation, fortement lacunaires à ses yeux sur l'eau, les océans, les déchets urbains, maintiendraient les pays du Sud dans leur sous-développement et détruiraient notre civilisation occidentale par choix de la décroissance. Il ne critique pas de front le libéralisme, et la notion de croissance reste pour lui un acquis progressiste. Il avance un autre pacte écologique, au cœur duquel serait placé l'homme, un pacte moral ou humaniste fondé sur une autre croissance : une économie de services, de l'innovation scientifique et de la connaissance, reposant sur la matière grise, les besoins immatériels humains et les échanges. La science y est pensée comme capable d'apporter toujours les solutions, que C. Allègre esquisse, dans les domaines prioritaires de l'eau, les déchets urbains, l'énergie et le changement climatique, les OGM, la biodiversité.

Le point de vue de Nicolas Hulot (*Le Pacte écologique,* 2007), est celui d'un militant qui propose des politiques ambitieuses. Sa dénonciation des conséquences du libéralisme est forte : « trajectoire folle d'une société en surrégime », « maximisation de la croissance industrielle », « emballement dans la démesure », moyens productifs surpuissants, excès de frénésie consommatrice, etc… L'indignation pointe constamment : populations occidentales qui se vautrent dans l'outrance, opulence indécente, immense avidité, terrible aveuglement, « fol enivrement » (Hubert Reeves). Hulot condamne fermement ce marché à la logique infernale qui fait peu de cas de l'intérêt général si on le laisse jouer librement et où « une poignée d'individus concentre entre ses mains des fortunes équivalentes aux revenus de centaines de millions de pauvres gens ». Pour lui, face à la souffrance intolérable des pays du Sud, il faut engager la fin de l'ère de l'abondance dans les pays du Nord. Mais le système de remédiation qu'il appelle de ses vœux se présente comme apolitique et éthique.

Un humanisme dans une société de modération et une économie mixte où l'Etat joue son rôle de régulateur !

Au fond, à des degrés divers, et au-delà des polémiques apparentes souvent forcées, les solutions proposées par Al Gore, N. Hulot et C. Allègre se rejoignent parfois dans l'idée de développement durable et dans ce que C. Allègre nomme « une économie cyclique à ressources finies ». Une économie qui intègre l'idée de recyclage des ressources, dans une perspective d'innovation et d'évolution constantes. Mais il n'est pas sûr que ces scénarios placent économie et écologie au même rang hiérarchique. Il y a ceux qui mettent l'économie avant tout, et ceux qui placent l'écologie au poste de commandement. Or, une autre conception du monde, un changement de paradigme imposent sans doute de placer l'écologie et le social au sommet de l'action, parce qu'en découle la survie de la planète. D'où le fait de raisonner, non plus en termes linéaires de croissance toujours accrue, mais en termes circulaires, à l'image des cycles naturels. Il en découle au passage une restructuration de la fiscalité : créer taxes et impôts nouveaux sur les activités nocives à l'environnement, tout en réduisant les impôts sur le revenu. C'est le transfert fiscal, appliqué déjà dans certains pays du Nord (Suède, Danemark, Pays Bas).

53.3 Expérimenter le traitement par l'internalisation

Ce traitement est mis en avant par l'approche économique traditionnelle. Les conséquences négatives du développement économique sont analysées par les économistes libéraux comme des externalités négatives, c'est-à-dire des imperfections du marché et des pollutions. Dans cette perspective, l'impact environnemental des activités humaines se traduit par des coûts que l'on pensait mettre à la charge de la collectivité mais que l'ampleur de la crise oblige à prendre en compte. On doit alors solutionner les dégâts écologiques par des procédures d'internalisation.

L'origine des externalités viendrait de l'absence de droits de propriété sur les biens naturels, donc de l'impossibilité d'affecter un prix de marché à ceux-ci. En somme, il faudrait installer un marché et calculer les coûts des biens naturels, même s'ils ne sont pas produits par l'homme. On internalise en réduisant l'environnement, la nature, les ressources à une dimension monétaire. On évalue les dégâts environnementaux selon des règles de calcul. On convertit les valeurs d'usage en valeur d'échange. Evidemment, les entreprises et les Etats cherchent continuellement à discuter et réduire ces coûts qui entrent difficilement dans une rationalité. Si on parvient à peu payer, si on privilégie la rentabilité économique, les pollutions deviennent alors des opportunités économiques. Si au contraire on respecte l'esprit de la démarche écologique, alors on réduit les quantités de matières et énergie utilisées, on provoque l'innovation, on ouvre de nouvelles filières, la productivité se fonde sur l'éco-efficience.

Deux procédures d'internalisation existent : l'écotaxe (internalisation par la tarification) et les droits de polluer (internalisation par l'émission de permis). Cela revient à agir par les prix (taxe) ou agir par les quantités (permis et normes).

On voit tout de suite que l'approche libérale oublie la notion d'empreinte écologique, qui pose les limites de l'exploitation de la nature.
Dès maintenant, nous dépassons de 20% l'empreinte maximale dont nous disposons, les habitants du Nord utilisant beaucoup plus les ressources que ceux du Sud. Mais les libéraux ne retiennent pas de facteur limitant et croient qu'on pourra toujours remplacer les ressources disparues grâce au progrès technique.

Avec l'écotaxe, il s'agit d'une tarification qui revient à ajouter au prix de marché une taxe correspondant au coût de la dégradation à la charge de la collectivité en cas de laisser-faire. L'origine remonte à C. Pigou (1920). Introduire une taxe revient à tenter de rejoindre une situation optimale. Elle s'accompagne du principe pollueur-payeur.
Deux difficultés au moins se présentent : déterminer le niveau de pollution optimal et fixer le montant de la taxe. Cela revient à laisser croire que le seuil de pollution puisse être fixé et supposer que le coût de la pollution soit calculable.
Elle a cependant l'intérêt d'inciter à respecter l'environnement et de dégager des ressources fiscales.

Pensés par Ronald Coase (1960), les droits de polluer sont prévus par le protocole de Kyoto (1997) entériné à Marrakech (2001), pour diminuer de 5,2% les émissions de gaz à effet de serre en 2012 par rapport à 1990. Selon les experts, la diminution envisagée est au demeurant bien modeste au regard de ce qu'il faudrait accomplir pour éviter réellement le réchauffement climatique.
Le protocole de Kyoto a retenu la création d'un marché de permis d'émission négociables (MPEN), un mécanisme de mise en œuvre conjointe (MOC) et un mécanisme de développement propre (MDP). Il a donc écarté l'écotaxe.
Cela revient à attribuer des droits de propriété transférables sur l'environnement, pour une durée déterminée. Mais comment attribuer ces permis de polluer ? Comment calculer la valeur économique de la nature ? Il semble qu'il faille opter pour l'attribution par l'Etat de titres représentant la quantité maximale de droits à polluer dans une période donnée, et déterminer la valeur par la négociation marchande entre pollués et pollueurs sur un marché, de façon à obliger le pollueur à se diriger vers la pollution zéro. Ce marché peut être ouvert aux victimes de la pollution et aux pouvoirs publics.

Mais l'objectif ne peut être atteint en raison du refus constant de certains pays pollueurs comme les Etats-Unis. Et il faut avouer que le droit de polluer conserve quelque chose de choquant. Cela consiste notamment à faire déposer les déchets toxiques dans les pays pauvres, et par là même à laisser croire que la vie en ces pays aurait moins de valeur.

53.4 Aller vers une écologie socialiste

Il est impossible de réduire l'activité humaine à une dépense énergétique que l'on mesurerait en calories et à laquelle on affecterait un prix, et de réduire la nature à une dimension monétaire. Il y a incommensurabilité des biens naturels et des biens économiques, non équivalence, non substituabilité. Cependant, il peut y avoir un relatif intérêt à tenter de penser ainsi !

Ménager la transition

Il y aurait à faire fonctionner le marché des agents économiques chargés de la protection environnementale (droits de polluer), marché réclamant une planification mondiale. Celle-ci fixe les objectifs en fonction des normes retenues, et alloue les droits et ressources. Elle doit aussi contribuer à un changement progressif des comportements.

La question de l'écotaxe et des droits de polluer est donc une question politique qui peut passer par l'utilisation d'instruments économiques destinés à une transformation sociale majeure. Il s'agit d'ouvrir un nouveau champ de la protection sociale : celui de l'environnement de la vie humaine. Il s'agit de le faire, non pas dans la perspective capitaliste du profit, mais dans celle de l'utilisation pertinente du marché, celle de la richesse humaine, du respect de la valeur de la nature, de la valeur des biens humains.

Il nous faut développer une société économe en ressources naturelles, respectueuse des êtres humains et moins tournée vers la croissance continue. La situation de la filière énergétique en France (Destot et alii, 2006) nous le permet-elle ?

Longtemps, l'approvisionnement énergétique a relevé en France des fonctions régaliennes de l'Etat, pour finalement laisser place au marché.
C'est à partir de la Première Guerre mondiale que les grandes puissances ont cherché à sécuriser leurs approvisionnements. Dans le cas du pétrole, cela a débouché sur des contrats à long terme, à prix fixe, avec les pays producteurs du Moyen-Orient. Avec les chocs pétroliers de 1973 et 1979, sont apparus les marchés de livraison immédiate, de livraison décalée, puis les marchés financiers, qui se sont étendus du pétrole au gaz naturel, à l'électricité, l'uranium et finalement les permis d'émission de gaz carbonique. Cette évolution a augmenté considérablement la consommation énergétique mondiale, les marchés sont surtout animés de nos jours par les acteurs bancaires et il est

devenu difficile d'atteindre un équilibre stable. La raison en est dans le rôle difficilement régulateur de l'Etat.

Après 1945, la volonté d'obéir aux impératifs de sécurité nationale, de répondre aux besoins industriels et d'assurer une égalité d'accès à l'énergie a débouché sur les nationalisations, qui ont augmenté la part de la consommation énergétique tout en diminuant celle de la production nationale dans cette consommation. La nécessité de réduire la croissance de la demande énergétique est apparue après le premier choc pétrolier de 1973.

Le projet socialiste de 1980 en France relevait d'un constat lucide : « Le capitalisme a fondé son développement sur l'ignorance des conséquences écologiques et particulièrement de l'épuisement des gisements qu'il comporte. Le socialisme fondera le sien en priorité sur l'économie de l'énergie et le recyclage des matières premières. Nous entendons dissocier la consommation d'énergie de l'augmentation du produit national. Il faut pour cela transformer les comportements des ménages et le mode de vie urbain ». Trente ans après, le diagnostic reste pertinent, il suffit d'y ajouter le problème du changement climatique.

Mais il faut bien admettre que la gauche au pouvoir n'a pas été constante dans la poursuite de l'objectif annoncé en 1980. Le contre-choc pétrolier de 1986 a tout bousculé, l'évolution de l'ADEME (Agence de l'Environnement et de la Maîtrise de l'Energie) a été chaotique. Et la fin des monopoles d'Etat, d'abord pour l'électricité et le gaz, a commencé. De plus, à présent la politique énergétique se définit essentiellement au niveau de l'Union européenne. Les Etats doivent donc surtout transposer les directives en droit national, et ils ont délégué une partie de leurs prérogatives à des autorités de régulation comme la CRE (Commission de Régulation de l'Energie). Cette dernière s'arroge même le droit d'orientation, dans un sens très libéral.

Ce développement sur l'évolution du secteur énergétique, secteur capital pour l'avenir, montre que le socialisme doit réaffirmer le rôle du politique en ce domaine. De plus, il est urgent d'aborder les problèmes de fond, au niveau européen et mondial, notamment à l'OMC qui croit pertinent d'abolir toute restriction.

Chercher un développement écologique maîtrisé

Le développement économique illimité se heurte donc à la finitude de la planète, il est insoutenable dans un monde fini. Même s'il est vraisemblable que les limites naturelles ne sont pas figées, qu'elles se déplacent en fonction des technosciences, ce déplacement n'est sans doute guère considérable. La croissance économique ne saurait être durable, les limites naturelles ne sauraient être infinies : « Dans tous les cas, un écosystème est une totalité qui ne se reproduit qu'à l'intérieur de certaines limites et qui impose à l'homme diverses séries de contraintes matérielles spécifiques » (Godelier, 1984, p.44).

Avec Hans Jonas (1990), il faut s'engager dans une philosophie du respect de la vie et du principe de responsabilité, ce qui rejette l'utopie de l'abondance, donc les bases matérielles de l'idéologie libérale et de l'idéologie marxiste : « il est hautement nécessaire de libérer l'exigence de la justice, de la bonté et de la raison de l'appât de l'utopie » (1990, p.296). André Gorz avait la même position en 1992 quand il mettait en avant le « suffisant » (1992, p.22).

Le développement doit devenir non durable, sinon il ne sera durable que pour une minorité d'individus. La seule solution est d'opter pour un développement différencié (Harribey, 2003)
- qui privilégie la qualité en développant ce qui le nécessite (éducation, hygiène, santé, énergies renouvelables, transports économes) ; en réduisant ce qui doit l'être (agriculture intensive, automobile) ;
- qui fasse bénéficier de la croissance les pays pauvres et engage une décélération de la croissance pour les pays riches, en ménageant phases de transition et paliers.

Pratiquer une écologie industrielle et une économie de la fonctionnalité

Petit à petit, la France s'ouvre à l'écologie industrielle (Erkman, 2004), qui était encore confidentielle dans les années 1990.
L'écologie industrielle rompt avec l'industrie actuelle en tentant d'envisager le système industriel comme un cas particulier d'écosystème, un sous-système de la Biosphère. L'approche traditionnelle de l'industrie ne le fait pas, elle reste trop cloisonnée, sectorielle. Elle procède par améliorations graduelles qui ont un rendement décroissant en coûtant de plus en plus cher. Elle induit de nombreux effets économiques pernicieux et ne propose aucune vision globale.
L'écologie industrielle construit une vision globale, intégrée de tous les composants du système industriel et de leurs relations avec la Biosphère. Elle étudie donc la totalité des flux et des stocks de matière et d'énergie liés aux activités humaines. Elle compose un écosystème qui, dans l'idéal, comporte quatre catégories d'acteurs : des extracteurs de ressources, des processeurs (fabricants), des consommateurs et des processeurs de déchets. Elle s'interroge donc en permanence sur les relations d'une usine avec les autres usines productrices de matières premières qu'elle consomme, avec les circuits de distribution dont elle dépend pour écouler ses produits, avec les consommateurs qui vont les utiliser.

Ainsi, dans les parcs éco-industriels, elle appelle à relier entre elles les entreprises, les déchets des uns devenant les ressources des autres, le parc devenant un système intégré. Le cas de Kalundborg, à l'Ouest de Copenhague, est exemplaire. Se côtoient à cet endroit la plus grande centrale électrique du Danemark, la plus grande raffinerie de pétrole, une grande société de biotechnologies, une usine de production de panneaux de construction en gypse, et la municipalité qui utilise la vapeur vendue par la centrale électrique pour chauffer à distance toute la ville. Les entreprises y échangent donc des déchets comme la vapeur, l'eau, différents sous-produits, créant ainsi une « symbiose industrielle ». On réduit ainsi la consommation des ressources, les émissions de gaz à effet de serre et de polluants, les déchets.

Au-delà des parcs, à l'échelle d'un territoire du type communauté urbaine, région, vallée, cette écologie développe des stratégies inter-entreprises pour valoriser mutuellement les ressources, tenter des synergies entre agents économiques. On crée ainsi des « biocénoses industrielles ». Par exemple, en associant une papeterie, une raffinerie, une centrale thermique pour valoriser les sous-produits de la canne à sucre ; en mettant en place de façon plus systématique des complexes « pulpe-papier », « engrais-ciments », « aciéries-engrais-ciments ».
Ce qui est recherché est, sur le plan territorial avant tout, le « métabolisme des activités économiques ». Une attention toute particulière est accordée aux substances toxiques présentes dans l'environnement. Cela débouche sur des politiques cherchant à prévenir et contrôler les pollutions pour mieux gérer les ressources et le territoire. Toutes les technologies deviennent « propres ».

Tourné vers une économie de la fonctionnalité, on tente de substituer à l'objet la notion de fonction. Au lieu d'acheter une chaudière, le client aura une prestation de « confort thermique » à partir d'une installation qui consomme le moins d'énergie possible et aura la durée de vie la plus longue possible. Mais surtout, on délaisse la production et la vente d'objets systématiquement neufs pour s'orienter vers une société de services. Il y a là un renversement complet de perspective économique et de type de vie sociale. On se détourne du productivisme actuel, du marketing consumériste, pour privilégier deux stratégies : la durabilité et l'utilisation intensive des biens. Prolonger la durée de vie des biens, c'est concevoir des produits qui devront durer, donc relever d'une construction modulaire ; c'est entretenir les produits avec des systèmes de réparation à réinventer ; c'est utiliser les biens usagés pour d'autres fonctions ; c'est lancer des systèmes de revente du matériel dont on n'a plus besoin. L'utilisation intensive vend donc le service et l'utilisation plus que le bien lui-même.
L'économie capitaliste vend le bien très vite, ne le répare guère et le renouvelle aussitôt. L'économie de la fonctionnalité entretient le bien, le répare, le réutilise, le recycle. Elle diminue donc fortement la consommation de matière et d'énergie.
Du coup, elle remplace les activités de production, distribution de produits toujours neufs, gestion de déchets considérables par des activités de maintenance et de réparation, créant obligatoirement la nécessité d'inventer des technologies de perfectionnement, d'entretien et maintenance. Ce faisant, elle se fait plus régionale, elle relocalise.

L'écologie industrielle construit son champ au croisement de l'ingénierie, de l'écologie et de la bioéconomie. Elle exige une reconceptualisation du système industriel et de l'économie.

Elle prend en charge des éléments que la pensée économique capitaliste dédaigne : le long terme, la dimension matérielle des échanges, les interactions avec la Biosphère, la personne insérée dans un réseau de relations. On comprend aisément qu'elle autorise la planification du développement socio-économique

On sait que les pays industrialisés consomment 80% des ressources mondiales. L'économie de la fonctionnalité consiste à poursuivre une croissance économique en réduisant de façon continue la consommation de ressources. Cela impose d'abord de découpler les flux financiers et les flux physiques. Cela conduit notamment à accroître la durabilité des produits, sans risque de freiner l'innovation à cause du moindre renouvellement des gammes de produits. On opte pour l'éco-conception, démarche fondée sur les économies de ressources et d'énergie pour permettre les gains de productivité.

Cela nécessite aussi de procéder à de fortes innovations organisationnelles, car il faut réorganiser la façon de travailler dans l'entreprise, et à révolutionner la vente en vendant des services plus que des biens matériels. Des métiers nouveaux en découlent et des liens sont établis avec l'économie informelle, les échanges non marchands, l'économie solidaire.

Réhabiliter la valeur d'usage

Le libéralisme ne prône que l'élargissement du règne de la marchandise dans les secteurs des services publics, la protection sociale, les connaissances, les ressources naturelles et le vivant.

Refuser la marchandisation généralisée, c'est substituer à la valeur marchande la valeur d'usage et en développant espace non marchand et espace non monétaire. On transforme ainsi de manière importante les rapports sociaux.

Mais il faut distinguer entre marchandisation et monétarisation. On peut avoir besoin d'instruments monétaires (taxes par exemple) à condition de les faire dépendre de normes collectives et de transformations structurelles (infrastructures de transports par exemple).

On est alors conduit à redéfinir ce qui est de l'ordre de la propriété collective et sociale, réclamant démocratie et solidarité :
- ce qui permet la maîtrise des conditions de vie (eau, air, ressources, connaissances) ;
- ce qui relève de la qualité.

Assumer les enjeux politiques

Nous n'échapperons pas à une réduction forte de la consommation d'énergie par habitant, donc à la remise en cause du modèle économique et à la nécessité de coopération avec les pays en voie de développement.

Le premier enjeu réside dans la fixation de normes. L'internalisation, pour protéger les biens publics en ne négligeant aucun coût social, suppose que l'on accepte les mécanismes du marché, donc la fixation des prix et des quantités à échanger. Cela exige que l'on fixe préalablement la norme écologique souhaitable. Norme, taxes et permis relèvent du même registre.

On peut recourir à des formes différentes d'organisation des droits sur l'environnement : interdiction pure et simple ; interdiction atténuée (norme) ; usage modéré soumis à des formes monétaires (écotaxe pour l'usage individuel, permis pour l'usage collectif).

Reste la question centrale des objectifs d'une fiscalité écologique. Il paraît souhaitable de multiplier les assiettes sur lesquelles la faire reposer : taxe sur le transport ; sur l'énergie ; sur le type de véhicule ; sur l'eau ; sur les déchets ; sur l'empreinte écologique des produits, etc. L'intérêt est de différencier la taxe en fonction des utilisations. Il va de soi par exemple qu'utiliser de l'eau pour boire n'est pas identique à l'utiliser pour une piscine. Une certaine progressivité s'impose.

L'orientation socialiste d'une politique énergétique soucieuse de développement humain différencié doit être double : changement des comportements et investissement dans l'innovation technologique. Il faut donc réduire la demande énergétique globale, de l'ordre de 25% par habitant, en privilégiant l'offre non carbonée. Et il faut inventer.
La privatisation des secteurs de l'énergie va rendre la tâche plus difficile. Le fait que l'Etat n'ait donné aux régions aucune initiative dans l'innovation, aussi. La priorité au rail et aux transports collectifs (la mobilité durable), la réorientation de l'agriculture, la multiplication des pôles de compétitivité sur l'énergie et des laboratoires de recherche deviennent urgentes. Enfin, ne serait-il pas indispensable de créer une Organisation mondiale de l'Environnement ?

54. Développer l'Etat d'investissement social

Pour améliorer en profondeur la vie des gens, le socialisme doit mettre en place un Etat qui soit, non seulement le réparateur des inégalités, mais un Etat prévoyant capable d'anticiper. Après 1945, l'Etat a dû s'attaquer d'urgence à la reconstruction des infrastructures économiques. De nos jours, il doit devenir l'instrument privilégié du bien-vivre collectif, l'organisateur de la solidarité nationale, le garant des infrastructures sociales et du capital social que sont la santé, l'éducation, la formation. Il doit solutionner le problème des banlieues et vaincre les questions d'exclusion.

C'est à la fin des années 1990 que le concept d'Etat social actif (Vielle et alii, 2005) ou Etat d'investissement social (EIS) s'est imposé, non sans quelque ambiguïté, car pour certains il n'est que le prolongement direct de l'Etat-providence quand pour d'autres il est un type d'Etat nouveau permettant d'échapper à la traditionnelle protection sociale. De nombreux analystes ont critiqué en effet l'Etat social classique, tels Rosenvallon (1995) et Esping-Andersen (2009). La question pour les socialistes est d'importance, quelqu'un comme Tony Blair en tira parti pour justifier sa « troisième voie ». Et la question est celle des limites d'un régime étendu de protection sociale qui ne soit plus un piège à emploi. De nos jours, l'EIS semblerait être une nouvelle stratégie économique et sociale de type consensuel dans l'Union européenne. De fait, il porte en lui une modification des notions de responsabilité et de solidarité.

Pour comprendre ces faits, il nous faut partir de l'Etat-providence, en nous débarrassant tout de suite de l'idée que ce type d'Etat serait né de la mobilisation de la classe ouvrière, alors qu'il a été souvent créé en opposition au mouvement ouvrier et au socialisme.

54.1 Conforter l'Etat-providence

Au fil de l'histoire, « l'insécurité des salariés les a conduits à demander une sécurité des revenus, une aide sociale et une plus grande protection vis-à-vis des forces au-delà de leur contrôle » (Esping-Andersen, p. 135). Ainsi s'est forgé l'Etat social.

L'Etat social, c'est l'Etat protecteur, l'Etat de bien-être, l'Etat-providence, en complément de l'Etat garant de l'ordre et de la loi. Pris au sens large, il est un Etat keynésien, gestionnaire et organisateur du monde économique. Mais il intègre la dimension sociale dans les fonctions étatiques en cherchant à proposer un niveau de sécurité sociale ou une redistribution du revenu national, une forme de citoyenneté sociale. Les tâches de solidarité relèvent alors de lui quand la fonction d'assurance est assumée par les partenaires sociaux, voire le secteur privé. Mais il est loin d'être homogène, il est pluriel.

Esping-Andersen tente d'en repérer les différents régimes : un Etat-providence libéral, protégeant et stigmatisant à la fois les plus faibles (Canada, Etats-Unis, Australie); un Etat-providence social-démocrate protégeant beaucoup, déployant des services sociaux, redistribuant les revenus (Suède) ; un Etat-providence conservateur maintenant les statuts sociaux et professionnels (Autriche, France, Allemagne, Italie). Pour simplifier, il faut dire que si la

France relève essentiellement du dernier type, elle a aussi des traits des deux précédents. On voit tout de suite que l'Etat-providence n'est pas une création du seul socialisme, même si l'Etat des Trente Glorieuses doit beaucoup à l'esprit social-démocrate. En fait, il est un compromis entre les impératifs du capitalisme et ceux de la protection sociale, sur la route du réformisme social.

Un Etat-providence peut se voir appliquer des indicateurs pertinents : niveau de « démarchandisation », structure de classe découlant des politiques sociales, forme du lien marché-Etat.

Les travailleurs sont « marchandisés » quand ils sont aisément licenciés, atomisés. Le capitalisme du 19ème siècle a dû apprendre à traiter les êtres humains autrement que comme des marchandises : il a dû admettre la « démarchandisation » qui « survient lorsqu'un service est obtenu comme un dû et lorsqu'une personne peut conserver ses moyens d'existence sans dépendre du marché » (Esping-Andersen, p. 35). Il s'agit donc pour l'Etat de maintenir un niveau de vie acceptable en dehors de la participation au marché. Condition de la solidarité, cette « démarchandisation » est une forme d'humanisation qui canalise le marché et évite ses effets négatifs sur les populations. L'Etat-providence se veut donc ici capitalisme « à visage humain » et il l'est un peu quand l'assistance ou l'assurance sociale affranchit réellement de la dépendance vis-à-vis du marché.
Le socialisme démocratique combat les processus d'aliénation, il soutient donc la « démarchandisation » et il lutte pour le droit à un revenu social en dehors du salaire. Même s'il opte pour les stratégies progressives, reste à ne jamais accepter les prestations modestes et autres protections limitées ! De nos jours, pour conjurer la pauvreté, et pour garantir l'émancipation de la dépendance vis-à-vis du marché, le socialisme doit réclamer l'extension des droits au-delà du besoin absolu et l'augmentation des prestations jusqu'à un niveau de vie moyen.

L'Etat-providence est un agent de stratification sociale. Mais reproduit-il simplement les classes sociales existantes ou contribue-t-il par ses réformes sociales au déclin des classes en éliminant les causes des luttes ? En fait, il convient de ne pas exagérer la capacité de redistribution fiscale de l'Etat-providence et le bénéfice au seul profit de la classe moyenne. Mieux vaut s'intéresser à la capacité de réduire la pauvreté au sein des groupes sociaux et au niveau de vie des gens, en incluant la santé, le logement, le travail, l'éducation, l'organisation des services sociaux. De ce point de vue, il est avéré que les pays scandinaves parviennent à s'opposer par l'Etat-providence aux méfaits de l'économie. Pour le socialisme, c'est la construction de la solidarité d'un Etat-providence universaliste qui importe.

L'Etat-providence ne doit pas être examiné seulement dans le montant de ses dépenses sociales et dans ses lois sociales, il doit l'être dans la façon dont il entretient des liens avec le marché, donc dans la répartition public/privé qui gouverne la logique de son système social. C'est à ce niveau que l'on peut examiner la structure distributionnelle d'ensemble, les inégalités de classe, de genre, de statut. Le socialisme s'intéresse avant tout à l'effort social du secteur public.

La société industrielle a édifié des Etats-providence qui assurent un certain nombre de risques (santé, vieillesse). Leur degré d'étaticité dépend le plus souvent du niveau des dépenses de Sécurité sociale en pourcentage du PIB. L'Etat-providence de plein emploi en Scandinavie est devenu la référence internationale.

54.2 Assurer les fondements de l'Etat social

Comme le rappelle Castel, l'Etat de droit a perturbé longtemps l'autorégulation du marché en instaurant le statut de salarié et en découplant certains droits sociaux des relations marchandes. On se rappelle que le droit du travail n'a guère été apprécié des employeurs libéraux, tout au long de l'histoire. De même, les marxistes n'ont guère aimé dans l'histoire l'Etat démocratique, assimilé au capitalisme. On doit à Esping-Andersen d'avoir montré que l'Etat-providence a été la cheville ouvrière du socialisme démocratique. Et Marcel Gauchet se plaît à répéter que les acquis des Trente Glorieuses sont d'inspiration social-démocrate.

L'Etat-providence a été une nouveauté importante dans le champ politique : il a tenté d'articuler travail et autonomie et a institué une « conception plurielle et différenciée de l'autonomie » (Vielle et alii, p. 324). Mais sa fragilité est de l'avoir fait dans le cadre d'une conception redistributive de l'action publique « donnant au travail salarié un rôle central dans la socialisation des adultes » (p. 324). Voyons cela de plus près, soulignons les caractéristiques principales de l'Etat-providence, telles que Vielle et alii les proposent !

Avoir une conception plurielle et différenciée de l'autonomie

Chez les libéraux et les marxistes, l'autonomie est liée à la « valeur-travail ». Mais les premiers la nient en l'associant à l'échange marchand et en la plaquant sur la défense des intérêts privés, et les seconds en font le point d'aboutissement de la révolution à venir un jour par la médiation exclusive du travail. Le point commun entre les deux est dans une conception unilatérale de l'autonomie. Or, l'Etat social de la fin du 19ème siècle rompt avec cette conception et propose une conception plurielle et différenciée de l'autonomie.

Il ne néglige ni les intérêts privés, ni la socialisation par le travail, mais il souligne les conditions du vivre-ensemble (Gauchet, 2002) et il fonde l'action politique sur la justice sociale. L'autonomie ne résulte donc pas du marché, elle n'attend pas les résultats de la révolution future, elle est projet immédiat. La redistribution est une manière, certes timide, d'apporter un peu de bien matériel partiellement indépendant du salaire.

Avec l'Etat social, le cap fixé à l'action politique est celui de la régulation des conditions de travail et, après la Seconde guerre mondiale, celui de la redistribution monétaire des richesses qui vise dans l'idéal à égaliser les conditions matérielles d'existence.

On généralise alors les systèmes de protection sociale fondés sur la logique assurantielle, on intervient dans le champ social. Cette philosophie est utilitariste, elle cherche le bien-être (welfare). L'argent est « l'équivalent social généralisé » et tout dépend de l'ampleur des compensations proposées.

L'autonomie des individus se découple partiellement du registre exclusif du travail ou de l'échange. L'action de l'Etat est strictement utilitariste et s'évalue à l'ampleur de la redistribution réalisée.

Faire du travail le lieu de socialisation forte

Le travail reste cependant une forme de socialisation supérieure à celle du marché. Les marxistes y cherchent la rupture avec le capitalisme. Les libéraux y voient la possibilité de cultiver ce que le marché ne produit pas, soit la dimension collective de la vie sociale. Mais dans les deux cas, la socialisation ne peut s'opérer que par l'activité productive et on néglige l'échange.

L'Etat social répond par le statut juridique de salarié, qui fait du salarié une personnalité juridique ; par des protections ; par le cumul de droits relativement « démarchandisés » et l'existence de dispositifs de l'assurance sociale.

Eviter une approche statique du risque social

L'Etat social tente donc de traiter les perturbations venant de l'économie marchande, mais sans en changer les principes et en continuant de la soutenir. Il cherche la solidarité et prélève les ressources nécessaires pour remplir certaines des ses fonctions sociales. L'économie marchande reste la seule légitime dans la formation des richesses, ce qui revient à négliger l'économie associative et solidaire dans la conception de la sphère économique.

Le risque social est considéré comme inévitable et abstrait. On ne prend pas en compte les nouvelles inégalités de la précarisation, la protection sociale restant calquée sur l'idée du contrat salarié comme contrat à durée indéterminée et à temps plein. On ne touche pas au marché, alors que la « démarchandisation » et la redéfinition de l'intérêt général gagnent du terrain. L'affrontement entre marché et Etat perdure. Comme le dit Gauchet (2002), l'Etat devient le garde-fou général des risques sociaux issus de la modernité.

54.3 Tester l'Etat d'investissement social

Les combats de la gauche ont été décisifs tout au long de l'histoire pour démarchandiser, tendre vers le plein emploi et viser la démocratisation sociale. Mais les Etats-providence n'ont pas prévu les nouveaux risques sociaux du genre montée du chômage et de l'exclusion, nouvelles structures familiales, déséquilibres démographiques. Ces Etats-providence doivent donc muter. Maintenant, il faut « permettre aux individus de concilier harmonieusement vie professionnelle et vie familiale, de rendre compatible le fait d'avoir des enfants et un travail, et de combiner une activité productive avec des loisirs riches de sens et épanouissants » (Esping-Andersen, p.173). Il faut donc maintenant davantage s'engager dans l'expansion des services sociaux de l'éducation et de la santé ; participer au maximum au marché de l'emploi, surtout de celui des femmes ; maintenir le plein-emploi.

Les Etats-providence sont entrés en crise dans les années 1990, parce qu'ils ont dû affronter ces nouveaux risques. La globalisation a provoqué dans tous les pays une désindustrialisation, qui a éliminé une bonne partie de la force de travail, avant tout les ouvriers les moins qualifiés, et favorisé les métiers de services. L'Etat d'investissement social, est-il alors le prolongement, la correction et le dépassement de l'Etat social ou est-il en rupture avec lui et, à ce titre, une innovation ?

Relativiser les objectifs de l'Etat d'investissement social

Fondamentalement, l'Etat d'investissement social cherche à réconcilier les défenseurs du marché et ceux de l'Etat social et représenterait donc une sorte de « troisième voie » entre l'autorégulation économique et l'interventionnisme étatique à finalité sociale. En ce sens, il reconfigurerait les rapports entre l'Etat et le marché.

Il propose de rompre avec l'Etat-providence redistributif en ce qu'il veut réinsérer socialement par le travail. En effet, il présente comme un « abus » la redistribution dite « passive », celle qui est généralisée, anonyme et ne débouche pas sur la réinsertion par le travail et par la relation contractuelle avec la puissance publique. Il met alors sous conditions les aides publiques. Il maintient cependant les dispositifs d'aide sociale concernant le chômage, la maladie, la vieillesse. En somme, il exige de l'individu de se montrer actif, de manifester de « l'employabilité ». Au niveau de l'Union européenne, le processus de Luxembourg l'exige depuis 1997 : employabilité, promotion de l'entrepreneuriat, adaptabilité des entreprises et employés, égalité des chances entre hommes et femmes.

Il va donc falloir notamment (pense-t-on) transformer les individus, de bénéficiaires « passifs » de la protection sociale en sujets « actifs » capables de développer des compétences, de se rendre « désirables », de se mettre en projet dans une vie fragmentée et imprévisible. Dynamisation personnelle, confection de bilans, élaboration de projets individuels, contractualisation des aides et réinsertion assurée ! Présupposé anthropologique : tout être est actif et compétitif, il a sa capacité d'activité, il peut gouverner le rapport à soi, aux autres, à la société, à l'existence ; il ne connaîtra que segmentation des projets et nomadisme. Nouvel avatar de la rationalité généralisée pour ce modèle d'entreprise de soi dans l'idéologie de la performance !

Pour adoucir le tableau, le modèle franco-allemand opte pour les marchés transitionnels : encadrement des transitions de carrière, contrats d'activité, droits de tirage sociaux, investissement en formation, développement des capacités, sécurisation des parcours professionnels : une société de travailleurs de plus en plus qualifiés et autonomes. Peut-être un brin d'utopie !

Connaître les risques de l'Etat d'investissement social

Car risques il y a ! L'EIS maintient la nécessité d'agir dans le champ social, hors du marché. Mais les partisans de l'EIS affirment que la redistribution cesse en fait d'inciter à travailler. Il faudrait alors remotiver et requalifier les travailleurs par la contractualisation de l'aide ou de la protection sociale. N'en bénéficieraient plus que ceux qui s'engagent activement à s'insérer. Il s'agit donc d'un découplage conditionnel qui dépend d'un succès sur le terrain et se trouve fortement teinté de libéralisme. Le risque est alors d'aboutir à une différenciation aggravée des assujettis sociaux : d'un côté ceux qui s'en sortent, de l'autre ceux qui échouent.

Sur ce point, la contractualisation généralisée peut sembler une régression de l'Etat social.

Certes, il y a dans la contractualisation un souci d'efficacité de l'action publique. Mais ses effets sont discutables. D'un côté, on s'attaque à la question difficile des modes de financement de l'aide sociale, devenus problématiques à cause du vieillissement démographique et de l'extension du chômage. De l'autre, on conforte l'utilitarisme étendu de l'Etat-providence.

En effet, on sélectionne plus durement les bénéficiaires pour réduire les dépenses et on rationalise à outrance les dispositifs d'aide publique. A la logique de contractualisation s'ajoute une logique de rationalisation, les deux aggravant sans fin la sélectivité.

Le libéralisme fait du marché le vecteur par excellence de la socialisation. L'Etat-providence opte pour la socialisation par le travail accompagnée d'une redistribution des fruits. L'EIS tend à subordonner l'intégration sociale à l'intégration sur le marché du travail, c'est pourquoi il multiplie les dispositifs d'insertion véhiculant l'impératif d'autonomie. On peut y voir un agent de forte moralisation des mœurs sociales.

L'analyse des risques sociaux dans l'EIS ne distingue pas les deux catégories du travail et du marché. Accentuant la logique libérale, l'EIS fait de l'insertion par le travail l'insertion sur le marché. Le seul risque est de se trouver privé d'emploi, et l'on oublie les autres inégalités.

Or, de nos jours, il existe une transformation profonde des inégalités sociales et, sur ce sujet, il faut entendre Castel : « s'agissant des nouveaux risques, il faut se demander si leur prolifération ne comporte pas aussi une dimension sociale et politique, alors qu'elle est généralement présentée comme la marque d'un destin inéluctable… Composante intrinsèque d'individus ou conséquence de choix économiques dont il faut établir les responsabilités ? » (2004, p. 61).

Le marché redevient avec l'EIS un lieu neutralisé, le travail se trouve dépouillé de sa logique concurrentielle, le seul risque est le chômage et les individus seraient les seuls fautifs de ce qui leur arrive.

54.4 Proposer l'alternative socialiste à l'Etat d'investissement social

L'individualisation des sociétés remet en question l'Etat social. Une des réponses actuelles à cette réalité est donc l'Etat d'investissement social. Ce dernier ne remet pas en question l'Etat-providence (santé et retraite), mais il impose à chacun d'assurer sa sécurité dans l'emploi (chômage endémique, sous-emploi considérable) en améliorant les capacités individuelles. Et il s'attaque aux racines des inégalités en visant l'égalité des capacités (A. Sen) ou la juste égalité des chances (J. Rawls). Son champ est celui de la sécurisation des parcours professionnels (droit du travail, formation continue, service public de l'emploi), la famille (concilier vie professionnelle et familiale), l'éducation (service public de la petite enfance).

Développer l'EIS, c'est investir dans la prévention des risques et dans la restauration de l'autonomie des personnes plus que dans le versement de prestations ; et c'est préférer aux prestations, des services publics dans les trois grands domaines : emploi, éducation, enfance

Pour dépasser la logique de l'EIS, il faut se tourner vers le questionnement sociologique plus profond de J. Habermas et A. Honneth. Car il faut faire une double critique de l'EIS : critique du règne en lui de la pensée utilitariste qui gouverne toute l'action publique ; critique de sa définition du risque social et de sa régulation exclusive hors du marché.

Suivre Habermas et sa conception de l'intégration sociale

Habermas (1987) évoque des formes d'intégration dans lesquelles les rapports entre acteurs sociaux sont de nature « stratégique ». Argent et pouvoir en sont les régulateurs. Par le travail, les individus s'intègrent dans le système économique, mais dans le cadre d'une dynamique plus fondamentale : celle de l'agir communicationnel. Ce dernier est une pratique collective fondée sur l'entente entre acteurs, pour produire les normes sociales et les formes culturelles. Pour Habermas, toute norme, toute forme d'expression peut être réfléchie, discutée dans l'échange entre individus au sein de l'espace public. Ce qui est ainsi rationalisé est vecteur de socialité.

Dans cette perspective, le mal est celui de la « colonisation » du monde vécu. Or, l'EIS impose un utilitarisme renforcé et une sélectivité des bénéficiaires de protection sociale. Pour réussir l'intégration systémique des individus, il les enferme dans une logique bureaucratique, il colonise encore plus le monde vécu parce qu'il empêche la logique communicationnelle des discours. Or, l'intégration sociale ne peut pas se résumer à une intégration économique par le travail, ni à une intégration administrative dans la protection sociale. Elle est fondamentalement une intégration communicationnelle par la famille, l'école, les associations, les communautés de sens. Et elle est portée par des exigences de justice.

En ce sens, il convient bien de repolitiser le travail, c'est-à-dire de ne pas se contenter de l'insertion sur le marché du travail, certes, indispensable, mais d'organiser le travail sur des modes démocratiques, pour que les discussions sur les inégalités puissent se développer. En somme, la redistribution doit dépendre de la délibération. Il faut que les individus puissent se réapproprier les normes de la vie commune, sinon que signifie l'autonomie que l'on vise ?

Suivre Honneth et sa représentation du travail

De nombreux sociologues ont mis l'accent sur les relations de travail et les formes de souffrance qui s'y développent. Le modèle strictement marchand de l'entreprise n'est qu'une fiction. La division du travail s'inscrit fondamentalement dans une quête d'expression de soi et des rapports de reconnaissance mutuelle. C'est ce qu'exprime la théorie de la reconnaissance de Honneth (2000). L'individu ne cherche pas seulement à accéder aux ressources matérielles, il a besoin de statut et d'image gratifiants, il souffre du mépris, du déni de reconnaissance. Il lui faut bienveillance (pour la confiance en soi), respect (pour le respect de soi) et solidarité (pour l'estime de soi).

Le respect de soi et des autres dans l'autonomie suppose les droits fondamentaux. Les normes institutionnelles ou culturelles permettent la contribution à la vie sociale, de l'estime sociale à l'estime de soi. Les relations entre individus ne sont donc pas que stratégiques, elles constituent les bases anthropologiques des rapports sociaux. L'essentiel est de les faire entrer notamment dans l'entreprise. L'activité marchande doit donc reposer à présent sur une régulation endogène, celle de la reconnaissance, dont les enjeux sont essentiels à la régulation globale de l'Etat social. Tout sujet autonome doit pouvoir prendre part à l'élaboration collective des normes, selon une juste participation.

Améliorer l'Etat d'investissement social

Pour améliorer et dépasser l'Etat social, le socialisme démocratique doit prendre la juste mesure de ses dangers. Ainsi, il ne faudrait pas étendre le régime contractuel de l'EIS à la sphère publique ni négliger les nouveaux risques sociaux que l'Etat a bien du mal à juguler. Et il est impératif de dépasser le caractère utilitariste de l'EIS par l'ancrage de l'autonomie dans les formes de solidarité, par la communication démocratique (Habermas) et la prise en compte des enjeux de reconnaissance (Honneth). Bien sûr, la formation des individus est capitale, mais ne croyons pas à l'arrivée imminente d'une société d'êtres compétents, se formant sans relâche, constamment adaptables, maîtres de leur destin, et à la transformation aussi rapide de l'entreprise en havre de communication, de solidarité, d'apprentissage ininterrompu. Allons dans cette direction, sans exiger qu'elle marque de son sceau la vie tout entière ! L'idéologie de l'activation infinie serait totalitaire.

Il faut mettre en place une nouvelle donne entre l'Etat et le marché, dont le seul objectif doit être de lutter vraiment contre les inégalités sociales. On y parviendra si l'Etat comprend les limites, que la crise de 2008 a rendues plus patentes, du développement du capitalisme et du marché et s'il pousse à la transformation profonde du travail. Le mépris pour la reconnaissance des individus est le danger par excellence dans la production et reproduction du risque social de désaffiliation (Castel) : « L'une des missions principales de l'Etat social serait à la fois de participer à la constitution de la scène délibérative et de légitimer la diversité des forces sociales en présence, de manière à repenser les conditions de reformulation de l'intérêt général » (Vielle et alii, p. 347).

Il faudrait enfin se pencher sur les techniques de versement des aides (Supiot, 1999). Il existe une pluralité des modes de versement, autour de trois niveaux : des garanties inconditionnelles tournées vers un « droit à la participation sociale » par le moyen de l'accès à la formation et des activités citoyennes ; l'élargissement du régime assurantiel non contractuel à toutes les situations professionnelles ; un suivi individualisé des projets d'insertion des demandeurs d'emploi. Il faudrait veiller à garantir l'indépendance de ces modalités différentes de versement pour ne plus épouser, soit la seule logique de l'Etat-providence, soit celle de l'EIS. On éviterait ainsi la seule intégration par le marché, et l'abandon des plus démunis dans la honte dont ils seraient les seuls responsables.

Le socialisme doit donc proposer le pilotage macro-économique du système complexe de production et d'échange le mieux capable de construire une société du bien-vivre pour tous, dans l'équilibre avec la biosphère. C'est le seul objectif qui vaille pour tout développement humain différencié!

CONCLUSION

Nous sommes à la veille d'une rupture comparable à celle du passage du Moyen-âge au monde moderne. Elle prendra plusieurs décennies et impose de penser l'action de façon mondiale.

Jusqu'à présent, la gouvernance mondiale n'a été qu'esquissée. Elle est restée prisonnière de modes de pensée fondés sur la séparation des domaines et la raison instrumentale conduisant à l'économisme. Il nous faut trouver de nouveaux modes de pensée reposant sur la complexité des relations et sur la diversité des objectifs poursuivis par les sociétés et les êtres humains. Un socialisme humaniste et universaliste peut constituer une réponse appropriée à ce besoin.

Il doit être une méthode, celle des interdépendances entre civilisations, secteurs d'activité, acteurs sociaux, écosystèmes. En ce sens, les propositions d'Edgar Morin et de Pierre Calame lui seraient précieuses. Elles nous poussent à ouvrir les yeux sur les grands défis actuels, à changer de regard pour amorcer une autre approche de la communauté mondiale. Un territoire devient alors un système ouvert de réseaux ; un Etat est en inévitable synergie avec les autres dans la communauté des hommes et il met en synergie ses propres constituants ; la gouvernance mondiale n'est plus diplomatique mais domestique ; la solidarité est au poste de commandement.

Ce socialisme doit être aussi et surtout une éthique. Il ne peut se contenter de faire en sorte que les alliances et synergies se nouent, il doit montrer un chemin qui dépasse les souverainetés des Etats nations et agisse contre toutes les injustices. La tâche est immense !

D'un certain point de vue, la politique passée a beaucoup trop été un jeu avec les limites, à grands coups d'utopies et de paris qui n'auront eu qu'un seul mérite : nous montrer ce qu'il ne faut pas faire. Les paradis promis ont viré aux enclos concentrationnaires.

Le socialisme de l'avenir que nous avons tenté de décrire se veut rénovation profonde, mais fondée sur l'indispensable prudence. Il est confronté à la situation la plus défavorable : le risque de déclin de la planète à cause des changements climatiques, l'absence de gouvernance mondiale ne permettant pas d'y parer, le devoir d'innover en pensant les conséquences éventuellement fâcheuses de toutes ses décisions et en sachant la lenteur des mises en œuvre nécessaires. Il ne peut donc que penser le long terme, à l'horizon de cinquante ans, dans la prudence.

Ce qui attend le monde au 21ème siècle est bien une grande métamorphose dont l'importance historique est évidente. Ce n'est pas la révolution sociale du type 19ème et 20ème siècle. C'est la révolution écologique, qui entraînera un changement profond des modes de vie sur la planète. La première n'a guère pu passer le cap des pays où elle naquit et fut une révolution locale. La seconde se jouera tout de suite au niveau mondial. Ce sera une révolution globale qui ne pourra passer que par la solidarité collective. Elle sera plus lente et silencieuse.

Or, cette révolution écologique est pleinement en phase avec les fondamentaux du socialisme qu'elle requalifie.
Lutter contre l'effet de serre, c'est d'abord manifester qu'on appartient bien à ce genre humain que l'on veut sauver : internationalisme et universalisme !
C'est défendre l'intérêt général et les biens communs.
C'est s'inscrire d'emblée dans le long terme, ce qui réclame par le fait même des formes de programmation et d'expertise collectives.
Cela impose la réduction des inégalités, en l'occurrence des gaspillages perpétrés par les plus riches sur le plan de l'empreinte écologique.
L'économie de marché dérégulé, généralisé, s'en trouve remise en cause, tout spécialement sur le plan des transports et de la pollution.
Au total, on ne peut échapper à une gouvernance mondiale démocratique, fondée sur la coévolution entre pays du Nord et du Sud.

Pour toutes ces raisons, la révolution écologique réclame une philosophie nouvelle des rapports entre l'homme et la nature comme ensemble à respecter dans ses équilibres, dans ses limites, ensemble d'ailleurs capable de mutations qui exigent la mise au point d'indicateurs du développement humain. Ceux-ci cultiveront le sens de la complexité naturelle et humaine, ils viseront l'unité dans la diversité.

S'il y aura sans doute cette révolution écologique, il n'en reste pas moins que cette mutation n'est que la condition nécessaire à la métamorphose de la plus grande ampleur qui soit. En effet, comme l'a dit Edgar Morin, l'écologie politique ne peut constituer à elle seule la totalité d'une politique. Il lui faut s'insérer dans le cadre d'une doctrine plus puissante, capable de penser la gouvernance globale des politiques à déployer dans tous les secteurs. Cette doctrine est pour nous le socialisme démocratique, requalifié et revivifié.

Cette métamorphose sera-t-elle une révolution douce ou de velours ? La nature pourra nous infliger maints fléaux, et l'égoïsme humain, bien des désillusions. Mais il appartiendra aux plus lucides et responsables de tracer la voie. Il faut donc que le socialisme y retrouve son rôle historique d'avant-garde éclairée.

Bibliographie sélective

Alphandéry (Claude), « Les pouvoirs publics n'ont pas donné à l'IAE les moyens de changer d'échelle », in *Alternatives économiques*, Hors série Poche, 44, mai 2010.
Allègre (Claude), *Ma vérité sur la planète*, Plon, 2007.
Ariès (Paul) dir., *Viv(r)e la gratuité. Une issue au capitalisme vert*, Editions Golias, 2009.
Attali (Jacques), *Fraternités, une nouvelle utopie*, Fayard, 1999.
Anciaux (Jean-Paul), *Le logement étudiant et les aides personnelles au logement*, La Documentation française, 2004.
Anciaux (Jean-Paul), *Les maisons de l'emploi. Mission d'évaluation du dispositif*, La Documentation française, 2008.
Ariès (Paul), *La décroissance. Un nouveau projet politique*, Ed. Golias, 2008.
Audier (Serge), *Le socialisme libéral*, La Découverte, 2006.
Balibar (Etienne), *Nous, citoyens d'Europe ? Les frontières, l'Etat, le peuple*, La Découverte, 2001.
Bauer (Michel) et Bertin-Mourot (Bénédicte), *Radiographie des grands patrons français*, L'Harmattan, 1997.
Beck (Ulrich), *La Société du risque. Sur la voie d'une autre modernité*, Editions Aubier, 2001.
Boltanski (Luc), *Les Cadres. La formation d'un groupe social*, Editions de Minuit, 1982.
Boltanski (Luc) et Chapiello (Eve), *Le nouvel esprit du capitalisme*, Gallimard, 1999.
Bourg (Dominique), *Le nouvel âge de l'écologie*, Editions Charles Léopold Mayer /Editions Descartes et Cie, 2003.
Cahuc (Pierre) et Zylberberg (André), *Les réformes ratées du Président Sarkozy*, Flammarion, 2009.
Caillé (Alain) et Sue (Roger), *De gauche ?*, Fayard, 2009.
Calame (Mathieu), *La tourmente alimentaire*, Editions Charles Léopold Mayer, 2008.
Calame (Pierre), *La démocratie en miettes. Pour une révolution de la gouvernance*, Editions Fondation Charles Léopold Mayer, 2003.
Calame (Pierre), coord., *Pour une gouvernance mondiale efficace, légitime et démocratique*, Editions Fondation Charles Léopold Mayer, 2005.
Calame (Pierre), *Essai sur l'œconomie*, Editions Fondation Charles Léopold Mayer, 2009.
Castel (Robert), *Les Métamorphoses de la question sociale : une chronique du salariat*, Gallimard, Folio, 1995.
Castel (Robert), *L'Insécurité sociale. Qu'est-ce qu'être protégé ?*, Seuil, 2004.
Charaudeau (Patrick), *Petit traité de politique à l'usage du citoyen*, Vuibert, 2008.
Chauvel (Louis), *Les classes moyennes à la dérive*, Le Seuil, 2006.
Chervalier (Benoît), *La mondialisation démystifiée*, Editions Autrement Frontières, 2008.
Combemale (Pascal), « *Classes sociales* », in Caillé et Sue, op.cit, p.75-85.
Cour des comptes, *La conduite par l'Etat de la décentralisation*, Rapport public thématique, octobre 2009.
Coutrot (Thomas), *Démocratie contre capitalisme*, La Dispute, 2005.
Crouch (Colin), *Industrial relations and European state traditions*, Oxford, Clarendon Press, 1993.

Crozier (Michel), *Le Phénomène bureaucratique*, Le Seuil, 1963.
Debray (Régis), *L'enseignement du fait religieux dans l'école laïque, rapport au ministre de l'éducation nationale,* Odile Jacob, 2002.
Debray (Régis), *Le Moment fraternité*, Gallimard, 2009.
Desmons (Eric), *La citoyenneté contre le marché*, PUF, 2009.
Di Meo (Cyril), *La face cachée de la décroissance*, L'Harmattan, 2006
Dubar (Claude), *La Socialisation. Construction des identités sociales et professionnelles*, A. Colin, 1991.
Duclert (Vincent), *La gauche devant l'histoire*, Le Seuil, 2009.
Ehrenberg (Alain), *La Société du malaise*, Odile Jacob, 2010.
Elias (Norbert), *La Société des individus (1939)*, Pocket, 1991.
Erkman (Suren), *Vers une écologie industrielle*, Editions Charles Léopold Mayer, 2004.
Esping –Andersen (Gosta), *Les trois mondes de l'Etat-providence*, PUF, 2009.
Ferreras (Isabelle), *Critique politique du travail. Travailler à l'heure de la société des services*, Sciences Po Les Presses, 2007.
Ferry (Luc), *Le nouvel ordre écologique*, Grasset, 1992
Flahaut (François), *Be Yourself ! Au-delà de la conception occidentale de l'individu*, Paris, Mille et une nuits, 2006.
Fontaine (Laurence), « Le marché ferment de démocratie », *Alternatives économiques,* n° 282, juillet -août 2009.
Foucauld (Jean-Baptiste de) et Piveteau (Denis), *Une société en quête de sens*, Odile Jacob, 2000.
Fraser (Nancy), *Qu'est-ce que la justice sociale ? Reconnaissance et redistribution* (texte de 1992 à 2004), Editions de la Découverte, 2005.
Friedmann (Georges), *Le Travail en miettes*, Gallimard, 1956.
Gadrey (Jean), *Nouvelle économie, nouveau mythe ?* , Flammarion, 2000.
Garapon (Antoine), « La démocratie à l'épreuve de la justice », *Justices*, 1999.
Garapon (Antoine), « Le droit de la mondialisation est antipolitique » *Alternatives économiques,* n° 282, 2009.
Gauchet (Marcel), *La Démocratie contre elle-même*, Gallimard, 2002.
Gauchet (Marcel), *La Condition politique*, Gallimard, 2005.
Gautier (Louis), *Table rase .Y a-t-il encore des idées de gauche ?,* Flammarion, 2008.
Généreux (Jacques), *Le Socialisme néomoderne ou l'avenir de la liberté*, Le Seuil, 2009.
Godelier (Maurice), *L'Idéel et le matériel. Pensées, économies, sociétés*, Fayard, 1984.
Gore (Albert Arnold), *Urgence Planète Terre*, Editions Alphée, 2007.
Gorz (André), « L'écologie politique entre expertocratie et autolimitation », *Actuel Marx*, n°12, 2° semestre 1992, p 15-29.
Guillebaud (Jean-Claude), *Le Commencement d'un monde*, Le Seuil, 2008.
Habermas (Jurgen), *Théorie de l'agir communicationnel*, (tomes 1 et 2), Fayard, 1987.
Habermas (Jurgen), *Droit et démocratie. Entre faits et normes*, Gallimard, 1997.
Hardt (Michael) et Negri (Antonio), *Multitude, guerre et démocratie à l'âge de l'empire*, La Découverte, 2004.
Harribey (Jean-Marie), « Mondialisation et écologie : de l'impasse à l'ouverture », 2003
Harribey (Jean-Marie), « Rapports sociaux et écologie : hiérarchie ou dialectique », Congrès Marx Internationale IV, 2004.
Heran (François), *Le temps des immigrés. Essai sur le destin de la population française*, Seuil, 2007.

Hirschman (Albert Otto) *La stratégie du développement économique*, Editions ouvrières, 1964.
Hollande (François), *Devoirs de vérité*, Stock ; 2006.
Honneth (Axel), *La Lutte pour la reconnaissance*, Editions du Cerf, 2000.
Honneth (Axel), *La Société du mépris : vers une nouvelle théorie critique*, La Découverte, 2006.
Hulot (Nicolas), Rhabi (Pierre) et Zarachowicz (Weronika), *Graines de possibles,* Calmann-Lévy, 2005.
Jonas (Hans), *Le principe de responsabilité. Une éthique pour la civilisation technologique*, Ed. du Cerf, 1990.
Jouenne (Marie), *Diversité européenne, mode d'emploi*, Descartes & Cie, 2000.
Kaufmann (Jean-Claude), *L'Invention de soi. Une théorie de l'identité*, Armand Colin, 2004.
Laïdi (Zaki), « la mondialisation comme phénoménologie du monde », *Projet*, n° 282, 2000.
Le Bart (Christian), *L'individualisation*, Sciences Po, décembre 2008.
Lefebvre (Rémi) et Sawicki (Frédéric), *La société des socialistes*, Editions du croquant, 2006.
Maalouf (Amin), *Le dérèglement du monde*, Grasset, 2009.
Macpherson (Crawford Brough), *Principes et limites de la démocratie libérale*, trad., Montréal, Boreal express, 1985.
Marchand (Olivier), Thélot (Claude), *Le travail en France* (1800-2000), Nathan, 1997.
Maurin (Eric), *L'égalité des possibles*, Seuil, La République des idées, 2002.
Méda (Dominique), *Qu'est-ce que la richesse ?* , Aubier, 1999.
Méda (Dominique), « L'Etat prévoyant. Quelles origines ? Quelles significations ? », Fondation Jean Jaurès, mars 2009.
Morin (Edgar), *La Méthode, Les Idées. Leur habitat, leur vie, leurs mœurs, leur organisation* (t.4), Le Seuil, 1991 et Points Essais, n° 303, 1995.
Morin (Edgar), *La Méthode, 5. L'humanité de l'humanité. L'identité humaine*, Seuil Le Point, 2001
Morin (Edgar), *Pour entrer dans le XXIème siècle*, Le Seuil, 2004.
Morin (Edgar), *L'An I de l'ère écologique*, Taillandier, 2007.
Morin (Edgar), « Changer le rapport de l'homme à la nature n'est qu'un début », *Le Monde*, 13 juin 2009.
Morin (Edgar) et Naïr (Sami), *Politique de civilisation*, Arléa, 1997.
Moulier Boutang (Yann), *Le Capitalisme cognitif. La nouvelle grande transformation*, Paris, Amsterdam, collection Multitudes Idées, 2007.
Noiriel (Gérard), « Du patronage au paternalisme : la restructuration des formes de domination de la main-d'œuvre ouvrière dans l'industrie métallurgique française », *Le Mouvement social*, n°144, 1988.
Nurske (Ragnar), *Les problèmes de la formation du capital dans les pays sous-développés* (1953), Cujas, 1968
Prades (Jacques), *L'homo œconomicus et la déraison scientifique*, L'Harmattan, 2001.
Perroux (François), *L'économie du XX° siècle*, PUF, 1961, 3ème édition 1969, PUG.
Peugny (Camille), *Le Déclassement*, Grasset, 2009.
Philippon (Thomas), *Le capitalisme d'héritiers*, Le Seuil, 2007.
Prebisch (Raül), *Le développement économique de l'Amérique latine et ses principaux problèmes,* Nations-Unies, 1950.
Rawls (John), *Théorie de la justice*, Seuil, 1971 puis 1987.

Rosenvallon (Pierre), *Le Capitalisme utopique. Critique de l'idéologie économique*, Seuil, 1979.
Rosenvallon (Pierre), *La Nouvelle question sociale : repenser l'Etat providence*, Seuil, 1995.
Rosenvallon (Pierre), *La légitimité démocratique*, Seuil, 2008.
Rostow (Walt Whitman), *Les étapes de la croissance économique : un manifeste communiste*, Seuil, 1960.
Roussillon (Henry), « Feu la VIème république ou la fin d'un mythe », *Droit écrit* n°3, 2002.
Salanskis (Jean-Michel), *La gauche et l'égalité,* PUF, 2009)
Sapir (Jacques), *Le nouveau 21ème siècle. Du siècle américain au retour des nations*, Seuil, 2008.
Savidan (Patrick), *Repenser l'égalité des chances*, Grasset, 2007.
Sennett (Richard), « La civilisation urbaine remodelée par la flexibilité », *Le Monde diplomatique*, février 2001, p. 24-25.
Sève (Jean*), Un futur présent, l'après-capitalisme. Essai d'interprétation du mouvement historique actuel,* La Dispute, 2006.
Supiot (Alain*), Au-delà de l'emploi. Transformations du travail et devenir du droit naturel du travail en Europe*, Flammarion, 1999.
Taylor (Charles), *Multiculturalisme : différence et démocratie*, Flammarion, collection Champs, 1994.
Tazdaït (Tarik) et Nessah (Rabiah), *Les théories du choix révolutionnaire*, La Découverte, 2008.
Testart (Jacques) dir., *Réflexions pour un monde vivable*, Mille et une nuits, 2003.
Todd (Emmanuel), *Après la démocratie*, Gallimard, 2008.
Touraine (Alain), *Critique de la modernité*, Fayard, 1992.
Touraine (Alain), « La formation du sujet », dans Dubet (François) et Wieviorka (Michel) dir*., Penser le sujet ; autour d'Alain Touraine*, Fayard, 1995.
Vielle (Pascale), Pochet (Philippe), Cassiers (Isabelle) dir., *L'Etat social actif. Vers un changement de paradigme*, Peter Lang, 2005.
Vignaud (Philippe), *La Ville ou le Chaos*, Non Lieu, 2008.
Viveret (Patrick), *Démocratie, passions et frontières*, Editions Charles Léopold Mayer, 1995.
Vrancken (Didier) et Marquet (Claude), *Le travail sur soi, une psychologisation de la société*, Belin, 2006.
Wallerstein (Immanuel*), L'Universalisme européen. De la colonisation au droit d'ingérence*, Editions Démopolis, 2008.
Weber (Max), *Le Savant et le Politique (1919),* Plon, 1959.
Wieworka (Michel), *La Diversité*, Rapport à la Ministre de l'Enseignement supérieur et de la Recherche, Robert Laffont, 2008.
Yunus (Muhammad), *Vers un nouveau capitalisme*, JC. Lattès, 2006.
Ziegler (Jean), *La Haine de l'Occident*, Albin Michel, 2008.

Principales propositions

Pour une alliance des civilisations

Objectif : développer une Société-Monde garantissant une citoyenneté mondiale, un humanisme universel, un ordre mondial démocratique.
Moyens :
- organiser un espace public mondial (ONU réformé) avec Commission mondiale (présidée par le Secrétaire de l'ONU), Conseil des Etats ou Parlement mondial, Conseil des Sages (soixante membres).
- au plan éthique, construire une communauté internationale sur le droit commun de l'humanité définissant les biens communs de l'humanité (relevant notamment d'une ONU de l'environnement), et les droits de l'homme ;
- bâtir un ordre international démocratique (démocratiser Banque mondiale, FMI, OMC) en mettant en place une gouvernance mondiale : pouvoir de régulation et contrôle ; société civile planétaire fondée sur les valeurs de solidarité et la notion de responsabilité collective (sida, eau, sécurité, régulation des marchés, biodiversité, combat contre économie de la guerre, de l'argent sale et du crime). Pour cela,
- instaurer un Parlement mondial ;
- dépasser la souveraineté absolue des nations pour organiser un monde multipolaire (fédérations parlementaires régionales au niveau intermédiaire entre Etats et planète) dont l'Europe est un exemple.
- repenser l'impératif humanitaire et le principe d'ingérence dans le cadre du droit commun de l'humanité.
- privilégier le développement humain planétaire : faire du territoire l'unité de base ; réorienter l'entreprise.
- faire de l'Europe un foyer de civilisation en l'améliorant (créer et métamorphoser l'Europe économique, faire l'Europe écologique et sociale).
- engager la coévolution des pays dans le monde : gérer ensemble la mobilité humaine, éradiquer la pauvreté, faire cesser guerres et terrorisme, garantir la sécurité internationale, cultiver le métissage culturel, fonder une agriculture mondiale, développer le commerce équitable.

Pour un nouveau modèle républicain

Objectif : assumer toutes les valeurs fondatrices d'un modèle républicain moderne (avec ses 5 piliers : Nation, Etat, République, démocratie, laïcité) pour mettre en œuvre l'égalité républicaine et la citoyenneté dans la République du respect.
Moyens :
- vivifier les valeurs de la Nation dans le Pacte républicain de solidarité (nationale, européenne, mondiale) et de citoyenneté. Pour cela, conforter le projet républicain fondé sur le droit du sol, le droit du sang, l'identité sexuée, le respect de la vie de l'esprit ; conforter le bien-être social (logement, propriété, famille, villes et territoires, immigration) ; conforter l'identité sexuée (droit des femmes et des minorités sexuelles) ; conforter les cultures et les questions de la vie de l'esprit (lutte contre la marchandisation généralisée) ;

conforter la citoyenneté (vote, participation) dans le programme civique d'activités pour les jeunes, le vote et le militantisme pour les immigrés.
- Fortifier l'Etat : assumer l'Etat protecteur et correcteur, l'Etat planificateur (relançant la planification au service de l'intérêt national), assumant une politique de sécurité dans la proximité avec les citoyens, redéfinissant la puissance publique (bien public, service public), construisant l'ordre juste de la République du respect, créant une justice économique.

Affirmer l'Etat pilote de l'économie bâtissant une doctrine cohérente entre puissance publique et initiative privée.

Consolider l'Etat-providence institutionnel en améliorant la lutte contre les inégalités par des mécanismes de prévention et d'assistance, en investissant dans les services publics prioritaires (emploi, éducation, enfance).

Promouvoir l'Etat d'investissement social, c'est-à-dire une nouvelle protection sociale qui prévienne (risques sociaux et environnementaux), compense et répare, en sécurisant les parcours professionnels, en élevant le niveau de formation et lançant les comptes individuels de formation, en défendant une politique familiale qui concilie vie professionnelle et vie privée, en défendant l'inconditionnalité des droits.

Moderniser l'administration publique.
- réinvestir la République dans un nouveau pacte républicain et une 6ème République qui réduise les pouvoirs du Président de la République, renforce le rôle du Parlement, supprime le Sénat, élargisse la participation citoyenne, introduise une dose de proportionnelle, garantisse l'indépendance de la Justice ; promouvoir, en lieu et place de l'égalité des chances, l'égalité des possibles et des résultats ; accueillir la dimension du conflit comme utile à l'ordre républicain.
- pousser la démocratie jusqu'au bout : élargir la sphère du politique en alliant démocratie représentative et démocratie participative de proximité ; pour cela, autoriser au titre de la démocratie participative l'exercice du droit d'expression (droit de manifestation reconnu comme démarche collective, débats participatifs), du droit de proposition (conférences de consensus, forums publics), du droit de surveillance et contrôle (jurys citoyens), du droit d'évaluation ; inclure dans la Constitution des principes économiques contraignants (équilibre du budget, limitation des dépenses) ; créer des institutions attentives aux questions de reconnaissance des individus (République du respect).
- unifier la laïcité : réaffirmer le statut laïque de l'Etat et la laïcité comme condition première de toutes les convictions, éthique de la responsabilité dans un espace commun de citoyenneté ; supprimer les survivances concordataires en métropole et dans les DOM-TOM et installer dans l'espace public l'égalité entre croyants et non croyants ; aider à fonder l'islam de France (un clergé, une représentation nationale, des lieux de culte, un statut des signes religieux) ; unifier la question des aides de l'Etat aux cultes pour leurs édifices ; définir les aspects non négociables des croyances (excision, mariage forcé, polygamie) ; promouvoir une laïcité de « facilitation du pluralisme » (enseignement de la laïcité, du fait religieux, de l'histoire coloniale) et installer une Haute Autorité de la laïcité.

Pour un nouveau progressisme

Objectif : défendre la voie existentielle (Morin) comme conception de la vie, de l'humanité et de la civilisation conduisant chacun à « vivre mieux » pour soi et avec les autres, dans le cadre d'un pacte social totalement démocratique.
Moyens :
- prôner une conception de l'humanité (réorienter les grandes institutions de régulation mondiale) et de la civilisation (gouvernance mondiale, civisme planétaire, mondialisation culturelle) ; renforcer la solidarité intergénérationnelle (investir dans le capital humain, accompagner la vie active des citoyens exposés comme les jeunes, les femmes, les seniors ; soutenir les Services publics de la petite enfance, la fragilisation familiale, l'activité des seniors ; mieux accueillir les migrants ; accroître la solidarité avec les ascendants) ; défendre la dignité humaine (éradiquer le déclassement, promouvoir les soins palliatifs, permettre de mourir dans la dignité).
- développer une conception des espaces vitaux : y promouvoir le développement humain en protégeant la nature et la biodiversité ; en repensant les territoires et les villes autour de la notion de « lieu anthropologique » et de « communautés de voisinage » ; en recherchant la qualité des lieux d'habitation du type éco-quartiers ; en pratiquant une autre décentralisation fondée sur une gouvernance en réseau avec chef de file ; en faisant du droit au logement un droit fondamental.
- affirmer une conception du lien social : lutter contre exploitation économique et exclusion sociale sans les confondre (donner davantage aux victimes d'injustices durables ; imposer la flexibilité organisée en inversant son orientation actuelle ; créer un suivi personnalisé des exclus ; développer l'entreprise sociale) ; cultiver le « bien -vivre ensemble » en acceptant la division sociale ; cultiver la solidarité par le droit d'existence garantie (droit au travail, au logement, à la santé, à la retraite par répartition) et le droit d'association citoyenne (mixité sociale, engagement citoyen, participation démocratique) ; pratiquer la fraternité dans la solidarité d'implication ; fortifier la citoyenneté juridique, politique et éthique ; tirer parti de la diversité (doter la Halde d'un conseil scientifique, imposer la diversité dans la haute fonction publique, garantir la parité hommes /femmes, lutter contre toutes les discriminations) ; protéger les droits humains fondamentaux (défendre et relativiser les droits de l'homme, la technoscience, la marchandisation) ; fonder un nouvel ordre des échanges sur les biens collectifs mondiaux et sur la gratuité relative de biens inappropriables.
- soutenir une conception de l'activité vitale : reconsidérer la répartition des temps de vie (formation tout au long de la vie, temps professionnel de qualité ; vieillissement actif) ; améliorer le statut de l'activité professionnelle (politiser entreprise et management ; repenser RTT et flexibilité; développer congé individuel de formation, engagement national pour l'emploi, Charte de l'entreprise solidaire, protocole de temps choisi, capital initiative, contrat de bénévolat) ; faciliter les parcours de vie : substituer à « l'égalité des chances » la conception de « l'égalité des possibles et des résultats », dans la formation initiale (grands travaux du Savoir, culture du 21ème siècle, continuum éducatif) et la formation continue (formation méthodologique, équilibre temps d'activité professionnelle / temps d'inactivité).

- garantir la sécurité en société : viser toutes les dimensions de la sécurité (nationale, intérieure, sectorielle) ; veiller à la sécurité publique par une société démocratique de bienveillance et non de surveillance ; fonder le Haut Conseil de la sécurité attaché aux libertés publiques ; imposer la police de proximité, l'humanisation des prisons et une politique de réinsertion ; généraliser la sécurité sanitaire (Etats généraux de la santé, grand Hôpital public, groupements régionaux de santé publique, équilibre de la sécurité sociale, politique du médicament, systèmes d'alerte de santé publique, lutte contre les inégalités de santé).

Pour un développement humain

Objectif : mettre en œuvre une conception du développement humain où la gouvernance substitue à la poursuite de la croissance matérielle la gestion des relations entre êtes humains, sociétés et biosphère.
Moyens :
- promouvoir une autre conception de l'économie : une économie plurielle, de proximité, sociale et solidaire, marchande, faisant cohabiter secteurs marchand/non marchand, public/privé, avec une grande politique de services publics ; un autre système de conception des produits dans une économie de la fonctionnalité, de la durabilité et des brevets; un autre système de production reposant sur la circularité et le bouclage des flux de matières ; une nouvelle conception de la richesse, d'ordre éthique, où la valeur est aussi dans les biens de la nature et les rapports sociaux ; une nouvelle conception du marché, conservant ses avantages et dépassant ses limites par une gestion du long terme et des biens collectifs ; la mise en place d'un droit mondial du marché qui démocratise et responsabilise ; une autre globalisation économique qui repose sur des pôles de compétitivité et une gouvernance durable d'entreprise attachée aux données environnementales et sociales ; un Etat soutien des PME/PMI.
- imbriquer développement humain et écologie : opter pour le « développement différencié » qui privilégie la qualité, réduit les gaspillages, fait bénéficier les pays pauvres de la croissance, ménage transitions et paliers ; pratiquer l'écologie industrielle et les « biocénoses industrielles » (création de complexes et stratégies inter-entreprises) ; privilégier l'économie de la fonctionnalité : la fonction des objets, la durabilité des biens, la valeur d'usage, les innovations organisationnelles, la société de services ; viser une restructuration de la fiscalité par internalisation (frapper les activités nocives à l'environnement) et créer ainsi le champ fiscal de la protection environnementale.
- développer l'Etat d'investissement social complémentaire de l'Etat social (ou Providence) : repousser la confusion avec l'EIS de type libéral ; fonder l'Etat social de gauche apportant plein emploi, salaire décent, droit au revenu social (protections et prestations sociales), capacité à réduire la pauvreté ; en faire l'instrument du bien vivre collectif, l'organisateur de la solidarité nationale, le garant du capital social (santé, éducation, formation) ; défendre une conception de l'autonomie autre que la conception libérale sélective (la performance, l'entreprise de soi) en proposant, à côté des protections et droits déjà acquis, l'existence de dispositifs d'assurance sociale tenant compte des nouvelles inégalités de précarisation et substituer à la Société du mépris et de la désaffiliation une Société du respect et de la reconnaissance.

TABLE DES MATIERES

Introduction 7

I Pour un nouveau paradigme socialiste

   11 Penser autrement le socialisme 13
   12 Critiquer les doctrines du passé 18
   13 Repenser les fondements du socialisme démocratique 30

II Pour une alliance des civilisations

   21 Construire la Société-Monde du 21ème siècle 55
   22 Faire de l'Europe un foyer de civilisation 74
   23 Engager la coévolution dans le monde 82
   24 Œuvrer pour la paix et la sécurité internationales 86
   25 Entretenir l'alliance des cultures 93
   26 S'engager dans une civilisation commune 95

III Pour un nouveau modèle républicain

   31 Revivifier la Nation française 112
   32 Fortifier l'Etat moderne 119
   33 Réinvestir la République 132
   34 Assurer la démocratie 136
   35 Défendre la laïcité 142
   36 Renouveler notre modèle républicain 146

IV Pour un nouveau progressisme

   41 Changer la vie 161
   42 Changer nos espaces vitaux 185
   43 Renforcer le lien social 209
   44 Elargir la notion d'activité sociale 233
   45 Garantir la sécurité en société 254
   46 Proposer un Pacte démocratique 264

V Pour un développement humain

51 Imposer une autre conception du développement 269
52 Expérimenter une autre conception de l'économie 284
53 Conjuguer développement et écologie 301
54 Développer l'Etat d'investissement social 312

Conclusion 323
Bibliographie sélective 325
Principales propositions 329
Table des matières 333

L'HARMATTAN, ITALIA
Via Degli Artisti 15 ; 10124 Torino

L'HARMATTAN HONGRIE
Könyvesbolt ; Kossuth L. u. 14-16
1053 Budapest

L'HARMATTAN BURKINA FASO
Rue 15.167 Route du Pô Patte d'oie
12 BP 226
Ouagadougou 12
(00226) 76 59 79 86

ESPACE L'HARMATTAN KINSHASA
Faculté des Sciences Sociales,
Politiques et Administratives
BP243, KIN XI ; Université de Kinshasa

L'HARMATTAN GUINÉE
Almamya Rue KA 028
En face du restaurant le cèdre
OKB agency BP 3470 Conakry
(00224) 60 20 85 08
harmattanguinee@yahoo.fr

L'HARMATTAN CÔTE D'IVOIRE
M. Etien N'dah Ahmon
Résidence Karl / cité des arts
Abidjan-Cocody 03 BP 1588 Abidjan 03
(00225) 05 77 87 31

L'HARMATTAN MAURITANIE
Espace El Kettab du livre francophone
N° 472 avenue Palais des Congrès
BP 316 Nouakchott
(00222) 63 25 980

L'HARMATTAN CAMEROUN
BP 11486
Yaoundé
(00237) 458 67 00
(00237) 976 61 66
harmattancam@yahoo.fr